·本书是中国监狱工作协会重大课题成果·

监狱管理新视野文丛

罪犯教育艺术

何　徕　著

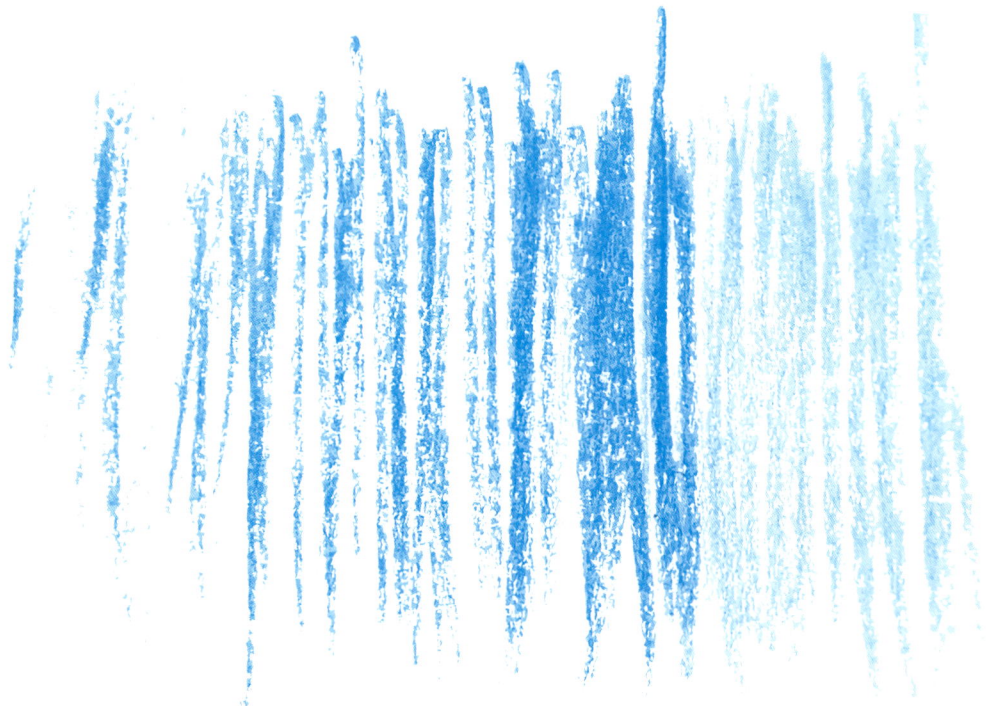

厦门大学出版社　国家一级出版社
XIAMEN UNIVERSITY PRESS　全国百佳图书出版单位

图书在版编目(CIP)数据

罪犯教育艺术/何徕著.—厦门:厦门大学出版社,2018.5
(监狱管理新视野文丛)
ISBN 978-7-5615-6875-0

Ⅰ.①罪… Ⅱ.①何… Ⅲ.①犯罪分子－教育学 Ⅳ.①D916.8

中国版本图书馆 CIP 数据核字(2018)第 022287 号

出 版 人	郑文礼
责任编辑	李峰伟　邓　臻
封面设计	李嘉彬
技术编辑	许克华

出版发行	厦门大学出版社
社　　址	厦门市软件园二期望海路 39 号
邮政编码	361008
总 编 办	0592-2182177　0592-2181406(传真)
营销中心	0592-2184458　0592-2181365
网　　址	http://www.xmupress.com
邮　　箱	xmup@xmupress.com
印　　刷	厦门集大印刷厂

开本	787mm×1092mm　1/16
印张	19.5
插页	4
字数	416 千字
版次	2018 年 5 月第 1 版
印次	2018 年 5 月第 1 次印刷
定价	78.00 元

本书如有印装质量问题请直接寄承印厂调换

厦门大学出版社
微信二维码

厦门大学出版社
微博二维码

前 言
PREFACE

　　著名教育艺术家、北京师范大学教授李燕杰认为："人是教育艺术的伟大创造者，教育艺术又增加了人的智慧，塑造了人的美好灵魂。人的发展从来就是同教育艺术的发展紧密联系的，或者说，教育艺术的发展是人的全面发展的必然条件。"德国剧作家、诗人席勒曾经感慨地说："人哪，只有你才有艺术！"人类创造了艺术，艺术与人类相伴。艺术使得人类的生活变得五彩缤纷，人类可以因有艺术而感到自豪和幸福。无论是李燕杰教授的观点还是席勒的感慨都揭示出三个鲜明的内涵：人是艺术创造的主体，人类可以创造丰富多彩的艺术；艺术的多姿多彩为人类带来美的享受和生活的愉悦；人不仅是艺术创造的主体，而且是教育艺术的主体，通过人这一主体的作用产生教育艺术美感效应。正是基于这样的理解，本书试图将艺术创造的主体"艺术家"和创造的对象"艺术品"从狭隘空间中进一步拓展出来，把每一个人都看作是艺术创造的原身，使每一个人都成为创造多姿多彩的生活的"能工巧匠"。相应的，每一个人所创造出的"艺术品"也呈现出多样性，不但有物化的艺术，还有"人性"的艺术，即每一个人在创造物化的"艺术品"的同时，也在创造"人"这一"艺术品"。而创造"艺术品"过程中所使用的方法和技巧就是艺术的体现。由于社会分工不同，人们的职业各异，因此，进行艺术创造主体的艺术性思维或者构思是有差异的，"艺术品"成果也各有不同。例如对于学校来说，老师是教育艺术创造的主体，教学成果就是"艺术品"，教师的教学方法、个人风格、管理方式就是艺术；对于社会管理来说，政府及政府各职能部门是"艺术创造"的主体，社会管理的成就得到社会成员的普遍认可和欣赏，那么，社会管理的效果就是"艺术品"，社会管理过程中的创新方法、成功的管理模式、对现代信息技术的综合运用等就是"艺术"。

　　监狱是国家的刑罚执行机关，对绝大多数社会成员来说，它既陌生又神秘，因为绝大多数社会成员的工作、生活等方方面面并不与监狱有直接的、必然的联系。所以，监狱的管理效果、执法状况、发展趋势、教育改造罪犯的效果如何，大多数社会成员并不关心。基于这种现实，如果把监狱、监狱民警、罪犯等与艺术相提并论，人们似乎觉得不可理喻或者十分可笑，甚至认为是在贬损高雅而圣洁的艺术。其实不然，法国著名文艺理论家、历史学家丹纳认为："科学同情各种艺术形式和各种艺术流派,对完全相反的形式与派别一视同仁,把它们看作人类精神的不同的表现,认为形式与派别越多越相反,人类的精神面貌就表现得越多越新颖。"(丹纳:《艺术哲学》,安徽文艺出版社 1991 年版,第 51 页)监狱在维护整个社会安全稳定、承担对罪犯的教育矫正并使之成为守法公民等方面所发挥的作用是全社会都能感受到的,这种作用的发挥会随着社会的发展和中国法治进程的全面推进而越加凸显。基于这种认识,我们认为,监狱作为一种负有特殊职能的教育主体,它创造了并正在创造万万千千的"艺术作品",这些"艺术作品"成为进一步净化社会环境、美化社会生活、激励和推动社会进步的强大的精神力量。

将艺术与监狱并提,无论从情感上抑或思维方面可能会得不到社会成员普遍的认可,然而,事实上监狱所创造的"艺术作品"足以让世人称奇。监狱,作为刑罚执行的主体,它在依法完成对罪犯刑罚执行使命的同时,还承担着教育和改造罪犯的职责。但是,在转型时期,多元文化和多元价值观念相互碰撞,利益关系冲突明显。一方面,社会上仍然存在自私奸诈、坑蒙拐骗和老实人吃亏等现象;另一方面,监狱要教育罪犯做一名诚实守信、遵纪守法的公民。罪犯往往在两种价值理念面前游离不定、一片茫然,在行为层面更是无所适从。在这种情况下,监狱始终是罪犯思想和行为的矫正者、引导者和教育者。而在社会上,普通的人与人之间都常常表现出爱的缺失,要在认识和行动上对罪犯产生关爱之心,进行爱的教育,并化为教育艺术,这不但需要消除世俗的偏见,更需要具有博大的胸怀和超常的勇气,监狱和监狱民警正是这个角色的担当者、践行者。所以,从这个层面上讲,监狱民警是当之无愧的"艺术"创造的主体,是铸造罪犯思想灵魂的"大国工匠",经过教育改造刑满释放后的罪犯就是"艺术品",围绕罪犯的教育所采取的一系列措施或方法就是艺术。

教育是一门艺术,"教育意味着一棵树摇动另一棵树,一朵云推动另一朵云,一个灵魂唤醒另一个灵魂"。教育承载的不仅仅是知识上的教诲,更多的是"在培育人的精神长相,去掉可能沾染上的污秽,培育人身上的精神种子,让人可以呼吸高山空气,让人可以扬眉吐气"。

《罪犯教育艺术》的着力点和根本目的在于极力倡导和促进监狱民警职业主体意识从看守型、传统管理型向科学型、教育型的转变。《罪犯教育艺术》围绕"罪犯教育"这一中心,并将这种教育活动提高到艺术的高度进行严肃和缜密分析,最终目的,也是力图为监狱民警艰苦卓绝的付出找到理想的答案,让他们得到思想和心灵的慰藉。全书基本按照传统章节式的方式编写,在论述方式上一般直奔主题,没有太多的概念阐释。虽然每个标题自成一体、相互独立,但是各章节的内容和逻辑结构紧密相连。采取这种写作方法的原因:一是避免条款式的说理和较多概念性的内容,以直接明了的方式展现创作内容;二是以这种方式创作不受已有理论的限制,一方面作者可以进行发散式思维和创作,另一方面能够让读者有更多的思考和理解空间。用意可见,请读者支持和理解。

　　《罪犯教育艺术》主要包括十一个方面的内容：第一章以一定篇幅介绍"教育艺术"，通过对教育艺术的产生及发展、教育艺术的现状、教育艺术情景等问题的介绍和论述，使读者对教育艺术有一个初步的了解；第二章主要论述"罪犯教育艺术"，内容涵盖罪犯教育艺术的产生、发展、现状及存在的问题；第三章至第十章是本书的主干内容，即罪犯教育语言艺术、罪犯行为教育艺术、罪犯情景教育艺术、罪犯心理咨询与心理矫正艺术、罪犯教育艺术现代化及教育艺术评价等。罪犯教育语言艺术主要论述监狱人民警察口头语言使用的特点、形式、差别及要求等等，以此说明如何"说好话"在罪犯教育过程中的重要作用；罪犯行为教育艺术主要论述监狱民警通过自身系列良好行为的展示，对罪犯产生潜移默化的影响；罪犯情景教育艺术主要通过对监狱建筑构造、监狱环境设计、监狱文化建设、监狱法治构建等相关问题的论述，以进一步说明情景艺术在罪犯教育中的重要地位和价值。第十一章为罪犯教育艺术评价，主要论述罪犯教育艺术在罪犯教育改造中的价值问题，以及如何开展评价、评价的目的和意义、评价的内容和评价结果的运用。本书的附录部分还选择了一些具有代表性的案例和常见定律、效应等，以供参考。

　　《罪犯教育艺术》仅仅是对罪犯教育改造理论和实践上的一些肤浅探索，很多内容只是作者的一孔之见，主观色彩明显，因此，难免存在对问题的片面性认识。但作者不会因此惶恐，因为其目的和用意是晒观点、开百家之风，以此促成理论与实践上的共识。

CONTENTS 目录

第一章
Chapter 1

教育艺术

　　人类社会的发展和进步离不开教育，人的能力和素质提升需要教育，因此，教育作为催生人类文明的必要手段，在整个社会发展进程中具有不可替代的作用。就每个个体的人来说，一生能够走多远，最终会有多少作为，恐怕谁也不能把握。但有一点我们可以掌控，那就是以毕生的精力去教育或接受教育。就此看来，好像教育已然为人的生活指点了迷津。然而，有人却认为，在中国这个庞大的国度里，两千多年来，教育似乎游离于识记与感悟之间，"年复一年，丝毫没有长进"，"这是我们教育的一大缺陷，也是近代科学没有能够在中国产生的重要原因"。特别是在信息迅猛发展的当今时代，人们对知识的学习理解、对是非问题的思辨和判断，乃至对生活常识的获取和运用，随时随地都可以通过网络而得，教育，好像离人们越来越远、越来越陌生了。实则不然，当我们真正去亲近教育、融入教育的时候，才感觉到自己的肤浅和茫然。那么，在各种矛盾和困惑中，如何厘清教育的缺陷源头，让教育继续滋润国家和民族发展进步的土壤，是每一个有责任感的教育者的使命。

　　正因为有这种具有使命感的责任和担当意识，所以我们才清楚地认识到，教育要走出束缚思维的藩篱，必须在人们的心中培植起对教育问题的兴趣、虔诚和尊崇。

　　从教育在推动人类社会进步和发展的积极作用方面，尤其是从教育者所具备的教育知识的现状等方面来看，要理解教育，要推动教育向一个崭新的方向发展，不是一件容易的事情。因为，虽然教育在人们的生活、工作中无处不在、无时不有，但是由于教育是在人与人之间进行的精神交流和对话，它需要先进的思想和理念，需要相应的技巧和方法，还需要丰富的社会生活阅历和实践经验，教育所包含的内容十分宽泛和深刻，所以，任何功利的、狭隘的、片面的阐释都会导致对教育的误解。

　　英国哲学家斯宾塞认为，教育是为美好生活做准备；美国哲学家、教育家杜威却认为教育不是生活的准备，它本身就是生活。在关于教育的目的方面，有的教育家强调教育的目的是人格的培养,而有的教育家却认为,人格的培养是家庭的事,教育应该着力于智慧的训练等等。显然,无论是关于教育的概念抑或是教育的目的问题,这些观点都带有一定的片面性,是缺乏科学精神的表现,都会误导人们对教育产生错误认识。

教育,作为社会活动的重要内容之一,有其漫长的发展历史和较为复杂、多样的内在结构,还有着与社会各系统多方面、多层次、多性质的相互作用和相互关系问题。

社会生活的大千世界,存在着有生命的和没有生命的两种现象,教育属于有生命世界的活动,这是比较一致的观点,但是,对于教育是不是人类特有的活动却有不同的看法。所以,要正确理解教育的内涵和外延,要给教育下一个明确而又科学的定义并非简单之事。正是基于正确认识和理解教育的理念,在本书的开端部分对教育问题的论述就显得尤为谨慎。

教育艺术是教育的深层次、高规格要求,要把教育艺术化,实现教育的理想效果是对教育者的考验,亦是教育者的最高目标,对这种最高目标的追求不仅仅是社会普通教育和教育者的基本理念,也是所有教育活动的内在要求。

对社会普通教育都存在这样或那样的认识差别,要把监狱的罪犯教育问题上升到艺术层面进行研究和探讨,其难度就可想而知了。但是,我们必须清楚地认识到,罪犯教育是社会教育活动的重要组成部分,它能够净化社会环境、推动法治建设和社会的文明进步,罪犯教育不仅仅是改造和矫正的问题,还需要对罪犯的文化水平、职业本领、伦理道德、法制观念、法治理念、人际关系、心理因素等问题进行恢复和重建,其起点低、范围广、难度大、要求严,因此,我们不但不能将罪犯教育排斥于教育之外,而且还应该在罪犯教育方面投入更多的精力、采取更好的教育方法和技巧,使罪犯教育真正融入社会教育的范围,成为推动和提升民族素养的重要组成部分。

第一节

教育概论

在中国,"教育"一词最早见于《孟子·尽心上》"得天下英才而教育之,三乐也"。《说文解字》说:"教,上所施,下所效也。""育,养子始作善也。"在《中庸》《学记》《荀子·修身》等古籍中均有关于"教"与"育"的论述。其含义可以理解为上对下的影响,即国君对大臣、父母对子女、老师对学生的影响。

在西方,教育一词源于拉丁文 Educate,本义为引出,其含义是引导儿童使之得到完满的发展。法国教育学家涂尔干说:"教育就是系统地将年轻一代社会化。"捷克教育学家夸美纽斯说:"教育在于发展健全的个性。"

中西方教育学家对教育虽然有不同的解释,但是有一点是相同的,即教育是人类社会特有的一项培养人的社会活动。

尽管如此,我们对教育仍然没有一个明确的概念,原因在于"教育是不是人类特有的活动"。随着科学技术的发展和人类认识水平的不断提高,"教育是人类特有的活动"受到极大的挑战和质疑。早在19世纪末,法国哲学家、社会学家雷徒诺在《各人种的教育演化》中明确提出了动物界存在教育的观点。他以老鸭子教小鸭子游水等为例,认为教育是超出人类社会范围的,并早在人出现以前就存在了,人出现之后只是继承了业已形成的现成的教育形式,并作出不断改变和演进。20世纪20年代初英国教育家沛西·能在其《教育原理》中认为,教育从它的起源看,是一个生物学的过程,教育是扎根于本能而不可避免的行为,因此,生物的冲动是教育的主流。他在书中反复强调人与动物没有根本的差别,"高等动物如狗和猿,它们的生活在许多方面是我们的模型"。并由此推断出,人类很多教育上的努力比较没有效果,也许正是因为忽视了人类与动物的一致性。虽然这些观点不为主流观点所认同,但是它在涉及"教育是否为人类所特有"、"人类社会之前就有古猿的教育"等内容上不无道理。这是在探讨教育概念时必须厘清的问题。当然,要彻底弄清楚这个问题,仅凭现有的研究水平是永远不够的,只有"把问题集中到动物界是否也有教育,教育是否根植于人的生物本性上来",这才是弄清楚教育是人的社会活动还是动物界生存活动的关键所在。

科学研究证明,事实上,动物界尤其是在高等动物界的代与代之间存在着和人类两代人之间类似的教与学的现象。然而这两种类似的现象之间却存在着本质的区别。

马克思指出:"动物和它的生命活动是直接同一的,动物不把自己同自己的生命活动区别开来,它就是这种生命活动。"(《马恩选集》第42卷,人民出版社1979年版,第96页)首先,所谓动物的"教育"是一种基于亲子和生存本能的自发行为,它的产生与动物的生理需求直接相关,其内容也与动物的生存本能相关,例如捕捉食物、逃避天敌等。把人跟动物的活动直接区别开来的是人的活动具有意识性和社会性。人之所以需要教育,不是直接产生于生物本能,而是产生于个体在社会中生存和社会延续、发展的需要。更准确地说,教育一开始就是一种具有社会性的活动。其次,动物没有语言,不具备将个体经验类化和积累起来并向他人传递的能力,所谓动物的"教育"只是停留在第一信号系统的水平上,仅仅局限于动物的个体与个体之间的行为的"传受",它不可能把"类"经验转化为"个体"经验,因而也不可能通过"教育"使动物一代比一代优秀,一代比一代进步,我们从动物学和人类学中关于动物和人类的历史演变及发展趋势就可见一斑。而人通过语言和自己创造的其他物质形式,把个体的经验保存和积累起来,成为"类"经验。人类教育传递的正是人类自身积累的类经验。最后,动物"教育"的结果无非是小动物对生存环境的适应,以维持生命并能独立生存。人类教育不但使受教育者获得适应环境的经验,而且培养了人进一步改造环境、参与社会生活、创造财富、推动社会发展的能力,培养了人创造经验的能力。

由于社会性是人的教育活动与动物的"教育"活动的本质区别,因此,教育是人类社会特有的活动,明确和承认这一点是十分必要的,它使我们能够从社会活动的高度尽可能地揭示教育与社会之间的规律性联系。

从以上分析,我们可以给教育下这样一个定义:教育是有意识的以影响人的身心发展为直接目标的社会活动。从广义上说,凡是增进人们知识和技能,影响人们思想品德和行为的活动,都是教育。包括以学校为载体、以师生关系而形成的学校教育,以单位为载体、以职工教育为主体的各种培训,以社区、家庭、其他培训机构为载体的各类培训和教育,以监狱、强戒所、看守所等为载体的各种特殊教育,以及以各种媒体、网络为载体的教育等等。本书所指教育,就是广义上的教育。实际上,广义的教育,像一张张有形的网,将公民纳入相应的教育范畴,无论是自愿的、被动的还是强制的,教育已成为无所不在的影响公民工作和生活的一项重要活动。

一、教育的要素

在明确教育概念后,应进一步明确教育的内部结构,即构成教育的基本要素。

所谓教育的要素,是指构成教育活动必不可少的、最基本的因素。主要包括教育者、教育对象、教育内容及教育设备(有的称教育物资)和教育方法等。由于本书所指教育是一个复杂的结合体,因此,其要素的构成具有特定的指向,具体内容将在本书的相关章节中予以介绍。

在普通的教育要素中,教育者是指具有一定资格的专职教师和相对固定的兼职教师。其任务是研究教育的目的、内容、方法、教育过程和组织形式,在教育活动中处于领导、控制和执教的地位。一般来说,在身心发展各方面,或者某些方面,甚至某一方面水平相对较高的一方,就可能成为教育者。

教育对象(受教育者)是指在教育活动中承担学习责任和接受教育的人,相对于教育者来说,受教育者处于被领导、被控制和受教育的地位。在现代社会,几乎任何人都可能成为受教育者,因此,教育对象的范围十分宽泛,不仅仅局限于传统意义上的学生范畴。

教育内容是教育活动中教育者与教育对象(受教育者)共同认识、掌握、运用的对象,是教育活动中的纯客体。没有教育内容,就没有教育活动。教育内容的组成十分丰富,从其涉及的范围来说,包括人类社会各种领域活动的知识、经验和技能技巧;从其价值来说,它具有发展人的智慧、品德、体力、审美能力和劳动能力等方面的作用;从其表现形式来说,有物质的、精神的、符号的、行为的。因此,不要把教育内容与学校的课程所包含的内容等同起来,更不能直接把教育内容看作教材。由于教育活动的多样性和各类教育活动具体教育目标的不同,教育内容有着各种不同类型的组合。在教育目的确定以后,精心选择和设计教育内容,是教育活动取得成效的重要保证。教育内容事先选择、设计得好,教育者就可以把更多的精力集中到怎样教和掌握、研究教育过程的动态变化,研究教育对象方面去。如果抱着"临时抱佛脚"或"车到山前必有路"式的思路去寻找教育内容,肯定会影响教育的效果和质量。当然,好的教育内容是否达到好的教育效果,还取决于教育主体作用的发挥程度。因此,教育者认识教育内容的特点,掌握其内在价值,无论对于提高教育质量还是提高运用教育内容的水平、充分发挥教育内容的价值都是重要的。

教育设备(又称教育物资),是指教育过程中的各种物质资源。这是教育活动中的物的要素。根据这些物质资源在教育中的不同作用,可以把它们分为教育的活动场所与设施、教育媒体以及教育辅助手段。教育设备的优劣取决于一个国家或地区的经济发展水平和执政者的教育观念,经济基础好、实力强,教育设备建设就具备了硬件条件。但是,只有硬件条件是不够的,执政者或主管部门必须有积极的教育理念,否则,再好的教育设备也只是一种"摆设",有时,漂亮的"摆设"比没有更可怕,它会造成一种假象,会把真实湮没在这种假象中。

教育方法是指在一定的教育思想指导下形成的实现其教育思想的策略性途径。包括教育者直接指向教育内容的教育手段和技巧(例如注入式、启发式、案例式、讨论式、新行为主义、人本主义等教育方法)。教育方法是教育的客观规律和原则的反映及具体体现。正确运用教育方法对于提高教育质量、实现教育目的、完成教育任务具有重要的意义。教育者的教育方法应根据教育对象的不同而有所区别,不同的教育对象,运用的教育方法就不一样。值得注意的是,不管采用哪一种教育方法,教育者语言的传递和使用是必不可少的,在此过程中,再辅以图片、情感、实操等,这样,才能使教育方法的运用具有实效性。

二、教育的功能

教育是一种社会现象,它对社会和人的发展发挥着重要作用。教育对社会和人的作用是一个长期的、渐进的过程,具有一定的规律性,是一项关系人类社会文明发展和进步的系统性工程。

英国教育家查尔斯·赫梅尔在其著作《今日的教育为了明日的世界》中说:"教育是我们时代少有的伟大希望之一。在一个理性的世界中,教育取代了许多古老的神话和信仰。正是通过教育,现代人才相信美好的将来掌握在自己的手中。教育就是塑造未来。"教育在社会发展运动中与其他社会现象相互作用,并形成自己多方面的功能,即经济功能、政治功能、文化功能和育人功能。

1. 教育的经济功能。教育是提高经济效益的前提,是知识经济社会发展的重要因素和知识创新的重要基础。马克思主义的劳动价值理论,对认识教育的经济功能具有深刻的意义。马克思认为,为提高工人生产技能而提高他们的教育程度,可以导致社会劳动生产率的提高。事实上,教育的经济功能是客观存在的,因为,教育把可能的劳动力转化为现实的劳动力,是劳动力再生产的重要手段,同时是科学知识再生产和产生新的科学技术知识的手段。正因为如此,目前,世界各国都一致认为:国际的经济竞争、军事竞争、综合国力竞争,在很大程度上是科学技术的竞争、民族素质的竞争,归根结底是教育的竞争。也就是说,只有发展了教育,奠定了人的学习基础,从而启动智力发展的引擎,才能在与他人的社会竞争中具有优势。事实证明,一个国家、一个民族的教育意识启蒙越早,这个国家和民族就越立于不败之地。

2. 教育的政治功能。人类社会发展的历史证明,任何国家,其维护统治和政治稳定的基本途径无一不是通过教育来实现的。因此教育的政治功能实际上就是教育维系社会政治稳定的功能,它主要体现在教育能够为政治培养需要的人才和具有一定政治素质的社会公民。通过教育渠道能够传播思想、发挥舆论作用和促进政治民主化。《学记》提出:"建国君民,教学为先。"康有为认为:"变法之道万千,而莫急于得人才。"马克思、恩格斯指出:"一个阶级是社会上占统治地位的物质力量,同时也是社会上占统治地位的精神力量。支配着物质生产资料的阶级,同时也支配着精神生产的资料。"这些观点和论述都明确地表明了教育对政治的重要作用。首先,通过培养人才为政治、经济服务,这是教育发挥政治功能的主要方面。政治人才是指社会各个部门、各个领域的领导者与管理者。通过正规系统的教育活动,不但能够对教育对象进行公民基本素质的训练和道德水平的提升,而且能够培养具有较高科学文化知识水平和管理才能的政治管理者或领导者。其次,教育能够传播为统治阶级服务的思想,宣传自己的政治主张并形成舆论,发挥政治职能。教育能力的主导作用在于它能张扬社会政治思想,道德领域中的正能量,抑制与抵制消极因素,进而为推动社会政治的文化服务。再次,教育能够促进政治民主化。政治民主化是现代社会政治发展的必然趋势,它有赖于教育。公民民主意识和观念的养成,非教育不能达到。同样,公民参政议政的广度和深度是受其文化知识水平制约的,即公民参政议政的程度与教育密切相关。列宁说:"文盲是站在政治之外的,必须先教他们识字,不识字就不能有政治,不识字只能有流言蜚语、传闻偏见,而没有政治。"毛泽东同志十分重视教育与政治的关系,毛泽东教育思想的核心就是实现教育的转化,他认为,教育在完成对人的转化过程中实现培养和造就具有独立精神和反抗意识的新人的目标,并为其所提倡的社会理想服务。

3. 教育的文化功能。文化是人类创造的特有的社会性信息,是人类在社会历史发展过程中积淀的物质财富和精神财富的总和。教育是文化这个大系统中的一个重要因素,是文化的重要组成部分。它作为培养人的活动,以文化为中介,通过教育者和受教育者的共同活动实现文化的传承,客观上起着文化传承和普及的作用。由于文化是政治、经济与教育关系的中介,并且它能够作用于教育,因此,教育受文化发展的制约。但教育也对文化发挥着重要的作用。第一,教育对文化有传递和保存的功能。文化的传递以具体的物质(如工具、建筑)、精神(如语言、文字、意识形态等)和人(如个人所拥有的知识、道德等)为载体,对于人来说,物质和精神层面的文化属于客体文化,而寓于人自身的文化是主体文化。文化的传递就是通过这种主、客体文化的不断转变而实现的。教育选择人类积累的文化成果,组织成为教育内容,为教育对象提供适应社会生活的知识、技能、规范和价值观。教育过程就是将客体文化不断转化为主体文化的过程。教育将寓于物质载体和精神载体中的文化,内化为以个人为载体的文化。将结晶为非生命的文化,转化到以人脑细胞为代表的生命体上来,使人成为活的文化载体,具有接受、理解、掌握、享有已有文化的能力,具有在实践中使用的能力,以及不断再生产和创造出新文化的能力。与此同时,教育还是一个将主体文化转化为客体文化的过程,即教育者首先将寓于自己主体内的文化外化为教育语言、文字形式的材料等,教育过程才能进行,因为,只有当文化可以传递时,才可以保存、发展和传承。第二,教育对文化具有创造、更新和传播功能。一方面,教育通过自身的科研机构进行科学研究和设计;另一方面,教育还可以培养出大量的具有创新精神的人,他们的强烈的创新愿望又能够创造性地解决人类所面临的难题和可能发生的问题,进而推动文化的不断向前发展。教育在发挥创新、更新功能的同时,还可以将文化进行系统的、完整的、有序的传播,使文化成为人与人之间、地区之间、民族之间、国家之间共有的财富。

4. 教育的育人功能。教育的育人功能是教育本质属性的表现形式,是其他功能得以发挥的基础。教育的育人功能就是通过教育对人的理想、道德、行为、习惯、文化等有所影响或改变。心理学研究结果表明,人的身心发展是有规律的,影响人的身心发展的主要因素有遗传、环境和教育,其中教育是影响人的身心发展的主导性因素。要使教育在人的身心发展中起主导性作用,教育者必须有良好的品德修养、丰富的科学文化知识和教育、心理科学素养,教育内容必须与人的身心发展规律、文化程度、年龄特征等相适应,并能够充分发挥受教育者的主观能动性,教育才能发挥出更好的育人功能。教育的育人功能主要表现在:能够促进人的先天素质的发展,使人的生理、心理素质得以提高;把人类发展历史进程中的文化移植到人这一个体之中;按照一定的社会规范和要求培养和造就合格的社会成员。本书在后面的内容中将重点论述教育的育人功能。

第二节

关于艺术

艺术是以人为中心对社会生活做出感性与理性、情感与认识、个别性与概括性相统一的反映。它起源于生产劳动并渗透到人类活动的各个方面,是人类自由创造能力的体现。本部分对艺术的起源、概念等问题进行探讨,并介绍有关艺术的一些基本常识,其目的在于为读者更好地理解后面的主干内容作一些基本知识的介绍或铺垫。

一、艺术的起源

在艺术研究领域,关于艺术起源的看法精彩纷呈。概括起来主要有以下几种观点:一是艺术起源于模仿;二是艺术起源于巫术;三是艺术起源于交流情感的冲动;四是艺术起源于劳动;五是艺术起源于游戏等等。下面介绍几种常见的观点。

艺术起源于模仿。主要代表人物是古希腊哲学家德谟克利特和亚里士多德。他们认为模仿出于人的天性,是人不同于动物的特点,这个特点造就了艺术。例如"在许多重要的事情上,我们是模仿禽兽,做禽兽的小学生的。从蜘蛛我们学会了织布与缝补;从燕子学会了造房子;从天鹅和黄莺等歌唱的鸟学会了唱歌。"(伍蠡甫主编:《西方论文集》上卷,上海译文出版社 1979 年版,第 4~5 页)人对于模仿的作品总是感到快感和由衷的满足。当然,由于远古社会的生产力极为低下,人们的生活极为困难,整日为寻找食物而奔忙,恐怕既无时间又无精力更无兴趣进行单纯的模仿以引起快感、求得乐趣。例如,我国唐代诗人罗与之在其《商歌》中写道:"东风满天地,贫家独无春。负薪花下过,燕语似讥人。"唐代的穷人尚且对鸟语花香了无兴趣,生计之艰难远远超过唐代穷人的远古人们哪里有闲情逸致去进行单纯的模仿以寻求快感呢? 由此看来,对于艺术起源来说,由模仿所引起的快感最多是一种假设或者是一种纯粹的理论研究。

艺术起源于巫术。英国人类学家爱德华·泰勒(1832—1917)认为,原始人的观念的最大特点是信仰万物有灵论。他提出了巫术的概念,作为原始文化的一个重要组成部分。英国另一位人类学家詹姆斯·弗雷泽(1854—1941)发现了巫术的原理和巫术赖以建立的思想原则:一是"同类相生"或"果必有因";二是"物体一经互相接触,在中断接触后还会远距离地互相作用"。前者称为相似律,后者称为接触律,基于相似律的法术叫"模拟巫术",基于接触律的法术叫"接触巫术"。其中,"模拟巫术"跟艺术的关系非常密切。施行模拟巫术需要借助一些媒介,这些媒介可以是绘画、塑像、舞蹈、哑剧等。例如,当一个相信巫术的印第安人企图加害于某人时,他会按照被加害人(仇人)的模样制作出一个模子,然后将一根针刺入其头部或心脏,此时,加害人内心相信就在他刺入模子的同时,仇人身体上相应的部位也立即感到剧痛。如果他想杀死这个人,便一面念咒语,一面将这个模子埋葬或焚烧掉。这种巫术在我国尤其是广大的农村时有发生,并有相当长的历史和存在市场。实际上,巫术所创造的艺术具有双重含义,即它既能够增加巫术的效果与氛围,又极易给人们造成一种真实的幻觉,就像玩魔术一样,它给人们宣泄出一种愉快的感觉,最终又使这种感觉转化为一种审美愉悦,这就是已经脱离了巫术而发展成为文学的艺术了。

人类学家对巫术原理的揭示和研究,大大启发了美学家和艺术家的灵感。他们用巫术的眼光解读史前洞穴壁画以及现代残存的原始部族的一些所谓的艺术活动,从而对艺术的起源作出了令人信服的说明。正如匈牙利哲学家卢卡奇(1885—1971)所说:"艺术的产生、形成和发展长期都不可分割地隐藏在巫术之中。"艺术模仿包含在巫术之中,艺术模仿和艺术欣赏的能力在巫术的外衣下和巫术的活动中得到了培训和提高。

在我国,先贤们早就观察到了艺术与巫术的同源关系。《说文解字》对巫术的形与义的解释,也说明了巫与歌舞有密切的关系,"巫者,祝也。女能事无形以舞降神也。象人两袖形"。王逸在《楚辞章句》中也记叙了这种风俗,认为唱歌跳舞都起源于巫术。当代白族舞蹈家杨丽萍说:"长老跟我们讲说跳舞是为了跟天和地沟通、讲话,要和神灵沟通、对话。民间对我这种比较有代表性的、有创造性的、有舞蹈天赋的人叫'必嬷',汉语翻译过来就是巫,这种人就可以和天地沟通、传递的媒介。""我们跳孔雀舞的时候不是作为一种艺术来表现的,而是作为一种仪式。是对美、对异性可爱的表现。"但是,巫术就是巫术,虽然巫术的内容不局限于只对他人的诅咒,而且还包括对人的生存环境的美好祈求,但是不管出于什么目的,对巫术的盲目和无知,以及它对人的身心健康和和谐关系的构建都会产生十分消极的影响。至于巫术能够创造一定的艺术和艺术价值甚至发展成为一种文化仅仅是艺术家的活动或者艺术性思维而已。

艺术起源于交流情感的冲动。芬兰艺术家赫尔恩(1870—1952)从心理学和社会学去探讨艺术的起源。他认为,人有一种把自己的情感表达出来的冲动,这种冲动导致了艺术的发生。赫尔恩在其《艺术的起源》中写道:"艺术作品尽管多种多样,但都有一个共同的因素,这就是他们以各自的媒介表达了艺术家的一种心情或一些心情,即它们是由表现的冲动引起的,这种表现的冲动像情感本身一样原始。每一个人都自动地企图增强他的快乐的情感,消除痛苦的情感。"托尔斯泰认为,艺术起源于一个人为了要把自己体验过的感情传达给别人,于是在自己心里重新唤起这种感情,并用某种外在的标志传达出来。我国汉代著名文论作品《毛诗序》中论述道:"诗者,志之所之也,在心为志,发言为诗。情动于中而形于言,言之不足故嗟叹之,嗟叹之不足故永歌之,永歌之不足,不知手之舞之,足之蹈之也。"认为诗歌、舞蹈都起源于一种不可抑制的情感表现的冲动。

艺术起源于劳动。前面我们讲到,巫术是艺术发生的一个重要的源头,这是一件十分自然的事情,因为原始人的巫术活动同他们的生产活动有着十分密切的关系。对于原始人来说,凡是进行生产,就要举行巫术仪式,而举行巫术仪式,就是为了祈求生产的成功。可以说,各种原始艺术所有观念的共同根源是劳动,是人们的劳动实际。随着人类和人类社会的发展,随着观念形态的复杂化,艺术的这一最早的根据自然是愈来愈间接地以人类活动和关系的新生形式表现了出来。但无论在本质上或是其内容上,各种手法表现的原始艺术都不外乎是表现人从劳动实践中得出的认识、情感、情绪和思想的一种形式。

关于艺术的起源问题还有很多观点,例如艺术起源于游戏、艺术起源于图腾崇拜等等,在此我们就不一一探讨了。凡此种种表明艺术的起源是一个多元的局面。我们可以明确地说,历史产生了艺术,并随着历史而发展。

二、艺术概念

从原始的艺术概念的产生,到现代的艺术概念的形成,经历了一个漫长的历史演变过程。这个历史过程表明了现代的艺术概念形成的历史必然性。这种历史必然性正是我们能够给艺术与非艺术划出界线的依据。

中国艺术的"艺"字最早见于甲骨文,是一个象形字,像一个人手持小苗把它种到土地上。在金文中,其字形有所改变,但其意思为"持木植土上"。这些都是"艺"字的原始形态,本义是种植。在我国后期的相关典籍中均有对艺字本义的阐述。《墨子·非乐》、《诗经·楚茨》中的"艺"字是种植之意,认为种植是需要技艺、才能的。《尚书·金腾》在记述周公的祷告之辞时,其中的"材、艺"指的是技术、技能,把有才艺的人称为"艺人"。《周礼·地官·保氏》对艺字衍生出更新的含义,文中说:"保氏掌谏王恶,而养国子以道,乃教之六艺。"其中的"六艺",指的是礼、乐、射、御、书、数,乐包括了诗歌、舞蹈和音乐,也就是现代意义上的艺术。到了汉代就出现了艺术这个称呼,这是个"艺"加"术"的复活字,而不是一个词。综上所述,艺或艺术这个概念的原始意义是指技艺,它也把现代意义上的艺术包含在内。

古代西方人也把艺术归入一般技艺中。希腊人赋予这个词比现代意义上的艺术有更为广泛的含义,对他们来说,它意味着有技艺的生产。凡是可凭专门知识来学会的工作都可归到(艺术)这个概念之下,例如,建筑、雕塑、绘画是艺术,木工、医药、烹调也是艺术。但他们把艺术分为"平民艺术"(即奴隶艺术,是要耗体力的,如建筑、雕塑等)和"自由艺术"(即不耗体力,是智力性的,如修辞学、天文学和音乐等),后者要比前者高雅和珍贵。

古罗马和中世纪基本上因袭了希腊人的观点,把艺术看作技艺一类,而且在艺术分类问题上顽固地表现出轻视体力劳动的观念。例如,西塞罗(公元前106年—公元前43年)把艺术分为三个等级,即最高艺术、中间艺术和低级艺术。政治军事被看作是最高艺术,以哲学家为首的智力艺术,包括诗歌、雄辩术等等被看作是中间艺术,绘画、雕塑、音乐、竞技等则是低级艺术。在当时,由于有这样的等级划分,哪怕是顶级的建筑家,也自认低人一等,并认为建筑与鞋匠同属一个等级,如果有区别的话,就是建筑要比制鞋难得多。文艺复兴时期,人们对艺术的理解依然如故,就连在莎士比亚的眼中,魔法也是一种艺术。不过,处于中、低级的艺术家竭力争取自己的社会地位,并且,他们还致力于去发现古艺术遗迹中的美,这对促进艺术的独立具有重要的意义。

现代意义上的艺术概念和艺术体系诞生于18世纪的欧洲,主要代表人物有法国艺术家夏尔·巴托(1713—1780,他对艺术概念和艺术体系的形成发挥了关键性作用)和被称为"美学之父"的德国哲学家鲍姆嘉通(1714—1762)。夏尔·巴托在其《统一原则下的美的艺术》专论中,将艺术分为三类:一是以满足人们的需要为目的的艺术,如农业、纺织等；二是以引起快感为目的的艺术，即美的艺术，包括音乐、诗歌、绘画、雕刻和舞蹈；三是兼有效用和快感的艺术，如雄辩术和建筑。巴托认为，美的艺术的统一原则是对自然的模仿，虽然其观点未必完全正确，但是，他用"美的艺术"的概念，把上述三类艺术联结在一起，划分出了一个独立的艺术世界，把它从技艺以及科学、宗教中分离开来，这在世界美学史上是有开创意义的。鲍姆嘉通在对艺术分类的原则和结果方面虽然有所差别，但是他们都不约而同地把现代意义上的艺术单独地划分为一类，而且都把它们命名为"美的艺术"。这充分说明"美的艺术"从广义的艺术即技艺分离、独立出来的条件与时机成熟，而且，美的艺术的概念在当时也普遍地被人们所接受。鲍姆嘉通还认为："人的生活最急需的艺术是农业、商业、手工艺和作坊，能给人的知性带来最大荣誉的艺术是几何、哲学、天文学，此外还有演说术、诗、绘画、音乐、雕塑、建筑等，也就是人们通常算作美的和自由的那些。"至此，艺术在人世间总算占有了一块独立的领地。

在我国，现代艺术概念产生于 20 世纪前叶。在外来文化的影响下，我国最早的一批美学家王国维、蔡元培、梁启超、鲁迅等首先使用了艺术这个概念。尽管在最初使用过程中把美术与艺术并用，但随着艺术研究的不断深入和广泛开展，二者渐渐地统一于"艺术"一词的范畴，我国现代艺术概念由此产生。

但是，艺术概念的产生和发展，并没有使艺术家们能为艺术下一个准确而完整的定义，直至今天，我们也无法知道什么叫艺术。究其原因，美学界的普遍观点认为，概念是思维的基本形式之一，它反映客观事物的一般的、本质的特征。人们在认识过程中，把所感觉到的事物的共同特点抽出来，加以概括，就形成概念。在巴托之前，艺术即技艺的共同本质是技艺性，巴托确立了"美的艺术"概念后，把美的艺术概念的共同本质确定为对自然的模仿，这在美学界是不容置疑的。但是，对于艺术而言，同样，艺术都有共同本质这一点绝大多数人深信不疑，但究竟什么是艺术的本质，却众说纷纭、莫衷一是，甚至有一种直截了当的观点认为，艺术就是艺术，没有为什么和是什么。也有人认为，根本就没有艺术这种东西，即使有，它也不存在共同的本质问题，因此不能给艺术下定义，这就是我们今天无法看到关于什么是艺术的诠释的原因所在。

当然，对艺术概念问题的理论性探讨，并不影响人们对艺术本质的认识。所以，我们可以从精神、活动过程和活动结果等方面来理解艺术的本质问题。

从精神层面来看，艺术是文化的一个领域或文化价值的一种形态，它与宗教、哲学、伦理等并列；从活动过程层面来看，艺术是艺术家的自我表现、创造活动，或对现实的模仿活动；从活动结果层面来看，艺术就是艺术品，强调艺术的客观存在。一般认为，艺术是人们把握现实世界的一种方式，艺术活动是人们以直觉的、整体的方式把握客观现象，并在此基础上以象征性符号形式创造某种艺术形象的精神性实践活动。

第三节

教育艺术

在人类发展历史进程中,教育发挥着对知识的传承、探索和创新的作用,教育的发展状况标志着人类社会文明进步的程度,因此,教育作为一种职业,从一开始就聚集了耀眼的光环,教育者成为任何一个时代备受推崇的群体。但是,时至今日,哪怕教育和教育者已被人们推上至高的"神坛",而实际上教育和教育者并没有让社会或这个时代获得期望的更加理想的效果,人们始终对教育的体制、机制,教育者的教育方法和教育理念持怀疑态度,教育甚至成为了人们所诟病的不良社会风气的直接根源。教育和教育者被千夫所指,那么,教育和教育者是否有相应的应对策略和方法?教育和教育者在这个古老而又神秘的领域是否应该有创新性的作为?回答是肯定的,这正是我们探讨和研究的问题——教育艺术。

教育艺术不是一个恒定的概念,它就像"自己的名字一样富有华丽的色彩"。不过,就一个时期而言,教育艺术体现的是一种国家和教育者"合一"的理念。所谓"合一"的理念,即在国家意识形态范围内,教育者如何围绕国家意识形态这个主流,以自己特有的方法开展教育活动,达到为当时社会所需要的教育效果。因此,可以将教育艺术定义为:教育艺术是一种高层次的、为当代社会所接受的、具有一定的审美价值的整体教育观念,它外化为教育者高超的精湛的教育操作技术,并通过创造性的教育活动表现出来。教育艺术必须以一定的专业技能为基础,并运用丰富的技巧和方法,以达到与教育对象的沟通,从而实现最佳的、最有效的教育效果。

教育艺术是一种科学的、具有审美价值的教育方法,它融合了教育者的教育内容、教育手段、情绪状态、智力活动以及与教育对象的沟通交流等,教育者通过自己的教育活动使教育者与教育对象双方获得一种美的体验。

一、教育艺术的特点

教育艺术的特点主要表现为教育主体的个体性、情感性、创造性和审美性。

1. 教育艺术的个体性。所谓个体性是指一种意识到的独立感,个体往往以一种不同的、独立的实体而存在。教育艺术作为整体的教育观,虽然带有明显的社会性,但是由于教育艺术的主体是教育者个人,其思想观念、思维模式、理想信念、情感、审美意识、创造才能、教育技巧等等,绝大多数情况下都取决于教育者个人的修养和个性特征,在教育实践中表现出鲜明的个性差异。无论是教育者的气质、风度、言行、表情等,还是教育者对教育对象的了解、对教育内容的选择和处理等,一般来说,教育者都有自己的独创性和特色性,当教育者成熟的教育艺术与较鲜明的个性特征结合起来,就形成了教育者特有的教育风格。在教育职业中,有的教育者往往忽略了自己应有的教育风格,千篇一律的教育模式或盲目的模仿成为常态,其结果,是自己累了而教育对象也觉得索然无味。

2. 教育艺术的情感性。所谓情感,就是指人的喜、怒、哀、乐等心理状态,它反映人对外部世界对象和现象的主观态度。从广义上讲,一切艺术都是情感的艺术,没有情感也就没有艺术,教育艺术也是如此。教育艺术能表达或者唤起人的情感,通过教育语言的交流,教育者和教育对象之间达到一种比较愉悦的感受。教育艺术的情感性是通过情感和情绪表现出来的。心理学理论认为,人的认识活动是伴随着情绪和情感产生的。具有艺术色彩的教育一般都注重从情感入手,情理交融,做到"动之以情,晓之以理",使教育对象在接受教育的过程中,既能从知识的科学美中产生美感,对学习知识有兴趣、有热情,激发出强烈的求知欲;又能从知识所蕴含的思想情感中,产生爱憎分明、扬善抑恶的情感体验,从而受到情感陶冶和思想教育。教育过程是教育者和教育对象之间的双边活动过程,包含了双方思想与情感的交流,当双方关系融洽并处于和谐状态时,就能够体验到人际关系的和谐美,产生愉悦的心情,进而提高教育的效果。

3. 教育艺术的创造性。就我们的教育来说,知识的灌输或"授业解惑"始终是其内核和追求的目标,而"创造性"只能是教育的理想化目的。但是,伴随着经济、社会和知识的全球化趋势,教育仅仅满足于知识灌输或"授业解惑"显然是没有出路的。因此,追求教育的创造性和对教育艺术的积极探索是教育的重要任务。教育艺术的创造性是教育艺术的突出特点之一和核心问题。从本质上说,教育活动本身就是一种创造性的活动,从教育内容的准备到具体实施,从教育者的临场发挥、随机应变,到因材施教,每一个环节都需要教育者的智慧、机敏、想象和创造性思维。教育艺术体现在教育者高超、多样化的教育技能技巧之中,其新颖性、独创性成分多,就更具有创造性。而通过创造性的教育才能进一步启发受教育者创新性的思维和开拓能力。但现实并非如此,教育者往往是日复一日地按部就班,程序式地完成规定的任务,创新、创造只是一种口号,一种谁也奈何不了的形式。

4. 教育艺术的审美性。具有一定的审美价值或审美性是艺术的重要特征,我们把教育看作是一种艺术活动过程,很自然的,教育艺术就具有一定的审美特征。美能够使人产生愉悦的情感体验,每个人都有追求和享受美的天性,教育过程中的双方都是具有审美意识、审美感受、审美趣味和审美理想的个体,这是在教育活动过程中实现审美的主观因素,而其客观因素则是存在于各种教育内容和教育手段中的美的潜在的因素,当主客观因素相互作用之时,便产生出一种能引起教育者与教育对象心灵愉快的和谐状态。

教育,如果真正实现了上述内容的融合,不言而喻,教育艺术的价值就得到了全面的体现。教育者和受教育者都获得了情感和精神上的满足,都可能达到观念、思想乃至人格的提高。

二、教育艺术的功能

教育艺术的特点决定教育艺术的功能,但教育艺术的特点及其功能之间不是一一对应的关系,而是相互联系、相互影响的。教育之所以成为艺术,是因为它具有区别于其他教育的内在的特质,这就是它能够有效地发挥教育的功能,实现培养和教育创新性人才的目的。具体地讲,教育艺术具有进一步优化教育过程的功能、增强教育效果的功能和实现对人的全面教育功能等。

1. 进一步优化教育过程的功能。教育过程是一种特殊的认识过程,它是教育者有计划、有目的地培养受教育对象的知识、技能、品行、个性和思维的过程。教育的效果如何,有赖于教育过程的优化。从传统上看,教育过程的优化一般是教育管理和教育内容的优化,而很少注重教育方法或者说教育艺术的优化,这是因为教育管理和教育内容的优化比较简单,但它对教育活动的实质性推动作用不大。教育本身发挥了育人的特有作用,在不同时期实现教育的特殊功能,由于教育被渗透了艺术的因素(这是典型的人为因素),因此,教育就像艺术家手中的作品一样,被不断地把玩、修整、改进,进而达到作品的完美状态。教育艺术作为整体的教育观,就是致力于教育的各个环节和过程,通过教育者的精心设计和认真实施,力求达到诸因素协调、统一、平衡、和谐的最佳效果。同时,教育者时时都在制造教育的兴奋点,刻意地营造优美的教育氛围,使教育对象在这种环境中产生愉悦的、良好的心境和审美体验,达到变被动为主动、变消极为积极的教育效果,这就是教育艺术所展现的优化教育过程的功能。

2. 增强教育效果的功能。教育效果是教育计划实施以后的某种状况,它是受各种因素影响的,比如教育环境、教育的硬件设施、教育对象的接受程度等等,但最根本的是教育者的教育方法和教育理念。由于教育艺术注入了教育者精心策划的元素,也就是说,无论是教育的环境、方法、内容,还是教育对象的个体差异、教育目的等,教育者都事先予以考虑,因此,教育的效果会得到明显的增强。从根本上看,教育艺术的目的就是追求优良的教育效果,因此,为增强教育效果的功能,教育艺术从产生时开始,它的每一个方案、每一个步骤,乃至每一个细小的环节都是通过精心设计了的。

3. 实现对人的全面教育功能。从现实来看,实现对人的全面教育虽然只是一种愿景,但是未来社会对复合型人才(通过对人的全面教育实现人的综合能力的全面提升)的需求越来越大却是必然的,要满足未来社会的这一要求,对人的全面教育就成为教育艺术的基本方向和根本目的。教育对人的影响作用不言而喻,从古至今,教育的目的都是启发人的思维和心智,使人在教育中增长知识和才干的。但艺术化的教育,更有利于实现人的全面发展和人的素质的整体提升。其中,传承知识只是教育的一个方面,更重要的是它使教育对象能够逐步发展创造美的能力。根据教育和美学研究的结果,教育艺术中包含着许多美好的东西,它们带有情感性和趣味性,能够给人以美的享受,给人以乐趣和愉悦,满足人的审美需要。美的东西还能增强教育的感染力,使教育对象在审美过程中,从感情到理智都能受到教育的影响,而且这种从美感中得来的教育,其印象更深刻,不容易遗忘。所以,客观地说,美能助善、净化人的心灵、陶冶人的情操、促进人的良好思想品德的形成;与此同时,艺术化的教育由于掌握了教育的科学规律,在使教育对象在不断得到上述明显教育效果的同时,也促进了人的身心健康的全面发展,这正是教育艺术所追求的目的。

三、教育艺术的现状

教育艺术是"教育"和"艺术"的复合体。在教育发展历程中,虽然对教育艺术的研究时常有之,但真正的、较为系统的对教育艺术进行研究的还不多,尤其是在当今中国教育万象俱有,教育理念、教育目标、教育方法等还不理想的时代背景下,对教育艺术的探讨和研究是不能缺少的。

就目前中国的教育状况而言,家庭教育的目标是如何让子女出人头地,教育方法十分传统和僵化,教育理念是"吃得苦中苦,方为人上人",虽然都认为教育乃千秋之业,但是"天子重英豪,文章教尔曹;万般皆下品,唯有读书高"的功利主义和实用主义思想左右了教育,而最终的结果多数是事与愿违,苦了孩子,累坏家人;学校教育方面往往是集"应试教育"之大成,一切围绕升学率这一中心转,仅升学率来说,确实连年都在提高,社会和教育主管部门认可的也是"升学率",但这些都是建立在教育资源极不平衡、教育成本十分高昂的基础上,而学生的理想信念教育、人格教育、品格德行教育、心理健康教育、身体机能训练等整体素质方面却残缺不全,令人忧心忡忡;机关、企事业单位职工的日常教育更是万变不离其宗,以职工思想政治教育为例,要么是"蜻蜓点水"似的应付,要么是"天南海北"的胡诌,只要"唬得住人",应付得了检查就完成教育任务了,而职工深层次的问题未必得到根本的解决。以监狱对罪犯的教育为例,教育改造罪犯是监狱的主要职能,《监狱法》颁布尤其是自监狱布局调整和监狱体制改革以来,国家投入监狱的经费大幅度提高,罪犯教育改造经费也明显增加,警力配备明显增强,监狱民警的精力投入更是前所未有,但是,"苦口婆心"的教育,换来更多的"浪子回头"了吗?

我们不禁要问,教育究竟怎么了?问题的症结究竟在哪里?有什么方法可以解决?要对这些问题一一作出回答,就必须围绕"人"这一主体进行深入的研究,就必须对教育的方法问题进行全面的思考。

教育的症结正如人的自身生存和发展一样,有时候并没有真正认识自己,没有认识到自己存在的真正的意义和目的。席勒认为:"在通常情况下,人的感觉只是限制在眼前的实在性当中,一叶障目,甚至削足适履、作茧自缚。人只知道自然给予他的身体感官,却不知道自然还为他配备了另一个心灵的感官。而只有当人的两个感官同时开始发挥作用,人才能真正地把握现象,才能在自由显现和自由创造的审美游戏中使整个世界成为人自身的作品,而不是让人匍匐在大自然的脚下;贫瘠的自然剥夺了人的一切快乐,而富足的自然又使人无所事事、腐化堕落;人要么感觉越来越迟钝,要么欲望越来越得不到满足,因而也就越来越陷入需求和匮乏的深渊之中,永远无法解脱。"①

席勒的美学思想给我们一个深刻的启发:人对自身的认识是不足的,人要跨越认识上的缺陷,必须走出身体感官上的误区,进而享受美的愉悦。教育行为也是一个道理,为教育而教育,自然是实现不了教育的目的的,教育本身必须与教育的对象、教育环境、教育方法等内容有机地结合起来,才能发挥教育的作用。

社会的发展不会因一时一事而废,也不会因暂时的不尽如人意而停滞不前。教育工作是一项长期的、具体的、系统的"百年大计"工程,它不但需要时间和经费的投入,而且还需要教育者与教育对象的合力聚集,需要教育艺术张力的发挥,需要对人性本源的深刻洞察和细心挖掘。如果我们坚持这种思维模式,并把它浇筑到具体的教育过程中,教育效果势必有所改变,至少可以让教育回归到自然的轨道,最终实现教育目标的回归。

---

① 卢世林:《美与人性的教育——席勒美学思想研究》,人民出版社 2009 年版,第 106 页

第二章
Chapter 2

罪犯教育艺术

　　艺术植根于生活，艺术美化生活，艺术因在生活中不断得到历练而升华。但生活并非艺术，甚至在绝大多数情况下，二者各行其是，互不相干。蝈蝈在月光下的秋鸣声，勾起了远行人的思乡之情，蝈蝈的鸣叫本来是十分自然的事，它并不知道人在此情此景下，会因为自己的鸣声而触景生情，产生思乡之感，但这种思乡之情所产生的"忧愁美"却被历代文学家、美学家赞不绝口，这就是艺术与生活关系的精妙所在。因此，我们应该在生活中发现和挖掘艺术，在艺术中体验和享受生活，让大千世界成为美好生活的驿站，让艺术丰富人类生活。

　　将艺术与罪犯教育相提并论，有人担心是否会贬损艺术的价值或使艺术泛滥化。不容置疑，这种担心并非杞人忧天。艺术虽然来源于生活，但是它比生活更富有诗意和令人幻想，艺术能够提高人的精神情趣和思想修养，艺术应该呈现在人们的向往之地，如果把艺术置于监狱这个与人们精神世界相对偏远和人的心理十分"忌讳"的地方，表面上看似有不妥，所以，那种"是否会贬损艺术的价值或使艺术泛滥化"的忧虑是正常的。这里，我们只是做一件"纠正人们认识偏差"的事情，秉承对艺术大胆追求的精神，特别是对罪犯教育改造事业的执着，因而提出"罪犯教育艺术"论题，并进行专门研究。

　　罪犯教育，是监狱工作的一项十分重要的内容，是人类自我改造、自我完善的重要路径之一。我们知道，法律是所有戒律中的最底层，"没有做到"，就是没有尽到最低的义务，对罪犯实施教育改造，是因为罪犯没有坚守法律底线，没有尽到最低的公民应尽的义务。如果将罪犯教育这项工作置于社会生活中去观察和研究，人们关注的也仅仅是这项工作的表象或直观的效果，具体地说，人们关心或希望的是"只要监狱把罪犯关押起来，对罪犯进行惩罚就行了"，这种看法直观朴素，毫无掩饰。因为，虽然很多人对生活和艺术比较关注，但是将工作进行艺术化的思维，特别是通过采取什么方法去惩罚和改造罪犯，他们并不关心，甚至认为没有这个必要。

　　可是,监狱民警则不同。从职业角度来看,教育改造罪犯究竟需要什么样的内容,教育内容是否具有针对性、实用性,教育方法是否科学有效,应该树立什么样的教育理念,监狱教育环境及教育设施如何等等,这些都是监狱民警必须关心的问题,因为,要教育改造好那些没有尽到最低公民义务的罪犯,监狱民警的思维就应有别于普通人的思维模式,不能说"把这些人关起来就了事",不但如此,监狱民警还应树立全新的理念和方法,以科学的精神并运用科学的方法去教育改造罪犯。

第一节
罪犯教育

一、中国罪犯教育历史探微

　　史料记载,中国监狱的历史可以追溯到夏朝时期。由于夏朝是我国第一个奴隶制国家,监狱关押对象主要是受生命刑和身体刑的罪犯,还没有现代意义上的徒刑刑罚,因此,就不存在对罪犯的教育,监狱只是未决犯待讯、待质、待决和已决犯待刑的监禁场所。到了商朝,开始出现束缚罪犯自由的强制性劳役刑,监狱管理以惩罚、威吓、警戒等为主,这个时期,对罪犯的教育思想开始出现。到了西周时期,统治阶级吸取夏商重刑辟而败亡的教训,提出了"明德慎罚"思想,把监狱看作教育感化罪犯的工具,建立了中国古代具有代表性的监狱制度"圜土之制"和"嘉石之制",在监狱推行"毋庸杀之、姑惟教之"的主张。监狱采取"明刑耻之""任之以事""幽闭思过"等手段和方式,使罪犯在监狱"迁善改过"而逐渐放弃反抗统治阶级的意识和行为。西周监狱制度集中国奴隶社会监狱制度之大成,是中国古代监狱教育感化罪犯的真正开端。

　　进入封建社会后,中国监狱制度随着封建社会专制主义中央集权的建立而得到逐步发展和加强。监狱在儒法结合、礼刑并用、德主刑辅等法律狱政思想的指导下,先后制定和实施了一些感化教育罪犯的制度,形成了一套具有封建社会特点的监狱罪犯教育的内容、手段和方法。战国至秦时期,统治阶级奉行重刑制的刑罚思想,因此,监狱通过严格的监禁和强制劳役来惩罚罪犯。西汉时期,统治者吸取秦朝暴政酷罚而亡的教训,以儒家思想为主导,提出"德主刑辅"的法律思想,奉行恤刑、悯囚、春秋决狱和秋冬行刑的刑罚理念。到了隋唐时期,中国封建社会达到鼎盛,封建法律思想趋于完备,出现了代表封建法律思想的《唐律疏议》。在狱政思想上提倡"德礼为政教之本,刑罚为政教之用","以圜土聚教罢民,凡害人者,置之圜土而施职事焉"。明朝在唐代监狱制度的基础上提出"明刑弼教"、"重典治狱"的监狱行刑思想。清朝狱制在中国封建社会狱制中具有一定的代表性,它不但改良狱制,创设分类拘禁、惩戒与感化并重等制度,而且还创设罪犯习艺所,要求监狱要"教工艺",使罪犯释放后可谋生改行,自给衣履,同时,还通过一些具体的措施提高监狱管理人员的素质。譬如,1907 年,清学部通令,在京师和各省政法学堂增设监狱学专科,聘请日本法学家小河滋次郎讲学,通过正规教育培养监狱上层管理人员;清提牢主事赵舒翘认为,"法赖人行,维持乃久",强调执法者的整体水平和个体素质是监狱立法得以畅行的关键,即通过提高监狱官吏和狱卒的管理水平来更好地教育罪犯。

1840 年鸦片战争后,西方列强侵入,使中国逐渐沦为半殖民地半封建社会,中国也从此进入近代社会时期。在资本主义监狱制度改良的影响下,清政府也顺应时代的要求,积极支持一些地主、资产阶级知识分子提出的西学主张。在监狱改良方面,主张修监狱,禁止虐待囚犯、克扣囚粮等不人道行为。清朝监狱学家沈家本认为,监狱应随自由刑的发展而采取相应的自由刑规定,监狱不能实行单纯的惩罚,监狱是感化场所,很多囚犯就是缺少教育而犯罪,因此,监狱可以通过教化来感化罪犯。湖广总督张之洞认为:"必须在省城大举营造,兼采东西各国监狱之式,管理执法,虽在禁锢之中,而处处皆施以怜悯之方,并实有教诲之事,以外通省模范。"1910 年,清政府聘请日本学者小河滋次郎起草中国第一部监狱法典《大清监狱律草案》,规定了对罪犯采取惩治与习艺相结合的作业制度,虽然这些监狱改良对于维系寿终正寝的清朝政府已无济于事,但是它具有一定的时代进步性。北洋军阀和国民党政府的监狱,在继承清末监狱制度的基础上,又对监狱制度进行了一定的修改和补充,实施具体的监狱管理,明确罪犯教育的组织机构、教育内容、教育方法和手段,但是,由于存在教育内容上的虚无主义和手段、方法上的欺骗性,罪犯自由、人格等都得不到基本的保障,所以,所谓的监狱改良和罪犯教育措施并没有得到真正的实施。

二、国外罪犯教育简述

国外罪犯教育可以分为古代、近代和现代社会三个部分

国外古代罪犯教育主要以古埃及、印度、希腊、罗马 为代表,由于缺乏专门的关押场所,且在奴隶制报应刑和威吓刑思想指导下,囚 杂居现象突出,对囚犯的管理教育采取残酷的肉体折磨。进入封建社会特别是西欧中世纪时期,教会确立了"治疗刑"和以惩治感化为宗旨的行刑思想,监狱设置习艺场所和感化院,监狱成为教育感化罪犯的机构,罪犯在监狱里习艺、忏悔、接受矫正和灵魂的净化。

17 至 19 世纪,西方进入自由资本主义即近代资本主义时期,为了摆脱封建统治和争取自由,资产阶级提出了"自由、平等、人权"的政治主张,认为人的权利是上帝赋予的。在这些思想的影响下,资产阶级刑事古典学派兴起,并确立了自由刑的核心地位,确定了

罪刑法定、罪刑相适应、人道主义三项刑罚原则,逐步废除了肉刑,减少死刑,而监狱的任务就是限制罪犯的自由,是对罪犯进行惩罚和赎罪的地方。18世纪中叶后,以英国、美国为代表的资本主义国家对监狱进行改良,倡导监狱要使罪犯知罪悔罪,就应该改善监狱条件,实行人道主义(如英国的分居制、美国的独居制和沉默制等),无论是在监狱管理、罪犯教育内容或是罪犯教育方法方面都有别于以往任何社会,近代资本主义监狱的罪犯教育思想开始形成。

19世纪中叶以后,受资本主义经济自由竞争的影响,各种社会思潮不断出现,在刑事法律领域提出了注重罪犯教育改造,使罪犯能够适应社会重新生活的主张,"教育刑论""改造刑论"等成为矫正罪犯的重要的行刑思想。

20世纪以来,随着犯罪率的不断剧增,监狱不但是关押罪犯的场所,而且被认为是抑制犯罪的理想之地,监狱越来越受到各国政府的重视,因此,监狱管理和罪犯教育取得了许多重要成就,特别是发达国家的监狱,先后产生了一些先进的理念和矫治方法。例如,美国监狱在罪犯中广泛运用的医疗模式(the medical model)、更新模式(the rehabilitation model)、监狱替代模式(the community model,即社区矫正)和报应模式(the retribution model)等等。在具体内容和方法上也有很多有别于中国的做法。例如美国(芝加哥)和加拿大监狱,在教育内容方面开放罪犯生活指导课(社会指导),以发展罪犯健全的心理和生理,培养罪犯自主意识和对法律的尊重意识,掌握必要的知识和社会技能,使其出狱后能过一种健全和守法的社会生活。又如美国、日本、瑞士的学习释放制度(允许罪犯白天到监外学习,晚上回监休息),这种社会化教育方法,使罪犯能够广泛的接受社会信息,有利于保证监内教育与社会教育的同步发展。

三、中国罪犯教育的现代性思考

在特定的环境下,人如果背离了基本的道德规范甚至触犯法律这一最后一道底线,必然会受到道德舆论的谴责和法律的严惩。对违反道德规范来说,主要通过社会舆论和自我修正。利用社会舆论进行修正的方式很多,例如公开的谴责批评、赔礼道歉、物质利益补偿以及常用的思想道德教育等。采取自我修正模式,则是通过其内心的道德品格修炼、真诚地悔过、主动地接受批评教育等方式进行。

在现实中,背离基本道德规范的行为显然远超过违法犯罪行为,同样,对背离基本道德规范行为的调整方式比对违法犯罪行为的惩罚方式广泛和普遍得多。但是,就道德规范和法律规范来讲,不管其方式孰多孰少、孰轻孰重,两种规范共同构建起抵御和预防侵害社会肌体的"防火墙",都有抑制各种不良行为产生的特殊功能,发挥着保护人们正常生活和社会有序发展的作用。

罪犯教育是一项特殊的教育活动,它需要力量和智慧,还需要信心与宽容,它不仅仅是监狱的事业,也是整个社会应该关注和支持的工作。

但是,罪犯教育的现状如何呢?

1. 对罪犯的社会帮教问题。这些年来,虽然提出了利用各种社会资源对罪犯进行教育,努力实现罪犯教育的社会化等问题,社会帮教活动也取得了明显的成效。据统计,2013年全国监狱系统签订帮教协议745372次,接受社会帮教1112643人次,评聘教育改造专家、教授、心理矫治专家6602人,社会教师4302人,社会帮教志愿者75717人,接受社会帮教资金1389万元,组织警示教育13387批次。从统计数据看,到监狱进行社会帮教的人虽然较多,但是,帮教的形式和内容单一,帮教效果并不理想。同时,由于帮教的工作缺少具体的法律支持,没有形成规范的监督和制约机制,因此,随意性较大,而缺少监督和制约的活动,其结果必然是始乱终散。究其原因,帮教工作后面隐藏着很多不确定、不可控因素,那就是社会机构或社会志愿者的职业特点(非主体性)决定了他们不可能形成长期的、有效的帮教机制,帮教活动往往是为体现所谓的"社会关爱"而走走形式的,帮教行为也仅仅是一种普通的社会义务而已。归根结底,社会帮教只是一种辅助性活动,监狱和监狱民警才是罪犯教育的主体,教育过程的方法、目的和质量等深层次的问题也只能由监狱自己解决。

2. 监狱和监狱民警的主业问题。对罪犯教育既然是监狱的主业,那么,我们是否就罪犯教育的相关问题进行过科学的研究?除监狱的主管部门从宏观层面进行设计和提出要求外,对罪犯进行直接管理的监狱民警是否思考过:诸如罪犯教育究竟包含哪些内容,这些内容的设计是否有效或具有针对性、科学性;对罪犯思想和行为矫正的预期效果如何;监狱尤其是监狱民警在罪犯教育中的职业角色或主体作用是否得到真正的发挥;根据罪犯教育类别的不同,监狱民警应该具备哪些专业能力和必备条件,这些专业能力和必备条件是否得到有效提升或持续巩固;监狱民警的执法环境和权利是否得到了有效的保障等等。这些显然十分普通、十分现实但又特别重要的问题,一般很少得到正面的回答。因为缺少面对,所以,很多简单的问题因悬而未决而成为复杂的问题,很多现实的问题因未能及时解决而变成历史难题,于是,罪犯教育仅停留在较为肤浅的层面,教育改造效果就可想而知了。

对于监狱民警来说,罪犯教育是一个沉重的老话题,之所以存在这种认识,是因为监狱民警承受着无形的压力和潜在的职业风险。一方面,监狱作为国家的暴力机器,监狱刑罚执行和对罪犯的矫治已成为国家治理的重要内容,在全面实行依法治国语境下,监狱的法治状况和监狱民警依法履行职责的情况,成为国家和社会关注的焦点。一般来说,聚焦越大,关注就越多,相应的压力也就越大。另一方面,罪犯教育改造的难度大,改造效果缺乏正面宣传和科学的评价,社会影响力低,罪犯教育成为监狱和监狱民警的"难言之隐",虽然从法律的层面已经解决了监狱和监狱企业的职能问题,教育改造工作被归入监狱工作主业的范畴中,但是实际运行过程中,教育改造罪犯所遭遇的困难仍然不可低估。就教育改造经费来看,自新中国成立以来,特别是《监狱法》颁布和监狱布局调整、监狱体制改革以后,国家对监狱教育改造经费的投入、对监狱教育改造工作的重视度可以说是前所未有的,虽然局部环节还比较脆弱,但是从总体上看却有了巨大的改变,然而,困扰监狱和监狱民警的罪犯教育改造问题却依然严重,甚至变得十分顽固。监狱体制改革后,在罪犯生产劳动全部转入监狱高墙内的背景下,罪犯脱逃现象大幅度减少了,全国绝大多数监狱基本上实现"零脱逃","×无"指标不断创历史纪录的新高,在监管安全和生产安全高标准、高要求的态势下,监狱总体上保持稳定,但罪犯心理却在时时发生变化,罪犯构成日趋复杂,罪犯人生观价值观修复十分艰难,在这种情况下,监狱和监狱民警穷于应付罪犯中产生的各种新问题、新矛盾,有时根本无所适从。监狱民警特有的职业风险,如罪犯暴力冲监、袭警、自杀等各种抗拒改造、反改造行为屡有发生,这些问题既损害了监狱的利益和形象,又严重威胁着监狱的安全,加之监狱民警执法过程中客观存在的潜在风险(有的称为执法风险,即监狱民警在执法过程中因无法预见或可能预见但无法排除的对监狱民警产生不良影响的各种因素,如监狱民警因失职渎职、滥用职权、违反执法程序、侵犯罪犯权利等等而可能面临的行政责任和刑事责任),在各种严峻的执法环境下,要真正抓好教育改造工作,如果不从本质上解决问题,最终会形成新的监管和生产安全隐患,导致新的安全问题的产生。

所谓从本质上解决问题,就是在国家大法治环境下,在依法治监的前提下,从提升监狱的管理水平、提高监狱民警的教育改造能力,从为监狱民警提供有效的法律保障,从寻求科学有效的教育改造方法上寻找突破口。无论是提升监狱的管理水平还是提高监狱民警的教育改造能力等,都归结到一个问题上,这就是科学方法的运用和各种社会资源的统合。

中华人民共和国成立后,我国监狱先后关押改造了日本战犯、国民党战犯、伪满战犯和一大批普通刑事犯罪分子。在当时的历史条件下,国家经济基础薄弱,国内国际形势十分紧张,受国家整体经济形势的影响,监狱的经费投入十分有限,监狱的关押条件、狱政设施十分简陋,教育改造经费更是微乎其微。但是,也就是在这样一种环境下,我国监狱工作创造了前无古人、彪炳千秋的历史伟绩。

中华人民共和国成立后,由我国关押改造的日本战犯共有 1109 名,其中有当时苏联政府移交给我国的 969 名,主要关押在抚顺战犯管理所(少部分关押在山西太原)。苏联政府对 969 名战争罪犯关押了 5 年,但未进行有效的教育改造,在绥芬河移交时,苏方代表说:"这就是一批极端反动的军国主义分子,是根本不可改造的。"1950 年 7 月 21 日,我方工作人员对 969 名战犯全部安全收押,监狱管教民警与日本战犯的初期斗争从此开始。在教育改造初期,这些当年参加侵略战争的将校、警官、军士们,普遍否认有罪,并拿"国际法"吓唬管教干部。质问:"我们是战犯,还是俘虏?"叫嚷"把战俘当作战犯,这违反国际法!",甚至联名请愿,要求"立即释放"。1952 年初,中央针对大多数日本战犯多方推卸罪责而不肯认罪的情况,指示管理所开展认罪教育,将改造战犯的工作推向了一个新的阶段。管教民警通过与战犯的初期较量,积累了斗争经验,提高了策略水平,明确规定了与战犯斗争的"四个一致":一是思想认识要与党的认识一致,即为改造战犯的历史任务服务。二是一举一动要与党的政策一致,即管教民警既要维护国家尊严,表现国家气魄,讲究斗争策略;又要举止文明大方,以理服人,不侮辱、刁难罪犯。三是言行一致,处理一切事务必须严密谨慎,言必行,行必果。四是上下一致,采取"兵对兵,将对将"的原则,明确划分工作范围,确定管教对象,上下统一计划,统一行动。最后,通过组织这些罪犯开展学习讨论和对照反省、认罪悔罪和坦白检举、评比鉴定和改造等工作,将绝大多数日本战犯改造成为拥护世界和平及中日友好的使者。

对原国民党战犯的改造,同样经历了一个艰苦复杂而漫长的过程,但最终我们都将其改造成了对国家和社会发展的有生力量。

在改造日本战犯和国民党战犯的同时,还改造了伪满战犯和成千上万的普通刑事犯罪。

新中国罪犯教育改造的历史向我们提出了两个问题:一个是在教育改造环境十分恶劣的条件下,教育改造罪犯的效果十分明显,成绩斐然,无论是社会还是罪犯本身都有深度认同感;另一个就是改革开放 30 多年后,国家对监狱的经费投入剧增,监狱的条件已今非昔比,监狱民警的政治、经济和物质待遇已明显提高,监狱民警对罪犯教育管理责任意识并未削弱,但是,罪犯教育改造的效果为什么没有如人所愿,这难道是现代文明对监狱教育改造工作的刻意发难?

实际上,只要仔细分析,就会找到较为合理的解释。

第一,中华人民共和国成立后的一段时间里,尽管各行各业百废待兴,而监狱教育改造的对象却极具特殊的政治和历史意义,国内尤其是国际上对中国对各类战犯的关注度很高,中国政府本身也将对各类战犯的教育改造问题作为取信于国际社会、改造人类、稳定和巩固新生政权的重要契机,因此,国家对监狱的管理和重视力度大,在当时特有的国内环境下,无论是国有资产的配置(如土地、物资等等),还是监狱管理人员的配备、具有国家高度的方针和政策支持等均成就了监狱教育改造罪犯工作的顺利进行。

第二,教育改造对象构成的单一性。中华人民共和国成立之初,监狱关押的罪犯虽然思想顽固,教育改造难度大,但是罪犯构成并不复杂,罪犯的价值取向并非多元化,罪犯相互之间的"交差感染"("感染源")不多,因此,无论从理论还是从实践上都为教育改造他们提供了可能性。

第三,监狱管理人员的责任意识,敢于担当意识和职业认同感前所未有。在当时的特有条件下,一方面,监狱管理人员多数都经历过战争甚至牺牲生命的洗礼,经受了血与火、生与死的考验,能够深刻地领悟到革命成果的来之不易,清楚地明白所肩负的重大责任和克服各种困难所需要的大无畏精神,任何懈怠和麻痹大意都意味着对革命的犯罪。在这种背景下,监狱民警从事监狱工作,承担教育改造罪犯的历史使命,已不仅仅是他们的一份工作,而是一种对事业的追求乃至自己一生的信念。另一方面,监狱职业的相对稳定性,使监狱管理人员排除了更多的职业选择,养成了他们对监狱工作、对教育改造罪犯事业比较专一的职业认同和职业情感。

但是,社会的快速发展已将或正在洗涤着往日的执着情愫,当我们再用历史的眼光审视今天教育改造罪犯工作的时候,有的传统已荡然无存,有的方法已时过境迁,在这样彷徨而又焦虑的过程中,监狱民警常常走在十字路口的两难境地:人生价值、职业认同、利益诱惑、责任担当等等无所不在地考验着他们。最直接、最突出的表现是部分监狱民警缺乏对法律的忠诚和敬畏,法治观念淡薄,综合运用法律能力不足,执法水平低,责任心缺失,没有用心作为和担当精神。在分析民警责任心缺失和没有担当精神方面,有人认为最关键的原因在于监狱民警工作倦怠,表现为情绪衰竭(即所有的情绪资源都已耗尽,有筋疲力尽之感,常常出现紧张或焦虑,身体处于亚健康状态)、玩世不恭(即常常以负面的、冷漠的、逃避的态度对待工作,消极易怒、缺乏工作激情)、没有成就感等。

在这种情况下,只有科学的决断和明智的选择才能够明了未来的道路,只有在不断探索、发现和自我否定、肯定中得到合理的定位,人类的自我改造和完善的需要,已将罪犯教育改造推向不可逆转的风口浪尖。在传统和现实之间,如果再一味地抱残守缺显然是落后了,但走历史虚无主义同样没有前途,只有秉承继承和发展的精神,把握罪犯教育的现代性,才能真正将罪犯教育改造工作提升到新的高度。一方面,要加强监狱民警的职业风险教育和职业风险意识,避免监狱民警对风险的存在完全无知和过于自信,漠视风险的客观存在;另一方面,要进一步完善监狱法律法规,从法律设计方面为监狱民警提供制度保障;同时,还应加强监狱民警的责任意识和法治理念教育,强化监狱民警执纪执法监督,从而降低执法风险,减少执法成本,真正发挥监狱民警教育改造罪犯的积极作用。

第二节

罪犯教育艺术

艺术的价值在于能够为人们提供美的愉悦和享受。罪犯教育艺术要实现美的愉悦和享受,首先需要监狱民警对教育问题进行艺术性的思考,并通过一定的方法和技巧使教育艺术化,即通过教育艺术的具体运用,发生教育改造好罪犯的实际效果,在得到国家和社会的普遍认可后才实现其价值,这种价值最终是法的价值的实现,比较抽象,没有单纯的艺术的价值那么直白。

罪犯教育艺术是一种方法论,是罪犯教育理论与教育实践的统合和运用,教育艺术的目的是更好地教育改造罪犯,实现特殊的预防作用。

罪犯教育艺术主要通过对罪犯改造表现的客观剖析、发现并掌握改造罪犯规律、创建监狱良好的教育改造环境、提升监狱民警教育改造罪犯的能力。罪犯教育艺术，不是某一种方法的独立运用，它需要借助于当代科学研究成果，是多种方法综合运用的结果。值得注意的是，无论是哪一类方法的运用，最关键的因素是人，即监狱民警作用的发挥是实现罪犯教育艺术的前提和根本保证。

一、罪犯教育艺术的概念

罪犯教育艺术，首先源于对罪犯教育这一事物的认识和理解。概念提炼只是对事物的进一步认识而也。任何事物诞生之后，只有在实践中不断地认识、了解它，然后才能掌握其"习性"，最后才可能形成一个清晰的概念，这是认识事物、掌握事物发展规律的基本逻辑。对于监狱和监狱民警来说，教育罪犯是一项常规性工作，并无什么特殊可言。正因为如此，长期以来，绝大多数监狱民警对教育改造罪犯的工作就仅处于疲于应付的层面，收押—管理—释放的工作流程成为一种常态。至于教育改造罪犯的科学性、罪犯教育的艺术性等等并不是他们必须关心的问题，或者说，他们认识的教育改造罪犯工作仅仅是一项任务、一份最普通的谋生的职业。事实上，教育改造罪犯是人类自我改造的正义之举，是正义与邪恶的较量，是被理论和实践证明了的一项"改造人类灵魂"的系统工程，如果缺乏对这项"工程"方案的科学论证，缺乏必要的精细化管理手段，要教育改造好罪犯是比较困难的。从这个角度来分析，将罪犯教育改造的方法提高到艺术的层面进行研究就显得十分必要了。

罪犯教育艺术，是指在法律规范内，根据事物发展变化规律，运用一定的方法和技巧，有效地教育改造罪犯的一种活动。其内涵是：

（一）罪犯教育方法的运用要符合现行的法律规范

现有法律规范主要指《刑法》《刑事诉讼法》《监狱法》以及相关的法律、法规。《刑法》《刑事诉讼法》等只是作了一些相关性的、比较原则的规定，相对而言，《监狱法》的规定更加具体。《监狱法》第一章第 3 条、第 4 条、第 5 条，第五章的部分条款等对罪犯教育改造的主体、罪犯教育改造方法和原则都作了明确而具体的规定。无论是原则性还是具体规定，监狱和监狱民警的教育改造活动都只能在现有法律规范的范围内活动。

在实践中，个别监狱民警为了所谓的工作创新而一味地追求教育方法的"新、奇、异"，搞不切实际的"创新"，完全背离了教育方法是为实践服务的初衷，使罪犯教育改造工作出现方向性偏离，甚至违反法律规定。在具体行为上表现为不切实际的生搬硬套、小题大做、装腔作势、自作主张。例如，在对罪犯个别教育中，不分教育对象的具体情况，模仿影视剧中的情节，搞所谓的"感化"。做感情文章，虽然其本意是以此希望得到罪犯的理解和支持，想通过这类方法使罪犯被感动而"改邪归正"，但由于掺杂进了较多的个人情感和功利色彩，加之这类方法不一定适合教育对象，牵强附会，反而使对方反感，因此，不宜提倡。实际上，有的问题是可以通过监狱民警与罪犯之间进行普通的沟通、交流就能够解决的,但我们的监狱民警常常忘记了用简单的办法解决复杂问题的技巧,对罪犯的教育缺少科学、规范、严谨的态度,缺少灵活、实用、富有针对性的措施。又如,对罪犯中一些较轻微的违反监规纪律行为,一经发现,只要及时予以批评教育即可,并非一定要从罪犯的这些违纪行为中去分析其动机和目的是什么,也没必要投入更多的精力去寻找违纪过程中的蛛丝马迹有哪些,因为"并不是所有的现象中都隐藏着罪恶的阴谋"。有的监狱民警常常"小题大做",采取"戴帽子"、上纲上线的方法,好像如果不找点问题出来就不能证明自己的能力一样,但最后适得其反,把简单问题搞复杂了。而有的民警在执法过程中为了体现"人性化"管理,在接见或对罪犯进行亲情帮教时,违反规定,擅作主张,擅自同意罪犯与配偶同居、私放罪犯离监探亲、扩大探监人员范围、违规为罪犯提供通信条件、搞奢华亲情会餐等等。

创新教育改造罪犯方法,追求教育改造罪犯良好效果,提高教育改造罪犯水平,是监狱民警教育艺术的展现过程,是监狱民警的一种积极的思维理念,理所当然值得倡导和鼓励,但必须遵守法律和事实,如果违背罪犯教育实际、超越法律法规的规定,就是乱作为,就会给监狱工作带来负面的影响。

(二)教育改造罪犯方法具有艺术性

教育改造罪犯方法的创新,不是监狱民警主观上一定要特立独行,更不是闭门造车,而是教育思维的转变和理念上的创新,是依据监狱工作的实际,根据罪犯教育改造的需要,并结合传统教育改造方法提出的。值得注意的是:既然是罪犯教育艺术,因此,并不是所有的方法都可以成为艺术,只有那些具有效果好、创新性、有感染力、得到认可的可复制、可推广的方法才可以转化上升为"艺术"。正如可以被称之为"艺术"的作品一样,如果作品本身不具备艺术的价值、没有感染力和一定的认可度,那就不成其为艺术。

当然,把教育改造罪犯的好的、有效的方法称为"教育艺术",这种"教育艺术"并没有具体的标准和参考要素,实际上,它只是方式方法的新颖、实用、有效而已,通过这种方式方法的应用,不仅使一部分罪犯的思想和行为受到影响,而且对绝大多数罪犯都可能产生明显的感染力和教育作用。

在教育改造罪犯的过程中,根据实际情况可以采用很多方法,方法不同,效果各异。方式方法在时间、地点、对象、表达方式、运用程度、使用技巧等方面不同,教育改造的效果也就不一样,这就是教育艺术的体现。在实践中,常常会遇到"同样的问题,使用了同样的教育方法,但结果却不同,甚至截然相反"。例如,张警官对罪犯王某运用了 A 种方法,王某转变快、效果好。李警官对罪犯王某也运用了 A 种方法,王某不但没有转变,反而违反监规纪律,抗拒改造。这说明,虽然教育罪犯的方法相同,但是除民警自身因素(如民警的人格魅力、语言表达、情绪、沟通协调能力、交际水平)外,教育罪犯所选用的时间、环境、罪犯的基本情况等与结果的产生有密切的关系。

❋案例

✍在北京市监狱管理局清河分局方舟、王金亮、郭际唐、柳原等编写的《清河教育改造模式之思想矫治法》一书中,有很多具有代表性的教育改造罪犯经验。例如,书中列举的"珍惜拥有"等教育模式,就是典型的罪犯教育艺术。作者认为:"引导服刑人员树立起珍惜思想,是非常重要的思想矫治内容。"罪犯在服刑过程中普遍存在着一种"无关紧要"的认知,即只关注自己没有的、缺失的,而不珍惜自己现在拥有的,对民警提出的一些问题,往往不经自己内心过滤和加工,就会作出顺从性的回答。作者以一名持械伤人入狱罪犯为例,具体描述了"珍惜拥有"法的操作过程:

咱们一起来感受一下你所拥有的。假设你所拥有的一切都交给一个有超自然力量的人了,他会替你妥善保管,你会交给谁? 你现在一无所有了,你的一切都交给那个你信任的超自然人保管了,你只剩下思想,你可以把你想要的都要回来,但每次只能一件,而且你需要说明为什么要回来,你的思想在做什么? 你想要回什么呢?

警官:这两天还好吗?

刘某:还好。

警官:咱们感受一下你拥有的,怎么样?

刘某:我能有什么呀!

警官:你有年轻、健康、父母、朋友。

刘某:这些都没用。

警官:反正你觉得这些拥有也没有什么用,那把你拥有的这些都交给一个你信任的、有超自然力量的人保管,怎么样?

刘某:好呀。

警官:你信任的、有超自然力量的人是谁呢?

刘某:谁都行,反正我也没有什么。

警官:有的人会选如来佛、弥勒佛、太阳神……你信任的神人是谁?

刘某:灶王爷吧!

警官:那就把你的一切交给灶王爷了,你的身体、衣服、父母……只剩下你的思想。如果你想要回去了,必须给灶王爷足够的理由。

刘某:干吗要这样?

警官:为了让你能尽快好起来! 开始吧!

刘某:我什么也不想要。

警官:你的思想在干什么?

刘某:呆着想活着真没有意思。

警官:发生什么思想会觉得有意思?

刘某:看看电视吧。

警官:对不起,你没有眼睛,看不成。

刘某:那我就把我的眼睛要回来!

警官:好啊,你现在就跟灶王爷说说你想要回眼睛的原因。

刘某:灶王爷,我想要回眼睛,我想看电视,没有眼睛一片黑暗,更没有意思了!

警官:好啊,灶王爷说你想好了,一旦你把眼睛要回去以后,就由你自己全权保管了。

刘某:想清楚了。

警官:现在你有眼睛了。你想做点什么?

刘某:看电视。

警官:不行,你见过半空中飘着一对眼睛看电视吗?

刘某:那我把头、把身体要回来!

警官:那你跟灶王爷说说。

刘某:我要我的身体,没有身体什么也做不了。

警官:灶王爷说反正你觉得一切都挺没意思的,要不就算了吧。

刘某:不行,只能想想,什么都做不了,太难受了,我还是要身体。

警官:如果灶王爷说对不起,你不能再拥有健康的身体了,会怎么样?

刘某:那我不就跟死了一样吗?

警官:好像健康的身体对你来说很重要?

刘某:是呀,我忽然想自己如果每天瘫痪在床上,不能动,没有健康的身体,真是太可怕了!

警官:现在你每天好像也不爱动,也不怎么跟其他人说话,反正是不爱动,索性就不要身体了,怎么样?

刘某:不行,我还得要身体!

警官:要身体做些什么呢?

刘某:看电视。

警官:光着身体?

刘某:笑,必须穿好衣服。我要衣服。

警官:你跟灶王爷说说怎么想要衣服呢?

刘某:我怎么也不能光着身子呀!

警官:灶王爷说衣服、电视、你呆的房子都是其他人为你提供的条件,你直接把那些给你提供条件的人要回去吧!

刘某:我想要回我爸。

警官:好像上次你爸妈来接见,你嫌烦,一个人自由自在的,不要他们了吧!

刘某:沉默。我挺想他们的,也不知怎么见面了,又觉得挺烦的……

警官通过这种谈话方式,"一路引领着服刑人员用新的视角观察、思考自己所拥有的,发现平时被自己忽略的价值,完成重塑珍惜感的过程"。

这类方法不能保证对所有的罪犯都有用,但是,它在正确引导罪犯积极面对现实、"珍惜拥有"方面的创意是崭新的,具有明显的教育效果,这就是教育艺术。

(三)罪犯教育艺术中所指的"艺术"

罪犯教育艺术中所指的"艺术"是监狱民警这一教育主体在教育水平和能力上的多角度展示。这些年来,司法部先后组织了多次罪犯"教育改造能手"评选活动,评选活动的开展,一方面在较高规格和层次上肯定了基层监狱民警的工作;另一方面,使很多先进的教育改造罪犯的经验得以展示和推广,可以说,这是罪犯教育艺术的汇聚,是对罪犯教育艺术行为的充分肯定。

不过,应该清醒地看到,监狱民警对罪犯的教育艺术,在监狱实践中还处于低标准、浅层次、不系统的层面。罪犯教育艺术是监狱民警"身"与"心"的结合,是专业性、知识性、灵活性、系统性与实践性的具体表现。对罪犯的一次临时性谈话、一场短暂的教育报告、一句简单的忠告或提醒等都蕴含着艺术元素,因此,要真正地实现罪犯教育艺术,监狱民警必须做到善于发现、注重细节、勤于总结、大胆运用。

二、罪犯教育艺术的原则

罪犯教育艺术虽然主要强调的是教育的方法问题,但是方法和技巧的运用是有条件的,而且必须遵循法律的规定。因此,遵循法律规定是教育艺术的前置条件。

罪犯教育艺术的基本原则包括:以人为本尊重罪犯权利原则、遵循教育发展规律原则、教育矫正与塑造人才相结合原则、提高刑罚执行成本原则。

(一)以人为本、尊重罪犯权利原则

教育具有双重性(在实施主体教育的同时,表现出与主体教育结果具有从属关系,或与主体相背离,或与主体相竞争甚至是相对立的另一个方面的结果,这种实施一种教育而带来的两种结果的现象,被称为"教育的双重性"),罪犯教育也不例外,它既是罪犯的义务,也是罪犯最基本的权利之一。但是,罪犯教育权利的实现带有明显的强制性,也就是说,教育对象——罪犯本身没有选择是否接受教育的实体资格。尽管如此,在教育艺术的实施过程中,必须尊重罪犯应有的其他权利。虽然教育艺术的目的是为了更好地实现罪犯教育的权利和改造罪犯,但是如果因此而损害了罪犯的其他权利,教育艺术的实施就犯了程序性错误。

就监狱对罪犯教育的现实来说,有时往往是形式重于内容,如政治思想教育流于形式,职业技能教育重于其他教育等等。不仅如此,在教育过程中,突出强调禁止性或限制性行为规范而轻视罪犯权利的实体性保护。在司法实践中,人民法院开庭审判前,都要告知犯罪嫌疑人享有哪些权利,以充分保证其合法权利的行使,维护法律的公平正义。

在对罪犯教育中,如果忽视了这个看似简单的程序,就容易挫伤罪犯主动接受教育的积极性,难以培养罪犯的法治意识,影响对罪犯教育改造的效果。

罪犯教育艺术突出的是教育方法的创新,但是,创新方法的运用必须建立在尊重和保护罪犯权利的基础上,教育艺术的价值才能得到更好的发挥。

(二)遵循教育发展规律原则

所谓教育发展规律是教育现象与其他社会现象内部各要素之间本质的、内在的联系或关系。贯穿教育活动的基本矛盾和规律是:教育与社会发展之间的矛盾和关系;教育与人的身心发展之间的矛盾和关系。这些关系是教育活动中表现出来的一种稳定的联系。

罪犯教育与普通的社会教育虽然在教育对象、教育内容、教育目的等方面有区别,但是就对人的教育这一主题来说,是有着共同的规律的,这就是:注重与社会的矛盾关系,注重与人身心发展之间的矛盾关系。

首先,罪犯教育离不开所处的社会环境。一方面,罪犯的犯罪行为是背离当时的社会规范的行为,除犯罪的主观原因外,还与社会等诸多因素有关,因此,教育改造罪犯,需要从社会诸因素当中去寻找结合点,找准原因,制定可行的方法;另一方面,从本质上看,对罪犯的教育离不开社会,无论是社会对罪犯教育的支持系统还是对罪犯教育的最后效果,如果缺少社会系统的支持就没有罪犯教育,如果罪犯教育的效果不被社会认同和接受,罪犯教育也就成了"无用之功"。

其次,罪犯教育是"人"的教育的重要方面。根据现代教育理念,人的教育和学习是终身进行时,何况对于犯了罪、触犯刑罚的罪犯。因此,对罪犯的教育自然要注重其身心发展的特点,遵循人的身心发展规律。罪犯教育艺术就是建立在这一基础上的一门特殊学问。

(三)教育矫正和塑造人才相结合原则

长期以来,监狱民警对改造好的罪犯是不是"人才"的概念十分模糊,"罪犯就是废才,监狱就是加工厂,就是把废才变成有用的材料。""对社会来说,罪犯是消极的因素,具有负能量,改造好与坏都与人才无关。"在这种观念和认识的支配下,罪犯就是"一堆垃圾",监狱就是"垃圾"处理器,哪怕监狱和监狱民警用"九牛二虎之力"将罪犯改造好,最多也就是一个可能有用但价值不大的"二等货"、"次品"。当然,以罪犯的身份而言,无论从哪个角度来讲,罪犯肯定不属于人才的范畴,因为人才不仅是指具有一定的专业知识和专门技能的人,而且是进行创造性劳动并对社会做出贡献的人,因此,罪犯也只能是一种"可造之材"。但是经过对"人材"的精雕细琢,通过教育改造罪犯功能的有效发挥,罪犯就有可能成为人才。何况教育的目的不仅仅是矫正罪犯的恶习,使其真正认罪、悔罪,根本在于将罪犯改造成为守法公民和有用之才。

教育艺术的高雅和出色之处就在于将教育矫正与塑造人才有机结合起来,矫正恶习是起点、是低要求,教育成守法公民是基本点,改造成有用之才是高标准。

对罪犯的教育哪怕是从"零"甚至从"负数"开始,谁又能够保证罪犯没有被教育改造好甚至被改造成为社会的有用之才的呢?只要罪犯被改造好了,就是合格的社会公民,就有可能成为对社会有用的人。歌德有句名言:"错误同真理的关系,就像睡梦同清醒的关系一样,一个人从错误中醒来,就会以新的力量走向真理。"毛泽东同志曾说:"一个人能力有大小，但只要有这点精神就是一个高尚的人，一个纯粹的人，一个有道德的人，一个脱离了低级趣味的人，一个有益于人民的人。"（毛泽东：《纪念白求恩》）毛泽东同志的论述虽然是以纪念白求恩同志为背景的，赞扬的是一种伟大的国际主义精神，但是这种精神同样包含了一切对社会有贡献的人。罪犯被改造成为对社会有用、对国家和人民都有益的人，其精神同样值得赞扬，同样是一个对国家和人民有用的人才。既然如此，就不能把罪犯排斥在"人才"范围之外，明白这个道理是理解"教育矫正和塑造人才原则"的重要前提，也是教育改造好罪犯的基本条件。

（四）节约执法成本原则

罪犯教育艺术是罪犯教育改造方法的统合与提升，在提高教育改造质量的前提下，提高教育改造罪犯效率和降低监狱刑罚执行成本是罪犯教育艺术追求的目标，也是它的价值所在。离开效率和成本，任何创新方法的使用都失去存在的意义。

在教育改造罪犯的历史发展过程中，监狱民警勤俭节约、无私奉献，在极其艰苦的环境下创业，被传为佳话。1951年5月，根据党中央和毛泽东同志的指示，公安部召开了第三次全国公安工作会议，会议专门研究了组织罪犯劳动改造的问题。根据会议作出的《关于组织全国犯人劳动改造问题的决议》指出："大批应判徒刑的犯人，是一个很大的劳动力，为了改造他们，为了解决监狱的困难，为了不让判处徒刑的反革命分子坐吃闲饭，必须立即着手组织劳动改造工作。"各地迅速建立了罪犯劳动改造机构，基本确立了监狱组织管理体制，大规模地组织罪犯参加国家基本建设，如兴修水利、修筑铁路和公路、垦荒、开矿及从事手工业、农业、副业等项生产。通过大规模地组织罪犯劳动改造，从根本上解决了关押的罪犯坐吃闲饭、监管场所拥挤等一系列问题，基本解决了监狱面临的困难，确立了改造罪犯的基本途径。在这一过程中，管教干部舍生忘死、艰苦创业，以战无不胜的精神谱写了中国监狱历史的不朽篇章，为确保政权稳定、社会稳定、监狱稳定而付出了极大的代价。在当时的历史条件下，无论是监狱建设还是改造罪犯都耗时、耗财、耗力，监狱执法成本（主要是人力成本）无法估计。改革开放以来特别是《监狱法》出台至今，由于监狱民警各种理性的、比较科学的方法的运用，不仅为节约监狱执法成本探索了成功之路，而且凝聚了监狱民警在教育改造罪犯方面的宝贵经验。罪犯教育艺术就是对这些宝贵经验的综合，是对教育改造方法创新的全新体验。

罪犯教育艺术追求的是方法的创新，但提高效率和节约执法成本是罪犯教育艺术的应有之义，如果仅为方法的创新而不顾及效率和成本就是舍本逐末，就不是教育艺术，而是对法律价值的误解和法律资源的浪费。

三、罪犯教育艺术的主体

主体是与客体相对应的、在事物发展过程中起主要作用的人或者其他具备主体资格的实体。罪犯教育艺术的主体具有特定的法律属性，罪犯教育艺术的主体资格由法律规定。在我国现有法律框架内，只有监狱和监狱民警才具备罪犯教育艺术的主体资格，而其他机关、团体、企事业单位、社区、社会志愿者等组织或人员只能作为罪犯教育工作的辅助性组织出现。

（一）监狱

监狱是国家刑罚执行机关，是罪犯管理活动的载体。对罪犯进行教育改造是监狱工作的重要内容之一，罪犯教育艺术是教育改造工作的创新性探索，是科学管理罪犯的重要环节，罪犯教育艺术活动离不开监狱这一主体，它必须在监狱总体工作规划范围内进行，因此，监狱是罪犯教育艺术的最重要的、必然的主体。

其一：监狱为罪犯教育艺术提供必要的组织机构、专业人员、资金、物资、场所和其他社会资源保障；

其二：监狱是一个物化的概念，它虽然不承担具体的罪犯教育艺术工作，但是监狱是罪犯教育艺术的主要组织者、管理者和罪犯教育艺术结果的内部评估机构，监狱力量如何，直接决定着罪犯教育艺术的效果。

（二）监狱民警

监狱民警是罪犯教育艺术的最重要、也是最核心的主体，罪犯教育艺术的效果如何，监狱民警起着关键性、决定性作用。监狱民警教育改造罪犯的主体资格是法律明确规定的，因此，任何有益的、创新性的教育改造方法，只要不违背法律的规定，监狱民警都有权运用并受法律的保护。

具体来说，罪犯教育艺术的主体主要包括直接管理罪犯的分监区民警、监区民警，从事刑罚执行、教育改造、狱政管理、监狱生产等并与罪犯教育活动有实际关系的民警，监狱分管教育改造工作及与罪犯教育活动有实际关系的监狱副职领导，监狱主要领导等（见图1）。

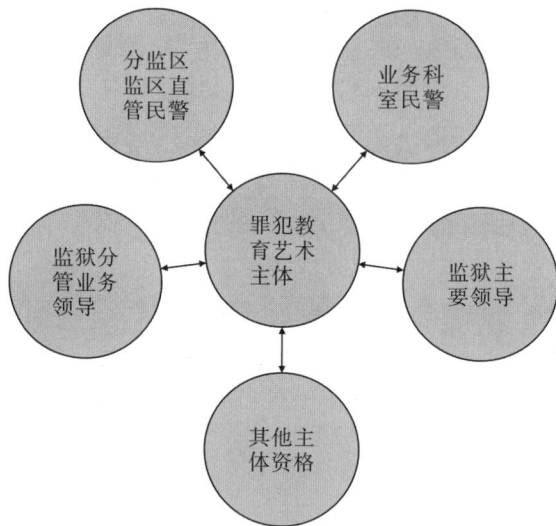

图 1

四、罪犯教育艺术客体

罪犯教育艺术主体方法和措施所指向的对象是教育艺术的客体，即罪犯。虽然罪犯教育的主体和客体是教育改造工作中的一对矛盾，是一种既相互依存又相互对立的关系，但是，就教育改造罪犯的整体性来说，监狱及监狱民警处于主导地位并发挥着支配作用，是教育艺术的决定性因素。

首先，从监狱的产生来看。监狱是人类社会发展到一定历史阶段的产物，它是随着阶级的出现，国家的产生而产生的。私有制出现后，人类出现了奴隶主和奴隶两大对立阶级，人类社会开始进入第一个阶级社会。伴随着阶级的产生，出现了国家组织形式。掌握着国家权利的统治阶级为了维护自己的统治，镇压被统治阶级的反抗，制定了一系列规章制度，并以国家意志体现出来，这就是法律，违法者就是犯罪，对犯罪者要进行惩罚，由此出现了刑罚和监狱，出现了刑罚的执行者和监狱的管理者。监狱和刑罚发展的历史证明，从监狱警察产生开始，他们始终处于刑罚执行的主导地位，而罪犯则处于被管理地位，是刑罚执行的对象。

其次，在具体的刑罚执行过程中，虽然不可能没有执行对象——罪犯的存在，也不可能没有执行对象的配合，但是，罪犯却处于被动接受地位。在当今文明时代，虽然法律赋予罪犯相应的权利，但是监狱民警刑罚执行的主动权、教育改造的主动权是不容变更和转移的。

最后，无论是监狱管理还是具体的刑罚执行，其中心点都是为了教育和改造罪犯，罪犯教育艺术所采取的方法、措施，都是紧紧围绕这个中心展开的，因此，罪犯教育艺术的客体是罪犯。当然，虽然罪犯处于教育艺术的客体地位，但是接受教育的主观能动性的发挥始终取决于罪犯，如果缺乏对罪犯基本信息、思想状况、身心特征、现实表现等全方位的研究和解读，教育改造罪犯就会面临很多现实问题。罪犯教育艺术正是基于监狱民警对自身的认识和对罪犯的充分了解的基础上进行的活动，只有通过这种有准备的工作，才能更好地发挥监狱民警的主体地位作用，实现主体与客体的有机结合。

五、罪犯教育艺术的内容

罪犯教育是一种特殊的教育活动，其特殊性在于教育主体特有的法律属性、教育对象（也可称为教育客体或被教育对象）的特殊身份、教育环境的特殊性和教育内容的特别规定，要针对这些特殊性开展工作，没有艺术性的教育是难以见效的，因此，如何对罪犯实施教育、采取什么样的方法进行教育就显得尤为重要。

教育艺术除了需要教育主体的支撑外，教育艺术具体内容的使用是关键性因素。因此，教育艺术内容的取舍是罪犯教育艺术的重要命题和生命力。

罪犯教育艺术的内容，是指罪犯教育主体所采取的具体方法和措施。除法定性教育内容外，教育主体不同，教育艺术的内容就存在一定的差异性。或者说，由于教育主体的个体性差异，诸如工作计划、原则要求、文化程度、心理素质、形象魅力、语言技巧等等的不同，教育艺术的内容就不同，自然，教育罪犯的效果就不一样。

　　教育艺术的内容,是社会发展大背景下提出的教育改造罪犯的新理念,是教育改造罪犯方法和措施的深度拓展,关系到教育改造罪犯的效果和质量问题,因此,任何一种方法或措施的运用,都必须把握教育艺术的合法性、适用性、规范性、方向性和科学性。监狱民警只有进行科学、客观、有鉴别的选择和取舍,才能使教育艺术内容发挥教育改造罪犯的最佳效果。

　　罪犯教育艺术主要包括以下内容。

(一)教育内容的选择与传播

　　罪犯教育要上升为艺术,一个重要的因素就是选择什么样的教育内容、用什么方法来传递教育内容。在教育改造罪犯实践中,常常出现教育内容或方法的缺失甚至偏差,监狱民警付出了,但为什么收效甚微,原因大概是教育内容的缺失,如教育内容单一、缺乏针对性,或者是教育方法不当,缺乏灵活性、创新性。监狱民警作为罪犯教育的组织者,应清醒地意识到,教育对象不同,甚至时间、地点、形式不同,教育内容和教育方法也应有所区别。

　　教育艺术不是尖端科学,也不是深不可测的理论,但它是一种智慧,一种需要创新的思维理念。当监狱民警对过去工作的所作所为进行认真审视时才发现:其实我们辛苦的付出了,就是缺少教育的智慧和理念。譬如,监狱民警对罪犯的价值观教育,传统意义上的内容基本上是讲别人有什么样的价值观,这种价值观的意义和对社会发生了什么作用等等,不可否认,积极向上的人生价值观肯定值得宣扬和学习。但是,我们知道,对罪犯的教育是从"零"甚至"负数"开始的,罪犯有什么样的价值观,我们是否知道? 罪犯的这种价值观是在什么背景下形成的? 如何矫正罪犯不正确的价值观? 新的价值观又如何塑造等等,这些内容就在我们身边,在我们管理和教育的对象——罪犯身上,这些内容应该是每一个监狱民警值得思考的问题,但我们往往忽略了,通常是舍近求远,去寻找那些我们自己都看不见、摸不着,甚至没有很好理解的内容来牵强附会地教育罪犯,显然,这种教育是没有任何效果的。又如,对罪犯进行法律教育,在通常情况下,民警一般只注重法律知识的普及,乃至过多抽象化概念化的东西,实际上,对罪犯法律的普及,不仅限于法律知识的传播,而同时应重视法治理念、法治思维、法治精神的教育,要教育罪犯真正的知法、懂法、守法,从思想和行为上尊重法律。因此,从这个层面上说,罪犯教育艺术,首先应是对教育内容的选择,它是教育艺术得以发挥作用的前提和基础,没有好的内容,再好的方法也将失去意义。

(二)教育方法与技巧

　　教育内容的有效传播需要好的方法和技巧,内容再丰富,如果方法和技巧不足,内容就失去其教育感化作用,因此,方法和技巧是教育艺术的关键和灵魂。但是,教育方法和技巧不是不切实际的想当然,它源于实践,源于监狱民警长期的经验积累和开拓创新理念。同样是对罪犯进行人生观教育,有的民警表现得栩栩如生、感染力强,对罪犯具有积极的鼓动和启发作用。而有的民警却照本宣科,或枯燥无味,或言不由衷,教育方法陈旧僵化,虽然内容健康,但是由于罪犯没有受到感化和启发,就根本没有兴趣去接受教育,即便是参加了教育活动,也只是一种过程,这种教育就毫无意义。

那么,在罪犯教育实践中有哪些方法和技巧呢?从严格意义上说,教育艺术的方法和技巧没有固定的模式,时间、地点和教育对象不同,所采取的方法和技巧就有区别,但方法和技巧是可以总结、借鉴、创新和发展的。一般来说,它需要人物、事件、时间、其他物质条件等要素的支持,只有具备了这些因素的支持,教育方法和技巧的运用才有根本性保障。

1. 人物。包括教育的主体和对象、思想或观点、行为和语言、交际和应变能力等等。教育主体和对象,即监狱民警和罪犯。教育主体是教育艺术方法和技巧的核心载体,没有教育主体,就不可能产生方法和技巧,没有主体的作用,任何方法和技巧都不可能实施。教育对象即教育方法和技巧的作用对象,它是教育主体方法和技巧得以具体实施的关键,因此,没有教育对象的存在,再好的方法和技巧也无用武之地。思想或观点、行为和语言、交际和应变能力等都依附于人物而产生,是人物各种内心活动的具体外化。思想和观点是方法和技巧的灵魂,具有方向性作用,方法和技巧适当,思想和观点正确,教育的艺术效果就好,相反,如果思想和观点偏离了方向,方法和技巧再好,罪犯教育也是偏离了监狱工作方针政策的基本要求的。因此,监狱民警正确思想和观点的树立,以及对罪犯思想和观点的正确引导就显得十分重要。行为和语言是教育艺术的具体表现形式,也就是说罪犯教育艺术是通过监狱民警的行为及语言表现出来的,采取什么方式来表现行为和语言,就是方法和技巧。行为和语言有声有形,只有监狱民警各种行为的具体表现、各种语言的充分表达,才可能更好地实现教育艺术。交际和应变能力,是人的一种综合性能力,在教育改造罪犯的过程中,如果监狱民警有较强的交际和应变能力,它对罪犯教育艺术的实现就具有重要的推动作用。交际和应变能力也是一种沟通、协调和组织能力,是处理人与人之间关系的一种艺术。监狱民警与罪犯之间存在很多对抗性矛盾,原因在于,除了双方身份的特殊性外,主要是缺乏有效的沟通。要真正教育改造好罪犯,监狱民警就应该全方位地了解罪犯,掌握罪犯的思想和行为动态,沟通就成为必不可少的手段。

2. 事件。罪犯教育艺术是基于某种事件而产生的。对罪犯的常规性教育,是监狱工作中的一般性事件;有针对性地对各种犯罪性质的罪犯进行个别教育,是特殊性事件;对监管安全和生产安全可能造成或已经造成影响的罪犯的教育,属于重大事件(如罪犯自杀事件、暴力袭警事件、脱逃事件等等)。总之,不管是哪一类事件,我们都要对罪犯进行相应的教育,通过教育达到缓和或平息事件的目的。因此,事件的发生,是罪犯教育的前提,在这个过程中,如何缓和或平息事件(教育罪犯)就是教育的艺术问题。

3. 时间。教育艺术是相关要素的组合,其中,教育时间的选择至关重要。在教育改造罪犯实践中,监狱民警往往忽略了教育时间的选择。生物学和生理学的很多常识告诉我们,人接受新生事物是有时间规律的。在恰当的时间里,人们对相关信息的接受具有相容性或较高的认可度,相反,则具有排他性。目前,监狱已有的条件为民警提供了较好的时间选择条件:由于民警具有刑罚执行的主动权和教育罪犯时间的支配权,什么时候对罪犯实施教育、利用多少时间对罪犯进行教育,都可以根据罪犯教育的实际和需要来进行。对时间把握恰当与否,可以直接展示民警的教育艺术。

(三)教育环境

教育环境是教育艺术的客观要求,是实现教育艺术的重要条件。虽然不排除在不利环境下取得较好教育效果的可能,但是在现代物质条件相对丰富的情况下,人们对良好的教育环境越来越期待,而较好的环境对良好教育效果的产生其作用日趋明显。好的教育环境能够为罪犯教育艺术的有效发挥提供物质保障,宽敞明亮的教室、富有个性色彩的心理矫正场所、规范标准化的生产车间、丰富多彩的文娱活动、和谐文明的人际氛围等对罪犯良好行为养成有明显的熏陶和教育作用。监狱布局调整以后,全国绝大多数监狱的环境得到了改善,设施完整,功能齐全,布局设计优雅,在这种环境下,民警的工作激情得到有效发挥,罪犯的改造积极性加强,在教育主体和教育对象的情绪都得到有机调适的基础上,教育改造罪犯的积极效应就会显现出来,进而达到提高教育改造质量的效果。

第三节
罪犯教育艺术的法律价值

罪犯教育艺术的法律价值,是指在所有涉及罪犯教育改造法律规范范围内所体现出的价值,而非这些法律规范本身的法律价值,法律规范本身的法律价值是法理学研究的范畴。

艺术与法律价值并没有必然的联系,由于罪犯教育艺术是具有执法主体资格的监狱和监狱民警实施的法律行为,是国家和人民意志的体现,具有显著的法律属性,在法学理论上,法律价值是以法的属性为基础的,因此,罪犯教育艺术具有一定的法律价值是不容置疑的。

任何完整的法律规范都是以实现特定的价值为目的的,评价特定的法益和行为方式,评价执法活动(法律行为)的法律价值,虽然更多的是一种理论上的思辨,但是它对推动、规范执法主体的法律行为,提高一个国家法治进程以及法律内容本身的公平化具有重要的意义。也就是说,如果没有或者不进行执法活动的法律价值评价,法律的价值的实现就可能受阻。执法者仅为执法而执法,那么,执法的程序、效果、目的乃至法的制定就没有理论和实践上的依据,一个国家的法治就会停留在较低水平。

将罪犯教育艺术执法行为纳入法律价值评价体系,是规范监狱执法活动,提高教育改造罪犯质量,推动监狱法制建设和依法治监的需要。

那么,罪犯教育艺术有哪些法律价值呢? 如前所述,由于对法律价值的评价更多的是理论上的思辨,因此,这里对罪犯教育艺术法律价值的研究只是一个初步的具有尝试性的探讨。

法学基础理论认为,法律价值以法与人的关系作为基础,人是法律价值的主体(包括具有社会性的个人、群体以及人的相对独立与综合统一),法律则是法律价值的客体,离开人谈法律价值就成为无源之水、无本之木。

罪犯教育艺术的法律价值,是实现监狱民警教育主体权利的多元化,满足罪犯个体教育权利多样化需求,充实和丰富罪犯教育改造法律规范内容,推动监狱刑罚权的现代性。它体现了法律价值与法律价值的主体——人,以及法律价值与法律价值的客体——法之间的关系。罪犯法律价值的实现,意味着无论是罪犯教育艺术的主体(监狱和监狱民警)、罪犯教育艺术的对象(罪犯)还是罪犯教育艺术法律价值的客体(监狱法律规范),无论是它们的权利还是它们的内容都得到了较好的实现。

首先,在实现教育主体权利多元化方面,罪犯教育艺术使罪犯教育主体权利从不同层面、在任何时间和场所都可以得到充分的展现,这不仅是有足够法律保障的结果,更说明监狱刑罚执行权的进步。

其次,对于罪犯教育艺术的对象来说,受教育是其本身具有的权利,但在传统的教育理念中,罪犯受教育的权利往往被义务所取代,罪犯受教育的权利成为名副其实的一种过程或形式。施行罪犯教育艺术,由于艺术本身的“魅力”使教育主体和教育对象之间缩短了心理距离、消除了一定的认识误区,这不仅使教育对象受教育权利的真实性增强,而且教育改造好的可能性系数增大。

最后,从罪犯教育艺术法律价值的客体——监狱法律规范来看,罪犯教育艺术的运用,在实践层面上是一种方法的传承和创新,在理论层面上是对以《监狱法》为代表的相关刑事法律规范的现代性探索。刑事法律规范的文明与进步,不但需要立法者有清醒的认识,而且必须依靠司法实践的推动,必须有方法上的创新和革命,罪犯教育艺术的法律价值正是肩负了这样一种使命。

第三章

罪犯教育语言艺术

　　语言是心灵和文化教养的反映,"它就像一架展延机,永远拉长感情",正如法国作家莫里哀所说:"语言是赐予人类表达思想的工具",在社会生活中,寒暄、教育、认知、审美、宣泄、娱乐等都离不开语言,语言除了表情达意、交流信息、相互了解、协同活动外,它还是"人的天性","是人,就叫作说话者。""我们说,因为说是我们的天性"(哲学家海德格尔:《语言的本质》)。在人类这部不断运转的大机器中,人们每天都需要运用不同的语言进行活动,运用不同的语言去完成各自的使命。语言促进人与人之间的交流和沟通,语言能让我们快乐、兴奋、幽默和充满希望,语言也能够给我们带来忧伤、愤怒和烦恼,语言激发人的灵感、情操和欲望,语言催生人去回忆、反省和思考。然而,语言的这些功能和作用通过不同的人,在不同的时间、地点,以不同的方式等所表达的效果是截然不同的,也就是说,语言的使用需要一定的艺术,掌握语言的艺术使我们的工作和生活产生更好的意想不到的效果。

　　需要特别强调的是,语言是一个庞大的复合体,而人类的一切活动又是一种综合使用多种符号的行为。例如,通过做和看使用表情、动作、姿态等体态语和文字;通过听和说使用有声语言;通过触摸、品尝和嗅闻菜肴、香味等使用实物语言。各种各样的、各具特色的、表情达意的符号相互配合,相互补充,相互支持,相互制约,给人类提供着充分利用自己的全部感官来最大限度地发挥大脑加工处理信息能力的平台。正是这个原因,人们很自然地将所有的符号包括面部表情和身体姿态以及手势动作,语音上附带的各种装饰,人与人之间面对面交际时的距离等一概称之为语言。有声语言只是语言当中的一种,美国学者康登高望在《跨文化交际导论》中列举到了人类的非语言交际行为有 24 种之多,如手势、表情、姿势、服装、发式、走姿、体矩、体触、眼色、饰物、体型、气味、颜色、各种信号等,由此看出,有声语言不过是第 25 种交际行为罢了。

第一节
语言的性质结构和功能

一、语言的性质

语言既可以掩饰思想,也可以暴露思想,人们可以直接通过语言来拓展对大千世界的了解和对自己内心世界的认识。教育学家杜威认为,语言是关系和沟通的手段,语言总是被当作为了达到目的而进行协同行动的重要载体,没有语言或者语言的表现出现问题,人类文明的发展和进步就会受到严重的制约。在很多语言学家看来,语言的要点并不是思想的表达,而是沟通,是当作为了达到目的而进行协同行动的手段。互相沟通是人们用以取得所缺乏的东西的一种交易,它包含有要求、夙愿、命令、指示或请求在内,它以少于个人劳动所付出的代价使需要得到满足,因而它取得了别人的合作协助。

语言就是沟通,说话也就是沟通的系列行为和过程。语言在何时何地出现,又有哪些具体的作用和表现,离开了人类的沟通便无法说明。在社会活动中,人类创造语言并借助语言沟通的力量交流经验,增加共识,协调行动,适应环境,发展人类社会,语言成了社会历史中人与人之间相互连接的必不可少的桥梁。

随着社会的发展,科学技术在人们日常生活中的运用越来越普遍。人们交流、交际的方式也发生了重要的变化。除传统的书信、座机电话外,手机、电脑等的普及和使用,使人们改变了交流的方式。手机语言(如短信、微信)及其他功能的运用,使人与人之间的交流更富有渗透力量;网络平台(如电子邮箱、微博、网络视频等等)使人与人之间可以在世界的任何一个角落进行对话。新的科技革命结果使人们语言的交流更加丰富。因此,了解语言,掌握语言的性质、规律和发展趋势是作为一个现代人的必修课。

二、语言的结构

从语言学的角度来看,语言和言语虽然不能等同,但是,两者相互依存,互为前提。广义的语言包括在言语中。语言的结构包括语言(言语)交流的主体——人、语境和行为三个要素。

(一)语言和言语的关系
一方面,语言存在于言语之中,是言语的本质部分和决定要素。如果没有语言,言语将不为人们所接受,因而也将失去存在的价值。同时,语言又对言语起规范作用,使言语能够健康发展。另一方面,言语则是对语言的具体使用,它是语言的"存生之处",它使语言能够实现交际作用并因此而具有活的生命,同时,言语在实现交际作用的过程中又不断丰富和发展了语言。

(二)语言和言语的区别

语言是人类社会中客观存在的现象,是人们和社会约定的符号系统。语言即"话"。言语是人运用语言材料和语言规则进行的交际活动的过程,是一种心理活动现象,即"说"。通过语言来表达自己的思想就是生活中的"说话"。

从范围上讲,语言具有社会性,言语具有个人性;从表达方式上讲,语言具有抽象性、概括性,言语具有直白性、具体性;从内容上讲,语言具有有限性,言语具有无限性。要把语言变为每个人的言语,需要有一个较长的转化过程。

(三)语言的构成要素

语言的构成要素由语言沟通的主体、语境和语言沟通的行为及结果三个部分组成。

语言沟通的主体:包括言谈主体和听说主体。言谈主体掌握语言的内容和表达方式,是言语的主要实施者,语言表达的效果如何,言谈主体起关键性作用。特别是言谈主体需要通过自己的"说"来达到特定目的的时候,其内在的思维方式、逻辑水平、语言能力、观察能力等就显得十分重要了。因此,言谈主体不但要进行内在水平的历练,还需要有目的的培训学习,有计划的参与社会活动,真实地融入社会,以此提高洞察能力,使言谈效果达到自己希望的目的。听说主体,就是语言表达的对象,在语言沟通中处于被支配地位。虽然听说主体在言语沟通中处于"听说"地位,但是,它的重要性与言谈主体同样重要。因为听说主体是否愿意"听说",其精神状态、文化水平、理解能力、心理承受能力等等直接关系到听说的效果。所以,言谈主体在言谈之前,充分了解、把握言谈对象的基本情况是进行良好语言沟通的前提。

语境,是指语言中的各级单位在整个语言体系中出现的环境,以及影响语言使用的各种因素,也叫情境。简单地说,语境即言语环境,包括语言因素和非语言因素两个方向。语境是言语存在的土壤,任何语言沟通都是在语境中进行的,没有语境就没有语言沟通。语境的构成因素很多,包括时间、空间、对象、话题、身份、地位、心理状态、时代背景、文化状况、交际目的、交际方式和内容以及所有的非语言符号等。虽然语境在语言沟通中十分重要,但是人始终是语境中的核心因素,是具有主观能动性和创造性的,人既可以顺应语境,又可以改变甚至创设语境。人们在使用语言时要充分考虑到语境因素,尽量让语言合乎语境,实现语言表达的恰当性和得体性。只要根据语境来适当的使用语言,一个再平常的话语也会产生意想不到的效果。因此,在言语前要认真研究语境,适应语境,营造和引导语境,以便让语境更好地为沟通服务。

◆ **经典案例**

据《走向世界的外交》一书记载，有一次，一个美国青年访问团来北京访问，邓小平同志亲自接见了他们。在会谈中，美国青年们显得很拘谨。当他们问起小平同志的业余爱好时，小平同志说：我常常游泳，说明我身体还好；我打桥牌，说明我这里（注：指脑子）还行；我做什么事都不急，即使天塌下来，有高个儿顶着，怕什么呢？当翻译把这一席话译过去时，大家都笑起来，会谈气氛也活跃起来了。

言语沟通的行为及结果：英国哲学家奥斯丁创立了言语行为理论。他认为，人们说出一句有意义的话的同时，也就是做出一个有目的的行为，所以，说话就是做事。其实，任何一个人在进行"说"这一行为时，一般都有较为明确的目的或者指向，哪怕是不经意间的说话行为。譬如，学生在厕所问老师"吃饭没有？"虽然这样的话有些滑稽，但是学生的真实用意是习惯性地向老师表达礼节性的问候，只不过没有掌握问候的时间和场所。尽管如此，老师也会接受学生的问候，一般不会怪罪学生。又譬如说，在商场遇到朋友，"哎哟，好久没见了，你在逛商场呀？！"明知朋友在逛商场，但出于当时的环境，问候的语言就会习惯性地脱口而出。这样一来，言语行为就呈现出两个方面的现象：一个是说事，即真假与否的表述；一个是做事，即得当与否的行为。一般来说，"听话者"只能从特定的情景中获取信息，才能理解说话者的意图，并做出相应的反应。在这样的情景中无疑包含了说话者和接受对象所共享的默契和程序。

◆ **经典案例**

初期，陈毅同志在上海市任市长，上海可以说百废待兴，许多工作都需要从头做起。比如那时候的中国，连青霉素都生产不出来。而一些有专长的人因为各种原因对党的政策不了解。如何说服这些人，让他们发挥自己的聪明才智，积极为新中国服务？《陈毅市长》一剧曾传神地介绍了陈毅同志怎样夜访化学家齐仰之的细节。齐仰之是一个"与政治绝缘"而又十分自负的学者，要说服他在一定程度上还是有点风险的。陈毅市长略带顽皮地按响齐家的门铃，一进门就看见那个"闲谈不超过三分钟"的条幅。陈毅先用两分半钟带着浓厚的四川口音来寒暄，讲他怎么久仰齐先生大名，今夜特来拜访的话。眼看快到三分钟。陈毅说到久闻齐先生精通各种化学，但我以为齐先生对另一门化学却是一窍不通。一道关子卖过，"三分钟已到，告辞！告辞！"把齐仰之急得不行，不得不破此一例，要向陈毅求教那一门"共产党人变化之学"。一席风趣和谐的夜谈，终于说服了齐仰之为新兴的医药事业出谋划策，为国家贡献自己的才智。

(四)语言结构的内容

思想是不出声的语言,但语言却在某种程度反映出一个人的思想。因此,研究语言结构的内容,对于如何说好"话",如何更好地了解一个人的思想十分重要。语言是使人能够理解别人和被别人理解的全部话语习惯,是言语活动中社会成员约定俗成的公共部分,它通过教育而被同一社会群体中的人所共同拥有。由于语言是从言语中产生的,脱离了个人的色彩,具有广泛的社会性,因此,它是一种没有个人特点的纯语言。语言结构的具体内容由语音、语意、语汇、语法四个部分组成。这里,我们仅介绍一些基本常识。

语音由音高、音重、音长、音质等要素组成,它们是语音物理属性的具体表现。而人的发音器官主要是由呼吸器官,发音体和共鸣腔三个部分组成。其中,唇、舌、软腭、小舌和声带等是能够自主活动的器官,叫主动发音器官;上齿、齿龈、硬腭等不能自主活动的器官叫被动发音器官。人们说话的时候总是由主动发音器官向被动发音器官接近或接触,才发出了各种不同的声音。

语义就是语言的意义、含义。语义作为最复杂、最重要的语言要素,它在语言中占据核心地位。语言的根本任务就是通过语音和语法的帮助更好的传递语义,固定语义,区别语义,使语义有所依托,从而能够被人感知;语法的作用是将语素组织成词,词组合成句子,句子组合成篇章,以便更有序地表达语义。

语言的使用,离不开词,"词"作为语言中的一个基本单位,它是语言中可以独立运用的最小的音义结合单位,它与固定短语(词语的固定组合,是大于词而在句子中的作用又相当于词的语汇单位。它包括成语、惯用语和专名等)的总汇就叫语汇。语汇是语言的建筑材料,没有它不能形成语言。与语言的其他要素相比,语汇特别是一般语汇变化的速度最快。一般语汇对于社会发展变化最为敏感,社会上一旦出现新事物或新观念,就会有新词语随之产生。如随着社会特别是网络的快速发展而出现的一些新兴词语:拼客、奔奔族、晒客、白奴、楼主、菜鸟、拍砖、刷屏等等。

在正常语言表达中,语法是十分重要的,如果语无伦次、杂乱无章,语言所表达的意思就让人难以接受或者理解错误。语法是词的构成与变化以及组词成句规则的总和,它具有民族性(语言表达的自然习惯)、稳定性(长期形成的语言表达方式)和抽象性(语法使用的规则)特点。

三、语言的功能

语言记录着人类发展的全部历史,包括对人自己主观世界的认知发展过程和对客观世界的能动改造过程,在语言的世界里有着人所认识到的人类社会的一切关系,从某种意义上说,整个人类社会都是靠语言来实现的,因此,语言的功能就是它的社会调节功能。其具体功能有:

1. 教育功能。人与人之间的交往是通过语言来实现的,在此过程中,语言的教育功能得到充分发挥。有的语言的教育功能是在无意间实现的,如通过人与人之间的接触和交流受到某种启发,这种启发,对于说话主体事先是没有明确的指向或目的的,对于"受教育者"来说,更多的是从中悟出道理,进而受到教育,这种"受教育"情况通常发生在一般同事、普通朋友、社区邻居,甚至与较陌生的社会成员交往中;语言教育功能的另外一种情形是,说话主体有比较明确的指向和目的,并通过这种明确的"说话"目的实现语言的教育功能。例如,家长对子女,教师对学生,领导对下属,政府部门有组织的宣传教育活动,法庭审判,监狱民警对罪犯的教育等等,这一系列的教育活动,不但有明确的指向,而且一般都有具体的计划和特殊的意义。

2. 调控功能。语言的调控功能一般表现在有计划,有目的的教育活动中。一是教育者根据所获得的反馈信息,控制和调节自己的语言,如调整语言信息输出的速度、节奏、方式方法,以保持语言的魅力和最佳的表达效果。二是教育者在教育的过程中,对于自己已经设计好的教育方案或教育计划,根据实际情况进行适当的调整,既兼顾已有的方案和计划,又照顾了教育对象,这样,既达到了预定的教育目的,又能够审时度势,实现因材施教。

3. 情感交流功能。英国诗人本·琼森有一句名言:"语言最能暴露一个人,只要你说话,我就能了解你。"进行情感交流是语言的重要功能之一,不但如此,它对于教育目的的实现具有关键性的作用。因此,在教育过程中,教育者不能为了教育而教育,更重要的是通过自己的一言一行,亲切地与教育对象进行情感交流,并通过自己的语言引起双方的共鸣,这就是语言所具有的表情达意的情感交流功能。这种功能一是教育者用情感浓郁的话语,来引导教育对象潜在的情感。二是教育者要根据自己的教育方案和计划,充分挖掘教育内容中的"动情点",作声情并茂的表达。

4. 思维训练的综合功能。思维与语言是密不可分的。心理学理论研究结果证明,思维,尤其是抽象思维是以语言为工具的对客观现实的反映活动。语言对思维的主要作用表现在:语言是个人思维活动的工具;语言是记录思维活动成果的工具;语言是人们相互交流思想的工具。语言之所以成为思维的工具,是因为语言具有概括性。作为语言单位的词语是对一类事物的概括。例如"人"这个词,它概括了古今中外所有的人。另外,语言还具有物质性。语言是思维的物质外壳,思维活动是在语言的刺激下进行的。教育对象是在教育者语言的刺激下思考的,说话时又是在语言动觉(巴甫洛夫指出,言语器官的动觉刺激是第二信号的基本成分,抽象思维的感性基础。没有声带、舌头、嘴唇参与的精确分化的运动,就不可能有人类的言语活动)刺激下思考的,看书学习时是在书面语言的刺激下思考的。思维活动必须以具有物质性的语言为工具才能进行。所以,语言运用能力的提高,有助于思维品质的发展;思维品质的提高,又有助于语言能力的进步。一般来说,语言运用自如的教育者思维能力也较强。这样的教育者对教育对象进行语言训练,就可以有效地引导教育对象不但听得进道理,能够从内心接受教育,而且能有效地提高教育对象在思维方面的条理性,准确性和灵活性,并按照教育者的要求去修正和完善自己的思维内容和思维方法。

在语言功能研究方面,根据语言使用的范围和对象的不同,有的将其归纳为六大功能:如果所进行的交往活动主要指向所指之物,那就是语言的指称功能或指示功能;如果所进行的交往活动同时指向或者主要指向信息的发出者对于信息的态度,那就是语言的表情功能;如果所进行的交流活动指向信息的接受者,让他自己活动,那就是语言的意欲功能;如果发出的信息含有提醒接受者注意等作用,那就是语言的交流功能;如果某些信息含有解释代码的意图,那就是语言的元语言功能(即用语言来认识和解释语言,如语音导航、智能电话的语音拟号、语言操控电脑等等);如果注意的目标全部集中在提炼自己的某种特殊形式,那就是语言的诗歌功能(诗歌靠语言表达和支撑,用诗歌表达出来的语言色彩更富有激情和个性特点)等等。

第二节

罪犯教育的语言特点及基本要求

在充分了解语言的性质、结构和功能后,研究罪犯教育的语言特点及基本要求就有了一定的基础。但是,由于罪犯教育是一项带有强制性的、具有明显法律属性的工作,因此,罪犯教育语言与其他语言使用相比较是有自身特点和基本要求的。

一、罪犯教育的语言特点

(一)语言表达主体的法定性

对监狱进行实务性管理的主体是监狱民警,对罪犯实施教育的主体仍然是监狱民警。对罪犯的教育虽然不排除其他教育者的参与,但是他们始终处于从属和协助的地位。根据法律的规定,监狱民警依法对罪犯进行教育改造并受法律保护,罪犯教育的主体是法定的。一是监狱民警具有绝对的罪犯教育话语权,在其职责范围内,监狱民警话语权的行使不受其他因素的制约和影响;二是罪犯必须按规定接受法定主体的教育,没有选择和更改教育主体的权利,也没有不参加接受教育的自由。当然,教育主体的语言理应受到法律、其他监督主体乃至罪犯的监督。

(二)语言时间和空间的特定性

监狱是国家的刑罚执行机关,依照刑法和刑事诉讼法的规定,被判处死刑缓期两年执行、无期徒刑、有期徒刑的罪犯,在监狱内执行刑罚。因此,监狱民警对罪犯教育的语言具有特定的时空界限,只能在法律规定的时间和空间范围内进行。例如,监狱民警对罪犯的集体教育、个别教育、讯问、心理咨询等教育活动只能在监狱或指定的特定场所内进行。

(三)语言对象的特殊性

监狱民警的教育语言具有明确的指向,这是由监狱的性质决定的。监狱管理的主要对象是罪犯,监狱民警的教育对象必然是罪犯,教育对象的特殊性,决定了监狱民警教育语言表达对象的特殊性。由于教育对象的特殊性,意味着教育计划、教育内容、教育方法等都是根据这种特性制定的,它不适用于其他类型的教育对象,如民警、职工教育。在现实生活中,由于受职业的影响,监狱民警常常将这类职业语言带到自己的生活中,虽然这种行为可以理解,但是有不妥之处,应尽量避免。

(四)语言内容具有法律属性

对罪犯的教育语言,在内容上虽然没有明确的法律界定,但是,它与其他教育语言相比较,其内容的法律色彩十分突出。老师对学生的教育语言虽然规范,但是内容宽泛且自由发挥空间大;朋友之间相互交流,只要不违背法律和其他社会规范,就可以"天南海北",想到哪儿说到哪儿,一般情况下,也不会受到干涉。但对罪犯的教育语言却必须按照计划好的内容,使用比较规范的法律术语,按照监狱的规定严格执行,教育语言中不得带有任何侮辱、唆使及其他不文明的语言。罪犯教育语言的内容具有法律属性,说明罪犯教育语言的严肃性、规范性。当然,在实践中并不等于说监狱民警就要刻板着脸,语言生硬,毫无情趣。而应在遵守规则的前提下尽量融入一些现代语言元素,把话讲得生动幽默、文明时尚,使罪犯有所启发和思考。

二、罪犯教育语言的基本要求

长期以来,对监狱民警的培训教育,往往忽视实践性能力的提升,例如,在一些业务培训方面,缺少对语言表达等技能、技巧方面的训练,而偏重于知识和知识量的传授。实际上,就罪犯教育改造而言,"说话"是一门特别重要的学问,不但需要学,更需要练,尤其需要专门的培训。前教育部新闻发言人王旭明在谈到如何说好话时,提出具有独到性的观点。王旭明认为,要"说"好话,应该做到:一、必须遵守规则。无论规则本身有无欠缺,都要大家在共同遵守规则的前提下进行交流,话才能说到点上,才能说到层面中。二、必须区分场合。不同的场合对说话有不同的要求,讲课的场合、工作的场合和论坛的场合等等都是不同的,如果不加区别,都是同一篇稿子,同一个调子,不可能讲好话。三、必须明确对象。讲话对象的不同决定了讲话内容、语气、语调和语态的不同,区别不同对象,选择不同手段,才能提高讲话的影响力(王旭明:《明正言顺》,重庆出版社 2012 年版,第103~104 页)。王旭明关于"说话"的观点,言简意赅,十分有用,对监狱民警提升"说话"能力具有一定的参考价值。

监狱民警要达到教育语言的最佳效果,实现有效教育改造罪犯的目的,就应该按照以下要求来提升自己的语言表达能力。

(一)语言表达要准确、完整、简洁、规范

这一要求适用于所有教育语言的表达,是教育语言表达的基本要求。讲话对于语言的第一个要求就是必须清晰、准确地阐述事物,表情达意。离开了这一点,讲话就不能做到传授知识、宣传真理、反驳谬误的目的,如果语言表达"失之毫厘",其结果就会"谬以千里"。但是,曾几何时,这种"说话"的基本要领在各种因素的冲击下已荡然无存,假话、空话、套话司空见惯。譬如,一些人讲话要么语言含含糊糊,长篇累牍,让人听得云里雾里,不知所云;要么唯书、唯上、唯文件,真是"千篇一律的会议讲话和生搬硬套的官话"。有的被戏称为"常说的老话多,正确的废话多,漂亮的空话多,严谨的套话多,违心的假话多"。又如,一些老师的讲话也被庸俗贫乏的语言污染,使学生遭受不健康语言的亵渎。苏联教育家苏霍姆林斯基曾经说:"在学校里不许讲空话,不许搞空洞的思想教育!要珍惜每一句话!当学生不能理解某些词语时,就不要让这些词语从他们嘴里说出来!请不要把那些高尚的,神圣的语言变成一钱不值的破烂。"

监狱民警是教育改造罪犯的组织者、指挥者和执行者,其一言一行都会被罪犯所关注,都会影响罪犯,因此,在教育罪犯时,要力戒上述"说话"的弊端,把话讲得准确完整,做到语言简洁规范,不讲空话套话。要做到这一点,首先,必须熟练掌握监狱工作常用法律法规及内部规章制度,熟悉罪犯教育管理工作流程,对涉及监狱具体业务问题清楚明白,工作思维清晰,心中有数。其次,要进行实战性的语言训练,在生活和工作中注重语言基础的积累,当用时,现手拈来,避免"书到用时方恨少"。只有充分积累了多方面的知识,才能"出口成章",言之有物。最后,要"照章说话",注重语言的逻辑结构和语言表达思维,切忌语无伦次和"乱说话"。

(二)语言要有明确的针对性

"知己知彼,百战不殆",要说服别人,就要先了解别人,只有了解别人才能"对症下药",讲清道理,找到说服别人的突破口,这就是语言的针对性。有专业学者曾经调查统计发现,"如果你能够和任何人连续谈上10分钟而让对方产生兴趣,那你就是一流的谈话高手"。监狱民警面对形形色色的罪犯,如果缺乏对罪犯的了解,教育语言没有针对性,罪犯就不易接受你的观点,就不会与你的思想产生共鸣,就很难教育好罪犯。在教育改造罪犯的过程中,监狱民警与罪犯谈话、给罪犯讲话,不是10分钟的问题,很多时候一开讲,就是较长时间,并且,要长期讲,直到罪犯刑期届满,但是,讲得怎么样,效果如何,就不得而知了。

那么,监狱民警在教育罪犯时,如何让自己的语言具有针对性,能够成功说服教育好罪犯呢?

第一,要全面了解、掌握罪犯的信息,这是监狱民警的一项基本功。全面了解、掌握罪犯的信息,不仅要熟知"四知道",还应全面了解罪犯的性格、情趣、爱好、习惯等等。

不同性格的罪犯,在接受他人意见的方式和敏感程度方面是不一样的。性格急躁还是性格稳重;自负又胸无点墨还是真才实学而又内藏谦逊等等,了解了罪犯的这些性格,就可以按照他的性格特征有针对性地进行教育。

在罪犯群体中,有的惜世怀旧,有的愤世嫉俗,有的保守沉稳,有的开放激进等,监狱民警如果对罪犯的信息情况知之甚少或只看到表象,就容易被罪犯所迷惑。教育罪犯没有真材实料,教育方案建立在"想当然"之上,这样的教育不但没有针对性,而且由于缺乏对罪犯的真实了解,还会留下极大的监管安全隐患。

在实践中,监狱民警应学会尽量将罪犯的情况(信息)捋清楚,不留死角,不漏项目,建立全面而准确的罪犯信息档案,然后实施"一人一策"式的有针对性的教育。

第二,要掌握教育罪犯的语言技巧。监狱民警一般看重对罪犯教育的刚性理由,即法律的授权,认为自己既然是代表国家执法,对罪犯有强制性约束,罪犯就必须听自己的,而忽视如何通过语言的技巧和方法对罪犯进行循循善诱的教育,让罪犯对监狱民警的教育"心悦诚服"。例如,在实践中,有的民警在教育罪犯时,采取的表达方式是"你必须这样做","如果你们不这样做,就如何如何","监狱就是监狱,法律就是法律,你们不能和监狱、法律对着干","你是什么人、你来这里是干什么的"等等,这种语言表达方式生硬,让罪犯没有思考和回旋的余地,这样的教育未必使罪犯能够真正从心理上接受,未必能产生好的效果。因此,在教育罪犯前,要先思考一下自己要进行教育讲话时的语言技巧和方法,找到能触动罪犯思想灵魂的事实和理由,研究能让罪犯接受甚至感动的内容,以此来说服教育罪犯,这样做的好处是,教育目标明确,针对性强,罪犯才可能将监狱民警的教育内化于心,外化于行,达到预期的教育效果。

与此同时,监狱民警还应准确、完整地表达出自己需要表达的内容,不能讲"半截话",也不能讲含含糊糊的话,更不能因为不知道说什么、怎么说就"避而不谈"。如果表达不清、不完整,或缩手缩脚,心生胆怯,总担心自己的观点能否顺利的说服教育罪犯或遭到罪犯的拒绝该怎么办,就不可能有一个稳固的表达基础,缺乏"说话"的底气,就难以确定能成功说服教育罪犯的方法和手段。

第三,要有足够的耐心。对罪犯进行教育,不是话讲得快,语言表达流畅就能够有好的效果的。由于监狱民警的职业风险和工作压力越来越大,日复一日、长年累月与罪犯打交道,使部分民警对工作缺乏激情,甚至消极倦怠,导致工作质量和标准降低,对事业没有更高的追求。体现在工作中就是缺少与罪犯说话的耐心,想讲的话不愿说,该说的话轻描淡写。但是,监狱工作的性质和任务,注定监狱民警必须有强烈的责任担当,只要置身于这项改造人类灵魂的事业中就不应退缩,不能缺乏耐性,就没有其他更多的选择。因此,监狱民警应该努力培养自己的耐心,培养对教育改造罪犯事业的感情,只有这样才能对罪犯进行有效的施教。

(三)教育语言的表达要合情、合理、合法

教育改造罪犯的目的在于启发、引导罪犯弃恶向善、改邪归正,做守法公民和有用之才。因此,对罪犯的教育语言不但要有启发性,而且要合情、合理、合法,不能一概的肯定,也不能一概的否定,既要给罪犯讲清楚因犯罪所产生的危害和应承担的责任,又要教育罪犯正视现实,积极改过自新。监狱民警尤其在开展涉及罪犯权利、义务、刑罚执行等方面内容的教育时,要领会法律的精神实质,全面讲清法律规定的内容,做到情、理、法交融,而且语言表达要准确、简单易懂,有根有据,使罪犯心服口服,产生教育语言的强大渗透力。

在平常的语言习惯中,人们发生争论时的最初心理活动,总是趋向于为自己的心理感受寻找那些最舒适、平和和最容易接受的理由来为自己辩护,这是人之常情。总认为自己讲的都正确,别人讲的都是谬误或无稽之谈,每一个人都会为自己的说辞寻找足够的但并不充分的理由,产生这种语言习惯的原因除了人们所站的立场不同,发生认识上的差异,以及"仁者见仁,智者见智"的传统思维之外,常常与一个人的心理活动密不可分。所谓"秀才遇到兵,有理说不清",并不是因为大兵横蛮不讲理,只不过他的理和秀才的理格格不入而已。

通常情况下,一个人有多少情,就会衍生出多少理来。于是就有同一个人在不同的时间,对同一件事也会出现不同的看法。不同的人有不同的情,也就会有不同的理。于是就有对同一件事,在同一个时间,不同的人会出现不同的看法,所以,理的基础在于情。

但是,人都是社会性的,人们都知道许多事情只靠一个人是干不了的。于是,组织的出现、组织行为的规范,就是必然的要求。当大多数人在某些认识上取得了共识,一致认为应当规定几条,就出现了规章制度(如法律、法规等),以求人们共同遵守,所以,法的基础在于理。

只有法而无情,不能有效地感召罪犯,会导致罪犯抑郁,会造成一个组甚至一个分监区罪犯万马齐喑的沉闷气氛。只有情而无法,人人都有一种原始的感召感,但容易成为一盘散沙,最后仍然形成不了有效地对罪犯的感召力。但是,法与情毕竟是相互对立的东西,二者经常发生碰撞和冲突,此时,理就会出来平衡二者之间的矛盾。

对罪犯讲情,在于感动罪犯,叫以情感人;对罪犯讲法在于威慑罪犯,叫以法育人;对罪犯讲理,在于让罪犯信服,叫以理服人。合情,意在激发罪犯的改造动力;合法,意在顺乎体制机制,符合法律的要求;合理,意在调节情与法的对抗,使二者成为相容与互补。所以,合情、合理、合法,就成为教育罪犯时语言表达中最富有感召力的一个基本原理。正确把握合情、合理、合法的关系,不仅是监狱民警语言艺术的具体表现,还是驾驭罪犯管理艺术和决策艺术的体现。

第三节

提高监狱民警教育语言的基本方法

　　说话是一门艺术,说话的效果如何,取决于语言表达的艺术水平。同一个问题,同样的场所,不同的人讲话的效果为什么会不一样,这就是讲话的艺术所至。高尔基曾说:"真正的语言艺术总是朴素的,很生动,几乎可以感触到的。"我国男子乒乓球队主教练、著名乒乓球运动员刘国梁,在被评选为最佳教练员、发表获奖感言时说:

　　　　我最感谢的是两种人,一种人是折磨我的人,一种人是被我折磨的人。折磨我的人是谁呢? 就是我的各级领导,特别是国家体育总局副局长蔡振华,他们总向我提要求,总挑问题,所以使我不断进步。我所折磨的人,就是我的其他教练、同事和我的运动员们,我不断给他们提出高要求,使他们吃了好多苦,也使男子乒乓球队取得了这样的荣誉。在我登上领奖台时,我特别感谢这两种人。

　　刘国梁的获奖感言巧妙地运用了"折磨"这个比喻,形象生动,具体感人,让人特别难忘。

　　同样是著名游泳运动员的张某,在获得最佳男运动员后的答谢词中,却是这样讲的:

　　　　我今天获得这个奖项心情特别激动。我要感谢两种人:前十三年我要感谢我的父母,他们培养我把我送进了体校;后十几年我要感谢我的教练,她使我成为优秀的运动员。

　　听了张某的答谢词,不但让人觉得十分别扭,而且用词生硬,表达不准,词意费解。虽然张琳说话的意思大家都懂,不是说他前十三年感谢父母以后就不再感谢了,但听起来总觉得词不达意,有明显的功利主义思想。

　　刘国梁和张某的讲话同为感谢,但意境不同。前者大气、真实和巧妙;后者小气、虚荣和笨拙。虽然不能对他们的讲话鸡蛋里挑骨头,但是作为社交语言不得不引起注意。同时,也向我们提出了一个要求,这就是语言表达是需要学习和训练的。一句话,要不要表达,会不会表达,如何表达得更好,都需要学习和训练,还需要有意识地长期积累和感受。

在社会交往日趋频繁的时代背景下，人们无论是谋求职业、推销产品、发展事业，还是结交朋友、寻觅知音、教育子女，都离不开语言和语言沟通，它展现的是一种能力，一个现代人必备的素质。

监狱民警在管理的过程中，"说"的"频率"高，什么时候说、说什么、如何说，都是对民警语言能力的考验。因此，打好语言基础，练好语言基本功是监狱民警的必修课，是与罪犯"打交道"的重要"武器"，也是教育艺术的重要内容。

一、做好教育讲话的第一手资料，打有准备之仗

对罪犯教育讲话是监狱民警的一项长期的、经常性的工作，讲话的水平高不高、教育效果好不好，首先要看自己是否有一个充分的准备，也就是要掌握大量的翔实的第一手资料，信口开河的结果只能扩张自己语言的霸道，而对罪犯的教育不会产生任何作用，甚至适得其反，还可能增加罪犯对监狱民警的不信任感。

掌握第一手资料就是根据讲话的需要和目的，进行有针对性的资料收集和调查研究，譬如与一起工作的民警交流情况、对罪犯进行个别约谈、召开罪犯积极分子座谈会、采集狱内耳目信息、举行狱情分析等等，对所有收集到的资料进行分析筛选和甄别，特别是对罪犯中带有典型性、特殊性和一定影响力的事件或问题要摸清情况，知道其来龙去脉，不得似是而非，模棱两可。只有做好充分的资料准备，教育讲话才会击中要害，一语破的。

◆案例

某监狱某监区，罪犯浪费现象十分严重，特别是家庭条件较好的罪犯，在食堂取食后就倒到垃圾桶，然后到监狱超市购买食品。日积月累，在罪犯中形成相互攀比、爱慕虚荣、贪图享受等不良风气。为了刹住奢侈浪费和相互攀比的歪风，监区组织罪犯进行了革命传统和珍惜劳动成果等方面的教育活动。其中，一位民警的教育讲话内容是："……我十分纳闷，真不知道你们的良心到哪里去了，拿国家的粮食和亲人的血汗来糟蹋，我为你们感到可耻，不如自己挖一个坑钻进去死了算了。你们知道吗，今天，现在，就是这个时候，世界上还有很多地方在闹饥荒，还有很多人食不果腹。你们这种行径与国家倡导的勤俭节约、与中华民族的传统美德是格格不入的。希望你们长点记性，要树立节约光荣的意识。如果今后再发现有浪费现象，我是绝对不客气的。"毋庸置疑，这位民警的教育讲话对罪犯中的浪费现象起到了一定的教育作用，在短期内也刹住了狱内浪费之风。但是，教育的效果并不是很好。因为，对真正存在浪费情况的罪犯，民警只是讲了一些大道理，而缺乏典型材料和具体措施，特别是对一部分家庭条件差的罪犯没有说服力，相反，这部分罪犯的积极性可能还

会受到挫伤,心里面也可能不接受,因为他们本来就没有违反规定,而且这部分罪犯所占的比例大,真正有浪费现象的只是少数罪犯。一个月过去后,监区罪犯的浪费现象又开始抬头,作为监区革命传统教育系列活动并没有结束,于是,监区又安排另外一名民警对罪犯进行类似的教育讲话。这位民警的讲话内容是:"……通过这段时间的观察,我发现一个比较严重的问题(民警略为停顿了一下,罪犯都在等待,想听民警讲的是什么问题),你们中的部分人少了一样珍贵的东西,这就是勤俭节约的美德。前不久,我收到几封举报信和监区垃圾清运数据统计信息,都反映一个问题,有人向垃圾箱里倾倒饭菜、馒头和粉面等食物,关键是这些食物从未食用过。我让食堂进行了粗略的估计,仅最近一周就倾倒了各类食物达 200 斤。我不知道也不想知道你们的家境情况,因为这与人的勤俭节约美德没有必然的联系。但是,浪费粮食这种行为却与一个人的素质和良心有关。""这种行为虽然是少数人干的,但不良影响不可低估,它不但污染了监区环境,更重要的是有损我们监区的荣誉,践踏了勤俭节约的美德。我不说这些浪费的粮食有多可惜,你只需想一想生产这些粮食的农民有多辛苦,做出这些饭菜的人有多辛苦!从今天开始,每个人不但要继续坚持按量取食,而且监区要建立人人相互监督、节约粮食人人有责、浪费粮食要追责的制度,并列入改造表现行为,与计分考核挂钩。"这位民警的语言虽然简单、朴实,但是很"接地气",有说服力,较好地遏制了浪费粮食的现象。

二、调整好自己的心态与情绪

心态,即心理状态,它表示一个人的精神状态。心态对人的成长和发展有十分重要的影响。情绪,指伴随着认知和意识过程产生的对外界事物的态度,是对客观事物和主体需求之间关系的反应,是以个体的愿望和需要为中介的一种心理活动。它包含情绪体验、情绪行为、情绪唤醒和对刺激物的认知等复杂关系。

在对罪犯进行教育讲话的过程中,监狱民警特别容易受到心态和情绪的影响。子女教育、夫妻感情、朋友和同事关系、工作环境、薪酬待遇、晋职晋级,乃至休息状况、气候因素等等都会影响到人的心态和情绪。因此,监狱民警要善于处理好这些关系,调整好自己的心态和情绪。

但是,在现实生活和工作中,当遇到心态和情绪问题时,劝慰别人比较容易,而当自己事到临头时往往无计可施。在这个时候,就需要一种理性的自我认知。

认知是一个非常有价值的心理学理论,一般是指认识活动或认识过程,即个体对"感觉信号的接受、检测、转换、简约、合成、编码、存储、提取、重建、概念形成、判断和问题解决等信息加工的过程"。包括接受和评估信息的过程;产生应对和处理问题方法的过程;预计和估计结果的过程,它具有多维性、相对性、联想性、发展性和整合性的特征。很多时候,我们对自己是缺乏认知或者是出现了认知不协调。美国社会心理学家利昂·费斯廷格认为,人为了使自己的内心平静与和谐,常于认识中去寻求一致性,但是,不协调作为认知关系中的一种,必然导致心理上的不和谐,而心理上的不和谐对于个人构造自己的内心世界是有影响和效力的,所以常常推动人们去重新建构自己的认知,去根除一切烦恼。费斯廷格认为,当认知不协调一经出现,就会激发肌体处于紧张状态,使人产生不愉快的情绪体验。在这种情况下,人的避免焦虑、肯定自我、保持认知协调的倾向会推动人设法减轻或避免这种不协调的状态,恢复心理平衡。减轻或消除不协调的方式通常有三种:一是改变或否定认知因素中的一个;二是改变一方或双方的重要性或强度;三是在不协调的两个元素之间加入一个或多个能弥补二者距离的新元素,使原来不符合推理原则的两个认知元素通过新的认知元素,构成合理、协调的关系。

把认知理论运用到我们的生活和工作中,就是要努力通过消除不协调因素,构建积极的心态和情绪环境。具体来说,就是要认识到每个人实际上都处于一个矛盾的境地:一方面,我们活在一个以别人为中心的世界;另一方面,我们也活在一个以自我为中心的世界里。"就像一部手机,你的名字和号码存储在别人手机的通讯录里,同样,你的手机里,存储着别人的名字与号码。"我们每一个人都不可能无视别人的存在,而且,我们还必须在别人的世界里生存,在不同的阶段、不同的空间里,就如一颗棋子,为别人的棋局扮演或大或小,或轻或重的角色。除了活在别人的世界外,其实,世界也是以自我为中心的,全世界的人都是你的配角,你周围的一切,都是你已经拥有和即将拥有的资源。现在,在基层监狱民警中有一种比较突出的心态或情绪,即不正确的"打工"心态,认为基层民警是在为中层干部"打工",中层干部是在为监狱领导"打工",也就是把自己仅仅看成是在"为别人打工",而不是"别人在为自己打工",把自己当成一个"事业中心",周围的人包括监狱长、科长、同事甚至朋友等等,都是在你的整合调度之下,为你设定的事业目标提供支持与帮助,如果有了这样一种良好的心态和情绪,事业会无往而不成。

生活与事业需要良好的心态和情绪,对罪犯的教育讲话同样如此。讲话前,我们要调整好自己的心态和情绪,这并非难事。如果将消极的心态和情绪带到自己的工作中,只能说明缺乏对自己心态和情绪的控制力,自然,对罪犯的教育讲话就失去了应有的功效。

三、注意声音与肢体的配合

在教育改造罪犯的过程中,很多监狱民警摸索和总结出了自己教育讲话的技巧和经验,并收到了良好的效果。但是,由于受多方面因素的影响,部分监狱民警没有注意对这类技巧和经验的积累、总结和提炼,导致教育讲话死板僵硬、苍白无力。

在监狱一线,我们经常看到,有的监狱民警的教育讲话语言流畅、字正腔圆、声情并茂、说理到位。而有的则磕磕巴巴、含糊不清、词不达意、干巴平淡、没有感情色彩,使教育讲话失去了陶冶情操、宣传真理、反驳谬论的目的,失去了打动罪犯真情、教育罪犯积极向上的效果,这是因为缺乏对声音语言的常识性研究。

在通常情况下,声音语言应坚持三个标准:

一是表意要准确。教育讲话的表意准确,首先是用词的词性、范围、语意、风格准确,包括讲话的句子成分、语序、虚词、复句的运用正确无误。其次是教育讲话要言必及义,教育讲话的内容在反映事物时要实事求是、中肯精当、恰如其分,注重语法修辞和逻辑性。

二是语句要精炼。教育讲话应当做到句子简短,要言不烦。一般情况下,在对罪犯教育讲话时,由于声音是一纵即逝而接连出现的,而罪犯只是在监狱民警一连串的声音刺激下获得某种感觉与认知的,所以,那种不明快而简略的表达,很容易导致罪犯的迷糊与困惑。因此要做到一语破的,准确深刻地把握自己的工作流程和基本内容,不能盲人摸象、不得要领、讲不到重点和本质问题;要摒弃冗余,用最少的词汇表达自己的内容。教育讲话是技巧,也是一门艺术,所以讲话应该“以少胜多”,正如南宋哲学家朱熹所说:“辞达则止,不贵多言”,明末清初文学家李渔也认为“意原则期多,字唯求少”。

三是力求通俗易懂。监狱民警的教育讲话不同于平时读、写文章,读、写文章可以慢慢地看、反复琢磨,不懂的可以查资料、查字典。但教育讲话是以声音为载体和媒介的,稍纵即逝,如果把握不好,罪犯听不懂、不明白,说了也白说。在实际工作中,一要做到语言表达口语化、轻松自然。因为讲话口语化接近生活,生动形象,易于理解,更容易让罪犯听明白,减少民警与罪犯之间的距离感。二要语言具体、形象、生动。三要具有个性化特征。除按照规定必须“照本宣科”的内容外,监狱民警的教育讲话应做到:将别人的话转换成自己的语言,突出“我”的存在,并形成自己的语言风格。

四是在语言的具体使用方面还应注意语言的节奏与张力,作出正确的发声,掌握好语言的重音与语速,克服不良的语言习惯,如无任何意义的杂音、鼻音,语调矫揉造作,夹杂过多的方言、外来语,不堪入耳的粗俗语言以及习惯赘语(如“这就是说”、“等于说”、“反正”、“懂了吧”、“知不知道”、“对不对”等等)。

五是口头语言要与自己的肢体语言相互配合。恰当的肢体语言的运用,不但能够吸引罪犯的注意力,增强罪犯对讲话内容的深刻印象,还能够增加口头语言的感染力和现场气氛,产生良好的互动效果。关于肢体语言的具体内容将在后面的相关章节中进行论述。

四、加强思维与语言的训练

教育讲话语言表达的效果与其思维能力密切相关。头脑不清、思维混乱,语言表达就会模模糊糊、词不达意。因此,加强思维能力的训练成为提高自身语言表达能力的不二法门。

思维可以分为逻辑思维与形象思维,不管是哪一种思维,都是内在语言的运用。我们所看到的文字、讲话的声音等都是人的内在语言的外化,如果内在的思维没有把要讲的问题想清楚,那么就不可能讲出来,或者会讲不好。

社会科学研究的结果证明,提高思维能力的首要途径是对问题的思考,没有思考,就打不开思路,讲话就没有激情。思考是人类大脑的一个基本功能,是用文字和语言来进行的。其基本模型是提出问题(或者找出问题)—回答问题,即我们经常讲到的"提出问题—分析问题—解决问题"。在比较成熟思维的前提下,再考虑将思维转化为语言,这样,教育讲话才能讲得出、讲得清、讲到位,最后才能讲得好。

五、注重讲话的语言结构与章法

在实践中,监狱民警的教育讲话很多时候是临时性的,往往没有更多的思考余地。开口如何讲、讲什么、讲到哪里、重点在哪里等等都是必须注意的问题。在较短的时间里,靠自己的应变能力,打腹稿,边说边想,或边想边说,这是一些基层监狱民警长期的经验总结所得。而在平时,就应该加强讲话的语言结构与章法的训练,即在教育讲话语言的条理性、清晰度、主题思想等方面多下功夫,做到在对罪犯教育讲话时游刃有余、临危不乱。

六、监狱民警语言表达常用技巧

语言表达是一个综合运用多种表达技巧的过程。根据表达的需要,得体地调动各种技巧,通过有声语言和态势语言内容上的增减、程序上的变化和方法上的不同组合就构成了具有不同表现力的表达方式,显示出各具特色的表达技巧。语言表达能力就是针对具体的说话对象,选择最恰当、最巧妙、最有效的表达技巧的能力。从某种意义上说,口才艺术就是选择和运用表达技巧的艺术。

为了更好地掌握语言的技巧和方法,这里先看看我国道家代表人物老子的讲话艺术。老子除在朝为官、著书立说外,便是从事不设坛的非正式讲学活动,宣传自己的主张,很多人拜见他,听他讲学,拜他为师,这与他表达思想的艺术特点不无关系。老子许多深刻的思想,在当时能够准确地表述出来,这本身也是一种艺术。例如,老子习惯用对比的方法表达自己的思想,他在讲关于美和丑、善与恶时指出,"天下皆知美之为美,斯恶已。皆知善之为善,斯不善已。故有无相生,难易相成,长短相形,高下相倾,音声相和,前后相随"。(《老子》第2章)即天下都知道美之所以为美,丑的观念也就产生了;都知道善之所以为善,不善的观念也就产生了。有和无互相生成,难和易互相完成,长和短互相形成,高和下互相包含,音和声互相和调,前和后互相随顺,这是永远如此的。这就是老子通过正反对比,说明道理,使人们了解自然规律。老子习惯用例证的手法来表达自己的观点和主张,例如:"五色令人盲目;五音令人耳聋;五味令人口爽;驰骋畋猎,令人心狂;难得之货,令人行妨。"(《老子》第 12 章)意思是缤纷的色彩使人眼花缭乱;纷杂的音调使人听觉不敏;饮食厌饫会使人舌不知味;纵情狩猎使人心放荡;稀有货品使人行为不轨。既然这五种因素扰乱世人的生活,那就要远离之。老子是希望人们"为腹不为目""去彼取此",但求安饱而不逐声色之娱,摒弃物欲的诱惑而保持安足的生活。老子采用大量具体的例证来说明抽象的道理,使人们容易接受。老子善于用比喻的手法来表达思想。"天之道,不争而善胜,不言而善之,不召而自来,净然而善谋。天网恢恢,疏而不失。"(《老子》第 73 章)意思是天之道是不争攘而善于得胜。不言语而善于回应,不召唤而万物自归,宽缓无心而善筹策万物。这好像一面广大无边的天网一样,它虽是稀疏的,却没有一样东西会从中漏失。这就是用人们已知的事物或者自然现象作比喻,借以说明人们未知的事理,使抽象的道理形象化,使深刻的道理变得通俗易懂。老子还习惯采取提问的方式将自己的观点和思想传播给别人。例如,他阐述宇宙的空间是无限大的,时间是无限的,就是与教育对象进行交流,用提问的方式问:"天有多大?"答曰:"一万万里高。"问:"从一万里的地方再往上走,那里又是什么呢?"答曰:"那是一道墙。"问:"墙有多厚?"答曰:"一百万万里。"问:"过了厚墙又是什么?"答曰:"又是个空间。"问:"空间又有多大?"答曰:"大得没法说了。"老子笑曰:"对啦,无限大了。"老子用这种提问的方式,可以促使人们围绕提问思考问题,引导人们一个层次接一个层次地思考,由浅入深,把事理想明白,这是老子表达思想的主要艺术特点。

(一)表述技巧

常用的表述技巧有:明确与模糊语言的表述、简洁与啰唆语言的表述、直述与委婉语言的表述、通俗与奇崛语言的表述、平实与幽默语言的表述等。

1. 明确语言的表述。明确语言的表述,首先要对事件的过程熟悉,做到心中有数,这样,才能表述得清楚。在语言表达中,明确是口语表达最基本的要求之一,同时,也是一种表达技巧。所谓表达明确,是指口语表达的语意要准确、鲜明,不模棱两可。如果是要陈述教育改造罪犯过程中的一些事实,要做到对事件发生的时间、地点、过程、人物及其原因、结果表述的十分肯定、确切,清清楚楚。如果是对罪犯进行具体的教育、提出要求或者讲述道理,就要观点突出,旗帜鲜明,提倡什么,反对什么,爱什么,恨什么,要一清二楚,不能吞吞吐吐。明确的表述需要从两个方面入手。一是从微观上,运用词语要注意明确,即从表情达意的宗旨出发,选择内涵具体、准确、清晰的词汇,以求具体的表情说理。对于涉及数量、方位的内容,则应选择和运用相应的数量词、指代词等,尽量把话说得清楚、明确。对于有争议或界限模糊的内容,要注意用恰当的词汇使界限具体明确,不致产生误解。二是从宏观上,把握每一次表述的总体,宗旨要明确。不论表达内容长短,都应做到讲话思路清晰,重点突出,层次清楚,倾向鲜明,逻辑严密,从整体上给罪犯留下深刻的印象。

2. 模糊语言的表述。模糊语言的表述并非语言的模糊和表达的模糊,它是使用语言的技巧和方法。使用模糊语言必须具备极高的语言修养能力。所谓模糊语言的表达,是指在语义上所体现的概念在外延上没有明确的界限,或者出于表达策略的需要,故意使用一些语义模糊的话,达到特定的沟通、交流效果。在教育改造罪犯的过程中,模糊语言的存在有其客观必要性。一方面,客观事实本身就具有某种模糊性。由于受实践经验、科学知识、理解能力等因素的影响,监狱民警对客观事物的认识还有一定的局限性,有时还不能完全准确地揭示事物的本质,那么,反映这种有待深化的思想认识只能借助于有一定模糊性的语言来表达。另一方面,模糊语言既是模糊的,又是相对准确的,它具有可信性。从真理是主观对客观的正确反映这一基本点来衡量,模糊语言比较准确地反映了人们对某一客观事物的认识程度,所以它又具有相对的准确性,它是从一个比较具体的范围内接近被反映对象的,在特定情况下模糊的判断很可能较为正确、较为可信。因此,模糊语言是以其具有相对准确性的特点,表现自己的存在价值和沟通功能的。所以,模糊语言在教育改造罪犯的口语表达中具有特殊的意义。一是模糊语言的运用可以提高口语表达的效率。模糊语言的不确定性,能带来口语表达的灵活性、多样性和暗示性,从而可以使较少的语汇传递更多的信息,提高传递效率。在教育讲话或与罪犯的沟通过程中,对一些不必说得太死、太具体的内容,不妨说得模糊些,这样,不仅不会影响沟通,而且可以提高表达的效率。如运用时间上的模糊词:一段时间以来、最近、早上、中午、晚上等等,虽然不太确切,但是有时说话使用这些就足够了,大可不必把几点几分都说出来。又如反映高矮、距离、方位、程度的模糊词:中等个子、附近、不远处等等,有一定的模糊性,只说了一个大致的范围和轮廓,但在要求不严格的一般性教育过程中,使用它,并不影响与罪犯的沟通和交流,反而使沟通交流过程变得迅速快捷,使罪犯更容易理解和接受。二是使用模糊语言可以留下回旋的余地。当罪犯对事实真相不清楚,特别是当突发事件结局尚不明朗时,运用模糊语言表态可以给自己留下回旋余地,能显示出更大的灵活性,有利于自己随着势态的发展和形势的变化左右逢源地解释,做到无懈可击,处处主动。三是运用模糊语言可以表现与罪犯沟通、交往的灵活性和机变性。在教育罪犯的语言表达中,有些问题由于某种考虑需要给以回避性回答,这时模糊语言就构成了斗智斗勇的武器。这在处理狱内突发性事件,尤其是牵涉到与罪犯利益有关系的事件时,经常用到。四是运用模糊语言可以体现罪犯教育的"策略"。在对罪犯教育改造,有时需要考虑罪犯的心理状况,照顾其自尊,这会增强教育的效果和语言的说服力。尤其是带有批评性、否定性的教育场合更是如此。使用模糊语言就具有保护罪犯自尊心的暗示功能,运用得当可以充分调动罪犯的积极性。例如,在教育讲话时,我们经常会说:"绝大多数罪犯表现是好的,但也有少数罪犯还存在问题。""个别罪犯的表现相当差。"使用这些接近被反映对象的模糊判断语言,一方面可以适当照顾存在问题罪犯的自尊心,比直呼其名少一些刺激;另一方面又起到恰当的敲打作用,促使他们改正错误。

应该注意的是模糊不是糊涂,模糊表达与含糊其辞、语无伦次是不同的。模糊性语言的使用是表达的需要,是有意识地使用含义较灵活的词语,表达者的思路是清晰的,目的是明确的,语言本身符合语法逻辑。而糊涂者的思路是杂乱的,语体不清,逻辑混乱。当然,模糊表达有一定的局限性,它只是在可以灵活处理的情况下才有实际意义。在教育改造罪犯的过程中,一切需要明确表达的地方,都必须清清楚楚地表达,否则,模糊表达就可能引发糊涂的事件。

3. 简洁与啰唆语言的表述。简洁就是用较少的词语,传递尽可能多的信息,它不仅是语言表达的一种基本要求,还是一种表达风格和表达技巧。简洁语言表达的特点是:表达的内容简短明了,集中概括;表达的线条清晰,主干突出;语句结构精约,节奏性强。简洁语言表达的基本要求:尽量少用或者不用毫无意义的口头语言和多余的感叹词,抓住中心、紧扣主题、坚持说短话,养成缜密思索的习惯。语言表达需要简洁明快不是绝对的,根据表达对象的不同,有时候反倒需要一点“啰唆”的表达,这是语言表达的一种技巧。具体要求是在语言表达中恰当地运用口头语和语气词,必要的语言反复,必不可少的解释、说明和细节描绘,为某种需要所说的多余的话等。在教育改造罪犯工作中,“啰唆”语言的表达具有一定的交流和沟通价值。心理学研究表明,一个人完全集中在一件事上而不被其他事物干扰的时间只有十一秒,说话人在讲三四十个音节(约需要十一秒)之后,不自觉地来句“啰唆话”、“口头禅”或者重复性词语,那正是兴奋与休息的交替进行以消除疲劳的方式,客观上使听者得到了思维理解的时间,有助于加强表达的效果。“啰唆”语言的价值表现在:它可以填补思维的空当;加深罪犯对教育要求、教育内容的理解;表达复杂的思想感情以及日常生活中的礼貌性、服务性等寒暄用语。正如《庄子》所说:“长者不为有余,短者不为不足。是故凫胫虽短,续之则忧;鹤胫虽长,断之则悲,故性长非所断,性短非所续。”其含义说明了这样一个道理——长不一定是多余的,短不一定是不足,说话也是一个道理。

4. 直述与委婉语言的表述。直述就是比较直接地表达出自己的观点、立场或者事情发展的本来面目。由于这种方式直截了当,情感表露自然,语言质朴无华,它不但取信于人,而且有助于提高与罪犯交流沟通的效果。这种表达方式一般在罪犯奖惩大会、集体性教育活动、工作安排和工作总结等场合运用较多。委婉表达是指将某些不宜直说或不想直说但又必须要说的意思加以语言的伪装和掩饰,用委婉、暗示的方式表达出来。委婉表达方法一般由表义(语言的表面含义)和本义(语言隐含的意义或语意主旨)两个部分构成。得体的委婉表达,需要说话主体为本义找到合适的表义,使人能够真正听出“言下之意”或“弦外之音”,充分发挥语言的艺术魅力。委婉表达法能体现表达者的善意,它常常附以得体的微笑、谅解的神情,因而较少刺激性,是处理分歧、矛盾、异差的良好表达方式。在教育罪犯的实际工作中,监狱民警的委婉性语言运用得当,不但可以表现出自己工作的策略性、语言表达的机智和风度,而且能尊重罪犯、避免矛盾激化,是罪犯容易接纳的语言表达方法。需要注意的是:委婉语言的表达要看对象,它只有在罪犯有一定的理解能力的情况下才能实现沟通,也就是说,罪犯不仅应有听清表面语音的听知能力,还要有知道、领会潜在意义的推断能力。因此,对于不具有这种能力的罪犯就不宜使用委婉的表达方法。

5. 通俗与奇崛语言的表述。通俗是指语言表达尤其是口语表达的大众化,它包括用语通俗和内容意义的通俗。通俗语言的表达应把握以下几个方面的问题:一是尽量少用对方不熟悉的文言、方言和生僻词语,多运用规范性词语。二是习惯运用成语、谚语、俗语等罪犯喜闻乐见的大众化语言。三是善用比喻和比较,把话讲得生动形象,把道理讲得浅显易懂。在使用比喻方法时,要抓住特征,贴切形象,准确精练,新颖独特。

奇崛即奇特挺拔,喻一个人的性格则是独特不凡。这里是指语言使用方面的独到之处。即采取不同寻常的语言表达方法,追求出人意料的表达方式和表达效果,它是一种特殊的语言表达技巧,具有求新、求异的特点,使用这种语言表达技巧常常会收到出奇制胜的效果。常见的奇崛表达方法有:独到之语、点睛之语、警策之语(如格言、警句)、反常之语(别出心裁、违背惯例)。例如,列宁在十月革命胜利前发表演讲时指出:"同志们,我必须告诉你们,在我们的面前有两条道路,一条是胜利,一条是死亡,死亡不属于无产阶级。"(《列宁在1918》)抗日战争时期,蒋介石拒绝与共产党合作,实行不抵抗政策,毛泽东同志风趣地说,逼蒋抗日,犹如赶驴上坡,它不走,就采取一打二拖三推的办法。这些言语不但朴实风趣,而且别具匠心,十分让人信服。要达到语言表达的奇崛效果,必须克服习惯上的"思维定式",注重知识和语言精华的积累,敢于创新,学会对各种知识的嫁接、移植和融合。

6. 平实与幽默语言的表述。平实语言表述法是指用质朴、平常的语言表达思想情感的一种方法。虽然这种表述方式语不惊人,但是立意深远、自然亲切,有一定的可信度,因此,教育力度较强,能给人以强烈的感染力和说服力。语言表达的平实性,并不是语言苍白,而是语言修辞和语言表述已经达到较高境界的标志。监狱民警要达到这种境界,必须经过长期的语言文字练习,而非一日之功可及。

关于幽默语言的表述(运用),在前面的相关章节中已有论述,需要注意的是,在运用幽默语言表达的时候,一定要考虑场合和对象,在对罪犯进行课堂教学、个别谈话、日常交流或者一般性文娱活动等过程中,可以适当运用幽默语言,但在诸如鼓动性讲话、集体教育以及其他比较严肃正规的场合则要慎用幽默,以防止不适当的幽默削弱对罪犯教育的力度。同时,不要滥用幽默,也不要错把滑稽当幽默,列宁曾经说:"幽默是一种优美的、健康的品质。"幽默之余,更多的是引人深思,而滑稽则仅仅博人一乐,并无多少哲理意义。

(二)修辞技巧

在语言表达的过程中,语法是为了句式的正确、恰当,逻辑是为了语言的严密,富有理性色彩,修辞则是为了把话说得鲜明、形象、富有情趣,从而增强语言的表达能力和感染力。在工作实践中,有的监狱民警说话水平高,有魅力,往往与善于运用修辞技巧有密切关系。修辞技巧是否高明,直接关系到说话水平的高低。

常见的修辞方法有:比喻与夸张、排比与对偶、设问与反问、引证与转述等等。无论运用哪一种修辞方法,都必须与语言表达的实际需要相符,根据所要表达内容的实际情况而定。

(三)声调技巧

现实生活千变万化,人的思想情感也千差万别。作为生活和情感载体的语言,自然也应该多姿多彩,曲尽其妙。尤其是在语言表达方面,如果只用一种声调讲话而缺乏变化,不但难以准确地表达思想和情感,而且也不可能使讲话内容达到声情并茂、引人入胜的效果。当然,声调技巧的运用,要服从表达思想和情感内容的需要,即声调应随思想和情感内容的不同而发生变化。

声调技巧的运用,重点掌握语气选择、节奏控制和声浪调谐。

1. 语气选择。恰当的语气不仅能够增强表达的效果,而且也可以反映出监狱民警的身份、修养、情感和态度等。口才艺术高的民警十分注意语气的选择和运用,不论讲述什么样的话题,在什么样的场合,总能恰到好处地运用语气,吐纳自如,恰如其分地表达自己的思想。语气取决于所要表达的内容,不同的内容,在不同的场合,面对不同的罪犯,语气应该有所不同。例如,在庄重的场合或讲述比较庄重的内容,语调应该严肃郑重;在比较随便的场合或讲述比较平和的内容,声调则应舒缓、轻慢;感情激烈,则声调高亢而短促;感情悲伤,则声音低沉而徐缓。总而言之,讲话语气应该多种多样,而且恰到好处。只有对讲话内容非常熟悉又饱含感情,讲起话来才能抑扬有致:或如轻风习习,声声入耳,或如大河瀑布,震人耳鼓,使自己的思想情感表现得淋漓尽致。

2. 节奏控制。即根据表达内容所进行的语速、语音和语调控制。在教育改造罪犯过程中,有的监狱民警由于没有掌握好节奏,因而影响了自己的表达效果。有的民警说话太快,紧锣密鼓,让人感到紧迫急促甚至喘不过气来;有的说话又太慢,慢慢腾腾,让人烦躁不安甚至不忍卒听;还有的当慢不慢、当快不快。这些不分节奏的讲话,从声调上看,必然是模糊的、混乱的和不优美的。

节奏虽然与速度直接有关,但是又不仅仅是一个速度的问题,它是一种有秩序的变化,它关系到所表述内容结构的疏密起伏,情感的浓淡激缓,速度的快慢行止,声调的抑扬顿挫以及手势等辅助动作的动静、间歇等。在语言表达过程中,虽然要有一个基本的节奏设想,但是又不能总是一种节奏,只有跌宕起伏、轻重缓急和错落有致的结合,才能收到表达准确、层次分明、优美动听的效果。

3. 声浪调谐。在生活中,我们听收音机或者音乐时常常需要"调谐",以达到最佳的声音效果。说话也是一样,也应该不断的"调谐",使自己说话的语调、音量达到理想的声音效果。声浪调谐,就是说话时的语调、音量、音质等手段的综合运用。在具体的讲话过程中,其基本要求是语词恰当,音量适中,发音正确规范,音节自然协调。这些是达到声音美的基本保证和条件。

(四)加强口语训练

口语训练是提高监狱民警表达能力的必经途径。

从专业角度讲,口语训练,首先必须抓好语音、语调、语气、运思(将思维转化为自然语言的过程)和心理等方面的训练,这是提高表达能力的重要环节。进行必要的基础性训练,即常用的朗读训练、复述训练(将语言材料用自己理解的语言转述出来)、讲事训练(讲述所见所闻)、描述训练(对人物或场景进行生动形象的描绘)以及说理训练(以确凿的论据来说明对事物或问题的见解)。

对于监狱民警来说,因为工作性质的需要,特别是要加强说理的训练。由于罪犯对一些问题或事物的认识不尽一致,看法也各不相同,在这种情况下,难免思想抛锚或产生过激行为,在这个时候,最重要的武器就是说理。说理,一要寻找到支撑点,这个支撑点必须是以事实为依据的论点,这是成功地进行说理的关键。要让罪犯接受自己的观点,心悦诚服地接受改造,必须以这个支撑点为基础,否则,任何良苦用心的教育都可能无济于事。二要条分缕析,不慌不忙、有层次地把道理说清楚,讲明白。三要把道理说得深刻而富有新意。浅显的道理人人都会说,但缺乏新鲜感,容易让人生厌。而精深的道理,由于立意深远、新颖贴切,往往能一语中的,使人恍然大悟。在对罪犯进行说服教育时,要想挖掘出道理的深度,必须善于思考和发现,学会从不同的角度看问题,多问几个"为什么"。在不断设疑、不断解疑的过程中,对事物就会获得比较深刻的认识,说理就有深度。四要遵循语言表达的规律。即思想观点确定,概念明确,推理符合逻辑,不转移话题,前后连贯,不自相矛盾,不模棱两可,要切忌大而空和以偏概全。

其次,口语训练必须多看、多听、多说,这是提高口语表达能力最根本的途径。从主观上讲,监狱民警应树立成功的信心,经常练口,注重表达,不放过任何一次练习的机会。同时,要强化运思能力、运用语言能力和准确地组织语言能力的训练;从客观上说,要创造良好的语言环境,遵循口才训练的程序,提供适宜口语训练的场合。但总的来说,提高口语表达能力的最基本的也是最根本的途径就是多练,也就是我们经常说的"多看、多听、多说"。"多看"是提高口语表达能力和语言表达艺术的有效途径。看的内容比较多,但一般立足于多看理论书籍和有关体会文字、多看典范的语言或者口语类作品、多看影视材料。听并不是简单的听觉活动,而是口语或者语言表达的有机组成部分。它除了接受声音信息外,还有通过大脑思维,吸收、理解所接受的信息。与此同时,要善于判断发现对方说话的声音技巧和表达艺术,吸取其长处,以提高自己说话的能力。在"多听"的过程中,要注意两个问题:一是要准确理解话语的表面意思和深层思想,了解语言表达者的真正的意图和目的;二是要学习和掌握表达自己意图的方式和方法。"多说"就是在学习别人经验的基础上,进行实战练习,并通过勤学苦练提高自己的语言表达能力。

七、工作中几种不良表达方式及其矫正

从监狱民警的现有结构来看,基本上都是通过公务员招考或者政法招录进入人民警察队伍的,一般来说,都具备基本的文化基础知识和专业技能,但是,对罪犯教育改造方

面的系统性专业知识相对欠缺,对监狱特殊环境的适应过程较慢,而对监狱亚文化现象觉得特别新鲜和刺激,并缺乏一定的鉴别力,相反的对这种亚文化的吸收快,极易养成一些不良的语言表达习惯,因此,从树立监狱民警的良好形象和教育改造罪犯工作的需要出发,必须予以及时纠正。

(一)吐字不清、模模糊糊

这种现象一般产生在新入警或不经常接触罪犯教育业务的民警身上,主要原因是对业务不熟悉,心理紧张。表现在语速快、一带而过,发音颤抖、飘忽不定,以及不善于运用发音器官(如鼻音、喉音重)。

语速快、一带而过易产生吐字不清、含混模糊的现象。例如说"监狱人民警察"、"加、减刑"等,快了则说成"监狱里的警察"、"加刑"。纠正的方法是放慢语速,适当提高音量。

发音颤抖、飘忽不定是因为精神紧张而产生怯场心理,导致发音器官失控,音节变形。纠正方法是从心理因素上找原因,要尽快熟悉业务,做到心中有数,以克服紧张、怯场心理,同时,要避免外在因素对情绪的干扰。

不善于运用发音器官,除生理原因外,主要是缺乏严格正规的发音训练,导致相近的字音不分,发音时有明显的气息声,音节含糊使人听起来十分吃力。纠正方法是多与罪犯个别交流,及时纠正不良发音习惯,加强发音吐字练习,既要熟悉、了解罪犯的语言习惯和方式,又要练习、掌握汉语拼音和普通话等基本功。

(二)枯燥乏味、平淡无奇

表现为语言表达停顿太少、太短、太多、太长,轻重音不分,缺少声音高低变化,表达节奏快慢失当等。

语言表达时停顿太少、太短容易出现上气不接下气,不能正常表达思想感情,而且让罪犯听着费力,没有思考回味余地。语言表达太多、太长,则会使所讲内容支离破碎,不但不能完整地表达自己的意思,而且也会令罪犯感到莫名其妙、不知所云。轻重音不分,缺少声音的高低变化,就很难体现自己的观点和态度。讲话的节奏把握不好,快慢失当,使人感到是一种听觉上的折磨,而不是美的享受。纠正方法是,熟悉讲话内容,适当地运用语音、语调,自然地流露感情。

(三)故弄玄虚、怪声怪气

一是语气区分运用不恰当,如该用感叹语气时,却使用了惊讶语气,使人感觉怪声怪气。一般来说,语气分为表意、表情、表态三种,语言表达时,应根据表达内容、表达对象和表达场景的实际情况,确定运用语气,以增强语言表达的效果。二是声音下滑、拖长尾音。这种现象的弊端是"官腔"十足,语言的命令式、指示性成分增加,给人一种故弄玄虚、装腔作势的感觉。三是故意把句尾字音加重。我们经常见到这样的情况:有人在语言表达中习惯在句尾几个字音上加重,虽然它可以发挥提示、强调或者肯定表达内容的作用,如果使用多了,就会给人一种武断感、强迫感,由于这种方式缺乏语言表达的亲和力,其与罪犯沟通、交流或者教育、引导的功能就会受到影响。

(四)滥用辞藻、华而不实

出现这种情况的主要原因是对语义理解不透甚至理解错误。主要表现为不辨词义、随意用词；陈词滥调、晦涩难懂；过分雕琢、哗众取宠。一位民警在给罪犯作教育讲话时如是说："今天，我有幸和诸位一起分享政治学习的盛宴，希望大家洗耳恭听。虽然我有点班门弄斧，但我的谆谆教诲是刻意地，没有半点的水分，大家听完后，要展开激烈的讨论，千万不要让我枉费心机。"姑且不谈这名民警的讲话内容如何，实际上连起码的身份意识都没有，而且不辨词义、随意用词，文理不通，废话连篇，这种讲话只会成为罪犯的笑柄。有的民警在讲话时，不注意通俗易懂，喜欢用一些罪犯难以听懂的术语和陈词滥调，生搬硬套一些与自己工作实际不符的语言，文白兼用、土洋结合，从表面上看，颇有新意，实则故作高雅。例如，有一名监狱民警在对罪犯讲"节约用水"时说："我不认为浪费是一件光荣的事，可有些人偏偏觉得无所谓。水者，生命之源也，用之不惜，浪费之可耻。你可以有一万个理由拒绝苍天的恩赐，却不能有一个理由去践踏它的意愿。当这个世界真正没有水的时候，我不知道你在这个万劫不复的地球上还有什么意义。"这种讲话用于民警培训确实有点味道，但用在文化水平参差不齐的罪犯讲话中却有不妥，因为罪犯听不懂、理解困难，它没有发挥教育罪犯节约用水的目的。还有的监狱民警喜欢华丽辞藻的堆砌，牵强附会的引证和过分的雕琢粉饰，结果讲起来油腔滑调，使人感到言不由衷，哗众取宠。要纠正这些语言表达方面的毛病，必须加强遣词造句能力的培养，多读多看，提高表达能力。

(五)侮辱谩骂、庸俗低级

这是个别监狱民警常有的语言表达习惯。分析原因，是他们把工作情绪、工作压力，乃至生活中的不愉快带到对罪犯的教育过程中，不尊重罪犯人格，不顾及警察的形象，长此以往，就形成了习惯。具体表现为：无论是在什么场合，语言污秽、低级庸俗，谩骂成性。从外表上看，好像十分坦诚、直率、有个性，实际上是一种不良的社会习气。纠正方法：提高内在修养，改正不良习惯，重视文明用语。

(六)口头禅多，疙里疙瘩

"口头禅"就是俗话说的"口水话"，在语言表达中没有实际意义的词语，但是，人们又习惯使用这些没有实际意义的词语，如"这个"、"那个"、"对不对"、"是不是"、"啊"等等。"口头禅"多了，容易破坏语言的整体结构，削弱表达效果。造成"口头禅"的原因，一是在工作和生活中久积而成的语言习惯，或一味模仿他人的讲话而致；二是讲话者首先没有准备或者准备不充分，又不能临时应付讲话，只得嗯嗯啊啊、吱吱呜呜；三是知识和语言贫乏，习惯于既有的讲话方式，没有创新意识。纠正方法：用心对照检查，渐渐删除"口头禅"；扩大知识面，创新讲话方式；讲话前，做好调查研究和准备好充分的资料。

(七)语态失控、形象欠佳

具体表现为：慌里慌张，语无伦次，生硬模仿，矫揉造作等。造成这种现象发生的原因很多，有的可能是因为心理素质问题，有的可能是因为受各种情绪的影响，还有的是因为长期养成的不良习惯而致,更多的是由于没有掌握娴熟的态势技巧。在实际工作中,无论是坐着或者站着讲话,都应该注意自己的体态和造型,做到对身体的自然展示,举手投足由衷而发,并与自己的讲话内容、思想感情相互交融,自然得体。同时,还应该学会对心理、情绪的自我调控,学会临场应对,处变不惊。

(八)口语表达参考标准

口语表达直接关系到表达者思想观念和知识的传播,错误的、不规范的、不完整的口语都会使对方不知就里,甚至出现相反的意思理解。因此,有必要对口语进行规范性要求,并根据口语训练标准学习,进而提高口语表达水平,以下标准,仅供参考。

1. 听感:停顿次数,停顿长度,重复状况,语速,语流顺畅,表达自然,表达接近母语。

2. 语音:声韵调和语言自然、正确。

3. 词汇:词语运用正确,句子完整,用词丰富。

4. 句法:句法正确,句子完整,句式表达丰富。

5. 意义表达:意思表达清楚,逻辑、思路清晰,具有连贯性,使用连接成分,叙述完整,层次清楚。

6. 临场表现:有自信,声音洪亮,反应快,准确理解说话人的意思。

第四节

监狱民警的肢体语言

美国肢体语言专家帕蒂·伍德在长期的实验中发现:一个人要向外界传达完整的信息,单纯的语言内容只占 7%,声调占 38%,而剩下的 55% 的信息却要通过非语言的肢体语言来传达,而且因为肢体语言通常是一个人下意识的举动,所以它很少具有欺骗性。这个研究结果,并不是否定内容的重要性,而是强调了声音与肢体语言在内容的传播媒介中的地位和作用,或者说,它说明了在人们的语言表达过程中讲什么不重要,如何讲才最重要。

大家知道,2004 年 7 月 2 日,萨达姆在被秘密关押 7 个月后,终于出现在伊拉克特别审判法庭上,表面上看他没有丝毫认罪的意思,但肢体语言专家帕蒂·伍德在仔细研究庭审录像后指出,在面对法官时,萨达姆耸了耸肩,低着头,这是他失败者的本能迹象,是缺乏权力的标志。但他有时会用手指着提问者,这是攻击性姿势,意思是"你怎敢挑战你们国家的首脑",他想象征性地杀死向自己挑战的人。

用肢体语言来表现艺术、给人以美的享受和快乐的例子不计其数,如舞蹈、相声、小品等,赵本山等人表演的小品,将艺术通过肢体语言的展示表现得淋漓尽致,让人捧腹大笑、回味无穷。

肢体语言又称身体语言或态势语言,是对有声语言必要的补充。它主要通过以人的头、四肢、眼睛、嘴巴、舌头、面部其他器官表情等为载体所表现出来的一种无声的语言。肢体语言所产生的信息交流作用,在于它能诉诸人的视觉,对人的心理产生种种暗示,达到心领神会的效果。它有时甚至先于"有声语言"而在听者心目中形成第一视觉印象,这种印象往往直接影响口语表达的效果。肢体语言在人际交往、公关礼仪、演讲、教学活动等方面的应用十分普遍,对有声语言更加有效地发挥作用具有积极的意义。通过影视作品,我们会看到很多丰富有魅力而让人难忘的肢体语言:列宁、毛泽东等著名领袖都有丰富的肢体语言表现,喜剧演员卓别林更是天才的肢体语言表演家。

在教育改造罪犯的过程中,人虽然是非常善于伪装的动物,但是只要不忽略人性的深层本质,经过细心的观察,就可以从中发现一些线索。例如,一个面无表情的罪犯,一旦紧张起来,眼睛就会不由自主地眨动,鼻头自然皱起,偶尔有脸部痉挛的情形。对于这样的罪犯,明智的做法是不要去刺激他。但有的民警还会不明就里,大大咧咧地对脸色苍白的罪犯说"你的脸怎么了,有什么不满"这种话,无疑是在刺激拼命压抑感情的罪犯,是相当危险的做法。因此,监狱民警不但自己要有丰富得体的肢体语言,而且要善于观察和发现罪犯肢体语言的变化情况。人肢体语言几乎是与有声语言紧密联系在一起的,监狱民警正确得体的肢体语言,不但能增强自己的威信,而且能对有声语言起到辅助、补充、加强和渲染的作用,有时甚至可以单独表意,替代有声语言传递微妙的信息,会收到事半功倍的效果。

肢体语言表达思想情感有两种情形:一是下意识的表情动作。心理学研究证明,人体各部位中,最能反映思想感情变化的部位是面部和四肢。每一个部位都可能成为"语言点"之所在。这些部位变化、动作所表达的含义,如同语言的约定俗成一样,人们都很清楚。如双眉剑竖、二目圆睁是愤怒的象征;伸大拇指表示夸奖;点头表示同意等等。二是有意识的表情动作。人是有自控能力的,能有意识、有目的地对言谈举止进行选择、节制、支配,为一定的交际目的服务。这种有意识的肢体语言就有了更大的交际价值和特殊功能,成为交际中不可缺少的有力武器。因此,研究肢体语言及技巧,对于教育改造罪犯具有十分重要的现实意义。

这里,介绍几种常用的肢体语言。

一、面部表情和眼神等肢体语言的运用

面部表情和眼神就是一个人的神情。

人的内心感情总是能通过面部表情表现出来的,而面部表情又可以刺激产生某些内心体验,我们应善于利用自己的面部表情,对罪犯施加影响,加强与罪犯的思想感情交

流。说话内容千变万化,表情也应随之变化,或喜或悲,或高潮或低谷都应通过面部表情体现出来。有的民警说话时表情上冷若冰霜,如同木偶一般,还有的民警无论什么场合说什么话都笑口常开,好似"笑面佛"一样,这些既有损于自己的形象,又无益于思想感情的交流。如果说话时不分场合,矫揉造作,挤眉弄眼,皮笑肉不笑就会令人感到虚假、滑稽,毫无美感,因而也就影响了和罪犯交流的效果。

在所有表情中,眼神是最关键的。因为通过一个人眼神的变化,可以得到有关他的思想状态和情感状态的重要信息。"眼睛是心灵的窗户"正是这个道理。人与人之间用眼睛交流相互的态度,这两种功能结合在一起,就形成眼睛的"目光语",在人的一生中,应用得最多的就是"目光语",人的喜怒哀乐都可以通过眼神表现出来。

眼神的运用技法有环顾法、专注法、虚视法等。环顾法是用眼睛环视罪犯的方法,它可以使罪犯感觉到民警在关注自己,从而全神贯注地听讲。它还可以检验自己的发言效果,控制全场的情绪。专注法是民警把视线集中到某一点或某一个方面的方法。这种方法可以同罪犯个别交流感情,还可以制止个别罪犯的小声议论。虚视法则是似看非看的方法。这种"视而不见"的方法,可以减轻民警自身的心理压力,还可以表示思考,把罪犯带入想象的境界。这三种技法要配合使用,才能取得理想的效果,任何一种方法都不能单独的长时间的使用,否则会干扰罪犯的注意力,影响民警语言表达的效果。

在教育改造罪犯中,监狱民警不仅仅要用眼睛观察罪犯的表现,洞察罪犯的一举一动,还要用眼睛与罪犯说话,让眼睛去教育改造罪犯。也可以通过观察罪犯眼睛的变化,得到罪犯有关的思想和情感状态的重要信息。监狱民警与罪犯双方眼睛交流相互的态度,这两个功能结合在一起,就形成眼神的"目光语言",民警可以通过瞬间的"目光语"对罪犯情况作出一些分析和判断,为进一步教育矫正罪犯提供重要的信息资源。

民警在教育罪犯时眼睛要会讲话,首先必须保证眼睛要自然而然地传达出自己内心的一些信息,同时,要学会掌控自己的眼神,自觉地使用眼神来表达你要说的内容。在使用眼睛这一肢体语言时,要掌握三个要领:一是要让罪犯看到你自信和神采的光芒。在对罪犯教育讲话时,不要低着头看地板或盯着罪犯的脚,不敢正面正视罪犯,表现出怯懦和缺乏自信心。也不要环顾四周,目光闪烁不定,给人心神不宁、难以集中思维的感觉。应该特别注意的是,在涉及罪犯一些切身利益、在批评教育罪犯,或者民警自己的教育讲话可能会在罪犯中引起不同反应的时候,监狱民警应充分发挥眼神的作用,让罪犯看到你的眼神后感到羞愧难当,或收敛行为,或畏缩胆寒。二是要学会用眼睛与罪犯交流。通过对罪犯目光眼神的观察来窥探他的内心深处,及时调整自己的表情和教育内容,达到"知己知彼、百战不殆"的目的。三是要学会用眼睛来表达你需要表达的话。俗话说"眼睛是心灵的窗户",人的喜、怒、哀、乐、爱、憎等思想感情都可以从眼睛这个重要的器官中显示出来。虽然监狱民警面对的是罪犯,没有必要用更多的眼神来表达自己的意图,但是,有的时候,监狱民警一个关键性的眼神会发挥意想不到的作用。

监狱民警表情眼神的使用,无论前视、环视,虚视、点视,都离不开瞪、白、斜、眨、眯、瞄、瞟、盯，每一个眼神的使用都应恰到好处，用当其时，而不能出现矫揉造作、画蛇添足的现象。在实际工作中，监狱民警一方面可以借助自己的眼神传递各种情感信息，使眼神在不知不觉中发挥教育作用；另一方面，罪犯也可以从监狱民警的眼神中捕捉到关爱、赞赏、默许、警告、批评、禁止等多种信息，以此来调控自己的心态、情绪和行为。例如，对于有违反监规纪律苗头的罪犯，监狱民警可以借助眼神的变化来提醒，先用严肃的目光直视罪犯，让其有所意识，继而用凝重的眼神去注视，使其自我觉悟。

通常情况下，眼神（或目光语）传递的信息比较：

眼神（目光语）	信息
坦诚微笑	幸福、欣慰、友好、宽容、谅解
不屑	不情愿、讨厌、愤怒、轻蔑、嘲讽
不集中	另有所思、不感兴趣、无所谓
冷峻逼人	不信任、敌视、戒备、拒绝

二、首语的运用

通过头部活动来传递的信息叫首语。首语的表现形式有点头、摇头、偏头、回头、仰头、低头和垂头七种。在教育罪犯的过程中，经常用到的有点头、摇头、偏头、回头和仰头。点头，一般是肯定之意，表示对罪犯或其所做的事情的赞同、满意、放心、理解等；摇头，表示反对、否定、怀疑，或者表示对罪犯或其所做的事情的不确定性；偏头，表示专心、自得、不满或者犹豫不解和诧异；回头，表示欣赏、拒绝、回避；仰头，表示坚强、景仰或者傲慢等。

在教育罪犯的过程中，虽然首语的运用不很多，但是它对加强监狱民警教育讲话语言的力度和效果具有积极的意义。在具体工作中，一般不会刻意地运用首语，而不自觉的首语习惯又无处不在，但这些不自觉的首语习惯恰恰是一些不良的肢体语言。例如，头部频繁晃动、向左或向右频繁倾斜、不断地点头、不断地摇头等（除个别生理等特殊原因情有可原外），这些动作不但没有发挥肢体语言的辅助作用，而且还有可能损害民警的形象。因此，要正确了解、认识和使用首语。从监狱民警首语使用的实践来看，一般应掌握以下几个要领：一是尽量不要单独使用首语，而应配合自己的声音语言。例如点头表示满意或者赞同时，应该辅以"行""好""嗯"等有声语言，这样，你所作出的首语信息就比较明确。二是首语动作要做到位。当你面对罪犯的行为表示赞同或者否定时，是点头还是摇头，应该清晰明确，能够让罪犯既看得清楚，又能够正确领会。三是首语的使用要适当，不能以首语冲淡自己的有声语言。频繁使用首语，不但有损于民警的形象，而且还会影响罪犯的注意力，而你真正的教育讲话内容却没有达到目的。

三、手势（语）动作的运用

口语表达常常会借助一定的手势动作，手势动作有时是不自觉的，有时是刻意的。在所有的肢体语言中，手势使用频率最高，它是由说话者运用手掌、手指、拳和手臂的动作变化来表达思想感情的一种语言。其表达内容有极强的吸引力和表现力，使用起来也最灵活、最方便，所以有人说："手势是口语表达的第二语言。"

在人类长期的生产和生活实践中，手势作为一种常用的交际工具被广泛使用，而且被赋予了种种特定的含义。发展到今天，人类已经能够依靠手势来表达比较完整的意思了，可以说，它是一种真正的"世界语"。由此看出，手势具有十分丰富的表现力，是人们表情达意的重要手段。

手势可以激励人心。大家熟悉的列宁的手势就是一例，他在演讲时，喜欢站在靠近听众的地方，讲到激动处，身体迅速前倾，用手急剧而有力地向前一挥，手心朝上，体现了革命导师领导无产阶级摧毁旧世界的不可阻挡的力量和坚强信念，激励全世界无产者为"英特纳雄耐尔"而奋斗。毛泽东同志在延安窑洞前掰着手指向战士演讲的情景更是令人难忘。斯大林把这些绝妙有力的手势形容为："把听众俘虏得一个不剩。"

手势具有替代功能。手势可以通过手指、手掌、手臂的动作变化替代语言和内心感情。例如，闻一多在《最后的演讲》中谈到反动派杀害李公朴时，激愤地用手敲击桌子。这种手势是此时此地各种情感反应和情感状态的集中表现形式，它比语言更有力地表达了闻一多此刻的愤怒心情。

手势表现人们的个性风格，以征服听众。例如，周恩来同志在参加会议时，经常靠在椅子上，用富有表现力的手势增强谈话的效果；当要扩大谈话内容范围，或是从中得出结果时，他又会把两手放在一起，十指相对。总之，他能恰到好处地以其优雅洒脱的举止、从容的姿态，显示出一个革命家、外交家特有的魅力、博大的胸怀和泰然自若的风度，为世人所敬仰。

根据手势表达意义的不同，可以分为情绪手语、指示手语、模拟手语和象征手语。

情绪手语是表达说话人的某种感情、情绪或者态度的，它随着人的情绪起伏发出首语信息。在监狱民警教育讲话中，运用情绪手语一般是自己内在情感和态度的自然流露，能够鲜明的表达出自己的感情色彩，因而，真切感人，对罪犯具有一定的感染力。

指示手语是用来指示具体对象的手势动作。例如，在给罪犯安排学习任务时说："我今天所提出的学习任务，必须在三天之内完成，否则，在全监区内通报批评。"在说的同时伸出右手的三个手指表示数目"三"，这个指示性手势可以增强有声语言的明确性和真切性，同时能紧紧地抓住罪犯的注意力。

模拟手语是指比画事物形象特征的手势动作，如用手臂比画某人的高矮、物体的大小、距离的远近。

象征手语表示抽象事物概念的手势,如竖起大拇指表示夸奖、赞许,竖起小拇指表示贬斥、蔑视等。

在实际工作中,常常见到一些民警不但没有很好地运用手语,而且,有时很不注意自己的"手",不知道自己应该把"手"放到哪里。例如,习惯性地将手背在身后、抱在胸前、放入裤包,或者是不自觉地摸脑袋、鼻子、后脑勺等,这些都是不好的习惯性动作,并且,常常会把这些习惯性动作使用到工作中去。例如,要让某个罪犯回答问题或批评某个罪犯时,民警常常用右手食指,不停地晃动着指向这名罪犯,这不仅是一种不文明、不尊重人的表现,而且,也容易给罪犯造成一定的心理压力,不利于监狱民警与罪犯之间的正常沟通。正确的方法应该是,在要求罪犯回答问题时,监狱民警可以将整只手指向罪犯,手掌自然向上抬或者轻微的向下摆动,表示"真诚""友善""说理"或"协商"。在对罪犯的行为进行否定性评价时,同样不能用一个手指指向确定或不确定的罪犯,而是将五指并拢,自然地左摇右摆,以表示否定之意。综上所述,不好的手势习惯,一方面有损自己的形象,另一方面表现出你的紧张、不自信。因此,监狱民警要注意自己的"举手投足",了解和掌握手语的一些基本知识,充分发挥手语在教育讲话中的作用。

四、其他肢体语言的运用

人的站立、行走、坐姿以及服饰等都属于其他肢体语言的范畴。无论何时何地,这些肢体语言在人的整个行为活动中,对于展示人的气质、表现人的良好形象都有十分重要的作用。

我们以监狱民警的身体姿态为例。如站立、弯腰、挺胸、举步、前倾等等。在对罪犯教育讲话的过程中究竟采取怎样的姿态为好呢? 实际上,我们通过与他人的接触或者通过各种媒体也了解和知道什么样的姿态好、什么样的姿态不好。但其中要掌握的基本原则是:坐要坐得端正、自然,站要站得挺直、稳重。所谓"坐如钟"、"站如松",是因为它给人以自信、沉着、专注的良好印象,同时也会使罪犯心理上产生一定的压力。但姿态也要随着语言做适当自然的变化,否则会给人僵化之感,就不能更好地体现监狱民警的良好形象。总之,不管采取什么样的姿态,既要显示出对罪犯的尊重,又要使自己感到舒适自然,还要让罪犯觉得你的姿态优雅大方、威严,而不是故意做作。

另外,监狱民警在所有面对罪犯的场合,都应按要求着装,警服的大小、长短(型号)要根据自己的身材而定,并且,要根据不同的季节着不同的警服,切忌警便服混穿和不合时令的穿着,也不能着警服时不修边幅或浓妆艳抹、穿戴饰品等,必须按照人民警察有关着装规定着装。

五、运用肢体语言的要求

肢体语言对于语言表达有积极的作用。说话者不能把它作为可有可无、随心所欲的点缀,而应从语言表达的需要出发设计和规范自己的言谈举止,以增强表达的效果。监狱民警在教育改造罪犯的过程中应合理运用肢体语言,充分发挥肢体语言对罪犯的教育引导作用。

(一)肢体语言表达准确、运用得体

监狱民警的肢体语言要与自己所要表达的思想内容相吻合,与监狱环境、罪犯的生活习惯和接受能力相吻合。有的监狱民警语言表达不成功,并不是因为自己的表达能力差,而是因为不能正确选择和运用肢体语言的技巧,违背了在监狱这种特殊环境里罪犯的审美习惯和审美要求,从而影响了自己的形象,理所当然的不能为罪犯所接受。

在运用肢体语言技巧时,之所以必须考虑到罪犯的社会习惯和审美能力。原因在于,由于民族和地域差异的存在,肢体语言具有不同的意义。我们从国内外的很多关于肢体语言的风土人情中可见一斑。例如耸肩动作在西方表示疑惑,而在我国则表示厌烦;点头在多数地区表示赞同,而在保加利亚则表示否定。在中国翘大拇指表示称赞,伸小拇指表示差劲;而在日本翘大拇指表示"老爷子",伸小拇指表示"情人"。即使在同一个国家、同一个地区,不同的时代其肢体语言也代表不同的意义。例如,在过去,我国表示问候是拱手作揖,后来是弯腰鞠躬,现在则是点头或者握手。对监狱民警来说,肢体语言的使用,要根据监狱的实际情况,选择恰当得体、符合罪犯普遍能够接受的肢体语言,而不能不顾条件随意套用。例如,监狱民警就不能对罪犯拱手作揖,批评教育罪犯不能伸小拇指,不能对有残疾的罪犯进行肢体上的污辱等等。

(二)肢体语言自然生动、有感而发

一般来说,肢体语言是伴随着人的讲话而产生的,是语言表达过程中内心活动的自然流露,各种表情、姿态、道具的使用都要自然贴切,防止故弄玄虚或者弄巧成拙。个别监狱民警在讲话时(一般是在开会或发言情况下用)总爱事先按照讲话稿设计动作,诸如"这里要挥挥手""这里要微笑"等等,这种照本演戏的做法非常生硬,如果临场忘了一个动作表情,想起来以后再补上,那就贻笑大方了。

肢体语言是非常丰富多彩的。根据有关资料统计,仅仅一个"看"的动作就有三百多个同义词或近义词,如"正视""鄙视""注视""斜视"等都是描绘眼睛表情的。监狱民警应该根据自己的特殊情感体验,根据罪犯的实际情况,灵活运用各种肢体语言,并使之和谐舒展、优美生动。

(三)肢体语言简约精炼、适可而止

肢体语言丰富多彩,具有很强的表意作用,然而它毕竟只是口语表达的一种辅助手段,在具体使用过程中应简约精炼、适可而止,不能过多过滥,否则就会喧宾夺主、名不副实。比较有经验的监狱民警都非常注意控制自己的肢体语言,绝不会轻举妄动、随意使用。不管在任何情况下,我们所采用的手势、动作、表情等都应该力求得体精炼,充分显示自己的稳重老练和温雅谦和,使罪犯产生恭敬之感。

第五节

监狱民警语言表达的心理机制

在监狱工作实践中,我们经常发现这样一种现象:有的监狱民警很善言谈,与这样的民警交谈,会有"与君一席话,胜读十年书"之感,也如同看一部脍炙人口的作品后,备受启发,并能从中学会做人的道理。而有的民警说起话来笨嘴笨舌、词不达意,听起来困难,理解起来也不容易。这些语言表达上的差异,一方面是与监狱民警个体的文字功底及相应的训练或习惯有关,另一方面与其言语表达过程中的心理活动有密切联系。

心理学基础理论探讨了不爱言谈者、爱言而不善言者及爱言又善言者等的心理机制,认为只有通过创造便言的社会心理机制,加强语言机能、技巧的训练,培养良好的性格等手段,就能提高语言的表达能力,增强社会适应性。

在实践中,我们归纳总结了影响监狱民警的几种言语表达心理因素,并提出相应的训练对策。

一、监狱民警不爱言谈的心理根源及对策

俗话说"言为心声",也就是说一个人的心理活动特点直接影响着言语表达的特色和效果。在监狱特有的环境下,要教育改造罪犯,如果监狱民警不爱言谈显然是很难开展工作的。但确实有的监狱民警存在这方面的问题,不爱言谈成为影响其工作的重要因素。

监狱民警不爱言谈的原因是多方面的,既有生理方面的因素即先天条件,如发音器官障碍,又有后天因素,如文化知识短缺、业务能力不强、缺少交际锻炼等,还包括心理因素,如性格内向及其他心理障碍等等。其中,性格内向和心理障碍是导致监狱民警不爱言谈的重要心理根源。表现为:"潜流奔涌,外无痕迹",情感内向,很少在其他人面前表现自己的观点和思想,工作上表现为"只干不说",给人的印象是踏踏实实、默默无闻。在监狱实践中,虽然提倡"少说话多干事"的实干精神,但是,在信息时代,在监狱这个特定的社会环境里,这种心理特征不但很难适应罪犯教育改造的形势要求,而且还会导致监狱民警言语生理机能降低,影响其抽象逻辑思维的发展。

监狱民警不爱言谈的心理障碍主要是由后天诸多方面的因素造成的。一般来说,大多数具有不爱言谈心理障碍的监狱民警,并非与生俱来就不爱言谈,而是后天在一定的

氛围中受到压抑或遇到挫折,由不敢言开始逐步发展为不爱言谈的。具体可归纳为三个方面的原因:一是传统文化或者说是传统习惯的影响。中国传统文化在人们的思想上已形成了较稳固的心理积淀,那就是相信"沉默是金"、信守"言多必失"、迷信"祸从口出"、坚持"省言为妙",恪守"谨开口、慢开言"的处世原则,最后导致无论在什么地方、在何种情况下都表现为唯唯诺诺、谨小慎微。二是受"官场"作风的影响。由于受各种因素的影响,长期以来,中国的民主风气受到破坏,人们的民主意识受到压抑,例如"长官意志""家长作风""一言堂"在有的地方、有的时候还比较盛行,一方面使爱言的民警常出现"欲言而不敢言、不能言"的心理氛围,使其产生言语表达心理障碍。另一方面,由于民主空气淡薄,在"集权"状况下,容易导致监狱民警很少有"说"的机会,即便是说了也"不算数",没有"权威性"和实际效力,最后形成不想说也不愿意说的局面。

针对上述情况,监狱民警应正视自己和现实,找到自己的长处和不足,发扬优势,弥补不足;同时,对于监狱来说,应广开言路,活跃思想,努力创造一个便言的工作氛围,积极消除监狱民警不爱言的心理障碍,使不能言者善言,不敢言者大胆地发表自己的见解。

二、监狱民警爱言而不善言的心理症结及对策

在现实生活中,想说而不会说(爱言而不善言)是一件痛苦的事,特别是在一些关键性问题上,由于不善言误了"大事"而后悔莫及。历史上曾因"不会说话"遭遇不测的故事很多,公元前一世纪,伟大的历史学家司马迁因为为李陵说了几句"不中听"的话,竟惹得汉武大帝勃然大怒而受到残酷的宫刑,司马迁痛定思痛说道:"文史星历,近乎卜祝之间,故主上所戏弄,倡优畜之,流俗之使轻也。"也有因为"会话说"而化险为夷,讨得对方喜欢的经典案例。清朝太监李莲英善于取悦慈禧,慈禧爱看京戏,常赏赐艺人一点东西。一次,她看完著名演员杨小楼的戏后,把他召到眼前,指着满桌子的糕点说:"这一些赐给你,带回去吧!"杨小楼叩头谢恩,他不想要糕点,便壮着胆子说:"叩谢老佛爷,这些尊贵之物,奴才不敢领,请……另外赐点。""要什么?"慈禧心情高兴,并未发怒。杨小楼又叩头说:"老佛爷洪福齐天,不知可否赐个'字'给奴才。"慈禧听了,一时高兴,便让太监捧来笔墨纸砚,举笔一挥,就写了一个福字。站在一旁的小王爷看了慈禧写的字悄悄地说:"福字是'示'字旁,不是'衣'字旁的呢!"杨小楼一看,这字写错了,若拿回去必遭人议论,岂非有欺君之罪,不拿回去也不好,慈禧一怒就要自己的命。要也不是,不要也不是,他一时急得直冒冷汗。气氛一下子紧张起来,慈禧也觉得挺不好意思,既不想让杨小楼拿错字去,又不好意思再拿过来。旁边的李莲英脑子一动,笑呵呵地说:"老佛爷之福,比世上任何人都要多出一'点'呀!"杨小楼一听,脑筋转过弯来,连忙叩首道:"老佛爷福多,这万人之上之福,奴才怎么敢领呢!"慈禧正为下不来台而发愁,听这么一说,急忙顺水推舟笑着说:"好吧,隔天再赐你吧!"就这样,李莲英为二人解脱了困境。

在中国这个比较传统的国度,人们很讲究"说"的艺术,也特别喜欢听吉利或"好听"

的话。于是,有很多人学会了说奉承的话、说违心的话、说骗人的话。但不管在哪个场合,都要尊重民俗和顺乎人的基本心理要求。在古典名著《红楼梦》中,贾宝玉在抓周时,抓了一盒胭脂,这时,有人就预测说:"这孩子将来必定是个酒色之徒!"恐怕没有父母愿意听到这样的话。"抓周"只是一种风俗习惯,是人们对未来的一种期望而已,并不能真正决定孩子的未来,但是,在这种充满喜气和欢笑的场合,一定要把话说得委婉,别让满怀期望的父母不高兴。譬如有一个孩子抓住吃食不放,你不能说"这孩子将来必定很贪吃!"而应改成"这孩子将来肯定是美食家,有口福,会享受!"如果有孩子抓住一个玩具不放,你不能说"这孩子将来肯定很贪玩!"而应说成"这孩子今后一定很会享受生活!"这种善于说话的语言表达方式,既烘托了气氛,又表达了自己的祝愿之意。

俗话说:"成则一言,败则一语。"在现实生活中,人人都有听顺言的心理需要,善言不仅能准确地表情达意,而且还便于对方接受。既能准确地表情达意,而又使对方乐于接受的话语,一方面体现出语言的艺术性,另一方面需要适应对方的心理要求,因此,善言就其心理机制来说,就必须有灵活的心智、开阔的思维、敏锐的感知。这样才能在日常交往中及时准确地把握对方的心理脉搏,迅速而准确地组织成富有艺术感染力、适应对方的心理趋向,并能充分地表达自己观点的妙言妙语,使对方在愉悦的情绪状态中接受自己的观点和看法。

当然,人与人之间的沟通和交流应该本着客观的、实事求是的精神进行,要坦诚相待,言语真诚,不要阳奉阴违,表里不一。不要因为逢迎别人而自欺欺人,也不要因为个人喜好而不管他人的感受。

对于监狱民警来说,出现爱言而不善言的情况较多。由于教育改造罪犯工作的需要,监狱民警"不说"是不可能的,组织罪犯生产劳动、进行集体教育和个别教育、激励和惩罚、表扬与批评等等,凡是涉及罪犯方面的问题都要"说",但是,说什么、怎么说常常困扰着监狱民警。究其原因,除其语言功底、艺术修养水平不足外,更主要的是因为不注意语言表达对象的具体特点,不能准确地、全方位地把握罪犯的心理动向,不论罪犯是否愿意接受、是否能够接受,往往只是沿着自己的思路"直抒胸臆",这样,必然导致对方的反感,甚至产生抵触情绪,很难达到沟通交流的目的。

针对监狱民警存在的爱言而不善言的实际情况,要从最基本的工作做起,例如加强语言文字能力训练、注重实践经验积累、提升艺术修养水平、增强自身心理机制调节等等。

三、监狱民警爱言而又善言的心理素质结构分析

所谓爱言而又善言,通俗地说就是"喜欢说并且会说"。当代著名教育家李燕杰先生,少年立志,终身从教,在 60 余年的教育艺术实践中,取得了巨大的成就。他被誉为"口能言之,身能行之"且"治国者敬"的"国宝"。为了教育艺术,他"喜欢说并且会说",有

人在总结其成功经验时认为,李燕杰先生"情境相生、理趣相谐、行知相善、事言相成",实现了身与心、言与行的统一。由此看出,"喜欢说并且会说"既不是天生的,也不是一蹴而就的事情。

就监狱民警而言,爱言又善言并不多见,更多的是"爱言而不善言"这种状况,因此,实现爱言又善言不仅需要有相应的语言文字训练基础,还需要有功能互助、健全合理的心理素质结构系统,主要包括:健康向上的思想情感,诚实谦虚宽容大度的胸襟,高尚的审美情趣,辨别真、善、美与假、丑、恶的能力以及比较稳定的情绪等,具有了这样健全完善的心理素质,再加之深厚坚实的语言功底,那么,表达出来的语言就一定是本意表达十分清楚、形式活泼,罪犯乐于接受的;就一定是表达得体、恰当,即使是带有批评、甚至讽刺之意,也非常适度。这样,就有可能在罪犯不乐意接受你的要求的情况下而不得不接受。

在语言表达进程中,还涉及审美情趣问题。如果监狱民警有较高尚的审美情趣、良好的艺术修养,就能从美的角度去合理地组织语言,使罪犯听后产生相应的美感体验,从而使其受得良好情趣的熏陶和感染,得到美的感受。

第六节
不同情景下罪犯教育的语言艺术

罪犯教育艺术体现监狱民警的综合素质,是监狱民警知识水平、应变能力、法律素养、人格魅力、外在形象、语言表达能力等的集中表现,其中语言表达能力是最重要的素质之一。要在不同的情景下实现罪犯教育的最佳效果,既能把教育改造罪犯的方针政策、法律法规宣传表达清楚,又能通过不同的语言方式将自己教育改造罪犯的思想、观点、理念等用恰当的语言表达出来,实现现实和内容的统一,这就要求监狱民警在实践中善学善用,不断积累经验,进而提高语言表达的艺术水平,更好地教育和改造罪犯。

一、集体教育语言艺术

在各种观念层出不穷、教育方法不断更新的现代社会,监狱教育改造罪犯方法也不断推陈出新,呈现出传统方法与现代手段交融的态势,并各自发挥着在罪犯教育改造领域中的作用。集体教育作为传统的教育改造方法,在我国监狱教育改造罪犯中始终处于主导地位,它经过与其他教育方法的综合运用,共同发挥着教育改造罪犯的重要作用。

集体教育是监狱教育改造罪犯最普遍、最常用的一种方法。无论是革命战争年代还是和平时期,集体教育以其教育的广泛性、适用性、普遍性和针对性等特征而体现出它的特有的魅力价值。也正因为它受众面广、方便适用,往往使监狱民警在罪犯教育过程中常常忽视或没有很好地运用这种有效的教育方法。例如,集体教育前,准备不充分、心中无数,教育开始后,东拉西扯、漫无目的,教育结束后,不知所云、没有效果,最终使集体教育流于形式。

◆集体教育典型案例之一

一名基层监狱民警在对罪犯进行"如何面对人生挫折"集体教育讲话时说:"今天,我想与你们谈谈如何面对挫折的话题,希望你们结合自己的实际学会与挫折打交道,更好的走好新生之路。你们都是正走在挫折路上的人,心中的苦和痛只有自己知道,但也只有自己才能解决。实际上,人生道路上的挫折随处可见,没有人可以幸免。如何面对挫折,以我的观点,就是要内心充满信心和勇气,学会改过和认识自己的不足。在平时的改造过程中,都在给大家讲这个道理,今天,我就不更多的谈这个问题。我想说的是,面对挫折,要学会冷静分析,学会自我疏导,学会调整自己的心理。最好的办法,莫过于建立起一种认真负责的态度,这就是能够脚踏实地地面对现实,坚强地担当自己应该承担责任。面对现实,是你们无法选择的,担当责任是你们不可推卸的。但是,在你们当中,有的人丧失了信心和勇气,于是就破罐破摔,就变得……没有出息;有的人没有认识到自己错在什么地方,还执迷不悟,变得像无头的苍蝇、迷失的羔羊。不过,绝大多数人还是有了很大的变化,能够从迷茫中清醒过来,能够在逆境中自强不息,洗心革面,这种现象让我们全体干警十分高兴。……每个人心里都有一幅'蓝图'或自画像,有人称它为运作结果。如果你想象的是做最好的你,那么你就会在你内心的'荧光屏'上看到一个充满信心、不断进取的自我。"

◆集体教育典型案例之二

自卑是相当一部分罪犯的心态。自卑容易使罪犯失去自信心,产生混刑度日、严重的产生自杀行为。针对罪犯存在的这种不健康的心理倾向,某监狱一名民警对其所在监区的200余名罪犯进行了一次关于"如果你自卑,请听我劝"的集体教育讲话。

✍"与你们一起的时间已不短了,但对你们的内心世界,我还了解不多。最近,我才发现你们内心有很多秘密。涉及你们隐私权方面的我不会说,也不能说,不过,有一个秘密我想和你们交流一下:这就是你们当中有不少人存在严重的自卑感。自卑心理人皆有之,尤其是你们现在所处的特殊环境,如果没有自卑才叫奇怪。但是,一味地自卑甚至混刑度日,或产生其他过激行为,你就是天大的错误。你自卑吗?我讲两个故事大家就应该受到启发。……通过这两个故事,你们不妨一个人静下心来想一想,跳出自我看自我,便能够找到导致自卑的真正原因,更相信你能够超越自卑。这里,我给你们几个解决的方法,也不妨试一试。一是要认识自卑的起因和本质。虽然自卑感是生活中常见的一种心理现象,但是,它都有产生的原因和背景。譬如你的家庭、你生活的环境、你自己的所作所为等等,有一点需要注意,这就是你现在的自卑不能完全归罪于社会和他人。二是要正确认识自己,确定自己的真正价值所在。有一个故事说,'一个人为自己没有一双鞋子而哭泣,直到看见一个没有脚的人才不哭了'。从唯心的角度看,上帝给你一短,必给你一长,你们要发现和守住这份礼物。三是要放弃以己之短比人之长的思维定式。在改造自己的过程中,你们要和过去比,只要你比昨天进步了,那就是成功。要善于发挥自己的优点和长处并充分地展示出来。当然,你要从另一个方面去弥补自己的弱点,用积极的心态扬长避短,学会接纳。四是要用行动来证明自己的价值。每一天,你都按照监狱和监狱民警的要求去做好一件事,在此基础上又去完成好另一件事,通过这种日复一日的积累,你就可以不断收获成功,每一次成功都会强化你的自信心,弱化你的自卑感,而一连串的成功会使你的自信心趋于巩固,这样,你的价值就得到了体现,你还有什么理由自卑呢?"

◆集体教育典型案例之三

某监狱直属监区,一段时间以来,罪犯之间以所谓的老乡或同伙而形成的帮派现象十分猖獗,导致罪犯之间互不信任,关系紧张,严重影响了正常的监管秩序。监区在打击狱内帮派、建立正常改造秩序的基础上,积极从罪犯的思想意识方面展开教育攻势。其中,一名监区民警以"如何珍惜朋友的友谊"为题,对直属监区200余名罪犯进行了集体教育讲话。这位民警采取以讲故事的方式进入话题:

✍"……你们不是没有朋友,而是缺少朋友之间真正的友谊。人活在这个世上最可靠的快乐是友谊,因为没有友谊我们就不能安然无损地生活,也不能快乐地生活。我想,你们的过去已经证明了这一点。"民警接着说:"有一个阿拉伯故事,有两个朋友在沙漠中旅行,在旅途中他们吵架了,一个还给另外一个一记耳光。被打的觉得受辱,一言不语,在沙子上写下:'今天我的朋友打了我一巴掌。'他们继续往前走。直到到了沃野,他们决定停下来。就在此过程中,被打巴掌的那位差点淹死,幸好被朋友救起来。被救后,他拿了一把剑在石头上刻了'今天我的朋友救了我一命。'一旁好奇的朋友问他,为什么我打了你后你要写在沙子上,而现在要刻在石头上呢？另一个笑着回答：'当被一个朋友伤害时，要写在容易忘的地方，风会负责抹去它，相反的，如果被帮助，我们要把它刻在心里的深处，那里任何风都不会抹灭它。'""所以，我在这里给你们一个建议，希望你们记住，既不要伤害你身边的人，也不要忘记那些帮助过你的人。朋友相处，伤害往往是无心的，帮助却是真心的，忘记那些无心的伤害，铭记那些对你真心的帮助，当发现这世上你有很多真心的朋友时，这些朋友才能给你的内心带来真正的快乐。"

以上三个集体教育典型案例，分别从不同的角度，以不同的内容展现了监狱民警的语言表达艺术。从文字上看，虽然有些书面化，不是很"接地气"，但是三位民警的语言表达都很规范，内容针对性强，由于避免了平常过于口语化的习惯，因此，对罪犯可能起到特殊的教育效果。由此看来，要实现罪犯集体教育语言表达艺术化，首先应该注意语言的规范性和内容的针对性，明确罪犯集体教育的范围和组织形式。其次要在传统集体教育的基础上，充分发挥其他教育方法的作用，来实现语言表达的艺术效果，而后才能实现集体教育对罪犯的改造价值。

（一）集体教育的组织形式

所谓集体教育就是将罪犯集中起来，进行有计划、有目的，以培养社会主义核心价值观、传授适应社会需要的知识和技能、塑造良好的行为习惯等为主要内容的教育活动。在通常情况下，由于参加集体教育的罪犯人数多、时间和地点集中、教育内容和要求带有共性，教育效果的影响力具有普遍性，因此，对组织者、教育者的要求高。在监狱实践中，集体教育一般采取集体上课、集体讲话、集体讨论、集体参观、集体训练等组织形式。每一种组织形式，都要结合监狱自身实际，进行精心策划，制定出切实可行的教育方案。

（二）集体教育的现状

从目前监狱工作的实际来看，罪犯集体教育出现很多误区。一是对罪犯集体教育重要性的认识不到位。有的认为这种形式的教育，一般不涉及具体和本质的问题，规模可大可小，罪犯可参加可不参加，内容可深可浅，效果可要可不要，只要从形式上做了就算完成任务。二是要么对集体教育的组织形式和要求一成不变，习惯于用"老办法"解决新问题，缺乏新意，罪犯接受教育，完全处于被动状态；要么热衷于"赶时髦"，牵强附会，搞标新立异。所谓"赶时髦"就是抛开一些传统的但仍然有用的教育改造方法，去苦思冥想寻找所谓的创新，而寻找创新的结果却是既不中看又不中用，对罪犯毫无教育意义。三是以其他方法代替集体教育方法。例如，以个别教育代替集体教育、以简单的教育方式代替集体教育等等，对个别性问题、不宜采取集体教育的其他问题，自然需要用个别教育的方法，但是，对具有普遍性的、共性的以及需要通过集体教育才能解决的问题，就必须采取集体教育的方法。否则，就会冲淡集体教育的内涵，使集体教育的作用得不到有效的发挥。

（三）集体教育的发展方向

集体教育秉承的是中国监狱传统的有效的教育改造罪犯方法，具有其他教育方法所不可代替的优势和功能。但是,作为一种传统的教育改造方法毕竟有其局限性的一面,因此,如何进一步挖掘集体教育潜力,更好地发挥集体教育在教育改造罪犯中的作用,是监狱理论研究的一项重要课题。从目前集体教育的运行情况来看,综合相关观点和实践经验,集体教育应从方法上进行更新,从措施上予以加强,重点把握以下几个重要的问题:一是对集体教育的主体资格进行科学构建,例如,建立集体教育"师资库"。一直以来,监狱民警充当着"万金油""杂家"的角色,抓监狱生产、教育改造、狱政管理,给罪犯做思想工作、上课、搞监区文化建设、处置突发事件等无所不能,反正琴棋书画、"上天入地"没有哪一样监狱民警是不能干的。体现在对罪犯的集体教育上,就是缺少对集体教育主体资格的遴选,人人都可以成为集体教育的主体。所以,应建立集体教育"师资库"。"师资库"的师资以监狱民警为主,辅之以一定的社会师资力量,师资人员的组成必须经过严格的考察、筛选和审批程序,并通过社会教育管理部门逐步实行资格准入制度。师资的选派和使用根据教育改造的需要而定。对师资的激励机制可以参照司法部罪犯"教育改造能手"的评比方式进行。二是规范罪犯集体教育内容,建立罪犯集体教育内容的短期、中期、长期计划和科学体系,例如建立罪犯集体教育近期工作任务、中期工作计划、长期工作目标,建立罪犯集体教育"专题资料库"、罪犯集体教育常规性教育内容、罪犯集体教育核心教育内容等等。在"专题资料库"建设方面,尽可能存储适合罪犯集体教育的专题内容,包括人文知识、中国传统文化、时事政治、常用文化技术等等,专题资料根据教育改造罪犯的需要和形势的变化适时更新。在专题的建立和使用方面,必须经过严格的筛选和审批程序,并根据教育改造的需要确定使用的具体范围和时间。监狱对专题设置和价值进行评价,如果效果好,还可以进行推广运用。三是结合《司法部关于记分考核罪犯的规定》(司法部 2016 年 7 月 22 日印发)和本地区计分考核罪犯实施细则等规定,建立科学规范的对罪犯集体教育量化考评机制,把罪犯劳动改造、教育改造等有机结合起来,进行综合测评,同步纳入罪犯记分考核整体系统。四是提高罪犯集体教育的运行情况和效果要求。对民警集体教育的组织、教育内容、教育方法、教育效果、具体流程等进行跟踪管控和监督,"把集体教育的运行情况和效果提高到节约执法成本、衡量教育改造质量、建设文明监狱的高度,纳入目标绩效考核和监狱民警晋级晋职依据范围"。

(四)集体教育语言艺术

列举罪犯集体教育的一些现状、重要性和发展方向,目的在于对集体教育有一个客观的全面的认识,使集体教育能更好地发挥教育改造罪犯的作用。罪犯集体教育就是要突出一个"教"字,"教什么""如何教",这是监狱民警必须认真思考的问题。千教万教,最后都要归结到一个"说"字上,要说得有理,说了管用。在各种条件均有保障的前提下,监狱民警的教育水平是关键问题,而监狱民警教育水平的发挥又有赖于自身的语言表达能力,即民警的语言表达艺术水平。

通俗地讲,语言表达艺术就是"说话"的艺术。在各种社交场合需要社交辞令的艺术;在学校,老师需要讲课和做学生思想政治工作的语言艺术;开会发言需要讲话艺术;

各种谈判需要谈判的语言表达艺术；推销产品更需要表达的艺术。可以说，语言表达艺术是成为现代人的一个基本标志。对罪犯进行教育也需要语言表达艺术？回答是肯定的。对罪犯进行教育不但需要语言艺术，而且需要高水平的语言表达艺术。对罪犯这一特殊群体来说，不但需要强有力的刑罚保障体系，要改造好他们，使他们刑满释放后成为合格的社会公民和有用之才，还需要依法对他们进行强制性的教育，由于这种教育具有特殊性，因此，教育的方法、手段等更需要一定的技巧和方法，这种技巧和方法，就是艺术。

那么，在集体教育过程中，如何提高自己的语言表达艺术呢？

1. 开篇扣题、要点清晰

所谓开篇扣题，就是在教育讲话一开始要突出主题、抓住要点。开篇就是开场白，"好的开始是成功的一半"。高尔基曾经就开场白做了一个比喻："最难的是开场白，就是第一句话，如同在音乐上一样，全曲的音调，都是它给予的。平常却又得花好长时间去寻找。"其含意是，开场白很重要，它的作用如同音乐的"定调"，"定调"是整个曲子的基本面貌和基本风格，而恰如其分的开场白又不是那么容易做到的，它需要长期的实践摸索和经验积累。

对罪犯集体教育注重开场白，一方面是平缓气氛，拉近监狱民警与罪犯之间的距离，建立和增强两者之间的信任感；另一方面是通过好的开场白，以语言和气氛感染罪犯，引起罪犯对集体教育的兴趣。所以，集体教育以其新颖、奇趣和智慧之美，让罪犯比较愉悦地走进你的话语世界，从而，为进一步掌控罪犯的注意力，为下一步要讲的话搭梯架桥打基础。

广西南宁监狱某监区的一位民警，连续一段时间发现罪犯之间的语言交流（内容）粗鲁，"出口成脏"，很不文明，影响了正常的监管改造环境。经过认真调查和准备，决定开展一次以"孝"文化为主要专题的集体教育。这位民警的开场白是："我在监狱工作十多年了，没有很好地孝敬父母。可是，你们当中，却有人是'大孝子'，随时都把自己的父母带在自己身边，最近还把自己的'妈'带到了监狱。"讲到这里，所有罪犯都竖耳恭听。接着，监区长把这件事情的来龙去脉简要地讲了一下，然后直接进入话题，开始中国传统"孝"文化集体教育。这名监区长的开场白虽然谈不上经典，但是简明扼要，切合生活语言，击中要害，吸引了罪犯的注意力，这种集体教育的开篇讲话方法很有借鉴意义。

从上面的案例可以简单地总结出集体教育讲话开篇的要领或基本方法。一是开篇的切入点可以是罪犯教育改造过程中的一个典型事件，也可以是一个相关的故事，还可以是自己的一次经历等等，这些事件、故事、经历等必须与你将要进行教育讲话的内容具有关联性。如果两者之间"风马牛不相及"，缺乏语言和语言表达内容的内在逻辑性，就没有明显的说服力。二是在内容上应具有普遍的教育意义，也就是说集体教育的内容应是罪犯中普遍存在的问题，通过这种形式达到教育多数罪犯的目的。相应的，如果是个别现象、特殊问题就不宜采取这种方式，一般应以个别教育形式加以解决。

2. 教育语言幽默、诙谐,通俗易懂

有人将罪犯这个群体形容为"士农工商""三教九流",无所不有。其实,这个形容一点也不夸张。从监狱近年来关押的对象来看,罪犯的基本情况发生了较大的变化,一是结构发生了巨大的变化,其犯罪前的职业类别具有多样性,年龄主体构成呈低龄化趋势,犯罪性质复杂多样等;二是罪犯的文化普遍偏低、心理问题突出、理解能力不高、反社会意识强等。针对罪犯情况变化的实际,如何开展集体教育,尤其是具体教育过程中如何有效、生动、巧妙地使用语言,就显得十分重要。

从教育改造罪犯的实践来看,在对罪犯开展集体教育时,除要求语言比较规范外,可适当使用幽默、诙谐的语言,教育内容要富有活力,语言通俗易懂,让罪犯易于理解消化。

有观点认为,对罪犯教育讲话是一项很严肃正规的事情,监狱民警不宜运用幽默、诙谐的语言,不能借通俗易懂的名义降低教育讲话的内容标准并以此博得罪犯的欢心。是的,对罪犯的教育是一项十分严肃的执法活动,不得有任何夸张或虚假的成分。但是,一般情况下,除非格式化文书和专业语言必须按照规定操作外,任何语言的运用包括对罪犯教育语言都没有固定的模式,尤其是在现代语境下,提倡语言表达的多样性并不违反原则性规定。

中国现代幽默大师林语堂把幽默视为一种切合人性的人生观,他认为:"人之智慧已启,对付各种问题之外,尚有余力,从容出之,遂有幽默。"幽默语言是人的语言智慧的表现,是人的思想、情操、学识和灵感在语言运用中的结晶,讲话幽默、风趣是一名教育者必备的素质之一。教育讲话幽默风趣,需要快速的反应能力,需要一种对事物敏感、想象丰富的气质,而反应的敏感性和幽默的气质,来源于广闻博见的知识联想和对生活的深刻体验与观察。正如恩格斯所说:"幽默是表明人对自己事业具有信心并且表明自己占有优势的标志。"幽默的语言表达是建立在说话者有较高的思想境界和涵养的基础之上的。一个心胸狭窄、思想颓废的人是不会幽默的。

中华人民共和国刚刚建立时,有记者问时任外交部部长的陈毅,中国是怎么把美国的 U-2 侦察机打下的? 面对这样的涉密问题,陈毅部长微笑答道:"我们是用竹竿子捅下来的。"说罢,满堂大笑,这样的"幽默",既捍卫了国家机密,也没有让记者难堪,可谓睿智双全。

一辆行进中的公交车由于司机的紧急刹车,让全车乘客猝不及防,车厢里一位男子撞到了一位女孩身上。这位女孩看起来非常生气,便冲着那个撞她的男子骂了一句:"德性!"可是那位男子并没有生气,而是立即对着女孩子解释"对不起,这和'德性'无关,这只是'惯性'。"顿时,这位男子的话引来了全车人的笑声。"德性"是骂人缺德,这个小伙子当然知道,但在这种场合一本正经地解释,或是回敬她一句更不好听的话,很可能就会引起两个人的争吵。而这样一句"惯性"既是对自己没有站稳的科学解释,又是对姑娘骂人语言的最好纠正和回敬。一场有可能激化的矛盾,就在一句比较幽默而又诙谐的语言中被化解了。

从上面两则故事中可以看出,幽默诙谐的语言表达是一种智慧,是生活和工作中的"润滑剂"。

在对罪犯集体教育的过程中,使用幽默诙谐的语言,能够避免干涩乏味、一本正经的空洞说教,可以调动罪犯"听"的积极性和监狱民警"教"的效果。监狱民警幽默生动的语言可以有效地传情达意,不但能帮助罪犯理解教育讲话的真实意图,而且能够增进相互之间的了解。监狱民警以自己的幽默语言坦然对待罪犯,可以使其解除心理上的顾虑,缩短心理上的距离,表露真情实感,从而理解罪犯的真实的愿望、动机和目的,以便制订切实可行的教育改造方案。

必须注意的是,在集体教育过程中,幽默作为语言艺术,应该具备一些基本的条件,并且遵循幽默语言使用的一些基本原则。

幽默、诙谐语言使用的基本条件:首先,参与集体教育的监狱民警要有敏锐的观察力和较高的想象力。监狱民警面对的是形形色色的罪犯,其一言一行都对罪犯产生极大的影响力,如果教育语言的幽默性对罪犯产生了负面效应,那么,幽默语言的使用就适得其反、弄巧成拙。幽默语言具有反应迅速的特点,这就要求监狱民警在集体教育讲话时思维敏捷、能言善辩,而这些又来自对生活的深刻体验和对事物的认真观察。具有较高的观察力、想象力,才能通过比喻、夸张、降用、拈连等方式来表达自己幽默的语言。其次,监狱民警要有高尚的情趣和乐观的信念。幽默语言的显露,常常是一个人乐观、自信的表现。从心理学上讲,只有内心乐观并充满自信的人,才能在言行上表现出轻松自然的姿态。幽默诙谐的语言风格恰恰就是这种乐观自信、外表轻松的情绪表露。监狱民警长期处于繁重的监管改造压力之下,工作负荷重,社会交往少,休闲娱乐贫乏,心理压力大。这些因素直接影响其工作和生活情绪。表现为工作忽冷忽热,生活情趣少,缺少积极乐观的心态。这些客观的事实和现象,导致了监狱民警不能进一步拓宽思想境界的空间,进一步拓展内心世界的舞台,自然地,在罪犯集体教育过程中幽默语言的使用就存在一定的局限性。因此,如何解放监狱民警的现有工作和生活状态,是值得认真研究和解决的问题。最后,要有较高的文化素养和较强的语言表达能力。幽默诙谐的语言表达,是人的聪明才智的标志,它要求有较高的文化素养和较强的驾驭语言的能力。一般来说,一个人语言水平高、文化知识丰富,对历史、地理、风土人情等各种各样的事情都有一定的了解和掌握,那么,他的语言表达就会活泼、生动、有趣。从现实来看,监狱民警队伍的文化层次结构已有较大的提高,但是综合性文化知识水平还不尽如人意,其对罪犯集体教育的语言表达能力还显不足。要真正实现罪犯集体教育中幽默诙谐语言的运用,提升集体教育的整体效果,必须以提高他们的综合性文化知识为突破口,不断拓宽语言表达能力培训路径,创建良好的培训语言表达的平台和机制,才能更好地解决实质问题。

幽默、诙谐语言使用的基本原则:在我们的工作和生活中,难免和别人会因为对某些事情的看法或者做法不一致而产生分歧和矛盾。分歧或者矛盾产生后,其结果就是将双方带入僵局,在僵局的气氛中如果双方寸步不让、不依不饶,就会继续扩大矛盾,双方还可能积怨更深、甚至反目成仇。如果要尽快地摆脱僵局,就应该采取比较委婉而又有效的方法,这个方法就是幽默、诙谐。但是,幽默、诙谐只是语言表达的手段,而不是目的。幽默、诙谐不是滑稽搞笑,不能为幽默而幽默。特别是在对罪犯进行集体教育的过程中,一定要根据监狱内部的具体语境、根据集体教育的主题内容、根据监狱民警自身的实际情况,适当地选用幽默、诙谐语言,掌握幽默、诙谐语言使用的基本原则。一是掌握幽默、诙谐语言使用的"度";二是注意幽默、诙谐语言的应用场景;三是幽默、诙谐语言使用要自然得体、教育效果明显。

3. 集体教育要有自己的"个性语言"

在集体教育中,民警讲话常常出现千篇一律的现象,讲话内容和形式都约定俗成似的,大道理高深莫测,小问题讲不清楚;或者无关紧要的小问题重复啰唆,紧要棘手的问题遮遮掩掩、避而不谈。导致集体教育形式主义突出,缺乏个性语言特点,教育效果不佳。

心理学理论认为,每个人都有自己的个性特征,人与人之间存在着明显的个性差异。每一个人,除自己的先天性生理条件外,其生活环境、教育程度、社会阶层及职业状况不同,就存在一定的个性差异,能力、气质、性格就有所不同,相应地,思考和解决问题的能力、克服困难的勇气和毅力、情感的表达方式就有明显的差异性。受个性差异的影响,每个人的语言表达就必然有自己的"个性特征"。

在集体教育的过程中,监狱民警必须对监狱工作的方针政策、国家的法律法规等进行原原本本、不折不扣的贯彻落实,至于其他教育内容,我们可以经过自己的综合思考,融入个人的思想和观点,根据自己的习惯思维和使用语言的特点,开展具体的教育工作。

要实现集体教育"个性语言"的表达,监狱民警应做到以下三点:一是要有自己的思想。"个性语言"不能只有个性而无思想,要具备让人认可和信服的比较成熟的思想或观点,对问题的认识要有自己独到的见解,并能够用自己的语言予以表达。要出语不凡,就要有自己特有的观察力、判断力和最终解决问题的能力。这样,你才有话语权,才能表达出对事物本质的一针见血的话语。二是要有个性。"个性语言"的形成是建立在鲜明的个性基础上的。个性特征是一个人说话做事的有别于他人的能力彰显。罪犯集体教育要避免长期形成的"平铺直叙"和"格式化"现象,就应该积极鼓励监狱民警的个性化教育,允许监狱民警个性特征的充分发挥。当然,要避免把监狱民警个性的彰显看作是出风头、是突出或渲染自己。三是在集体教育中要尊重语言的民族和区域差别,允许民警有不同的语言表达方式。中华民族是一个语言神奇而丰富的民族,一个字、一句话有多种美妙的发音,有多种含义,可以用多种方法表达出来,并且,表达的方式不同,其效果就不同,有时甚至千差万别。语言的民族和区域差别主要集中在边疆和少数民族地区,我们不但允许这些地区的民警运用自己的语言教育改造罪犯,而且还要为他们使用其他语言创造条件。

试比较下列在集体教育中的表达方式:

✍我警告你们不要忘记来这里是干什么的/我希望你们不要忘记自己的身份（给昨天说再见，从现在做起）。

✍你们是被社会淘汰了的（人渣）/亲人在等着你们回去团聚（浪子回头金不换）。

✍学好技术对你们今后的就业特别重要/学好技术能够使你们今后更好的就业谋生（技多不压人，求职靠本领）。

✍我对你们的表现特别失望/我对你们的表现并不满意（好的不讲跑不了，差的不讲不得了）。

✍为什么你们总是违反监规纪律/为什么有人总是违反监规纪律（一个人不可能不犯错误，可怕的是经常犯错误）。

4. 集体教育要适当使用肢体语言

在前面的内容中，我们介绍了肢体语言的一些基本常识及使用方法。在实践中，肢体语言在集体教育中的使用频率大大高于其他场合。但是，必须注意，我们提倡的是适当使用肢体语言，而不能让肢体语言冲淡自己的有声语言，使肢体语言"喧宾夺主"，肢体语言只能发挥辅助的作用。

使用肢体语言时，需要注意三个方面的问题。一是要注意对自己整个身体的控制。集体教育开始前，要以比较规范的动作或姿势走到罪犯前面，眼睛环视一下罪犯群体，并运用一个手势"镇场"，以示你要开始讲话了。但是，由于身体会有不同的状态，有时是坐着讲、有时是站着讲、有时是以站着讲为主偶尔也坐下来讲，如果是坐着讲，一般来说，身体往往受制于座椅，能够保证身体坐正、不瘫坐在椅子上，或者不趴在桌子上即可。如果是站着讲，就不宜过多走动、不宜步幅过急、不宜摇摇晃晃，也不宜身靠它物、手放裤兜等等。在涉及一些具体事件需要用身体进行模拟表演时，自己的身体动作要自然得体、形象生动，使罪犯有身临其境的感觉。二是眼睛、手势等肢体语言的使用。在通常情况下，从事监狱工作时间相对较长且经常组织罪犯进行集体教育的监狱民警，眼睛、手势等肢体语言的运用要稳重、成熟和自然一些，对于工作时间不长而且缺乏罪犯集体教育经验的年轻监狱民警来说，眼睛、手势等肢体语言的运用就可能拘束、紧张，不得要领。实际上，监狱民警是罪犯集体教育的组织者，根据教育讲话的实际需要，只要自然地展现自己的肢体语言即可。需要特别注意的是，在使用眼睛、手势等肢体语言时，眼睛要学会与罪犯交流，要凭借自己是教育的组织者这一优势，充分发挥自己的主动性，要让眼睛充满自信，让热情、赞许、批评和愤怒"皆具一眼"，让罪犯的一言一行无可逃遁。手势等肢体语言在罪犯集体教育中的运用也十分普遍，由于前面已作了论述，这里就不再讨论了。

二、个别教育语言艺术

社会的不断多元化，使人们的主体意识也越来越强，个性化特征也日益明显。针对这一现状,对人的教育应着眼于人的个性发展,重视个别教育。就监狱工作而言,"个别教育是指为解决罪犯个体存在的特殊问题而采取的一种单独的、面对面的思想、品德影响或知识、技能传授活动"(严浩仁主编:《监狱个别教育实务》,法律出版处 2010 年版)。它是《监狱法》规定的教育改造罪犯的重要方法之一。个别教育重在监狱民警对罪犯个别的思想影响,行为引导,法律释疑,心理疏导和技能传授等。相对于集体教育和分类教育而言,个别教育主要是为了解决罪犯个体的主要问题,它有利于激发和调动罪犯的改造积极性,是贯彻因人施教原则和以理服人原则的一个重要方式,是集体教育和分类教育的进一步深化和补充。随着社会的发展,罪犯的思想、观念呈多元化发展趋势,相应的,罪犯心理的复杂性,行为的隐蔽性、不可捉摸性和难以预知性增强,教育改造难度加大。而这些心理和行为特征往往隐藏于罪犯个体当中,并从罪犯个体当中反映出来。如果仅仅采取集体教育或分类教育的形式,就缺乏教育的灵活性和针对性。因此,个别教育对于解决教育改造中罪犯个别的、特殊性的问题具有十分重要的作用,是矫正罪犯工作的发展方向。

(一)个别教育的特点

个别教育与集体教育相比较,个别教育无论从地点、时间、方法和效果等方面都有明显的优势和特点。从表面上看,个别教育投入的警力多、花费的时间长、执法成本有所增加,但教育改造的效果明显不同。

1. 个别教育针对性强,符合罪犯个性化发展需要

每个个人只有在社会中通过主体间的平等交往,才能获得满足自己物质和精神需求的条件,获得个性全面发展的条件。社会的发展与进步为个人自由全面发展既提出了需要,也提供了可能。罪犯作为社会的一员,虽然失去了个性发展的部分条件,在自己与监狱民警之间也没有平等主体交往的可能,但是,作为教育罪犯的个别教育方法,正好弥补了罪犯个体教育需要的空白。《监狱法》将个别教育规定为教育改造罪犯的主要方法,其社会意义和法律价值就在于此。

首先,罪犯作为独立的个人,必然有别于其他罪犯的个性特征,个别教育明确的针对性,符合"对人的个性进行有针对性"的教育规律和教育原则,这是在监狱环境下,实现罪犯个性发展的基本要求。

其次,个别教育的针对性,是针对法律规定范围内的罪犯个性需求的。如心理压力大需要得到相应的缓解和疏导、缺少亲情需要得到安慰、对法院的判决不服希望得到申诉或法律援助等等,罪犯凸显出的这些矛盾,是法律许可的,也是罪犯个性化需求的真实表现,同时,也是个别教育需要解决的。即使罪犯的个性化需求超越了法律规定的范围,个别教育方法也正好用当其时。

最后,罪犯的个性化需求存在着与现实生活的矛盾。其人格尊严、生活意义、人生价值、各种兴趣爱好等等与一个自由的人相比,都存在明显的差异或限制。蔡元培先生曾指出:"要培养爱自由、好和平、尚博爱的人,在教育上不可不注重发展个性和涵养同情心

两点。"(张汝伦编选:《文化融合与道德教化——蔡元培文选》,上海远东出版社 1994 年版,第 343 页)对监狱教育来说,要完成一个不健全人格向合格的社会公民的转化,个别教育就承担着这种缓和、化解、教育的历史使命。

2. 个别教育方法灵活,教育的主动性增强

灵活性是个别教育的显著特征之一,也是个别教育得到普遍推广、运用,并以法律的形式予以规定的主要原因。

个别教育的运用十分普遍。在社会上,机关、企业、学校等开展政治思想教育离不开个别教育。带有普遍现象的问题,通过职工大会、学生大会就可以解决。但是,职工、学生中的个别问题就得采取有针对性的个别教育。个别教育在思想政治工作中有许多成功的案例,可以说,它是政工、人事组织部门的重要法宝。

罪犯个别教育的灵活性表现在两个方面:一是个别教育的时间、地点、对象和内容比较灵活;二是监狱民警使用具体的个别教育的方法相对灵活。教育方法的灵活性使监狱民警能够有充分的时间去选择、思考教育的内容,增强教育改造罪犯的主动性。

在我国的罪犯教育改造历史中,个别教育发挥了积极而巨大的作用,从 1949 年到 1975 年的 26 年间,新中国监狱对原国民党将领和伪满洲国皇帝爱新觉罗·溥仪的改造,就是最好的例证。在改造这些罪犯的过程中,由于个别教育方法灵活多样、针对性强,罪犯易于接受,因此,教育改造效果十分明显。

3. 个别教育具有一定的亲和力,容易加强情感沟通,达到罪犯改造信息相对真实、教育目的相对明确的效果

当今社会,人与人之间缺乏沟通,天天见面的人好像互不相识,隔壁邻居却不知姓甚名谁,甚至同事之间、同学之间、朋友之间也缺乏真诚的沟通交流,表情冷漠,导致人情冷淡,社会关系紧张。这种世象,在监狱里仍然存在。部分监狱民警对罪犯避之不及,总怕沾了一身晦气,更不要说与罪犯有更多的沟通交流。

罪犯虽然是国家和人民利益的危害者,是受刑罚惩罚的对象,但是罪犯也是人,罪犯也有七情六欲,也有与人沟通、交流的需要。在监狱特定的环境下,监狱民警成为他们沟通交流的唯一依靠,在他们处于人生逆境的时候,在他们服刑改造过程中需要帮助的时候,监狱民警凭借自己的职业优势帮助他们是情理中之事,更何况教育改造罪犯是监狱民警的工作职责所在。从这个角度出发,采取个别教育方式就显得尤为重要,教育会收到意想不到的效果。原因在于:第一,个别教育不需要较复杂的和正规的环境,且易产生宽松、和谐的气氛,罪犯心理相对平静、自然,就能够说出自己的真情实感。第二,如果监狱民警采取约谈方式,主动表现出谈话的目的和真诚的态度,容易使罪犯感觉到监狱民警是在真正的关心自己,进而产生良好的亲和印象;如果是罪犯主动要求找监狱民警谈话,监狱民警耐心倾听、认真解释、真诚帮助,罪犯就容易产生一种找到"知音"的感觉,从而,产生对监狱民警的崇敬之心和信任感。第三,在此基础上,罪犯对监狱民警容易吐露自己的"肺腑之言",监狱民警获取的个别教育信息就比较真实,这对进一步深化个别教

育具有积极的意义。

(二)个别教育的类型

个别教育主要有约谈式个别教育、接谈式个别教育、咨询式个别教育和感化式个别教育。约谈式个别教育的主动权在监狱民警。约谈的对象、时间、地点、方法和内容一般都取决于监狱民警。由于约谈式个别教育有充分的谈话准备,因此,谈话的针对性强、目的性明确、教育效果相对要好。接谈式个别教育,是依据罪犯的申请和要求进行的,谈话内容、谈话方式、罪犯要求谈话的真实目的是什么等,监狱民警往往没有充分的准备,如果平时对罪犯的基本情况不了解,对罪犯的改造信息没有准确地掌握,或者缺乏谈话的实战经验等,就容易使谈话陷入被动局面,甚至陷入僵局,影响谈话的效果。咨询式个别教育,是罪犯带有事务性、疑问性、心理或生理问题的性质,它一般不涉及本质性问题,因此,其对个别教育工作的影响不大。但是,由于罪犯咨询的事务性、疑问性等问题一般都比较具体,或者比较急切,所以,监狱民警在日常工作和生活中,应有意识地积累经验,以备急需。同时,监狱民警应留意罪犯咨询的问题。在罪犯咨询过程中可能隐匿有不利于罪犯改造的蛛丝马迹或者适合对罪犯进行个别教育的契机,就应该充分把握教育的机会,这正是咨询式个别教育的要领所在。特别是罪犯咨询到心理或生理方面事项的时候,监狱民警应凭借自己掌握的科学知识进行认真的解答、疏导和教育。感化式个别教育,主要是监狱民警在教育罪犯过程中采取以自身真诚的行为帮助、影响罪犯的教育方法。在更多时候,它是一种潜移默化的"无声"的语言。这种个别教育方法一般适合有特殊遭遇、需要特别帮助等类型的罪犯。

(三)个别教育的语言艺术

复旦大学高宣扬教授认为,语言不只是沟通的工具,而且贯穿于人的各种活动中,也贯穿于人的各种关系中。因此,语言也成为生活和社会的实际组织力量。个别教育无论以哪一种形式出现、无论采取什么方法,都离不开语言的使用。有人说,语言使用的能力和技巧是监狱民警与罪犯之间的一种力量"抗衡"。虽然这种说法有夸张的成分,但是它说明了语言使用技巧在教育改造罪犯中的重要性。由于个别教育是监狱民警与罪犯的"短兵相接",具有较明确的针对性,主要涉及罪犯特殊的、个体的问题,因此,对语言的表达具有更高的要求,即要追求、讲究语言表达艺术,从而实现个别教育的最大价值。

罪犯个别教育语言表达有别于集体教育的语言表达。个别教育的语言表达更加具体、细腻、真诚而富有较强的情感色彩,要求监狱民警具有更高的驾驭和使用语言的能力。

1. 自始至终站在教育谈话的主体位置,积极掌握教育谈话的主动权

无论是哪一种个别教育类型,都必须明确一个中心问题:监狱民警始终处于谈话的主体地位。包括谈什么、怎么谈、什么时候谈、在什么地方谈等都必须由监狱民警决定,并始终是谈话过程的掌控者、谈话主题的引导者。在实践中,个别监狱民警缺少实战经验,不但没有谈话的方法和技巧,而且不能掌握谈话的主动权,极易受罪犯的情绪、思维

干扰,导致谈话主题不明确、教育效果不明显,不能实现个别教育的目的。

2. 细心观察罪犯心理、生理和言行变化,及时采取灵活机动的教育谈话措施

"础润而雨",任何事物的变化都有一定的先兆,都会从不同的侧面反映出一些细微的问题。确定对罪犯进行个别教育,无论是监狱民警约谈,还是罪犯主动要求谈,首先是有"谈"的必要,有"谈"的价值,这种必要性和价值是建立在平时对罪犯个体信息比较了解的基础上的。也就是说,要把做好罪犯的个案分析作为个别教育的基础(个案分析是对罪犯的生活史、犯罪史、个性特征、思想和心理演变过程、犯罪原因、改造表现以及社会、家庭关系等各方面进行调查,并在调查的基础上进行分析,以确定个别教育的重点、难点和方法),这是个别教育的前提条件。其次是在谈话的过程中也要细心观察罪犯的变化,通过对罪犯谈话过程中的细微变化,譬如心理、生理及言行变化,及时掌握其身心发展动向,及时采取具有针对性、灵活性的教育谈话措施。

需要注意的是,虽然个别教育是解决罪犯个别问题的重要方法,但是在有些情况下,在充分掌握罪犯情况的基础上,可以先行采取除谈话以外的一些具体措施,让罪犯的思想和行为暴露以后,再进行有针对性的个别谈话,以"以法治人"的方法,充分揭露罪犯的本质问题,达到教育罪犯的目的。

案例:甲犯在监区的整体表现不错,但为了逃避文化课学习,向民警报告说自己耳朵失聪,经监狱医院反复检查后,确诊该犯耳朵没有疾病。民警多次与其谈话,了解情况,但是,甲犯仍然坚持"装聋作哑",表现出一副"两耳不闻窗外事"的样子。为了彻底"治好"甲犯的耳朵,监区两名直管民警经常特意当着甲犯的面评价甲犯"这样表现不行"、"那样表现较差"、"再这样下去可能减刑都无望",几天后,甲犯向监区民警主动承认了自己伪装"耳疾"的错误,并积极要求参加文化学习。针对甲犯的情况,监区民警对其进行了严肃的批评,开展了有针对性的个别教育,讲明了不参加文化学习的危害性和"伪病"的严重后果。

3. 针对罪犯的现实情况,适时运用不同的教育谈话语言

由于个别谈话有民警约谈和罪犯主动要求谈话之分,而且谈话不受时间、地点和谈话方式等的影响,因此,应适时运用不同的教育语言对罪犯进行个别教育。民警约谈时,首先应消除罪犯的紧张心理,采取开门见山的方式进行,语言力求简短干练,谈话主题和内容明确、突出,力戒拖泥带水、含糊其辞;如果罪犯主动要求谈话,应该认真倾听、察言观色,在较短的时间内弄清楚要表达的意思和目的。在此过程中,既不能一味地让罪犯说,民警也不能"喧宾夺主",通过认真倾听和察言观色后,如果对罪犯的情况比较熟悉了解,就"趁热打铁"阐明观点和立场,进行有效的沟通、引导,如果对罪犯谈话的内容或问题不了解或不很清楚,就有意识地绕开话题,"环顾左右而言他",待弄清楚情况后再找机会与其谈话,进行有效的个别教育。

4. 教育谈话语言朴实、情真意切

个别教育是监狱民警与罪犯之间面对面的一种个别谈话方式,从监狱民警的角度

讲,无论罪犯处于哪种情况,都应保持语言朴实、通俗易懂,态度真诚、平易近人,使罪犯明显地感觉到监狱民警是在关心他、帮助他,这就缩短了监狱民警与罪犯之间的距离,也容易让罪犯接受监狱民警的观点,增强个别教育的效果。

5. 谈话主题专一,谈话内容清楚明晰

在个别教育实践中,有的民警由于准备不充分或迫切希望通过一次或几次个别教育就达到目的,往往出现谈话主题不清晰或谈话内容过多,急于求成等问题,最后适得其反,使个别教育不能达到预期的目的。

6. 允许罪犯表白,谈话时间收放自如

个别教育始终是在"教"与"听"、"说"与"听"的过程中进行的,由于监狱民警掌握着谈话的主动权,因此,不但要充分发挥自身教育主体的"教"的作用,而且也要做一个认真的"听众",让罪犯有"说"的机会,通过罪犯的表白,了解其真正的思想动态和改造意图,并根据谈话内容和氛围确定谈话时间。

三、批评教育语言艺术

批评教育是指监狱民警对罪犯中出现的与改造要求不一致的言行进行提醒、劝告和惩戒的一种手段,是教育改造罪犯常用的方法。批评教育的运用,是基于罪犯错误言行的发生,如果罪犯的言行是违法犯罪行为,属于刑罚惩罚的范畴,应当按照相关的法律程序处理,而不宜使用批评教育方法。

罪犯在服刑期间,必然有这样或那样的错误发生,监狱民警对其批评教育必须找到错误的根源,然后才能进行有针对性的批评教育,最后达到治错、防错、化错的目的。

(一)罪犯发生错误的原因

奥古斯丁在其《忏悔录》中认为,错误就是"以不存在为存在",错误就是罪(即"原罪"说观点)。在他那里,上帝和神是最高的、至善的存在,所以,从他的整个哲学思想和宗教唯心主义的世界观来看,他是从唯心主义的前提下来揭示错误的本质的,因此,其观点有一定的局限性。实际上,错误是与客观规律相违背的认识和行动,它具有客观性、时空转换性、层次性和多样性等特征。

罪犯在监狱服刑期间之所以犯错误,与普通人的致错原因基本一致,但又有一定的区别,其致错原因表现在以下几个方面:

1. 与罪犯世界观相关的致错原因。主观唯心主义——以人的主观精神为尺度去看整个世界,表现为以己度人和以人度物。客观唯心主义——以超人、非人类的"客观"精神为尺度,去解释世界,表现为以神释物和以神析人。罪犯违反监规纪律后,一般都会把致错原因归结为外因所致,如监狱民警或其他罪犯对自己的不理解、监狱的监规纪律太严、监狱民警管理严格等等。在心理学上,这是一种典型的归因偏差(即把成功归因于自己而否定自己对失败有责任的倾向性称为归因偏差)。

旧时候,有一位私塾先生,自诩文章高明。他与自己的弟子一道连续几届参加科举考试,但每次都是弟子中举,自己却名落孙山。一次,主考大人宴请社会绅士名流,宴席上谈及此事,主考大人问私塾先生这是什么道理,他愤愤然吟诗道:"文章不如我,造化不如他。"说罢,扬长而去。

这就是典型的归因偏差现象,这种现象在罪犯中的表现尤为突出,这不仅与罪犯本身的认识有关,而且与罪犯所处的特殊环境有密切的联系。因此,当罪犯出现违反监规纪律的时候,监狱民警一定要结合实际,客观地分析原因,制订切实可行的教育改造对策。

2. 与罪犯知识相关的致错原因

"知识就是力量",只是说明科学的知识在人类活动中起着十分重要的工具性作用。从这个意义上讲,愚蠢者藐视知识,肤浅者羡慕知识,聪颖者尊重知识,虚心者追求知识,博学者善用知识。但是,知识也可能成为灾难和致错因素。因为,那些反科学的知识,虚伪的、不完善的、有害的知识,也可能给人类带来无穷的灾难、痛苦和谬误。从理论上讲,罪犯与知识相关的致错因素主要包括知识的缺陷、陈旧的知识、泛滥的知识、不合理的知识结构等等。

知识的缺陷。斯宾诺莎认为:"错误是由于知识的缺陷。"就知识导致的罪犯致错原因而言,知识的缺陷是最主要的因素。罪犯知识的缺陷就是罪犯知识的盲点或空白,也可能是罪犯知识的不完善和不完全性。社会经验、劳动生产技能、法律知识、伦理道德等知识的缺陷是罪犯致错的共同表现和特征。在罪犯这一群体中,经常会发现这样一些现象:有的罪犯因为社会经验缺乏,没有或者缺少交往、沟通、协调和组织等能力,容易被其他罪犯冷落、欺骗、戏弄,在这种情况下,罪犯极易产生与他犯的对立情绪并做出相应的错误行为;有的罪犯由于缺乏劳动生产技能(包括生产安全知识),加之对劳动生产的意义和价值没有正确的认识,因此,容易在劳动生产过程中犯消极怠工、躲避劳动、破坏生产设备或发生生产事故的错误;有的罪犯由于缺乏法律知识或规章制度方面的知识,可能产生蓄意申诉、曲解法律、违反监规纪律等错误,凡此种种情况,都与罪犯知识的缺陷有关。

陈旧的知识,是指失去了时效性或者难以满足当下活动的需要的旧的知识。陈旧的知识虽然已经失去了当初的力量和光彩,不具有或者较少具有当下的效用,但是,它一旦注入罪犯的记忆知识库,就不会轻易地被清洗掉,而且它可能仍旧迷惑着罪犯,被罪犯当作有效的知识加以使用。例如,罪犯思想中存在的具有中国传统的"男尊女卑"观念、一些与时代发展格格不入的"村规民约"等等,同时,陈旧的知识妨碍着罪犯对新知识的追求和知识的更新,会削弱罪犯对新的情景的应变能力。由于监狱与社会的相对隔离,还可能将罪犯导向与时代相悖离的落伍者的行业。在罪犯不能摆脱知识陈旧性束缚的情况下,就容易背上沉重的包袱,就可能导致错误的发生。

泛滥的知识和不合理的知识,都是罪犯不易驾驭的知识盲点。由于对知识缺乏一定的驾驭能力或者知识结构出现偏差,罪犯的致错可能性加大。在实际中的表现是"聪明反被聪明误",或者表现为虽有好的愿望和强烈的改造热情,但苦于知识水平低下,就免不了事与愿违,劳而无获,甚至做出各种违反监规纪律的事情。

3. 客体性致错原因

客体性致错原因,是指罪犯对自身以外的客观事物没有科学而深刻的认识,进而发生片面的甚至错误的判断。客体无限多样,表现形式相当复杂。其复杂性表现在矛盾错综复杂、联系纵横交错、界限模糊不清、过程蜿蜒曲折。客体内部之间、客体之间具有各种各样的矛盾,各矛盾之间存在着错综复杂的网络结构,它们互相交叉、互相作用、互相制约,不同的矛盾有其特殊的存在和运动方式,有其特殊的解决途径与办法。当矛盾错综复杂地交织在一起时,罪犯就往往缺乏科学而深刻的认识,容易陷入困境、迷惑与犯错。以罪犯对遵守监规纪律的认识为例,监规纪律有刚性规定,也有很多具体且相对灵活的规定。由于刚性规定比较笼统、原则,具有宏观性,因此,有的罪犯就容易对刚性规定视而不见,或刻意违反。认为即便是违反了就是受到批评,最多就是受到处分。殊不知,批评、处分累积到一定程度,就可能受到一定的处罚,就会影响自己立功受奖,不能立功受奖就影响自己的刑期变更,而刑期状况又直接影响到自己的切身利益等等。又如,有的罪犯对监狱组织的劳动生产存在片面和不深刻的认识。认为,劳动生产是为监狱创造价值和利润,而自己只是一个廉价的劳动力。实际上,监狱生产在为罪犯提供劳动岗位、完成生产任务的同时,罪犯不但得到相应的劳动报酬,为自己的家庭或刑满释放后提供一定的资金帮助,更重要的是通过参加劳动,提高对劳动的认识,树立劳动观念,培养劳动感情和获得一定的劳动技能,为今后的就业和更好地适应社会奠定基础。如果罪犯只看到了生产劳动的艰苦,片面认识劳动的价值归属,而忽视生产劳动的重要意义,就发生了对客体的认识性错误。再如,罪犯在监狱服刑期间,家庭发生变故,如失去亲人、配偶提出离婚、家庭生活困难、子女没人管教、家人受得冷落或歧视等情况的时候,罪犯往往情绪激动,表现为坐卧不安、脾气暴躁,极易犯违反监规纪律的错误,并且,把这种致错原因完全归结为监狱和社会,这都是罪犯容易发生的客体性致错原因。

4. 环境性致错原因

人的活动离不开一定的自然环境和社会环境。社会环境包括政治环境、人文环境、经济环境、科学环境等等。环境对于人的感染同染丝有相同之处。丝有染,人亦有染,这就是我们平时所讲的"近朱者赤,近墨者黑"。但两者也有不同的地方。染丝"染于苍则苍,染于黄则黄,所入者变,其色亦变,五入必,而已则为色矣。故染不可不慎也。非独染丝然也,国亦有染"(《墨子·所染》)。丝之被染,是完全被动的,无选择的余地;人之被染,虽有被动的成分,但有主动选择的可能。投入同一"染缸"中的罪犯,因其内在的素质不同,抗染能力相异,出"缸"时可有不同的染色,也可能出淤泥而不染。

良好的环境可以使人受到好的熏陶感染,并且培养、形成良好的习惯,恶劣的、有害的环境则是一种致错因素。

我们都知道,监狱自古以来给世人的印象就是一种阴森恐怖、万象积聚的地方,监狱关押的罪犯似乎"五毒俱全"、"凶神恶煞"。是的,任何一个朝代,如果统治者没有把罪犯当人看,没有让罪犯有改正的机会,没有树立改造罪犯的理念,那些不管是因为什么原因而锒铛入狱的人,无论是在监狱里或是重见天日,都有可能继续"重蹈覆辙"或更"变本加厉"。在中国共产党的领导下,我们的监狱将"魔鬼"变成人,将罪犯改造成为守法公民,已为世人所公认。但与此同时,在监狱这个特定的环境里,罪犯之间"交叉感染"的情况却难以避免。其原因在于:一方面,罪犯与罪犯之间的交往、沟通是一种必然,并且法律应为罪犯之间的沟通、交往提供必要的保障。然而,罪犯之间交往和沟通的方式、内容等不是监狱民警完全能够控制或监管得了的,也就是说,在对罪犯的教育管理过程中,监狱民警对罪犯之间可能出现的交叉感染,不可能做到百密而无一疏。因此,罪犯在监狱特定环境下被感染,在客观上就有一种可能性,进而,导致罪犯错误的发生。

环境致错原因,不仅仅是罪犯之间犯罪行为的交叉感染,还体现在罪犯各种不良心理和行为的相互影响、各种偏见和扭曲情感的相互交织以及封闭的监狱环境所形成的罪犯人格与向往狱外自由社会的矛盾等等,这些都是引发罪犯错误发生的重要原因。

5. 心理性致错原因

罪犯心理性致错原因主要表现在:易受暗示,任性和怯懦,优柔寡断和草率从事,固执己见等。这些表现都与罪犯的意志、气质和性格等心理因素有关。

罪犯易受暗示性是其独立性、自觉性的意志品质的缺乏,往往盲目地、无思维过滤地受暗示的摆布,易受人际环境中的消极因素的影响,并因此而产生错误行为。在罪犯群体中,这种现象比较多,例如,禁不住他犯的挑拨离间而与其他罪犯发生矛盾,甚至打架斗殴,对他犯蓄意制造的假象不假思索,信以为真等等。

罪犯任性和怯懦是其自制力的意志品质的缺失。任性的罪犯,常常放任自己的性子,说话不注意场合和方式,不能将自己的言行约束在理性的合理范围内,不善于控制自己的消极情感。怯懦是罪犯意志薄弱的表现,它使罪犯在改造过程中缺乏必要的、足够的勇气去抑制和制止不合理的动机和行动,不能摆脱根深蒂固的恶习,容易在困难、挫折和失败面前陷入迷惑和摇摆不定的境地。

罪犯优柔寡断是其果断性的意志品质的缺失。优柔寡断的罪犯,常常表现为在需要做出决定时,总是举棋不定,左摇右摆,犹豫不决;在执行决定的过程中,往往拖泥带水,疑虑重重。罪犯在改造信心树立、不良习惯改正等方面都容易出现类似的情况。

另外,罪犯各种类型的气质中存在的缺点也有可能成为致错因素。例如,多血质罪犯的主要缺点是缺乏耐性,情绪易波动,兴趣和意向很不稳定;胆汁质类型罪犯的主要缺点是脾气暴躁、好挑衅、不稳重。因为脾气暴躁,所以易冲动,意气用事,不易处理好与其他罪犯之间的关系。好挑衅的罪犯,常常惹是生非,污辱他犯人格或恶语伤人,四面树敌。抑郁质类型罪犯的主要缺点是过于敏感、意气消沉、孤僻。在改造过程中常常表现为对周围的环境过于敏感,无端猜疑他犯。情绪低落,闷闷不乐,自信心不足,过低估计自己的能力,遇到困难和挫折便垂头丧气,精神萎靡不振。

罪犯性格中的虚伪、偏执、怪癖、轻浮、凶残等缺点也是其致错的重要因素。

罪犯致错的原因还很多,除上述五个方面的致错因素外,还有生理性致错原因及其他致错原因(如自卑、嫉妒、私心、邪念、虚荣心、感觉知觉错误及思维性错误等等)。

在充分认识罪犯致错原因的基础上,监狱民警应进一步建立让罪犯足够信任的关系,明确进行批评的动机和目的,这样,对罪犯的批评教育就有了更加可靠的根据。

(二)批评教育的语言艺术

在实践中,监狱民警一般都知道罪犯犯了什么错误,也有良好的动机和明确的目的去批评教育罪犯,但是,由于在使用批评语言方面缺乏方法技巧,最后使批评教育没有产生预期的效果。由此看来,要依据致错原因真正使罪犯认识和改正错误,教育改造好罪犯,掌握和运用批评教育语言艺术就显得十分重要。

1. 树立理性的批评态度

有的人在批评别人时,开始可能比较平静,但越往后感情起伏越大,越说火气越重,甚至涉及对方的人格等,这是一种不可取的批评方式。美国营销心理学家欧廉·尤斯教授认为,人在感觉兴奋激动时,要有意识地做到:首先降低声音,继而放慢速度,然后挺直胸部。他认为,人在大声说话的时候,声音对感情将产生催化作用,使已冲动起来的表情更为强烈,我们要学会"小声说重话"(前国务委员、外交部副部长戴秉国)。语速方面,因为个人感情一旦掺入,语速就会变快,就会产生与说话声音大相同的恶性循环,我们认真观察就会发现,情绪激动、语言激烈的人,一般都表现出胸部前倾,同时脸部接近对方,这种说话姿势,将人为地制造紧张对立的情绪,此时如果挺直胸部,则自然淡化了冲动和紧张的气氛。

罪犯对语言的刺激是最敏感的,监狱民警的教育语言尤其是带有批评教育的语言如果稍有不慎,就足以使罪犯沉默不语,甚至心扉紧闭。正确的有效的批评,绝对不要掺入个人感情用事的成分,而应该十分冷静,处处体现说理性。真正的批评,应该是一次感情经过细腻处理的、冷静的、充满理智的谈话。当然,在批评罪犯时,情绪不能太平静,这样,会给罪犯一种问题不严重的感觉,进而对监狱民警的批评不重视,甚至抱无所谓的态度。批评罪犯时,也可以不掩饰自己内心的忧虑和愤怒,有节制地发发脾气,会产生戏剧性的效果。但是,由于发泄对象是罪犯,这就要区别罪犯的不同情况"发脾气",否则,物极必反。如果在批评罪犯时加入个人的感情成分,为发泄自己的郁闷而批评罪犯,则背离了批评的本意,使批评失去应有的作用。

2. 使用直接或者委婉的批评语言

人们对批评的接受,一般比较容易接受委婉的批评方式,但有的人也易于接受直接的批评方式。所以,要根据人的个性特征、能力、气质等来确定批评的方式。

监狱民警对罪犯开展批评教育,首先应该掌握罪犯的个性心理特征、能力气质,然后确定采取什么样的批评方法。

一般来说,对性格开朗、错误频发、蓄意犯错等类似的罪犯比较适宜采取直接式的批评方法。在对这类罪犯批评教育时,直接指出问题所在,开门见山,不回避、不绕圈子,达到一针见血的目的。

对于脾气暴躁、否定性心理表现明显的罪犯,应采取商讨式的批评方式。这种批评方式的特点是,监狱民警以商量讨论问题的形式,平心静气地将批评的信息传递给罪犯,使罪犯感觉到监狱民警对自己的尊重和平等看待,因而能虚心的、诚意的接受批评。

对性格封闭、喜爱"面子"、偶犯错误等类型的罪犯适宜采取委婉的批评方法。这类情况的罪犯较多,对他们的批评教育要借助委婉、含蓄、暗喻的策略方式,由此及彼,用弦外之音,巧妙地表达本意,揭示批评的内容,让罪犯思而领悟,达到"藏颖词间,锋露于外"的效果。还可以采取发问式的批评方法,即民警将批评的内容通过提问的方式传递给罪犯,罪犯通过回答的形式来思索、认识自身的缺点错误。对于经历浅薄、盲目性大、自我意识较差、容易感化的青少年罪犯,应采取参照式的批评方法,这种批评方式的特点是,运用对比的方式,借助别人的经验教训婉转地指出罪犯的缺点错误,使罪犯在参照对比之下,认识到自己的缺点错误,然后做出诚恳的自我批评。委婉批评的具体方法很多,但常用的有模糊批评法、共同承担法、旁敲侧击批评法、无声斥责批评法、先褒后贬批评法、反弹琵琶批评法等等。不管是哪一种批评方法,都应根据批评对象的实际情况慎重使用。

3. 正确把握批评过程中的细节,讲究批评方法和批评的语言艺术

监狱民警在批评教育罪犯时,除了要求有理性的批评态度和恰当的批评语言外,特别注意的问题就是正确把握批评过程中的细节、讲究批评艺术。这些细节或批评艺术的使用看似简单,但往往被忽视或没有引起足够的重视。

一般来说,把握批评过程中的细节、讲究批评艺术应重点注意以下几个方面的问题:一是当罪犯犯有一个以上的错误需要批评时,应抓住严重的问题进行批评。尽量一次只提一件事。批评得太多,会影响情绪、打击对方的积极性,甚至会产生应该重点批评的而未批评,不该批评的而进行了批评,失去了批评的作用。二是不要拿批评对象的行为与其他罪犯的行为做比较。从人的心理常规来看,任何人都不愿意被人说自己不如别人,罪犯也是一样的,如果把批评对象与他犯进行比较,即使你的批评合情合理、中肯、有诚意,但批评对象也不愿意或不高兴再听下去。三是对罪犯批评以后,既不要为自己的严肃批评向罪犯解释甚至道歉,也不要在背后再批评该罪犯。因为,严肃的批评后再向罪犯解释甚至道歉,会削弱批评的价值。向罪犯解释甚至道歉等于说,你批评了罪犯,反而要罪犯安慰你,好像因为你对罪犯的批评内心有愧,对不起罪犯似的,这样,就助长了罪犯对自己所犯错误的无所谓态度。另外,如果在背后批评罪犯,不但不利于罪犯真正的认识错误,而且还会使罪犯产生对监狱民警的不信任感,进而产生对立情绪,不利于对罪犯的教育改造。四是不要带着嘲讽、鄙视的动机批评罪犯,也不要用一些否定式的、贬义性的词语(如"老是"、"只有你才会犯这样的错误"、"简直是无药可救"、"失望"等等)批评

罪犯,或者尽量少使用这些词语。因为你嘲讽、鄙视罪犯,罪犯很自然的认为你不尊重他,于是产生不信任感,产生对立情绪。在批评语言方面,如果习惯性地使用一些不恰当的语言,为了耸听而言过其实,即使你措辞巧妙、语言优美,最终对罪犯的批评都不会有实际效果。

4. 要掌握批评的时机与分寸

罪犯教育改造工作的烦琐与艰巨,往往使监狱民警很容易陷入忙于应付、头绪不清的境地,极易错过对罪犯批评教育的良好时机,把握不住批评教育的分寸,这是一个比较严重的现实问题。

心理学研究成果证明,语言的分量是随机而分轻重的。这主要决定于所说的话语对听者切身利益的大小,听者对话语的精神准备程度、外界环境的情况以及听者兴奋性刺激物和抑制性刺激物的多少等条件。批评也是如此。实施过早,条件不成熟,往往达不到预期的目的。例如,两个刚吵过架的人,情绪因受刺激正处于极度兴奋状态,这时,如果管理者对双方立即施以劈头盖脸的批评,不但对问题解决无益,而且还会"引火烧身",导致他们迁怒于自己,使自己陷入矛盾纠纷之中。正确的做法应该是采取"钝化矛盾"的"冷处理"方法。

讲究分寸,就是要求批评的深浅要适度。黑格尔曾说,凡一切人世间的事物,财富、荣誉、权力、甚至快乐痛苦皆有其确定的尺度,超过这个尺度就会毁灭。黑格尔的观点,实际上说明了事物的质和量的辩证关系问题。即一个事物不仅有质的规定性,而且还有量的规定性,是质和量的统一。批评也是如此,批评如果超过了某个"临界点"就会发生质变,就会导致相反的结果。

对罪犯批评教育过程中掌握分寸应该注意的问题。一是要树立一分为二的观点和客观公正的批评态度。在批评罪犯缺点、否定罪犯错误的时候,不要抹杀罪犯的成绩、功劳和优点,要坚持实事求是的批评观。同时,要允许罪犯有适当的申辩和改正错误的机会。二是不能以情代法,不能持怜悯、同情之心。俗话说"可怜之人必有可恨之处",罪犯是国家和人民利益的危害者,受到法律的惩罚是理所当然的事,不能有半点的宽容和同情。在服刑改造期间,由于受各种因素的影响,难免犯这样或那样的错误,但是,监狱民警不能因为罪犯所谓的遭遇和处境,就丧失原则,放纵罪犯错误的发生,或者对罪犯的错误采取迁就、视而不见的态度,更不能不愿管、不敢管,甚至不会管,出现以情代法的现象。三是注意掌握、观察自己和罪犯的情绪。首先是监狱民警的情绪不能失控,同时要观察罪犯的情绪状况。其作用在于:一方面,有利于监狱民警发挥正常的批评教育作用,树立批评教育的权威性;另一方面,能够适时控制和掌握罪犯接受批评的情况,避免因情绪失控而引起突发性事件的产生。

5. 谨慎对待不宜批评的几种情形

在前面的内容中,我们分析过罪犯发生错误的种种原因,即既有主观上的原因,也有客观上的原因。无论是哪一种原因导致的错误,监狱民警都必须加以认真的分析和辨别,不能盲目地进行批评。在实践中,对以下几种情况应谨慎采取批评方法。

第一,罪犯已经有悔改之意,主动承认错误并诚心保证不再犯错误的情况。这类罪犯一般表现记录一贯较好,特别珍惜自己的改造成绩和荣誉,偶犯错误,后悔莫及。对这类罪犯只能用轻快、平和的语言勉励或者稍加提醒即可。

第二,罪犯用意不善,犯错误的目的是故意向你挑衅并使你激怒的情况。在罪犯群体中,以故意犯错误而挑衅、激怒监狱民警的情况不多,但性质恶劣、影响极差。因此,监狱民警要善于观察和了解真相,对罪犯的错误要进行认真的鉴别,千万不能发现罪犯的错误就图一时之快,大发雷霆,或者没有原则性,滥用权力。这样,就正中罪犯下怀,甚至让你在罪犯面前出洋相。

第三,罪犯因家庭变故而发生错误的情况。只要是一个社会的人,都有各种各样的亲情关系,尤其是家庭亲情关系更系于每个人的一生,让每个人魂牵梦萦。一旦家庭亲情关系发生变故,人的心理情绪和行为会发生剧烈的变化,特别是较大的家庭变故,往往给人以巨大的精神打击,并使人做出一些意想不到、甚至过激的事情,此时,对其精神安慰和心理上的疏导就显得十分重要了。

人是有感情的动物,人的一生会遇到这样或那样的不幸,家庭发生重大变故(如夫妻离婚、亲人离世以及其他意外事件等等)就是最大的不幸。罪犯在与亲人、社会相对隔离,人身自由受到限制的情况下,其心理本身就已十分脆弱,如果再遭遇家庭变故的不幸,此时,如果对他们不进行精神安慰和心理上的疏导,他们犯错误的概率就会增加。

家庭发生变故,是罪犯中经常发生的事情。近年来,发生在监狱的暴狱、自杀等破坏监管秩序的行为,都与罪犯的家庭发生变故有关,都是由于罪犯的精神、心理等长期受到压抑,没有得到及时的疏导而引发。因此,在教育改造罪犯过程中,监狱民警要特别留意罪犯的家庭变故、细心观察罪犯的心理变化,准确掌握罪犯的行为动态,在充分了解罪犯信息的基础上,用关心、安慰、劝解的语气去感染罪犯,并及时制订有效的应对策略。

四、激励教育语言艺术

激励是监狱及监狱民警常用的工作方法。激励能够激发罪犯的热情,调动罪犯改造的积极性,形成良好的竞争氛围,并将罪犯导向监狱既定的改造目标。激励是罪犯教育改造工作的重要杠杆和手段。激励是通过语言形式表现出来的,因为语言蕴含了表扬、激励的目的、意义、作用和技巧,如果激励的语言表达缺乏感染、宣传和教育的力度,激励就失去了应有的价值。

(一)对罪犯激励的类型

1. 物质激励

以调整物质分配的量和质作为激励的手段,属于物质激励。当罪犯以自己的劳动做出较大贡献,获得了明显的经济效益和社会效益时,可以在激励工作中,将罪犯的实绩和物质奖励挂起钩来,并从罪犯创造的财富中取出适当的一部分用来奖励做出突出贡献的罪犯。

2. 精神激励

以调整精神传递的量和质作为激励的手段,属于精神激励。在特定的情况下,精神激励,不仅可以弥补物质激励的不足,而且可以成为长期起决定性作用的决定性力量。精神激励属于正刺激,被人称为"不花钱的激励",它没有固定的模式。在具体方法的使用上,可以采取调整罪犯的劳动工种、给罪犯一句安慰鼓励或者表扬的话、一个含义深刻的表示赞许的手势、一个满意的笑容等等。精神激励,对激发罪犯改造积极性有一定的作用,但它不是万能的,不能以精神激励代替必要的物质激励等激励方法。

3. 知识激励

以及时提供必要的知识和信息作为激励手段,属于知识激励。知识激励是随着社会的进步和发展而提出来的一种新的激励方法。一般来说,公司、机关、科研院所等采取知识激励的方法要多于其他行业。监狱对罪犯的知识激励,是随着社会的文明进步和改造罪犯的客观需要而提出来的。这种激励方法虽然运用不多,但是影响较大,作用不可低估。例如,对于因知识老化、信息闭塞而陷入苦恼并逐渐失去继续进取的信心和勇气的罪犯,监狱民警采取为他们优先提供必要的知识更新和获取信息的机会,如参加培训,组织职业技能讲座,提供阅读有关资料、书籍等等,这些都属于知识激励的范围。

4. 刑罚激励

刑罚激励,在法学理论上又称刑罚奖励,是一种重要的刑罚制度。其含义是,监狱和监狱民警对服刑期间确有悔改或者立功表现的犯罪分子减轻其原判的刑罚。根据《中华人民共和国监狱法》第 57 条的规定,对罪犯的奖励类型有表扬、物质奖励、记功、离监探亲、评定为改造积极分子等等。表扬、物质奖励、离监探亲、评定为改造积极分子等属于行政奖励的范畴,而刑罚奖励,由于它是一种刑法制度,因此,属于刑罚激励方法。《中华人民共和国刑法》第 78 条规定:"被判处管制、拘役、有期徒刑、无期徒刑的犯罪分子,在执行期间,如果认真遵守监规,接受教育改造,确有悔改表现的,或者有立功表现的,可以减刑",并在该条第 2 款中列举了可以减刑的 6 种重大立功表现情形和相应的否定性条款。从《刑法》第 51 条的规定中可以看出,真正属于刑罚奖励的是"有立功表现的"情况。只要符合六种情形之一的就可以按照法定程序报请减刑,从而,实现对罪犯的刑罚激励目的。

另外,依据我国《刑法》第 81 条的规定:"被判处有期徒刑的犯罪分子,执行原判刑期二分之一以上,被判处无期徒刑的犯罪分子,实际执行 13 年以上,如果认真遵守监规,接受教育改造,确有悔改表现,没有再犯罪的危险的,可以假释。如果有特殊情况,经最高人民法院核准,可以不受到上述执行刑期的限制。"同时也作出了否定性条款规定。从《刑法》第 81 条规定的内容和要求来看,假释是对罪犯在监狱服刑期间"认真遵守监规,接受教育改造,确有悔改表现,没有再犯罪的危险的"的一种肯定性评价,它也属于刑罚奖励的范畴,具有激励罪犯积极改造的作用。

刑罚激励彰显的是"宽严相济"的法律思想,是惩办与宽大相结合的刑事政策的具体化和法律化。监狱和监狱民警要充分利用好这一法律资源,进一步提高监狱的司法公正和司法效率。

(二)对罪犯激励的方法和语言艺术

对罪犯激励的目的是进一步激发罪犯的改造热情,它通过弘扬改造正气,树立先进典型,达到营造良好改造氛围的目的。但是,在现行的良好法治环境下,如何激励罪犯,用什么方法激励罪犯,激励罪犯的效果如何,是监狱和监狱人民警察必须认真思考的问题。

1. 目标激励法——语言表达要有确定性

激励理论认为,人的思维和行动都具有一定的目的性,设立一个适当而又具体的目标,就可以有效地激发人们的动机,鼓励和激励人们采取积极的方法去努力和上进。目标激励法就是基于这一原理,运用目标的激励作用,去激发人们的工作积极性和创造性的方法。

监狱民警对罪犯的激励,最常用的方法是根据监狱工作的整体要求和教育改造的实际需要,为罪犯设定一个切实可行的改造目标,然后运用各种手段和方法进行广泛的宣传,使罪犯清楚地了解这个目标,明确自己在实现这个目标过程中应如何做,从而将目标付诸实践。

在这一激励过程中,监狱民警应掌握激励的语言艺术,中心要点是掌握语言表达的确定性。即对改造目标的语言表达不能似是而非、模棱两可,要让罪犯知道改造目标是有充分的实践和科学依据的。要通过监狱民警对罪犯改造目标确定性的描述,使罪犯坚信,改造目标不是空洞的、深不可测的,目标的实现是可能的,进而激发罪犯的改造热情。在实际工作中,有的监狱民警对罪犯改造目标的描述轻描淡写、缺乏激情、没有确定性,罪犯听了半信半疑。这种做法的结果是,从个体上看,罪犯虽然受到激励,但是对激励的目标不明确,激励效果差,因此,激励的影响力不大,受激励罪犯的示范作用就得不到较好的发挥;从整体上看,由于监狱民警目标激励的目的是希望通过对罪犯个体的激励,带动罪犯群体的改造热情,由于激励目标的非确定性,因此,罪犯群体的改造热情就受到影响,相应的,监狱的整体罪犯改造方案就受到影响。所以,目标激励,应在充分尊重监狱和罪犯改造实际的基础上,注意运用目标激励的语言表达艺术,通过语言的感染力来激发罪犯对目标的向往和改造热情。

2. 榜样激励法——语言表达要有生动性

榜样激励法是通过树立鲜明、生动、具体、形象的学习榜样,来激发罪犯的上进心和荣誉感的方法。在教育改造实践中,通常的做法是根据监狱改造任务和罪犯改造实际的需要,树立那些比较全面或者在某一方面表现突出、有重要贡献的先进模范罪犯为榜样,引导和号召其他罪犯向他们学习,并努力去仿效和超越他们,从而使罪犯的改造热情得到充分的激励和发挥。

榜样激励方法是教育改造罪犯的重要手段，是监狱民警常用的一种激励方法。在榜样激励中，虽然榜样的载体是罪犯，但是如何树立和使用榜样却是监狱民警。这就要求监狱民警在树立榜样的过程中巧妙地运用榜样的力量，激发罪犯的改造热情。巧妙运用榜样的力量，除了客观地树立榜样，真正地将罪犯中的先进和典型树立起来外，一个重要的方法就是要有生动的语言号召力，让其他罪犯深切地感觉到榜样不是虚构的，而是实实在在的，是具体的、而不是抽象的。

在教育改造实践中，有的监狱民警在榜样树立方面，要么缺乏坚实的材料支撑，盲目地树立榜样，要么榜样树立起来了，但在如何向榜样学习的生动性、形象性、具体性等方面缺乏语言的号召力、感染力，表现为语言干瘪、没有激情，其结果是榜样发挥的作用不大，榜样的力量受到限制。

3. 反向激励法——语言表达要有刺激性

监狱民警通过向罪犯的心理施加反向的负刺激，来激发罪犯的自尊心和荣誉感的方法。反向激励法又叫"欲擒故纵法"或"激将法"。具体做法是监狱民警针对罪犯争强好胜的心理状态，有意识地直接或间接地向罪犯表达诸如怀疑、否定之类的信息来适度触动罪犯的自尊心，使罪犯从内心产生一种保持自尊的强烈意念，从而驱使他们用自己的富有积极性和正义感的行动来否定外来的负面信息。

反向激励法特别讲究语言的表达技巧，如果使用不当会弄巧成拙。有的监狱民警有时会不自觉的使用"反向激励法"，但由于语言习惯，结果是变成了对罪犯的挖苦、讽刺。反向激励法在语言表达方面要掌握以下几个要领：一是"反向性"语言与激励目标要一致，不能掺杂与激励内容无关的语言。即反向语言要真正刺激到罪犯心理和敏感问题，并通过语言的刺激使罪犯树立，甚至加强自尊心和荣誉感。二是注意语言表达与表情的一致性，即语言和行为要做到既幽默诙谐又严肃认真，达到诙而不俗、严而不呆。三是掌握"反向"语言使用的"度"，也就是说"激将法"要适可而止，激将的话说多了就成为挖苦、讽刺，会对罪犯造成新的压力或者抵触情绪，违背了反向激励的初衷。

4. 对话激励法——语言表达要有平等性

即通过监狱民警与罪犯之间坦诚、平等的对话，使彼此之间的思想认识基本趋于一致，思想感情产生共鸣，互相理解和支持，从而最大限度地激发罪犯的改造热情。

监狱民警与罪犯之间是一对相互矛盾的主体，惩罚与抗拒、改造与反改造、教育与抵触等矛盾无所不在，这些矛盾现象决定了监狱民警与罪犯之间不是一个平等的主体。监狱民警是正义的化身，是国家的代言人，是执法者，而罪犯是国家和人民利益的危害者，是"邪恶"的代名词，是刑罚惩罚的对象。因此，无论从哪一个角度来分析，都无平等性可言。但是，在教育改造的过程中，监狱民警必须把罪犯当人看待，包括对罪犯的对话激励不得使用带有歧视性的语言，也就是说：罪犯通过积极改造获得激励，是其遵纪守法的表现，理应享受与监狱民警坦诚、平等的对话权利，通过对话的形式来反应自己的心声，并得到心理的满足和情绪的安慰。对罪犯来说,监狱民警能够以平等的姿态与罪犯对话,这本身就是一种激励,是对罪犯人格的褒扬。

在实际工作中,部分监狱民警运用了对话激励的方法,给罪犯以平等、坦诚的交流和沟通的机会,但是,在很多时候,却忽视了对话激励语言的使用,表现为缺乏耐心、强行减少或中止罪犯的话语权、片面理解罪犯的对话内容等,使对话激励变为监狱民警唱"独角戏",罪犯成为对话的"陪衬"。

5. 评比竞赛激励法——语言表达要有鼓动性

所谓评比竞赛激励法,是指监狱民警通过经常性的检查评比和开展多种形式的竞赛活动,来激发罪犯的上进心和竞争意识的方法。具体做法是,在评比竞赛之前,监狱民警要拟定好竞赛标准和实施细则,提出明确的要求,做好宣传鼓动工作;在评比竞赛的过程中,要以事实为依据,坚持标准,客观公正,并注意引导罪犯克服单纯的"为利"思想和倾向;评比竞赛结束后,要认真及时地做好罪犯的思想工作,达到鼓励先进帮助后进的目的。

在评比竞赛激励中,监狱民警要充分运用语言的鼓动性调动罪犯改造的积极性。评比竞赛是一项规则性很强的游戏,在严格遵守规则的前提下,一定要尽其所能地鼓动评比竞赛的功能,烘托气氛,让参与者、旁观者受到启发、产生激情、付诸行动,使所有的罪犯都成为评比竞赛的主人。

6. 尊重激励法——语言表达要有诚意性

所谓尊重激励法,就是指监狱民警通过采取尊重罪犯的自尊心,相信他们的自觉性和主动性,认真听取他们的合理性意见,接受、支持他们的创造性建议等措施,以增强和激发罪犯的安全感、责任感和自豪感的方法。一般来说,当罪犯在致力于一项新的、创造性的工作,或者在平时改造中遇到困难、阻力和非议时,总是希望能够得到监狱民警的尊重和支持的。这种尊重和支持,可以使罪犯产生一种自豪感、自信心和完成改造任务的积极性。

在日常生活中,当我们受到别人尊重的时候,心里往往表现出由衷的感激。当把它作为一种奖励措施时,尊重激励就成为一种比较人性化的方法。对于罪犯来说,提倡尊重其人格,是法律层面的问题。但是,罪犯的人格是否真正地得到尊重,在理论和实践上都是值得进一步研究的问题。正因为如此,我们才把尊重作为一种激励方法,引入具体的教育改造实践中,并希望通过尊重激励使罪犯感觉到自己作为一个"实实在在的人",其人格尊严并没有因为自己身份的改变而丧失。

使用尊重激励方法时,监狱民警应从关心罪犯最基本的问题出发,并做到语言真诚、口气和善,避免虚情假意、敷衍搪塞。

7. 集体荣誉激励法——语言表达要有感召力

集体荣誉激励法,就是在教育改造罪犯工作中,监狱民警通过表扬、奖励集体,来实现激发罪犯的集体意识,使每个集体成员产生一种强烈的荣誉感、责任感和归属感,从而形成一种自觉维护集体荣誉的向心力的方法。荣誉是对罪犯进行精神奖励的基本形式，它属于罪犯的社会需要，是罪犯贡献于社会并得到承认的标志。由于荣誉和人的理想志向比较接近，因此，无论是个人荣誉还是集体荣誉，都能够激发和调动罪犯的积极性。从激励的效果来看，集体荣誉所激发的力量是一种合力，这种合力要大于个人荣誉所激发的单独力量的总和。集体荣誉的这一特点，就要求监狱民警在重视个人荣誉激励的同时，还要重视发挥集体荣誉的激励作用。

集体荣誉激励法，是激发罪犯积极改造的"正能量"，要求监狱民警在使用激励语言方面具有正面感染力、号召力。当罪犯听到监狱民警的这种激励语言时，达到激发其追求进步的欲望，产生一种以集体为荣的自豪情感。对语言表达的具体要求是：声音高亢激昂，以振奋人心；语言豪迈深情，以激发斗志。

第七节
对几种不同类型罪犯的教育艺术

一、对未成年人罪犯的教育艺术

未成年人（按心理学划分的年龄阶段，未成年人的年龄区间是指 11 岁、12 岁至 17 岁、18 岁。按照我国法律的规定，未成年人的年龄区间为已满 14 周岁未满 18 周岁，这里所指的未成年人以法律规定为准）犯罪已经是一个严重的社会问题，吸毒、暴力、涉黑、网络犯罪等令人不寒而栗。根据中国社会科学院 2013 年的统计，我国 18 岁以下未成年人已超过 4 亿。这个庞大的数字，意味着我们将承载着巨大的教育压力，而对于那些已经误入歧途、走上犯罪道路的青少年，如何教育改造他们，更是我们急需解决的重大的社会问题。

从法律意义上讲，我国对未成年罪犯的改造开始于新中国成立以后。1954 年颁布的《中华人民共和国劳动改造条例》明确规定："对少年犯应当设置少年犯管教所进行教育改造。"1957 年，公安部和教育部联合发布的《关于建立少年犯管教所的联合通知》指出："为了把犯罪少年教育改造成为国家后一代的建设者，对少年犯应当贯彻以教育改造为主，以轻微劳动为辅的方针。"随后，全国各地逐步建立健全了适合少年犯特点的管理和矫正方法。1994 年，《中华人民共和国监狱法》颁布实施，监狱法对未成年犯的教育改造作了专章规定。1996 年，司法部颁布了《少年犯管教所管理规定》，进一步明确了适合未成年犯身心特点的教育管理制度。

目前,虽然对未成年罪犯的教育管理有较多法律法规的支撑,但是由于实践中缺乏对未成年罪犯身心发展规律和改造特点的理性认识,导致未成年罪犯教育过程中诸多问题的产生。例如,在如何看待未成年人方面,一般缺乏对他们各种性格和特点形成的深刻的社会原因分析,缺乏对人的个体性差异认识,而片面地、盲目地给这些"某某后"粘贴上夸大其词的标签(如某某后是非主流、脑残等),最后导致对他们的认识只见树木不见森林。事实上,不管是"什么后",他们各种问题的形成都离不开当时的社会背景。为什么当下的未成年人都存在有别于其他年代未成年人的特征呢? 以"90后""00后"的消费观念为例,他们为什么有完全不同于其他年代未成年人的消费观念,原因在于,1998年前后我们才真正地告别了短缺经济而进入商品相对丰富的年代,"90后""00后"正恰逢消费主义兴起的年代,与其他年代的人相比,他们就普遍有着天然的超前消费观念,并更偏重于个性的理性的消费(吃饭AA制、着装不大众化而喜欢标新立异等),他们尽量追求与别人的不同,不受别人意志的左右,可以说,他们真正掀起了中国式消费的一场革命,"他们是中国最先体会到消费文化魅力的一代人,这让他们很难在商品市场保持淡定"。《新周刊》第490期封面文章《被称为"四无青年"的92一代》指出:"92青年是怎样的一代,是互联网原住民一代,是手机控一代,是无国界一代,是真正意义上的无现金一代。""他们不是一代人,他们是另一种人","因为他们有与60、70、80后迥异的行为方式,以及身体观、道德观、名誉观。他们的父母曾是四有青年,'有理想、有道德、有文化、有纪律'。当年的'四有'价值观离92一代越来越遥远"。他们全新的生活方式和行为特征是"四无":无公害,欣赏的是那种没有压力的适度的生活方式;无国界,可能出现在世界上任何一个角落;无禁忌,不迷信,一切人一切事都可以轻松解构,转化为表情包;无现金,以支付宝畅游网上和网下世界。如果真正的认识和掌握了这个年代未成年人各种观念、问题乃至犯罪产生的原因,就为如何与他们沟通、如何解决存在的问题、如何教育和改造犯罪的未成年人创造了重要的条件。

(一)未成年罪犯的特点

由于未成年罪犯仍处于身心不断发展和变化的时期,因此,在其改造过程中,有别于成年罪犯的突出特点,即未成年罪犯没有明显的负罪感和悔罪意识,改造内驱力不足,对前途悲观失望,情绪不稳定和心胸狭窄等。未成年罪犯所表现出的各种思想意识和行为特点,加大了监狱教育改造的难度。

1. 认知水平有限、意志力和自控力薄弱。人出生后,在适于生存的环境里和良好的抚育下,随着年龄的增长,身体、生理和心理都在自然地发生变化。身体各器官在形态、结构和机能方面陆续发展到完善的状态,智力发展的顶点,对事物能做理性的判断和逻辑推理分析,情绪稳定并能自我控制,行为上能遵守社会规范,人就达到成熟了。

首先是身体的发育和成熟。在正常情况下,人的身体各部分各器官包括外形、身高、体重、性征等都是协调发育而且和实际年龄相适应的。在成长的过程中,一些有害的因素如疾病、外伤等都可能影响正常的发育,就会造成肢体发育迟滞或运动功能不全,留下不可逆转的后遗症。一般来说,人生长到十三四岁前后,达到青春期。性腺发育成熟,出现了第二性征,男孩开始长胡须,嗓音改变,肌肉逐渐发达,出现遗精;女孩开始乳腺增生,皮下脂肪增加,月经来潮等等。这些都标志着生殖功能已经成熟,也是身体成熟的一个重要标志。

其次是智力的发育和成熟。智力是获得知识、运用知识以解决实际问题时必须具备的条件,包括学习能力、理解判断能力、概括推理能力等等。在正常的抚育下,人的智力发育也是和实际年龄相应的。如果没有遗传因素或者其他有害因素的影响,智力总是能一步一步地成长、发育,到青年期达到最高点的。但是,如果在农村长大的孩子到了 10 岁还不能识别牛马,在城市长大的孩子不能识别汽车和火车等,不论所受教育如何,都应当看作是智力发育不全。

最后是在思维、情感的发育和成熟方面。思维是以感觉和知觉为基础的高级认识过程,是运用分析和综合、抽象与概括等智力操作,对感知的信息进行加工和推理的过程。它反映事物的本质和内部联系。人的思维能力的高低有赖于对客观事物的概括、判断和推理的水平。而情感发展的水平和人的生活经验和智力水平都有密切的关系。情感是人对客观事物的态度和体验,是对生活中受到的刺激和需要是否得到满足而产生的心理活动。情感的表现和调节也和年龄相对应,到青年期以后,情感年龄才达到成熟。

从上面的分析可以看出,在人成长发育的早期阶段,许多有害的因素如单亲或者不健康家庭(不良性格和习惯养成的诱因)、学校应试教育(使人缺乏创新而变得平庸甚至颓废)、不良的社会及生活环境(给人提供模仿或习得不良行为的土壤)、疾病等等都会对身体、智力的发展造成损害,遗留下不可逆转的缺陷。心理学理论也证明,幼年时期欲望所受到的严重挫折,各种心理创伤和压抑,都可在心灵深处留下痕迹,妨碍人的心理的正常发育,成为心理障碍的"根源"。而所有这些不可逆转的缺陷和留在心里的痕迹,都会影响人的认知能力的提高,特别是对青少年认知水平的影响尤为严重。

对于未成年罪犯来说,上列因素的相互作用直接决定了他们的认知水平,造成辨别是非能力差、意志力和自控力薄弱。表现为对事物的认识片面、理解能力差,缺乏上进心和正义感、对不良行为善于模仿和习得,感情用事、讲哥们义气、行为不计后果。从理论上讲,虽然未成年罪犯有一定的可塑性,易于接受改造,但是,其叛逆性强、反复性大,要改变和提高其认知能力十分困难,因此,教育改造未成年人的难度可想而知。

多数未成年犯在独立性和自控力方面表现较差,对监狱环境适应较慢,人际关系不协调,自我控制力弱,情感常处于激动状态,遇事不善于权衡利弊和考虑行为后果。一般来说,未成年罪犯在犯罪之前,在个人生活道路上受到过各种各样的挫折,诸如家庭破裂、父母教育不当、学习成绩差、升学不成就业无门以及美好愿望难以实现等等。这些失意和失败所带来的心理体验,会引起他们对缺憾的补偿要求和对不满的发泄,以致产生强烈的报复心理和反社会心理。

在对待罪责的认识上,往往把犯罪原因推向客观,过分强调自己年幼无知,是法盲和失足者,而不从主观上找原因;只谈自己失去自由的痛苦,却不认识自己犯罪给受害人、给社会带来的危害。在对家庭的认识上,既怨恨父母从前对自己的管教不够,又担心被父母拒绝接见甚至抛弃,怨恨与忧虑心理交织,使他们的情绪很不稳定,致使人格发生扭曲。

2. 行为怪异偏激。未成年罪犯由于受认知能力不足的影响,行为方式怪异偏激,对事情的前因后果缺乏思考,独来独往,感情用事,甚至突发奇想。在教育改造未成年罪犯的过程中,我们经常发现,虽然未成年罪犯对监狱、监狱民警、监狱管理制度存在畏惧心理,对监狱和监狱民警的要求也"心中有数",但是由于他们对监狱和监狱民警的要求、对改造自我、对亲人的关心和鼓励等形不成强大而持久的动力,因此,在行为上仍然我行我素。具体表现为:思亲心情凝重、依赖性强、不善于向别人表达自己的内心想法;对劳动任务应付交差,劳动效率和效益不高,生产技能提高缓慢;学习方面,表面乖巧听话,实则心不在焉、精力分散、一心多用;业余时间无事生非、寻找刺激以消磨时光。

3. 心理变化无常。未成年罪犯无论是身体、生理还是心理方面都还没有完全成熟,思维简单,情绪变化快。在教育改造过程中,表现为喜怒无常、时好时坏。例如,在与其他未成年罪犯交往中,很容易因微不足道的刺激和生活琐事中的冲突爆发激情,导致冲动行为的发生。但没过多久,又可能因为对方的某个细微环节感动了自己,或者因为此时的情绪得到了及时的调控,心理又开始显得平静自然和若无其事。

未成年罪犯在服刑期间容易产生的心理问题:

一是企图非法获取自由心理,即脱逃心理。未成年罪犯进入监狱服刑后,由于受主客观因素的影响,如旧习惯的延续、对监狱环境的不适应,对前途悲观失望、改造信心不足、对监狱产生恐惧,长期无亲友探监或遭亲友冷遇,或因民警失职出现监管漏洞等等,都容易产生铤而走险的冒险心理,认为"拼一拼,拼出去算我的,拼不出去自认倒霉"。

二是寻求舒适、安逸的享受型心理。一些未成年罪犯由于从小受到家庭的迁就和溺爱,使他们失去了学习生活技能的机会,导致其生活能力和意志力差,受不了挫折,好吃懒做,自私任性,进入监狱服刑后,不思进取,厌恶学习和劳动,因此,常常利用家庭经济较好和一定的社会关系,千方百计地在监狱寻找突破口,企图换取"特殊罪犯"的地位,以获得精神、物质和名誉上的享受。一旦这些要求得不到满足,他们就会破罐破摔、自暴自弃,有的采取过激行为,顶撞、辱骂民警,破坏监管设施和生产设备,有的甚至发生自伤、自残和自杀行为等。

三是争强逞能、拉帮结伙、自我显示的心理。由于未成年罪犯还没有形成完整的人生观和价值观就走上了犯罪的道路,他们的情感强烈而又极不稳定,容易产生激情但又缺乏控制能力,自律性差,缺乏独立思考的能力,因此,经不住各种诱惑和挑唆,容易在监狱里面寻找臭味相投的"知己",拉帮结伙,显示自己的能力。如果监狱管理不到位,对牢头狱霸打击不力,就容易出现地域倾向性团伙,严重扰乱监管秩序。

除上述容易产生的心理问题外，未成年罪犯还容易产生欺骗心理、盲目崇拜心理等等，监狱民警必须密切注意，严加监管。

（二）未成年犯管理的基本原则

对未成年罪犯的管理，在我国《未成年人保护法》、《监狱法》和《未成年犯管教所管理规定》等法律法规中都有具体的规定，其管理的基本原则有：

1. 社会责任原则。社会责任是一种在社会生活中对国家或社会以及他人所应当承担的使命、职责和义务。对未成年罪犯管理的社会责任原则是指国家对未成年罪犯的管理处遇，应当以对未成年罪犯负有社会责任的观念为基本的指导思想，并确立相应的制度和措施，它是国家对未成年罪犯制定刑事执行法律的立法基础。一切犯罪都是出于社会客观作用和行为人主观方面作用的结果，但对于未成年罪犯来说，由于身心特点，各种社会环境因素对其犯罪行为的产生负有不可推卸的责任，从某种程度上说，他们"既是害人者，又是受害人"，因此，对未成年罪犯的改造，就必须坚持社会责任原则。

坚持社会责任原则要求我们必须做到：一是要加强社会预防。要充分利用社会力量参与对未成年罪犯的改造工作，同心协力，齐抓共管促进他们的改造，并加强对未成年罪犯释放后的安置和保护工作，减少重新犯罪率。二是要正确适用刑罚，在公平、公正的基础上，既要充分发挥刑罚的惩罚和威慑功能，又要发挥刑罚的教育和矫正作用，实现刑罚价值在改造未成年罪犯过程中的作用最大化。三是要实行区别对待政策。在管理方法、教育内容、生活处遇、劳动强度、释放安置等方面要区别于成年罪犯，立足于未成年罪犯的改造实际，并作出相应的规定，以充分体现社会责任原则。

2. 坚持教育改造主体地位原则。对未成年罪犯的矫正，必须突出教育改造主体地位，即立足于挽救，以感化教育为主，因势利导，使其重新做人。长期以来，对未成年罪犯的改造都是采取"像父母对待患病的孩子，像医生对待病人，像老师对待犯了错误的学生那样，做耐心细致的教育、感化和挽救工作"的方法。《监狱法》明确规定，对未成年罪犯执行刑罚应当以教育改造为主。这些规定和做法，都体现了教育改造未成年罪犯的基本原则。一方面，从反正成因上看，未成年罪犯身心的成长、发展都欠成熟，具有可塑性大的特点，对其执行刑罚应当充分发挥教育的主导功能，强化对他们进行有效的系统的影响，使之发生积极的变化；另一方面，从犯罪年龄上看，未成年罪犯正处于受教育的年龄阶段，对他们的教育，具有再教育的性质，是一种通过感化手段而进行的挽救性再教育。

坚持教育改造主体地位原则必须做到：一是要以说服教育为主，要根据未成年罪犯的生理特点和成长规律来加强教育；二是要因势利导，做到言传身教，热情帮助，耐心说服，动之以情，晓之以理，戒之以规，导之以行；三是组织未成年罪犯参加一些轻微的习艺劳动，但不得随意加大劳动强度，延迟劳动时间，不得随意改变劳动作为教育的辅助手段的性质，片面追求经济效益；四是根据未成年罪犯的特点，坚持反复性教育，要对症下药，促进其在反复教育中得到改造。

3. 发展性原则。所谓发展性原则是指对未成年罪犯的管束、教育、劳动等工作，应当有利于促进他们德、智、体、美、劳和技能等方面的全面发展。为了贯彻发展性原则,我国对未成年罪犯的管理改造,一是彻底改变传统的监狱型模式,不设岗楼、不搞武装看押,原则上不使用戒具,未成年罪犯管教所的全部工作按照有理想、有道德、有纪律、有知识和培养他们的优良社会品格的要求来设计。为应当受教育的适龄未成年罪犯开设中小学课程,进行国民义务教育,传授知识,并组织他们参加适当的劳动,掌握社会发展所必需的知识和本领。二是广泛吸收社会力量对未成年罪犯进行教育,采用多途径、多形式的社会教育形式,使未成年罪犯掌握社会信息,促进他们的改造,为他们刑满释放、适应社会的需要打下基础。

(三)对未成年罪犯教育改造的艺术

未成年罪犯处于人的社会化过程的关键时期,但是,由于未成年罪犯有其特殊的生理、心理、身体和个性特征,存在着成长的困惑与发展的矛盾。因此,如何教育、引导他们迷途知返,顺利回归社会就显得十分重要。

当代社会理论认为,人的社会化过程并不是一次就能够完成的,各个年龄阶段都有其特定的社会化问题,人的一生就是不断社会化的一生。但在少年期的社会化过程中,生理发育和心理发展,内部心理结构的动力以及主观需要和客观现实性之间的矛盾更为错综复杂,形成了少年期的典型特点,使社会化过程更为艰巨。如果这一阶段的错综复杂的矛盾解决得好,其社会化过程的方向正确,少年的身心就会得到健康成长;否则,其社会化过程就会偏离正确的方向,形成不完全社会化或错误的社会化,极易走上违法犯罪的道路。

对于未成年罪犯来说,虽然他们与社会处于隔离状态,但是,对他们的社会化过程是必然的,只是其社会化过程更加艰难。正因为如此,我们既不要折断他的翅膀,也不能任其乱飞,而是顺势助一臂之力,送他上青天。从实质上看,通过教育,丰富未成年罪犯的内心世界,使他们形成正确的自我认识和理想自我,这不仅关系到未成年罪犯个体能否顺利地渡过关键时期,也关系到未成年罪犯刑满释放后能否形成既独立而又有益于社会的坚强个体。这就要求监狱民警要有较好的教育艺术,并针对未成年罪犯的特殊情况,采取特殊的教育方法。

对未成年罪犯的教育,有别于成年罪犯。虽然未成年罪犯的心智发育还不成熟,但是对他们的教育尤其是教育方式却不可轻视。

1. 对未成年罪犯要多用目标明显实现难度不大的激励性教育。现代教育理念的共同观点是,对孩子的教育离不开激励,经常性的激励会增强孩子的自信心,激发孩子战胜困难的勇气。未成年罪犯稚气未脱,他们与社会上普通的孩子一样需要激励,因此,激励成为监狱民警教育改造未成年罪犯的常用方法。但是,在实际工作中,我们缺乏对激励方法的使用或操作技巧,表现在:一是对未成年罪犯努力的目标定得太高、太大,方向模糊,实现的难度较大,让未成年罪犯望而生畏;二是采用的激励性语言"假、大、空",与未成年罪犯的接受能力、理解能力不相适应,导致未成年罪犯对监狱民警的激励缺少兴趣;

三是激励语言对目标的描述干瘪、苍白,缺乏生气,使未成年罪犯失去努力的激情。

虽然未成年罪犯有可憎可恨的一面,但是,对他们的教育改造是监狱民警的职责,应像对待自己的孩子一样真心地去爱他们、激励他们,在对他们激励时,就像对自己的孩子激励一样,少一些"假、大、空"的语言,多一些"看得见、摸得着"的目标;少一些生硬、晦涩的语言,多一些生动、形象的教诲。有的监狱民警在教育未成年罪犯时,确实很认真,苦口婆心,费尽心思,但语言使用不正确。例如,在激励未成年罪犯时,总是把一些让人不易接受的话挂在嘴上,"我现在给你讲的,也许你不理解,今后你会知道我的用心"。现在都不理解,他们今后如何明白? 例如,当未成年罪犯遇到挫折或者丧失改造信心时,监狱民警就应该及时激励他们,用简明扼要的语言教会他们正确认识失败或挫折,敢于尝试成功与失败。俗话说"抱大的孩子不会走",让他们懂得这个道理,比任何高深的理由都重要。

2. 对未成年罪犯进行批评教育时,力求语言简单明白,避免内容空洞冗长。未成年罪犯违反监规纪律的现象时有发生,关键是如何针对其错误言行予以批评教育,使其积极进取,改恶从善。在实践中经常遇到这样的事情:父母教育子女时,如果子女"唯命是从",就觉得子女听话,就是好孩子。但是,很多时候,子女并非那么听话,他们往往是吃饱喝足、满足需要了就平安无事,一旦要求没有得到满足就自轻自贱,甚至对着干,话说重一点都承受不了,更不要说对他们进行批评,无论如何讲道理,如何教育都无济于事,这种自轻自贱和叛逆难道是天生的不成? 在教育未成年罪犯过程中也常遇到类似的问题。实际上,这些现象是未成年人的"通病",只是在批评教育中,我们习惯立足于"我认为"、"我觉得",以"我"为中心的传统的批评教育模式。

所谓传统的批评教育模式,就是在观念上已经形成的难以改变的批评教育习惯或者定势。例如,部分监狱民警认为,"某某未成年罪犯听话,是好孩子"。而当这个"好孩子"突然东窗事发时,又觉得十分茫然,不可理喻。这就是缺乏对未成年罪犯成长规律的认识,缺乏对未成年人科学的客观的评价。在具体的批评教育过程中,常常以"教训"代替"教育",以批评代替教育。在批评教育语言的运用方面,空洞、冗长,缺乏针对性,把很简单的问题复杂化,把本可以三言两语就能说清楚的问题,非要说得长篇大论,好像不这样做,就体现不了自己的水平一样,而这种批评教育方式恰恰是未成年罪犯最反感、最不易接受的。

要做到批评教育语言简单明了,直击要害,应该注意以下几点:一是对批评教育对象的现实表现有比较客观、深入的了解;二是掌握批评教育对象的生理和心理发展情况;三是掌握批评教育的依据;四是掌握批评教育的语言艺术。这里,我们讲批评教育的语言要简单明了,不是简单的应付了事,而是在前面三个要领的基础上,注重语言的简洁、清晰,要点突出。未成年罪犯虽然涉世不深,对事物的本质和属性可能还"看不透",但是,"大道理"讲多了、讲杂了、语言尖酸刻薄了,他们就逆反、就对抗。当然,涉及原则性的、重要性的事件必须把问题讲深、讲透,引导其健康成长。因为,对未成年罪犯的教育毕竟不同于一般的普通的未成年人教育,对前者教育的重点是偏向于矫正和改造,使其回归社会,重新做人,批评教育自然带有明显的强制性;而对后者的教育则偏重于培养和塑造,使其成为社会需要的人才,发挥对社会的积极作用,这种批评教育是平等的、相对自由的。

3. 关心、帮助要有真诚感和亲切感,并付诸行动。要善于发现未成年罪犯与众不同(发现特长、爱好)之处,要帮助其健康发展、树立自信心、助其成功。

未成年罪犯处于身心发展时期,一般都会有很多成长的烦恼,特别是那些生活在社会和家庭关心都比较少的环境里的未成年罪犯,迷茫、困惑、无助无所不在。到监狱服刑后,真正能够随时关心、帮助和体恤他们的是监狱和监狱民警。从立法的角度看,对未成年罪犯的法律保护,在国际上有《联合国少年司法最低标准规则》、《联合国保护被剥夺自由少年规则》和《联合国预防少年犯罪准则》等国际公约,在国内立法中有《中华人民共和国未成年人保护法》、《中华人民共和国预防未成年人犯罪法》、《监狱法》以及四部委联合发布的《关于办理少年刑事案件建立相互配套工作体系的通知》、最高人民检察院《人民检察院办理未成年人刑事案件的规定》、最高人民法院《关于审理未成年人刑事案件具体应用法律若干问题的解释》、公安部《公安机关办理未成年人违法犯罪案件的规定》和司法部《未成年犯管教所规定》等法律法规。这些国际公约和国内法律法规对未成年人的权利、义务都进行了比较详细的规定,这为未成年人权利和义务的实现提供了重要的法律依据。从我国司法的具体层面来看,监狱及监狱民警对未成年罪犯的保护是关爱有余的。例如,在20世纪80年代就针对失足青少年提出了"三象"要求,虽然"三象"要求提出的背景是针对"劳教"人员的,但实际上在监狱未成年罪犯管理中得到了普遍的贯彻落实。与此同时,即1981年全国第八次劳改工作会议上,根据形势的发展和押犯情况的变化,提出了"要加强罪犯的教育改造工作,把劳改场所办成改造罪犯的学校"的任务。1982年中共中央在《关于加强政法工作的指示》中进一步指出:"劳改、劳教场所是教育改造违法犯罪分子的学校,它不是单纯的惩罚机关,也不是专搞生产的一般企业事业单位。"1985年,中央再一次强调:"要把劳改、劳教场所真正办成改造人、造就人的特殊学校。"根据中共中央的一系列指示精神,司法部作出了办成特殊学校的总体规划和部署。至1990年底,全国绝大多数劳改、劳教单位基本办成了特殊学校。

无论是从法律层面还是从司法层面来看,未成年罪犯的权利在不同程度上都受到了保护,充分体现了国家和社会对未成年罪犯的关爱。尽管如此,现有法律规定只是注重宏观上保护未成年罪犯的权利,而对未成年罪犯的诸如教育问题并没有在具体流程和内容上引起重视,尤其是在具体的管理过程中,监狱民警的管理教育缺乏艺术性、缺乏语言的严谨性和符合未成年人教育特征的针对性,对未成年罪犯真正需要关心和帮助的问题轻描淡写、语言内容缺乏诚意和感情等。

未成年罪犯虽然存在身心发展不成熟,认知有偏差等问题,但是他们思维敏捷、好奇心强、爱面子,教育引导得当,就会产生积极向上的愿望。据此,监狱民警要在教育艺术上下功夫。一是做到在法律规定范围内为未成年罪犯提供健康成长的改造环境,创设良好的"育人"氛围,包括教育力量的配置(含专业培训)、教育硬件的经费投入、监区文化建设、未成年罪犯帮教机制建立、出狱及就业指导等等;二是在教育过程中,监狱民警要针对未成年罪犯的特点,要耐心、细心、真心地关爱他们,尽量消除年龄和身份"代沟",与他们说"真心话"、"交朋友"、建立互信关系;三是熟悉、灵活运用未成年人容易接受的语言,达到监狱民警与未成年罪犯之间有"话"可说,有"话"敢说、有"情"想诉,有"情"敢诉,建立教育者与教育对象之间的互动平台和宽泛的交流空间。

4. 对未成年罪犯的集体教育宜威严有度、刚柔相融。人有一个共性:即当世风不正时,在人员较多的情况下都有一种从众、随大流的心理或行为表现,特别是在人员结构复杂、矛盾焦点比较集中的场所,往往出现是非不分、邪不压正的状况。在监狱这种特殊的环境里,虽然有强大的专政机器和严格的监管制度作后盾,从表面上看对罪犯有所威慑,但是他们内心对社会的怨恨甚至报复心理依然存在。未成年罪犯处于世界观、人生观和价值观形成的关键时期,其生活、学习又处于监狱这种特殊的环境,受社会"阴暗面"影响大,监狱化痕迹明显。因此,在抓好对他们进行个别教育的同时,还应该充分发挥集体教育的作用,通过集体教育攻势,树立教育改造的良好大环境,使未成年罪犯在集体教育的良好大环境中受到启发和熏陶。需要注意的是,监狱民警在对未成年罪犯进行集体教育时,要威严有度、刚柔相济。威而不严,达不到强化教育内容的效果,威严过度,超越未成年罪犯的心理接受程度,就会物极必反,出现抗拒改造、甚至反改造的情况。所谓刚柔相济,就是要掌握对未成年罪犯教育(尤其是语言要求方面)的法则:在原则性内容方面,绝无二话,要求和规定所指,立说立行;在辅助性内容方面,语言柔和,诙谐相映。

实际上,这些方法与社会上对普通未成年人的教育语言表达方法别无二样。宽严相济、轻松愉快的教育氛围,无论是对未成年人人格的塑造、知识技能的传播、行为习惯的养成等都是有益的。

(四)对未成年罪犯的矫正艺术

由于未成年罪犯在年龄、经验、知识、身体和心理特征等方面与成年罪犯有较大的差别,因此,在教育改造未成年罪犯的方法和技巧方面也应有所区别。

一是要根据未成年罪犯特有的心理状况,有意识地开展一些适合其身心特点的情绪调节训练,以调节其消极情绪或进行愤怒控制。未成年罪犯在服刑期间,很容易产生愤怒、悲观、嫉妒、焦虑、虚荣、自卑、偏激等消极情绪,虽然在此过程中他们的自我意识有所增强,但是往往不具备相应的应对方法或经验和技能,所以,很可能会不断遭受挫折,频繁产生愤怒情绪。因此,监狱民警应及时开展一些愤怒控制预防和训练,加强未成年罪犯的认知教育,使其掌握一些有效的技巧来控制自己的愤怒情绪,进而改善人际关系,提高正常交往能力。

二是培养未成年罪犯的积极情感。未成年罪犯往往存在情感扭曲现象,他们在道德、爱和恨的体验、友谊、责任感和进取精神等方面都与成年罪犯有极大的区别,因此,需要对他们进行情感教育,让其认识和了解人需要正常的情感,懂得自己的情感特征的不适应性,增加对别人情感的敏感程度和理解,学会恰当的情感反应技巧。例如,监狱民警在对未成年罪犯进行心理矫正的过程中,应尊重未成年罪犯的人格,关心未成年罪犯的情感体验,帮助未成年罪犯解决心理问题和生活问题,给他们以关心和温暖,使他们在监狱民警的关怀中进行情感体验,培养他们的积极情感。

三是开展亲情教育。亲情是人类最重要的感情之一,它给人们极大的支持和安慰,它不但增强人们对幸福、愉快等的积极情感体验,而且会帮助人们度过困难和危机。未成年罪犯被投入监狱服刑后,可以说陷入了严重的人生危机之中,他们不但对亲情产生了强烈的渴求,而且迫切需要得到亲情的支持和安慰,因此,监狱民警要通过各种方式,积极创造条件对未成年罪犯开展亲情教育。

四是对未成年罪犯进行一定的社会技能训练。未成年罪犯之所以犯罪,其原因在于缺乏是非辨别能力,缺乏一定的社会经验和技能,因此,监狱民警应根据他们的实际情况,开展相应的训练。例如,有目的和有针对性地开展人际关系、自我认知与控制、社会交往、应对挫折、宽容理解等技能训练。

五是利用心理治疗方法对未成年罪犯进行心理和行为矫正。

六是建立大教育改造未成年罪犯机制,着力推广社区矫正,完善社会帮教体系。

总之,由于未成年罪犯的自我意识增强是大势所趋,特别是良好的经济条件和优越的家庭环境,使他们拥有一定的特长和技能,也有着强烈的个人主张,更加强调自身价值的实现。在社会、学校和家庭里,我们常常被未成年人的思维和个人主张所困惑:家长或老师要求他们这样或者那样,他们会说"那你们能给我什么,你们给予了什么?"他们会教会"老一辈"们什么是"天然呆"、"非主流",即使面对长辈或老师,他们也会像和朋友聊天一样说对方"很萌"。他们不会因为你给了他很多好处而感激不尽或对你言听计从,他们会对这些具有诱惑力但却有碍于自己个性的利益置之不顾。未成年人犯罪以后,他们的思维和情感虽然受到影响,行为受到限制,但是未成年人的很多"天性"并没有因此而改变,甚至在有的时候会变得更加突出。因此,监狱民警应尽快转变教育改造未成年罪犯的思维,不再把他们视为单纯的说教对象,而应该充分把握其个性、行为等特点,从教育方法、教育内容等方面去教育改造他们。

二、对女性罪犯的教育艺术

女性犯罪已成为社会共同关心的问题,无论是发达国家、发展中国家还是不发达国家,女性犯罪均呈不断上升趋势,造成了严重的社会问题。以我国为例,20世纪50—60年代,女性犯罪占刑事犯罪的比例为1%至3%,70年代占5%,80年代占8%,90年代上升到10%,现在则增加至12%,虽然女性犯罪的比例不高,但是由于基数大,且我国犯罪人数呈连年增长的趋势,所以,女性犯罪人数仍很惊人(邱格屏:《当代女性犯罪心理分析》,载《妇女研究论丛》2000年第1期)。据2016年广东省有关犯罪资料显示,广东目前19至55岁女性犯罪占所有女性犯罪的92%,其原因在于这个年龄阶段的女性压力大、犯罪诱发因素多、低学历比重高(初中以下文化占71.68%)、外来人口比例高于本地人口比例等等。

女性犯罪率的增加和女性犯罪特点的不断变化,使监狱关押的女性罪犯也连年增加,教育改造女性罪犯的难度也随之增大。据资料统计,大部分国家女犯占押犯总数的6%,有的国家占到15%以上。目前,我国女犯占押犯总数的5%左右,大大低于世界平均数。但是,对女性犯罪尤其是女性罪犯给社会所造成的影响不可轻视。因此,教育改造女性罪犯是监狱和监狱民警的一项艰巨而复杂的任务。

(一)女性罪犯的特点

就女性罪犯与男性罪犯的罪犯身份和犯罪性质而言,他们并无本质的区别。但要教育矫正罪犯,就必须抓住其特点,研究此类罪犯与彼类罪犯的差异性,才能从中找到好的方法、对策,并进行有针对性的教育改造工作。

与男性罪犯相比较,所谓女性罪犯的特点,更多的是指女性罪犯的心理和生理特点、在特殊的社会背景下女性罪犯的构成特点,以及因女性罪犯特有的社会地位而引发的其他特点。

女性罪犯的构成特点:女性罪犯的构成是指女性罪犯的基本情况及其类型,它是监狱民警必须掌握的基本信息,是教育改造女性罪犯的前提和基础。

1. 文化程度普遍偏低,法律意识淡薄。根据近年来的相关资料统计,女性罪犯中初中以下文化程度达85%左右。文化程度低的现实,不仅使她们走向犯罪道路,而且不利于教育改造她们:思维有限,辨别是非能力不强,学习文化和技能的速度缓慢,接受新生事物困难,对问题的理解片面肤浅。文化程度低的现实,还决定了她们法律意识淡薄,缺少甚至根本没有法治思维等等。相应地,就增加了改造的难度。

2. 农村籍罪犯多。改革开放后,我国农村发生了巨大变化,农民就业路子拓宽,收入逐渐增加,生活明显得到改善。但是,由于受各种因素的影响,农村犯罪现象也比较突出,农村犯罪率增高,尤其是农村女性犯罪有增高趋势。根据中国社会科学院2013年的统计,在监狱押犯中,农村籍女性罪犯占女性押犯总数的48%。犯罪被捕前,她们长期生活在农村或者其他社会底层领域,经济条件差,生活相对贫困,形成一个特殊而少被社会关注的群体。

分析原因,一是随着城市劳动力需求量越来越大,大量女性进城务工,由于绝大多数女性文化程度低,没有生产技能,缺乏生存本领,在生活压力和城市环境等多方面因素的影响下,有的女性铤而走险,走上违法犯罪的道路,如抢劫、诈骗、贩毒、卖淫等等;二是留守农村的女性,特别是中青年已婚女性,由于长期"留守空房",心理和情感受到长期的压抑,加之生活相对贫困,家庭环境差,极容易产生影响家庭关系不稳定的因素。在这种情况下,如果没有强烈的家庭责任感,这些中青年已婚女性就会发生情感转移,甚至移情别恋。有的女性,可能因为家庭生活贫困,引发盗窃;有的会因为移情别恋而引发重婚罪;有的会因为夫妻长期分居,导致双方家庭责任感弱化,进而与他人"暗通款曲",一旦被对方发现,就可能采取过激行为,极易引发伤害罪甚至杀人罪。随着城镇化建设的推进,大批农村籍中青年女性不断进入城市,如果她们的劳动技能仍然得不到提高,留守农村女性的实际问题又长期得不到解决,上述现象会越发严重,这不仅使监狱农村籍中青年女性罪犯大量增加,给监狱和监狱民警带来艰巨的教育改造压力,更重要的是会引发严重的社会问题。

3. 中青年女性罪犯居多。中青年女性是人生的黄金阶段和社会细胞中最重要的调和因素。但是,在监狱所关押的罪犯中,中青年女性罪犯的比例却越来越大。据贵州、云南、浙江、新疆等省区统计资料显示,目前,在这些地区监狱关押的女性罪犯中26~35岁的中青年女犯达38%,36~50岁的中青年女犯占女性罪犯押犯总数的32%。中青年女性罪犯比例之高,成为监狱教育改造罪犯的难点。因为,一般来说,中青年时期,她们都有家有室,上有老、下有小,家庭关系、亲情关系随时都会影响她们的心理和行为,监狱民警如果方法不当,教育不及时,就会成为影响监管安全的重要因素。

4. 犯罪类型多样化,团伙犯罪、跨区域作案有上升趋势。根据近年来调查统计的资料显示,女性罪犯原犯罪类型呈多样化发展趋势,主要涉及抢劫、盗窃、卖淫(包括引诱、容留介绍卖淫)、贩毒、诈骗以及侵犯公民人身权利、民主权利的犯罪。其中,卖淫、贩毒等占35%,侵犯公民人身权利、民主权利,如故意杀人、故意伤害等占27%,侵犯财产罪,如抢劫、盗窃、诈骗等占16%。犯罪类型的增多,为罪犯之间的交叉感染造成可能,给监狱和监狱民警的教育管理带来新的挑战。更为严重的是,捕前,女性罪犯团伙犯罪、跨区域作案也有上升趋势,女性罪犯犯罪结构、犯罪方式的复杂性,增加了教育改造的艰巨性。

女性罪犯心理特征:人的心理往往受其主体的生理条件、生活阅历、文化素养和生活环境等因素的影响。虽然人的心理活动千差万别,但是对于某种具有共同条件或者共同处遇的人群而言,其在心理活动上会有某些共同的特点,即群体心理特征。女性罪犯作为一个特殊的群体,也有自己的群体心理特征,具体表现在以下几个方面。

(1)虚荣心强,攀比心理严重。虚荣和攀比心理是女性罪犯中比较普遍的心理现象,也是女性罪犯的一种畸形心理需求。女性罪犯的这一心理特征与未成年罪犯相似。女性罪犯被投入监狱服刑后,心理和精神等虽然都处于人生的低谷,但是由于错误的人生观、价值观,致使其偏离起码的道德底线和做人的基本原则,爱慕虚荣和喜欢攀比心理却未减少。表现为:争强好胜,爱面子,出风头,盲目攀比。具体细节表现为:比刑期长短、比劳动岗位好坏、比生产任务轻重、比年轻漂亮、比家庭条件好坏等等。攀比的结果,使有的罪犯的虚荣心得到了满足,便更加肆无忌惮、趾高气扬。而有的罪犯自觉不如,于是嫉妒心越来越强、心理越来越不平衡、报复心越来越重,痛苦、怨恨相互交织,严重影响监狱的教育改造秩序。

　　(2)敏感多疑,心胸狭窄。受传统习惯的影响,在我国广大的农村和一些城市区域,女性的生活、学习、工作和交际环境都有一定的局限性,因此,相对来说,女性比男性更容易形成狭隘、嫉妒、偏执的性格特征。而对女性罪犯来说,这种性格特征尤为明显。女性罪犯特殊的家庭环境、坎坷的人生道路和现实处境,使她们对任何事件和人物都心存戒备,为人处世小心翼翼,敏感多疑,心胸狭窄。在改造过程中的反应是:对监狱和监狱民警半信半疑,而对其他罪犯则根本不相信,把他犯的关心、爱护、支持视为虚情假意;有的女性罪犯因违反监规纪律而被民警批评,往往认为必定有同犯向民警打"小报告",并计划盲目地进行报复;有的女性罪犯看到别人在一起说说笑笑,就会认为是在谈论或讥笑自己。类似的畸形的心理表现,严重妨碍了监狱民警与罪犯的有效沟通,影响了罪犯之间的正常交往,使教育改造女性罪犯的工作变得十分困难。

　　(3)敏感脆弱,缺乏信心,自卑自责。绝大多数女性天生具有自律和自信精神,对未来生活乐观自信,充满向往。女性罪犯同样具有这种特点。绝大多数女性罪犯在犯罪前都对自己的未来充满了信心,但是,由于对未来的期望过高,又缺乏实现未来目标的能力和相应的条件,在急功近利思想的支配下,就容易铤而走险。特别是遭遇婚姻、家庭和情感问题的女性,对未来本身就不抱任何幻想,如果自己所不希望的事情一旦发生,伤心至极,就容易失去理智,进而走上违法犯罪的道路。这些女性被判刑投入监狱改造后,其基本的心理特征就是缺乏信心、自卑自责。随着监狱民警教育改造工作的深入,女性罪犯的负罪感和悔恨感逐步加深。当她们从麻木的精神状态中逐渐恢复过来后,其心理上所承受的负罪感可能会越来越大,开始感受到极大的心理痛苦。同时,对家庭、对自己前途的担忧,会进一步加剧这种心理痛苦。在这种心理状态下,她们认为,一切都已结束,把一切后果都归咎于自己,并因此长期陷入恐慌、自责的状态。许多女性罪犯都可能产生一系列的心理障碍,例如痛苦悔恨、情绪抑郁、自我孤独,甚至出现悲观绝望的情绪。一些女性罪犯在极度绝望中有可能进行自伤、自残和自杀行为。对这类女性罪犯的改造,监狱民警不但要有长期教育改造她们的思想准备,而且要使用极具针对性的、科学的方法。

　　(4)固执己见,自以为是。人的思维、思想、观念和行为是与自身的生产生活实践、与自己的性格特征密切相关的。女性罪犯多数性格内向、自私、功利思想严重,在改造过程中,往往通过虚假的行为来掩饰真实的自我,达到保护自尊、体现自我利益、满足虚荣的目的。女性罪犯在经历过所谓的人生挫折后,往往更加坚信自己对人、对事的"看法",坚持以"自我"为中心的处世哲学。其典型的心理特征就是固执己见,自以为是。监狱民警要教育改造好这类罪犯,不但要有过硬的心理学知识,有一定的耐心和责任感,还必须要有"能说会道"的语言功夫和善于"察言观色"的本领。

　　女性罪犯的行为特征:

　　(1)有明显的暴力倾向。女性罪犯的暴力性行为虽然在监狱不是普遍现象,但是具有典型性和破坏性,并且,就某一类罪犯来说,暴力倾向突出是她们共同的特征,因此,不可掉以轻心。女性罪犯的暴力倾向是其心理特征的外化。表现为情感上的冷漠性、行为上的突发性和手段上的凶残性。所谓情感上的冷漠性,是指女性罪犯由于本身心理受过严重的刺激,平时少言寡语,情感封闭,不善于与其他罪犯进行交流。然而,其表面上的平静并没有掩盖和抑制她们内心的浮躁不安,甚至不择手段地采取暴力行为,发生自伤、自残、自杀事件;所谓行为上的突发性,是指女性罪犯在实施某种暴力行为时一般没有明显的征象和预谋,但稍遇不顺心的事或触及其利益的情况,就会不计后果地突发暴力行为,让监狱和监狱民警防不胜防;所谓手段上的凶残性,是指有暴力倾向的女性罪犯在实施暴力行为时,将长期积压的怨恨报复于受害对象,虽然方法简单,但是胆大妄为,手段残忍。

詹某,女,36岁,初中文化程度,捕前职业学生,因故意伤害罪,被判处无期徒刑。詹某自投入改造以来,先后用木板凳、茶杯、砖头等凶器袭击他犯,造成重伤的18起,轻伤多起。在改造期间,詹某几乎2至3个月就打人一次,并且打击的方位都是头部、背部、脸部等重要部位,下手相当狠毒,不计后果。先后调动多次,民警和服刑人员都难以与其相处。

詹犯自己承认:"我是一名老犯人,在监狱里已经过了18年了。18年了!一个人有几个18年?我进来的时候只有18岁呀,可现在我已经是36岁的人了,我真的很心烦,我也想减刑,可每次得了3个表扬,就和别人打架,到头来一次减刑都没有得到。我知道,我是个老犯人,别人都不喜欢我,我想早点回家,我进来的时候父母都在,而今他们都走了,父亲走的时候,眼睛都没有闭,直喊着我的乳名,我恨自己,也很后悔,可我就是控制不了自己。"

(2)思亲恋家心切。这在中年女性罪犯中比较普遍。中年女性罪犯在服刑期间,仍然同时承担着多种社会角色,她们既是罪犯,同时绝大部分也是妻子、母亲、女儿、儿媳,这种多种角色集于一身的状况,使她们存在恋家、内疚和忧虑等突出的心理特征。尤其是思亲恋家心理更为严重。女性罪犯被判刑投入改造后,最为牵挂和割舍不下的是家庭和亲情关系。这种行为在投入改造的初期尤为明显。具体表现是精神萎靡不振,精力分散,神情恍惚,不与其他女性罪犯交往,独自伤心不已。对思亲恋家心切的女性罪犯,必须采取循循善诱、耐心细致的思想攻势,切忌急于求成的做法。

(3)功利性改造思想突出。所谓功利性改造思想,就是女性罪犯没有树立真正的改造意识,而是把改造视为立功受奖、争取减刑的需要。因此,在改造过程中忽视思想道德修养、罪恶意识淡化、讨好监狱民警、善于掩饰缺点和错误、佯装积极改造。她们一旦达到目的,就表露出真实的面目,要么洋洋得意、幸灾乐祸,要么混刑度日、对监规纪律和监狱民警的教育视而不见。

(4)有明显的人格障碍。人格障碍又称"变态人格"等,是一组以人格特征明显偏离正常、形成了一贯的反映个人生活风格和人际关系的异常行为模式为主要特征的精神障碍,它的传统称谓是性格障碍。也可以理解为"不伴有精神症状的人格适应缺陷,其行为倾向的发展没有明确的起讫时间,发展缓慢,但也不是不可矫治的状态"(《人格心理学》陈仲庚等编著,1987年辽宁人民出版社出版)。人格障碍的产生被看作是人格发展过程的不成熟和产生的畸变,它是人格在发展和结构上的明显偏离正常,这就导致个体以适应不良的方式持久地对待周围事物和做出极度的情感反应,从而产生明显的心理社会功能变异。人格障碍主要包括偏执型、分裂型、反社会型、冲动型、表演型和强迫型等人格障碍。

在女性罪犯中,由于过去的生活经历、服刑期间的适应不良等的影响,她们中的一些人格障碍特征更趋明显。女性罪犯常见的人格障碍主要有偏执型和癔症型两种。

患有偏执型人格障碍的罪犯,其主要表现是:可能会突然产生愤怒情绪和暴力倾向,对这类情绪导致的冲动行为缺乏控制力;对自己经受的遭遇过度敏感,长期耿耿于怀;多疑多虑,不相信并误解他人的好意,不能与别人友好相处;自负和自我倾向严重,常常感觉被压制、被迫害;意志力差,不能坚持进行所要求的行为;情绪和心境变化快,甚至反复无常,有可能多次发生自伤、自杀行为。

患有癔症性人格障碍的女性罪犯,其主要表现是:富有自我表演性、戏剧性、夸张性地表达情感,这类女性罪犯有较好的艺术表现才能,喜怒哀乐、唱说哭笑,演技逼真,有一定的感染力;高度的暗示性和幻想性,一方面,她们很容易受到别人的暗示和影响,另一方面,又有丰富的幻想,用自己的幻想补充暗示的内容;以自我为中心,自我放纵,不为他人着想,这类女性罪犯常玩弄别人,把别人作为满足自己需要的手段,她们常常使用多种手段使人就范,例如,任性强求、说谎欺骗、献殷勤,有时甚至使用操作性的自杀威胁强求别人符合她的需要或意志,一旦不如意就给别人难堪或表示强烈的不满;过分关心躯体的性感,以满足自己的需求;情感容易变化,遇到事情容易激动,但感情肤浅,完全按照个人的情感判断;渴求受到赞赏,这类罪犯常常希望得到别人的表扬、夸奖,为了满足这种愿望,她们可能会进行相关的行为,例如追求打扮,在学习或劳动时爱出风头,以此吸引别人的注意等。值得注意的是,女性罪犯一旦有癔症现象就会出现短时间的或间歇性昏眩倒地、出现口吐白沫、痉挛抽搐现象,有时会发生呼吸时急时停、揪衣服、抓头发、捶胸顿足等。在少数情况下,如果女犯普遍精神紧张、过度疲劳、睡眠不足等会导致生理和心理的变化,还可能发生癔症的集体发病或流行性癔症现象。

除上述情况外,女性罪犯很可能产生自闭和自暴自弃等行为。由于监狱环境的特殊性,女犯多疑、敏感的特征导致她们不信任身边的任何人,少数女犯也无法与民警进行有效的沟通、交流,特别是长期无人接见的女犯,感情无法宣泄,也未得到亲人的关心和精神的抚慰,时间一长造成了自闭症的发生,表现为终日沉默寡言,不与人交流,生活懒懒散散,行动迟缓,常常一个人呆坐,或者卧床不起,还有的出现生活要求降低,不注意卫生,长期不洗澡、不梳头等现象。一些女犯在长期遭受挫折之后,感到改好无望,看不到美好的明天,就觉得活着没有意义。这些悲观绝望的心理,可能会造成一些女犯自暴自弃,突出表现为不求上进,不控制自己的激动情绪,遇到不顺心的事情就"破罐子破摔",

顶撞民警,抗拒改造。有的甚至预谋逃脱或者公开闹事,以发泄对监狱和社会的不满。

以上内容,只是对女性罪犯常见的心理和行为特征进行简单的分析。由于女性罪犯的心理和行为特征很多,并且,不同的年龄时期、不同的服刑阶段、不同的犯罪类型的罪犯等都会呈现出不同的心理和行为特点,这只能是心理学和行为科学研究的范围,所以,在此不必细究。

(二)对女性罪犯的日常管理艺术

由于女性罪犯在心理、生理及行为方面的特殊性,因此,对她们的管理、教育也区别于男性罪犯,应重点把握以下几个方面的问题:

一是注重对女性罪犯的情感教育。由于角色的转变,女性罪犯失去了自由,失去了与社会和家庭的亲密接触,使她们产生孤独、焦虑和失落感,消极情绪油然而生。在改造过程中常常表现为思家心切,经常独自回忆家庭的乐趣,时时幻想与家人团聚的情景;在同犯中寻找精神依托,投入改造后,女犯之间朝夕相处,认为"多个朋友多个知音",还可以找到倾诉的对象;将希望和情感转移到民警身上,经常观察民警的情况,掌握民警的爱好、习惯等等,找机会主动接近,投其所好。

针对女性罪犯的这些特性,监狱民警应善于以其情感为突破口,采取个别教育的方法进行教育矫正。在教育过程中根据女性罪犯自尊心强的特点,做到少批评、多表扬,以情感人、以理服人,不用讽刺或其他带有刺激性的语言,多用暗示和启发性的语言,充分利用其亲人探亲、来信等机会对她们进行勉励,进而转变其思想行为。

二是坚持以多种教育方法相结合的原则,对女性罪犯进行综合性教育改造。教育改造罪犯,不是哪一种方法能够独立发挥作用的,而是需要多种方法的综合运用。在教育女性罪犯的过程中,要坚持做到法制教育与道德教育相结合、情感教育与认知教育相结合以及文化教育与职业技能教育相结合,使女性罪犯在良好的环境里,真正改造成为合格的公民和有用之才。

三是运用心理矫正方法教育改造女性罪犯。从教育改造罪犯的实践来看,一般应重点掌握以下几种方法。

认知疗法:在女性罪犯中,存在着大量的不良的思想观念和认识,这些观念和认识严重影响女性罪犯的情绪状态和行为表现,因此,监狱民警应加强对女性罪犯的心理认知教育,改变认知模式,实现正确的认知回归。例如,通过与女性罪犯的谈话,聆听她们的倾诉,了解她们的心理,指出其存在的不良思想观念。通过交流,深入了解女性罪犯产生错误认知的来源,明辨是非。通过与女性罪犯具有建设性的、诚恳的交流,教育引导她们建立符合社会伦理规范的观念,形成良好的行为模式。

情绪宣泄疗法:在现实生活中,已经形成的文化观念和性别特点赋予了女性更多的宣泄情绪的机会,也使女性养成了容易发泄消极情绪的习惯。女性罪犯投入监狱后,在改造的过程中常常会遇到一些挫折和困难,她们往往也会直截了当地当众发泄消极情绪,给监狱的管理造成影响。因此,监狱民警要学会用情绪宣泄法引导罪犯将被压抑的消极情绪释放出来,减轻罪犯内心的紧张和压力,帮助恢复其内心的平衡。情绪宣泄的具体方法很多,监狱民警可以选择以下一些方法帮助女性罪犯宣泄其消极情绪,如倾诉聆听发泄法、运动发泄法、书写发泄法、号啕大哭发泄法、歌唱朗读发泄法等等。

角色扮演疗法:这是指通过扮演某种社会角色而认识和领悟这种角色的心理和行为模式的方法,它有助于促使个人按照这个角色的要求调整自己的心理和行为。对女性罪犯而言,它可以帮助其深刻体验和了解某种社会角色的心理、情感体验和应当具有的行为方式,从而改变以前不恰当的角色心理、情绪和行为,真正扮演好实际生活中的自己。角色扮演可分为三个步骤,即认识角色期望、扮演领悟角色、实际生活应用。

行为疗法:行为疗法是指利用条件反射理论和社会学习理论改变不良行为或增强积极行为的治疗方法和技术。行为疗法已经发展成包括很多具体治疗技术的一类重要的治疗方法。在女性罪犯中可以用多种行为疗法进行治疗。如利用厌恶疗法消除女性罪犯的不良行为;利用行为合同,改变其不良行为;利用行为塑造法鼓励女性罪犯的良好行为;利用代币强化法,全面影响女性罪犯的行为使她们朝着积极、健康的方向发展变化等。

除上述疗法外,还有人际交往训练法、精神分析法等等,并且,还可以通过对女性罪犯的心理危机干预,对其存在的心理问题进行积极有效的指导和帮助。

(三)女性罪犯语言教育艺术

教育改造女性罪犯与教育改造男性罪犯并无本质上的区别,包括对法律的适用、监狱方针政策的执行、监督管理等方面,监狱并没有因罪犯的性别不同而予以特殊的对待,这是公平、公正法治要求在监狱的具体体现,也是依法治监的重要标志。但并不等于对罪犯的教育方法、教育手段一成不变,就具体的罪犯教育而言,还必须采取具有针对性的措施,根据罪犯的不同情况,对罪犯进行有区别的教育矫正。我们都知道,与男性相比,女性具有明显的个体特征。但是,在很多时候,人们往往忽视女性的个体差异性的存在,要么以传统的、习惯性的思维方式藐视女性的重要价值,要么以所谓男女平等为借口将女性与男性放在同一层面上对待,最后导致女性社会地位的失衡。实际上,女性无论是在家庭还是社会生活中都担负着各种重要的角色,她们比男性承受更多的压力,可能遭遇更多的不幸,因此,我们应更加尊重女性,对男性可以重复一句批评的话,但对女性千万不能少说一句关心的话,特别是在女性需要帮助、面临挫折的时候,社会应该对她们多关爱一点、更加厚爱一层。基于对女性的这种客观认识,监狱民警在教育改造女犯的过程中,在尊重法律和制度的前提下,应更多的对女性罪犯予以人文关怀。虽然在法律领域内,人文关怀代表的是一种悲悯的情怀和宽恕的精神,但是人文关怀也是人类道德与精神的载体,因此,监狱民警关注、关心女性罪犯,体察了解女性罪犯的情感,帮助女性罪犯解决改造过程中的人生疑惑,不但没有逾越法律和道德的底线,恰恰相反,它保持住了人的善良面貌,体现了监狱民警深厚的人文素养,是一种积极有效的改造女性罪犯的教育艺术和方法。

对女性罪犯的教育艺术,实际上就是针对女性罪犯的特点,通过有效的方法,实现说服、教育、改造女性罪犯的目的。

说服、教育、改造方法,就是对女性罪犯通过摆事实、讲道理等方式对她们施以影响,提高她们辨别是非善恶的能力,培养她们符合社会需要的道德品质,形成正确的行为规范。说服、教育、改造是教育改造女性罪犯过程中运用最广泛、有效的基本方法。虽然一个人观念和思想的形成离不开社会实践,但是一个人的生命是有限的,不可能处处亲身实践,有的观念和思想的形成往往是通过间接的或者说是通过他人的教育影响而得到启发的。同样,在改造女性罪犯的过程中,因受时间和空间的局限,女性罪犯不可能处处亲身实践,她们正确思想和观念的树立,更离不开外来思想和观念的"灌输"。说服、教育、改造这种方法,无论从哪个角度来看,都是通过"外力"对女性罪犯施加的影响,最终使女性罪犯发生思想、观念乃至行为上的改变的。更进一步说,人的良好品德和思想意识的形成,需要正确方法的引导和培养,不良的品德和错误的甚至反动的思想意识需要循序渐进地清除和矫正,说服、教育、改造正是发挥了这种重要的功能,这种递进式的方法符合人的身心发展规律,容易被女性罪犯理解和接受。说服教育改造的作用不仅有助于提高女性罪犯的道德认识,培养她们道德判断和道德评价的能力,促进其自我教育和矫正不良行为的自觉性,而且还能影响女性罪犯道德情感、道德意志,促进其道德品质的进一步完善。说服教育改造的方法适合于各种年龄阶段和个性特征的女性罪犯,只不过不同年龄阶段、不同个性的女性罪犯,说服教育改造的内容和方法有所不同罢了。在说服教育改造女性罪犯的过程中,监狱民警应根据女性罪犯的实际情况,重点掌握对女性罪犯教育的语言表达艺术(包括语言的表达环境、语言的表达对象、语言表达内容等等),并通过语言艺术的有效发挥,实现说服教育改造方法在监狱工作中的价值。

1. 掌握语言使用的地点或场合。对女性罪犯表扬性语言宜在集体教育时,批评性语言宜在个别教育时。在日常生活中,我们经常认为女性的自尊心、面子观很强,事实确实如此,这和女性的社会地位、参与社会实践活动等是密切相关的。自尊心、面子观强不一定是坏事。自尊心本来就是一个人最基本的需求,只不过自尊心太强,一味地看重它,势必对自己的工作、学习和生活造成影响。而面子观强,则是典型的"逞强"或者"硬撑"。俗话说,"死要面子活受罪"就是这个道理。根据女性罪犯的心理和生理特点,如果对其固有的自尊心、面子观教育、引导及时、得当,可以激发她们自强、自立的信心,激发其改造的积极性。

由于女性罪犯特有的生理和心理特征,监狱民警在实施教育时,如何掌握其心理活动规律,特别是如何有效地运用语言的力量教育改造她们十分重要。而很多时候,我们都认为女性罪犯离不开女性"婆婆妈妈"、"好面子"、"直觉思维强"等属性,于是就把这些属性看作是普通的、无关紧要的、常见的女性问题,而忽略它、不重视它。实际上,真正要掌握和了解女性罪犯的情况,要更好地教育和改造她们,我们可以从上述属性中找到答案:我们可以有技巧地与她"婆婆妈妈"、与她谈"面子"问题,通过这些"不经意"的交流,实现教育罪犯的目的。

既然女性罪犯固有的自尊心和面子观强,从稳定情绪的角度出发,教育语言应适当满足她们的这一心理需求。伤及她们自尊心和面子的语言,或者说批评性语言不宜在罪犯较多和公开的场合讲,而表扬性语言、对她们有鼓励性的语言适宜在公开场合讲。集体教育参与的罪犯多、影响大,如果在集体教育中,这类女性罪犯受到表扬,其自尊心得到极大的满足,在一定程度上能够激发她们积极改造的欲望,并产生向上和向善的行为。涉及批评性的语言,可以采取个别教育或者个别谈话的方式。这里需要注意的是,并不是说对所有罪犯的批评都采取个别的方式进行,恰恰相反,批评教育都应该在公开场合进行,这样,才具有普遍的教育意义,只是针对特殊类型的女性罪犯,适当调整教育方法,为其保留一定的"自尊"和"面子"空间,待条件成熟的时候,再改变教育策略,使这类女性罪犯认识到不良心理的危害性。

2. 控制语言使用的节奏,语言富有真情实感。教育语言的语气宜循序渐进,委婉、平和。这里所讲的"语气"包含两个方面的内容,一是教育者使用语言的态度,二是教育者使用语言的方法。现在看来,人们似乎忘记了该如何说话,我们的耳塞充满了让人难以接受和不可理解的"话糟"。实际上,说话与一个人使用语言的态度和使用语言的方法关系极大。纵观中国历史,社会提倡畅所欲言时,人们便普遍注意说好话,口语水平也相应提高。如孔子办学,四科之一就是"言语",弟子中子贡和宰我就很有口才。春秋战国时期,百家争鸣、说客盈门。张仪、苏秦凭三寸不烂之舌,合纵连横,官至宰相。《孟子》《荀子》《战国策》里记载了大量的谈话和辩论。到了汉代,罢黜百家,独尊儒术,社会重文语,说话的地位大大下降。唐代以后科举制度盛行,靠八股文取士,说话倍受冷落,逐渐地人们也就形成了种种贬斥说话的传统看法,于是,人们开始信守"祸从口出"、"沉默是金""见人只说三分话,未可全抛一片心"的说话规则。人们的性格和说话能力受到了长时间的压抑之后,有的人越来越内向、僵化和呆滞。非说话不可时,多是"千人一面",过于保守和矜持,只说不痛不痒的肤浅的话题,只说不三不四的无聊的话语,相互之间不能够开诚布公地进行沟通,久而久之人们都不懂得怎样激情地、到位地、有新意地说话了。这种话语的状况对监狱民警的影响同样不可低估,影响的直接后果是对罪犯的教育缺乏语言的感染力、鼓动性和艺术性,千篇一律的语言表达方式不但削弱了教育罪犯的效果,而且对监狱法治的有效运行造成一定的影响。

女性罪犯是一个特殊的群体,她们中有相当一部分人既是害人者,又是被害者,加之女性罪犯特殊的心理和生理因素,因此,在教育改造过程中,监狱民警察应从人道主义的高度,给予人性的关怀,特别是对女性罪犯教育语言的使用,要根据她们的具体情况,采取循序渐进的方法,用委婉、平和的语言与她们沟通,与她们交心,"用真诚浸泡的语言"触动和感染她们的灵魂。

3. 教育内容宜简单明了、浅显易懂。在前面的内容中,我们分析了目前在押女性罪犯的结构情况,其中的一个显著特点就是文化程度普遍偏低,这就决定了女性罪犯在学习、接受新生事物方面的局限性。因此,教育女性罪犯,在语言表达方面宜简单明了、通俗易懂。一是教育内容要避免多而杂,只要把话讲清楚,把道理讲明白即可。一般来说,女性罪犯对外来信息的吸收很敏感,直觉思维灵活,但对信息的过滤程度不高。因此,监狱民警在教育改造女性罪犯时,宜开门见山,不要"兜圈子"。二是教育语言的表达要大众化、生活化。不要挖空心思去思考如何使用华丽的词语把话讲得优美动听,实际上,最优美、最动听的语言就是大众化、生活化的语言。因为这样的语言实在、接地气、有人情味,特别容易让女性罪犯接受和理解。在监狱工作中,有的监狱民警由于对生活的体验不够,理解不深,驾驭和使用语言的能力不足,所以缺乏"接地气"的语言,这样,使监狱民警和女性罪犯双方之间的交流、沟通受阻,并因此影响教育改造女性罪犯的效果。

4. 要有独具特色的语言风格。独具特色的语言风格是对所有监狱民警教育改造罪犯的语言的共同要求。但是,这一要求在教育改造女性罪犯工作中显得尤为重要。因为,相对于男性罪犯来说,女性罪犯的情感细腻,对相对个体(如监狱民警)的期望值高,希望相对个体有不同寻常的特殊表现。例如,她们希望监狱民警有独特的个性特征、让人称羡的处世作风、独具特色的语言风格等等。对女性罪犯进行教育改造(实际上,这是对罪犯教育改造工作的普遍要求),离不开语言,使用语言,是监狱民警常规性的工作,是提高教育改造质量的立足之本。如果日复一日地重复别人的语言风格,即使你的语言内容百分之百的正确,但是由于没有自己独特的语言风格,也会失去它的吸引力。

◆参考阅读:美国最大的女子监狱——罗维尔监狱揭秘

美国最大的女子监狱罗维尔监狱位于佛罗里达州中部,背靠连绵青山,依傍良马牧场,一片温馨的田园风光。然而高墙之内,永远不是它看上去的模样。美国《迈阿密先驱报》曾在一年内采访了三十多位曾在或正在罗维尔服刑的女囚,查阅了过去四年犯人的投诉记录,以及过去十年里针对罗维尔监狱狱警、教员、牧师和医务人员的不当行为的指控材料,发现腐败、折磨和性交易充斥着罗维尔的每一个角落,从浴室到小教堂,从厨房到禁闭室……

"他们是上帝,我们是动物。"现年 25 岁的凯西·霍奇替人顶包被判携毒罪入狱 3 年。她来到罗维尔的第一天就领教了这里令人作呕的监狱文化。一番例行检查后,狱警让她摘下左眼珠,查看里面是否藏有东西。霍奇 15 岁的遭遇事故,左眼在法律上被认定为失明。当她取下假眼珠时,狱警们突然一阵躁动,有的狂笑不止,故意从椅子上跌落下来,有的假装受惊,夸张地作呕吐状。霍奇吓坏了,感觉自己像一个小孩一样被一遍遍地凌辱。类似霍奇的遭遇在罗维尔实在太平常了。据《迈阿密先驱报》报道称,在囚犯的投诉中,类似记录不计其数。变着法子污辱囚犯是狱警们最大的乐趣。狱警可随意向女囚脸上吐唾沫、威胁她们,使用恶毒的语言污辱她们。比如逼她们学鸭子叫或像狗熊一样从食堂爬回牢房。有囚犯向媒体讲述狱警们的为所欲为："他们过来拷上你，说：'你的随身物品里搜到了刀片。'你说：'那不是我的。'他们回答：'哦，那现在是了。'或者，他们说：'嘿，你向我吐唾沫了。'我说：'瞎说！'他们就会反咬一口：'你攻击我了知道吗？'你就等着在禁闭室里待上一年半载吧，除非我叫你做什么你就做什么。"

折磨像霍奇这样有生理缺陷的女囚，工作人员乐此不疲。一名盲女曾被勒令在众人面前"朗读"《圣经》，读不出来就遭到耻笑。一名女囚腿部残疾，已经获得"不可站立"的医院证明，可狱警们对此根本无视，依然让她长久站着。

《迈阿密先驱报》的调查显示，几乎每一个投诉过的囚犯都被送进了禁闭室，美其名曰是"为了她的安全"。禁闭室只有 10 平方米，什么都没有。一旦进去了，就很少有机会洗澡，没有衣服换，拿不到处方药，不能见家人等等。

"他们（官员们）自视为上帝，"霍奇说，"在他们眼中（我们）什么都不是，就是动物。"

"动物"，大概是女囚们最普通的"自我认同"。一名在监狱服刑 25 年的女囚说："我在这里的境遇就是动物……我们不再是女人，我们是他们靴子上刮下来的一坨屎。"

✍无处不在的污辱。对于女犯来说，最大的污辱来自于性虐待。调查显示，罗维尔监狱的狱警们，无论男女，都有利用职权强迫囚犯与自己发生性关系，或做出不雅举止的历史。从女囚的投诉中可见，这种不当性行为发生在监狱的各个角落：浴室、更衣间、洗衣房、办公室……有的狱警（官员）好深更半夜直接入牢房，把女囚带到监狱的偏僻地方……用监狱所在地（马里恩县）的检察官首席助理克·里吉维的话说，罗维尔"就像一家妓院"。

对罗维尔的投诉是没用的。检察官说，如果没有 DNA 或录像等确凿证据，要证明监狱官员行为不当根本不可能。除禁闭室外，几乎哪儿都没有安装监控设备。即便有目击证人，出于压力，也只能保持沉默。一名在押囚犯对记者说："我多么希望能大声说出来，将人们从地狱中拯救出来，但我不会拿我的理性冒险。"大多数女囚会屈从，因为她们感到别无选择。有些人视之为一种"生存之道"：满足官员的需求，不仅让她们免于惩罚，而且能换来肥皂、卫生巾、香烟、毒品、金钱等"奖励"，获得自由世界里的食物，如奶酪、汉堡。"性"，是她们能与狱警讨价还价的唯一商品。于是，有些案情看起来，很像是"两情相悦"。

囚犯乌尔曼说，她在狱里混得不错，2013 年出狱时带走了 3 年刑期内挣的 6000 美元——主要通过跟寂寞男囚通信、买卖违禁品、和狱警发生性关系赚取。她对记者说："我的'男友'会给我香烟，尽管我恨他，无法忍受他，每次都痛哭，但没有人会说出来……如果我被关进禁闭室，我会失去财产，不能给家里打电话。这是一个'双输'的结局，所以没人会说出来……而且没人会相信你。"她接着愤愤道："我们是猎物。和他们比，就好像一头狮子和一群羚羊。"

✍"监狱前监察员与污点官员关系很铁。"囚犯能从监狱黑市赚到钱，官员就更不用说了。香烟，是这里的另一种货币，一条能赚上千美元。一支香烟卖10美元，一包就是200美元；一条20包就是2000美元。牌子不同，有时候赚得更多。有人把一支香烟折了，重新卷成6到8支卖4到5美元。官员为女囚走私香烟，这是公开的秘密。一位官员透露："周二，一名官员给一名女囚送来奶酪汉堡；周三，这名官员到女囚室，与女囚发生关系；周四，女囚得到这一周的香烟；周五，女囚卖掉香烟，买来女性用品。"除了香烟，官员们还走私毒品和处方药赚外快。

食品也是稀缺商品。卫生部门前两年的检测报告显示，囚室和食堂都存在寄生虫。去年夏天，有两人因向监狱系统提供变质肉类而获刑，此案涉及数百万美元的回扣。监狱厨房工作人员称，他们得到指标，通过涂抹大量蒜泥来掩盖腐肉的臭味。一名曾经在厨房帮厨的女囚说，她的任务常常是从食物中清除蟑螂。因担心吃食堂饭菜生病，女囚们不得不绞尽脑汁进行非法交易，挣钱购买监狱小店里的食品。违禁品交易在罗维尔监狱每天都在进行着，"时时刻刻"。

对于眼皮底下发生的一切，监狱监察员心知肚明，但就是睁一只眼闭一只眼，对囚犯的诉求和监狱里发生的一切违规行为，往往无动于衷，对于接手的投诉案件，不是被定为"查无实据"，就是交由监狱长处理，结果自然也就不了了之了。

（资料来自于2016年《中国新闻网》和2015年《新文化报》）

三、对顽、危类罪犯的教育艺术

（一）顽、危类罪犯概述

顽、危罪犯是监狱教育改造过程中，对有抗拒改造意识和行为的顽固罪犯、危险罪犯的简称。具体地讲，顽固类罪犯是指在思想上顽固坚持反改造意识和犯罪立场的罪犯。主要包括犯罪恶习深，坚持原有的犯罪立场和观点，用各种方法抗拒改造的罪犯；以及反社会意识和抗拒改造情绪持续时间长、反复性大的罪犯。如对监狱的规章制度持否定态度、拒绝参加监狱组织的劳动生产和其他教育改造活动、不接受认罪教育的罪犯等等。危险类罪犯是指教育改造过程中，在行为上有一定危险性的罪犯。例如企图行凶、自杀、组织策划或煽动参与斗殴、哄监、暴狱、脱逃或组织逃跑的罪犯等。

顽固犯和危险犯既有联系，又有区别，有的罪犯可能两种情况兼有，在司法实践中习惯称之为顽危犯。顽危犯是一个特殊的罪犯群体，公开或隐藏于所有在押犯中，虽然所占比例不大，但是其反改造潜能大、渗透力强，对他们进行教育改造的任务十分艰巨。

（二）顽、危类罪犯的思想和行为特征

1. 顽、危类罪犯的思想特征。从理论上讲，思想是客观存在反映在人的意识中经过思维活动而产生的结果。思想的内容为社会制度的性质和人们的物质生活条件所决定。

在日常生活中,我们把一个人的想法、念头或思量等也称为思想,当这些想法、念头或思量经过长期的磨合后,就会形成一种比较固定的观点,即理论上所讲的思想。顽、危类罪犯思想的形成是一个渐渐的发展过程,它反映了罪犯抗拒改造的活动规律,是监狱和监狱民警长期观察和摸索的结果。

(1)罪责感淡薄。罪责感是由个体的罪错行为或罪错意识导致的主体心理失衡的表现,它不同于负疚感或良心自责,而是一个人基于罪错行为和罪错意识的一种自我评价和认识。罪责感的深浅与个体的思想品质、道德修养密切相关,也与传统习惯、生活环境、社会舆论等有一定的联系。危、顽类罪犯之所以罪责感淡薄,悔罪意识和罪恶感淡化,主要源于否认自己的主观责任,表现为对自己的犯罪行为所造成的危害麻木不仁,对法律无所畏惧。不但如此,而且将犯罪行为的产生归根于他人或者社会,认为自己是被他人利用或者无意识而一失足成千古恨,自己也是一名"受害者",千方百计逃避现实,淡化或减轻自己对社会和他人的责任。

(2)羞耻感缺失。羞耻感是理性的敬畏心态的情感基础,也是社会治理的心理基础。相当一部分顽、危类罪犯是"二进宫"或多次进监狱服刑,对监狱的管理情况有一些了解,他们以这种不光彩的经历自以为是,不以为耻,反以为荣,并常在其他罪犯面前炫耀,有的还作为与监狱民警"抗衡"的砝码,无所顾忌,破罐破摔。

(3)角色意识缺失。角色是一个人社会地位的外在表现,是人们对特定身份的人的行为期待,它有一整套权利、义务规范和行为模式。由于顽、危类罪犯对自己的犯罪行为所造成的危害性没有基本的认识,自以为是、"老子天下第一"的社会习气依然存在。因此,角色意识缺失,缺少自我约束,我行我素,对监规纪律视而不见,对监狱和监狱民警的教育管理置若罔闻。

(4)反改造意识增强。顽、危类罪犯反改造意识不是短期内形成的,而是其各种错误思想和意识长期得不到矫治的结果。反改造意识助长罪犯反改造行为的发生,它不但使罪犯本身的行为得到放纵,而且严重影响了监内其他罪犯的正常改造。

2. 顽、危类罪犯的行为特征。

(1)抗改性。一般来说,顽、危类罪犯的悔罪意识差,对个人前途失去希望,破罐破摔;思维简单,情绪急躁,抗改心理严重,容易受他犯的挑唆和利用。特别是抗改成性的罪犯,无视监规纪律,不接受监狱民警的管理和行为规范的约束,无事生非,行为放荡不羁,公开顶撞、威胁监狱民警。

(2)反动性。这是顽、危类罪犯比较典型的行为特征。其原因在于对人民法院的原判决不服,没有从根源上认识自己所犯的罪行,而是把原因归罪于他人,进而发展到仇视甚至报复社会。在具体改造过程中表现为,对国家的方针政策持反对态度,到处散布反面信息,言行极端。

(3)险恶性。顽、危类罪犯的刑期一般都比较长,由于监狱民警的严格管理和监狱的强制性教育改造,使他们失去了无拘无束、放荡不羁的"自由"的生活空间,因此,焦虑不安,对前途绝望。在此情况下,就容易产生脱逃、自杀、故意伤害、自伤自残等行为。有的故意挑起事端、小题大做,激化矛盾。

(4)投机性。其表现是以阳奉阴违的手段骗取监狱民警的信任,一旦自己的利益得到实现或者没有满足要求,就真相毕露,恢复本来面目。在教育改造实践中,监狱民警尤其是没有经验的年轻民警,要谨防其当面一套、背后一套的欺骗行为和险恶用心。

(5)懒散性。顽、危类罪犯在服刑改造前,一般都好吃懒做,奉行及时行乐、贪图享受的生活法则。投入监狱改造后,虽然其原有的不良习气受到监督、约束和打击,但是,他们习以为常的生活习惯和追求享乐的人生观、价值观并没有改变。在其改造过程中表现为精神颓废、躲避劳动、懒散成性。

3. 顽、危类罪犯的心理特征。一是心理变化明显,身份意识淡化。表现为很难适应外部环境,对他人毫不关心、不近人情,感觉迟钝,做事不计后果等等。二是情绪不稳定,具有严重的悲观、绝望心理。表现为常常处于焦虑、紧张、郁郁不乐的状态,遇到刺激性事件便有强烈的情绪反应。例如,如果没有被评选为积极分子,常常会表现出不理智的行为,就感觉前途迷茫,悲观绝望等。由于他们心理极不稳定,对任何人都不相信,对监狱组织的教育改造更无兴趣。这类罪犯在其消极心理的支配下,意志消沉、颓废沮丧,容易发生脱逃、自伤自残和自杀危险。

(三)对顽、危类罪犯的教育艺术

顽、危类罪犯易变难改,危险性大,对监管安全具有明显的威胁。但是,只要是罪犯,其思想和行为变化都有其内在规律,都是可以改造的。

1. 针锋相对、一针见血。顽、危类罪犯长期积淀的反对、抗拒改造意识助长了他们反改造言行,如果对这种嚣张气焰不予有力的打击,他们势必得寸进尺。在司法实践中,对顽、危类罪犯进行教育时,必须针对其反对、抗拒改造言行,一针见血地指出抗改意图及其危害性。一是语言的针对性要强,要透过现象看本质。顽、危类罪犯善于掩饰、伪装自己,习惯用欺骗的手段蒙蔽监狱民警。因此,首先必须用犀利的语言揭穿他们的伪装伎俩和目的。二是在此基础上进一步指出其言行的危害性。顽、危类罪犯不但其本身的言行可憎可恶,而且影响甚广,负面能量大。从小的层面看,它只是个别罪犯难以改造的一面,从大的层面看,却是教育改造中的一个顽疾,顽疾不治,一旦扩散,往往一发不可收拾,就会影响整体。因此,要给他们"把脉、动手术",理清症疾所在,从根本上找准他们反对、抗拒改造的原因,一针见血地指出他们反对、抗拒改造的目的和危害性。

2. 语气坚决、语调沉稳。"语"就是语句,"气"就是气息。有声语言的魅力主要体现在复杂鲜活的语气上。无论是嬉笑怒骂,还是声色俱厉,都应该活灵活现地由语气表现出来。语气体现"说话"的基调、实现"说话"的目的,它由感情色彩和分量决定。顽、危类罪犯代表的是一个有破坏性质的群体,在教育语言的使用上应该铿锵有力、语气坚决,充分体现监狱民警对他们所持的态度和立场。例如,一名监狱民警在对顽、危类罪犯教育讲话时说:"对于在我们监区出现的不遵守监规纪律、不服从管理、抗拒改造、以各种侥幸心理扰乱和破坏监管秩序的行为，监狱不可能放任自流，我们将根据这部分罪犯的实际表现情况，立即调查核实，并予以坚决打击，以维护监狱正常的改造秩序和法律的威严。"这种语言表达，掷地有声，"话过留痕"，对罪犯有一定的威慑作用。这充分说明，恰当的语气是"以思动情、以情运气、以气托声、以声传情"的必然结果。

另外，在教育语言表达的语调上，应沉稳有力，做得抑扬顿挫。语调是语言表达的各种调式。它是用来表现观点、立场、认识、理解、态度和感情的，是各种语言因素的综合表现。语调具有快速、中速、慢速等节奏的变化，高音、中音、低音等音区的变化，褒义、中性、贬义等情感色彩的变化。只有把高音、强弱、长短、重音、停连等都运用好，思想情感的复杂变化才能从语调中表现清楚。在实际工作中，监狱民警应根据教育改造顽、危类罪犯的具体场景，灵活运用语调，广泛积累使用语言的经验教训及规律，做到心中有数，讲话底气足，语言感染力强，教育效果明显。

3. 主动出击、不留（狡辩）辩解空间。从个案表象看，顽、危类罪犯一般"生性狡诈"、"能言善辩"、习惯"用小事说事"。监狱民警如果缺乏经验，不但"说不赢"罪犯，还容易被"钻空子"，使教育改造工作陷入被动的局面。针对这种情况，应掌握教育改造的主动权，先发制人，不给他们留下任何辩解（狡辩）的空间，以打击其"能言善辩"的嚣张气焰。

在具体方法上一要主动出击，掌握教育罪犯的"话语权"。在教育过程中，顽、危类罪犯通常用两种方法来发泄自己的不满：要么对监狱民警的教育沉默不语，一脸不屑，顾左右而言他。不愿意倾听苦口婆心的劝说、推心置腹的交流。在这部分罪犯看来，规劝就是恳求，道理就是"诱惑"。因此，他们会百般抵制，拒不听从。要么喋喋不休，甚至报有语不惊人死不休的阵势，借机扰乱、破坏正常的教育改造活动。这个时候，监狱民警不要情绪失控，否则，就会进入罪犯精心设计的"圈套"之中。而应该不急躁、不愤怒，调整情绪。一方面可用连续发问的方式击垮他们的心理防线，主动掌握话语权。另一方面可以采取"先发制人"的策略，把握教育的主动权。"先发制人"重在一个"先"字，贵在一个"制"字。当你了解罪犯将要做一些对教育改造不利的事情的时候，在有准备的基础上，就应该抢先"开口"，或截，或封，或围，或压，或劝，明确告知罪犯"免开尊口"，引开或者打断罪犯的话题，争取教育改造最大效益化。

二要攻、防兼用，以攻为主，防、打集合。对罪犯的教育不是街头泼妇骂架，而是进攻与防守综合艺术的运用。顾头不顾尾的蛮攻和忍气吞声的防守都会造成我们工作的失利。孙子曰："备前则后寡，备后则前寡，备左则右寡，备右则左寡，无所不备，则无所不寡。"在全方位了解顽、危类罪犯的基础上，针对其无理狡辩、克意刁难的现象，采取攻、防兼备的语言艺术。"攻"就是当头棒喝，即在洞察罪犯基本情况或者判明罪犯出现"顽、危"的要害后，开门见山、旗帜鲜明地亮出自己的观点，给罪犯一个"下马威"，夺得教育改造的主动权。采取这种方式，可以给罪犯敲响警钟，使其迷途知返。"防"并不是被动等待，而是采取积极有效的措施，坐观其变，以逸待劳，在教育改造顽、危类罪犯的过程中，有时候会用到这种方法。顽、危类罪犯的言行具有公开和隐蔽两大特点，无论是以哪一种方式出现,只要在不影响多数罪犯改造的前提下,监狱民警察可以特意"放纵"他们,以明松暗紧的方式观察他们活动的规律,然后"一网打尽"。这种方法有一定的风险,一般情况下,如果没有把握,最好不要使用。

4. 语言刺激、激将制胜。顽、危犯被称为"反改造尖子",还有人将顽、危类罪犯形象地称为"老油条","老油条"就是用油都炸不泡的"面疙瘩",说明顽、危类罪犯其顽固性、危险性的根深蒂固。针对他们的这种特性,可以采取语言刺激、激将制胜的方法。所谓语言刺激、激将制胜就是通过语言或行动触伤罪犯的自尊心,以引起罪犯的愤怒、怨恨和不安,进而诱导其按照监狱民警的计划或企图行事。从而教育改造好罪犯。激将制胜是有目的地用反语刺激罪犯,使罪犯从"自我"的中心回归到现实的角色地位,代之以悔悟感,产生上进心、荣誉感和改过精神。

四、对邪教类罪犯的教育艺术

(一)邪教类罪犯的特征

1. 狂妄自大,自我表现意识突出。这是邪教类罪犯的共同特征。他们不以危害人类、危害社会、危害道德良知为耻辱,反而视自己的犯罪行为是"人间正道",是在"替天行道"。在监狱民警面前大肆宣扬、炫耀自己的反动邪说,对自己受到刑事处罚则无动于衷、无所畏惧。在日常改造过程中表现以"才"自居、妄自尊大、拒不认罪悔罪。

2. 情感冷漠,虔诚教主崇拜,恪守所谓的邪教"信仰"。这是邪教类罪犯的典型特征。他们无视亲情、友情,恪守邪教教诲,以邪教歪理邪说(如"末日灾难"、杀人"度人"等)为精神支柱,遵循修炼、上层次的荒谬论调。恰恰相反,他们对亲情、友情,对监狱民警的诚心教育置若罔闻,这种背离人性、违反伦理的反常行为,增加了对他们进行教育、矫正、改造的难度。

3. 思维偏执,固执己见。邪教类罪犯是各种邪教组织的直接受害者和牺牲品。他们中的绝大多数人员,最初都是抱着强身健体、寻求精神寄托、求仙成佛、做个好人的目的开始入教的,但达到痴迷程度后,他们就被各种歪理邪说所控制,为了所谓的超脱"成仙"、"求圆满"而不能自拔,最终走上犯罪的道路。入狱后,他们对自己习修的内容崇尚有加,不惜利用绝食、自伤自残、甚至自杀等手段威胁监狱民警,而对任何帮助教育都持抵触和排斥的态度。思维偏执、固执己见这一典型特征,容易使其产生过激行为,引发新的狱内监管安全隐患。

4. "被迫"改造,反复性大。由于邪教类罪犯在思想意识和行为理念上也较为顽固,视"教"如命,因此,要改造他们十分困难,如果有所转变,也是"迫不得已",即便真有改变,但持续的时间也不久,反复性大。

(二)对邪教类罪犯的教育艺术

1. 以情感人、使人猛醒。多数邪教类罪犯(如"法轮功")在犯罪前"一部分处在弱势群体中的人们,或自身患病久治不愈,或家庭不和夫妻离异,或工作不顺失业待岗,或对社会腐败现象不满,导致一些人心理失衡,精神困惑甚至信念动摇。他们靠自身的力量很难使这些压力得到缓解,因此,在精神上特别需要某种寄托"。(《浅谈对"法轮功"罪犯的改造》/北京市监狱管理局高建国等文/中国监狱学会《在新世纪新阶段的起点上》),而邪教的歪理邪说正好迎合了这部分人的心理需求,他们坚信所崇拜的东西可以使人成佛成仙,可以包治百病,于是,不惜以身护法,因此走上犯罪的道路。

从邪教罪犯走上犯罪道路的原因分析可以看出,他们的思想和行为从头到尾都受到别人的支配,而且已达到痴迷的状态。他们既是受害者,又是害人者,既是可怜之人,又是可恨之人。教育改造他们既是我国监狱工作的神圣职责,又是人道主义的具体体现。对邪教类罪犯的教育,在具体的教育方法上,首先应以情动人,并通过一系列生动、翔实的材料说服教育他们,使其清醒地认识到邪教组织的险恶用心。

所谓"以情动人"就是既要关心、抚慰、同情他们,使他们感受到人间的真情和温暖,感受到人间的大爱是中国共产党的关心、爱护,而不是邪教组织违背人伦常理的离经叛道;同时,又要从生产、生活、学习、心理、身体以及家庭情况等方面给予及时的关注,实实在在的体贴和照顾,进一步消除对立情绪,树立主动靠拢政府,积极改造的意识。

2. 循序渐进、以理服人。邪教类罪犯习练或"修炼"的时间一般都比较长,因此,在他们的思想和意识深处,长期积淀的歪理邪说已经根深蒂固,要想在较短时间内矫正和改造他们是十分困难的。在教育改造实践中,经常会出现这样的情况:即便是你的观点正确无误,语言关爱有加,但是就是说服不了他们。有时,罪犯可能对你的教育点头叫好,改弦易辙,并称赞你"一语惊醒梦中人",可是,当再一次与他们接触时,可能又反戈易旗,这说明邪教类罪犯思想的顽固性。"冰冻三尺,非一日之寒",邪教类罪犯的看法、想法、做法,不是一天形成的,要改变他们绝非一日之功,必须采取循序渐进、以理服人的方法,要善于做耐心细致的工作,不能急于求成。需要引起注意的是,当罪犯出现反复性的时候,千万不要指责他们是"当面一套,背后一套",因为说服教育和接受理解是有一个过程的,说服教育需要耐心,接受和理解别人的观点也需要一定的时间。如果没有耐心,说服教育本来是可以取得更好的效果的,但因为监狱民警认为已经尽到义务、达到说服的目的,于是就放弃说服教育,使原来的努力和成功的可能毁于一旦。

循序渐进、以理服人的方法需要遵循以下三个步骤:一是了解罪犯的思想、观点和想法。想要罪犯同意和接受你的教育观点或者改造计划,第一步就是要设法先了解罪犯的思想。有的监狱民警为了教育改造好邪教类罪犯,就精神十足地拼命地说,而不善于耐心地听罪犯讲,不给罪犯讲话的机会,这样如何能顺利圆满的教育改造罪犯?所以,应尽量将原来说话的立场改变为习惯"听话"的角色,去了解罪犯的思想、观点以及思想和观点的来源,这是十分重要的环节。二是对邪教类罪犯消极的、反动的言论或者行为,必须坚决及时予以制止,不能给其留下任何宣扬、渗透的市场。但是,对于他们中的有建设性的、积极的意见和观点,可以先接受,甚至可以考虑站在对方的立场进行引导。为什么要这样做呢？因为当一个人的想法遭到别人一无是处的否决时，极可能为了维持尊严或咽不下这口气，反而会变得更倔强地坚持己见，排斥对方的建议。三是让罪犯清清楚楚的了解和理解教育改造的内容。要在重塑和健全他们的人格方面做文章，培育其广泛的兴趣、愉快的情绪、良好的性格、健康向上的信念，以此修复他们不健康的心理。在塑造其人格方面，重点增强他们的自我意识和认知能力，调整不良心理状态，增强处理人际关系的能力，提高挫折容忍力、抗干扰力和抗诱惑的能力。有时，我们虽然有可行的教育改造方案，但是在向罪犯进行安排部署时，罪犯无法了解其内容，于是，他们可能否定甚至抵触你的方案。另外还有一种情形是，罪犯不知道我们说什么，却已先采取拒绝的态度，摆出一副不会被说服的模样，或者根本不听我们说。如果遇到以上几种情形，一定要耐心地、明明白白地加以说明或者公布，让罪犯了解、理解监狱民警的真心实意，这是教育改造邪教类罪犯首先要解决的问题。

一般说来，邪教类罪犯的一个显著特点就是坚持和认定已有的错误观点，要教育改造好他们，如果没有充分的理由和运用一定的技巧，绝非易事。所以，我们讲要循序渐进，尤其需要以理服人。"以理服人"就是用充分的理由和恰当的方法去说服和教育罪犯，让其心悦诚服。在社会交往中，说服，是影响人际关系的一种形式，人们都希望掌握说服的技巧，轻松说服他人，然而，很多时候是事与愿违。监狱民警必须清楚地认识到，说服力并不是取决于是否能言善道，而是在于是否拥有恰当的观点和适合的理由。在说服前，必须彻底归纳自己的观点，表明自己的理由。如果抓不做重点、想表达的意思又不够明确，不但无法说服罪犯，反而会遭到罪犯的反击，甚至出现知难而退的现象。如果一开始就心生胆怯，心想自己的观点能否顺利地说服罪犯，或者一味地考虑万一遭到罪犯的拒绝该怎么处理，甚至在说服教育前已经开始认可罪犯的观点等，就不可能有一个稳固的说服教育基础，就无法想出成功说服教育罪犯的方法。如果罪犯固执己见，不妨开门见山地说出你的意见，让罪犯暗自权衡利弊得失，则更容易达到说服教育的目的。譬如，对罪犯说"你要尽快地改变自己"。不如说"你要尽快地改变自己，不但自己可以重新做人，而且还有机会去照顾你的亲人"。虽然改造自己是一个艰难的历程，可是，一旦成功就有机会与亲人团聚，就有机会去照顾亲人。作为一个失去自由的罪犯，这种诱惑是无法抵挡的。说服教育的高明之处，在于将罪犯的心理揣摩一番，进而发现罪犯防守的要害，然后采取攻坚或者软化的方法破坏其防线，以求达到"攻心为上"的效果。

3. 避重就轻、迂回出击。在教育改造邪教类罪犯的过程中，由于对已有的认识很深，固执己见，加之他们的防备心理比较强，一般都不愿意配合监狱民警的工作。在这种情况下，要想顺利地从他们那里得出真实的思想意图，决不能"强攻"，而要靠"智取"，以避重就轻的迂回方法来达到目的。避重就轻的教育方法就是回避罪犯不肯回答、不予配合的问题，选择一个与该问题有关但却不会对罪犯的心理产生影响的问题来进行沟通、交流，然后再迂回包抄，过渡到你想解决的问题上。

避重就轻的方式能够有效地解除罪犯的敌意和防备心理，可以最大限度地争取罪犯与自己进行合作,既避免了冲突的升级,又有效地解决问题,可谓一举两得。就像顾客和销售人员一样:顾客到商店购衣服,销售人员极力推荐红色的衣服,顾客明明看中了红色的,由于价格相对较贵,于是,他偏偏去看灰色的或者其他颜色的衣服,而对红色的衣服避而不谈,甚至装出不屑一顾的样子,当他觉得价格比较合适的时候,却果断地买走红色的衣服。而对于销售人员来说,在和顾客讲解商品的时候,很少会把重点放在商品的价格上,而是把大量的时间都用在了对产品质量以及售后服务的介绍上。虽然对于销售人员来说,钱是最重要的,但是他们却很少谈。这是因为,如果张口就说价格,顾客很可能会因为价格太高而转身走人。而把时间用在介绍产品上,则比较容易引起顾客的兴趣,增大他们掏腰包的概率。这种方法,同样适用于教育改造罪犯,特别是罪犯很难与你配合时,你没有必要去强求,也没有必要打退堂鼓,而应积极地采取避重就轻的方式来和罪犯沟通交流,这会增加成功改造罪犯的机会。

4. 无声沟通、以智取胜。邪教类罪犯自视清高,有时会不把监狱民警放在眼里,对监狱民警的教育置若罔闻。在这种情况下,我们必须沉得住气,不要为罪犯的行为所激怒。最好的方法之一就是保持沉默,认真观察。

人的一生中,语言是我们表达个人思想情感的最重要的工具,每个人都希望通过完美的口才展示应该不一样的自我,并以此来说服别人。但是,有时候滔滔不绝、喋喋不休的语言攻势,却会激起对方的抵触心理,无论你说得多么动听,多么有道理,对方都不愿意配合你的工作。如果你不达目的誓不罢休,一再追问,非但不能达到目的,反而还会激起对方更强烈的反抗。因此,在特殊情况下,要想攻破别人的心理防线,我们就可以采取无声的沟通来与别人进行交流。换言之,就是采用沉默的方法来应对那些不合作的人。因为,沉默能够给对方带来一定的压力,也能够让自己占据主动的位置,还能够让对方改变态度,主动配合你的工作。

五、对职务犯罪类罪犯的教育艺术

随着法律制度的不断健全,国家对职务犯罪的打击和惩治力度不断加强。职务犯罪的类型、所占比例等随之发生了较大的变化,职务犯罪的罪犯连年增多,相应的对职务类罪犯的教育改造就成为监狱机关的重要任务。由于职务类罪犯的构成复杂(不同职业、不同职务、不同犯罪类型等)、犯罪原因多样化、刑期和刑种各有差异。因此,教育改造职务类罪犯是一项十分艰巨的工作。

(一)职务犯的特点

职务犯投入改造后,在党的监狱方针、政策的激励下,通过系统的监规纪律学习,特别是经过监狱民警的耐心教育,绝大多数罪犯消除了恐惧心理和消极、抵触情绪,基本上能认识到所犯罪行的危害性,有一定的罪犯身份意识,对监狱民警的工作也比较配合。然而,由于职务犯原有的身份和特殊的社会阅历,以及过去与现实的巨大反差,使其在改造过程中极易发生难以预料的不利于改造的各种因素。

1. 职务犯的心理特点。(1)懊悔与文饰心理并存。一方面,职务犯对自己的犯罪行为感到后悔,习惯于将自己的犯罪与别人的犯罪相区别,常常反躬自问"我为什么为区区一二十万自毁前程?""如果不这样做,我一辈子还可以拿到比别人给我的多得多!"另一方面,职务犯比较普遍地存在着将自身犯罪合理化的文饰现象,投入监狱服刑后,他们羞于提起与自己犯罪相关的任何事情,企图用所谓"辉煌的过去"来掩饰自己的违法犯罪行为,幻想把不合法的行为合理化,以开脱和减轻罪责感。(2)独立意识强,做事有主见。原因在于职务犯在犯罪前都担任过不同级别的职务,对各种事务的处理或者对问题的看法一般都有自己特有的方法和观点。(3)情绪相对稳定。职务犯经历了从犯罪、侦察、起诉、接受审判和到监狱服刑的过程,对自己所犯罪行以及现实处境都有一个完整、客观的认识,因此,情绪相对稳定,一般不会感情用事或产生过激行为。(4)缺乏自信心,有焦虑感。从实践上看,职务犯常常以"当年英雄"自居,自视清高,以表现出与其他罪犯的不同。但其内心深处却十分脆弱、缺乏自信、焦虑忧愁。(5)角色意识特殊,角色转变难。由于职务犯入狱前职务的优越性,入狱后不面对现实,看不起其他罪犯,甚至与其他罪犯产生隔阂和矛盾。因此,希望在监狱服刑期间能够得到从优待遇。同时,由于在实践中,职务犯多数能够得到监狱民警的关注,他们一般善于权衡利弊并做出"明智的选择",遇到问题时,即便心里有怨言,但在行为上仍能遵规守纪,他们这样的表现易于得到监狱民警的肯定并予以"重用",因而使职务犯的优越感心理得到维持甚至强化,最后,导致职务犯角色转变更加困难。

2. 职务犯的思想特点。(1)政治信仰动摇。由于职务犯自身贪财、弄权,欲念丛生等原因,致使信仰迷失。特别是到监狱服刑后,虽然表面上服从管理,但是内心对国家、对法律、对社会持对立态度。他们往往不认真反躬自问、深刻检讨,反而对国家、法律、社会持消极、怀疑的态度,导致政治信仰动摇,对未来方向认识模糊,这是职务犯的典型思想特征。(2)思想观念歪曲。主要表现:在各种错误观念的支配下,职务犯在犯罪过程中逐步形成错误的人生观、价值观,对权力、金钱、美色的追求欲壑难填。投入监狱改造后,这些错误的观念并没有自然消退或减轻,自我意识歪曲,只讲个人价值,不讲社会价值,用钱、权、势作为人生价值标准。有的职务犯甚至不从自身去找犯罪原因,而认为是自己不小心,考虑问题不周密,才大意失足。还有的认为,当初捞得太少,应该一不做二不休。这些歪曲的、林林总总的思想观念使他们欲罢不能,与正确的人生价值追求相去甚远。(3)罪犯身份意识淡薄。职务犯在服刑改造前,一般都有一定的社会地位和人脉关系,投入监狱改造后,到监狱探望的人员较多,自以为比其他罪犯高人一等,与其他罪犯不属于同一层次,加之监狱在劳动岗位的安排上带有一定的照顾性质,因此,他们自觉优越感强,其后果是罪犯角色意识淡薄,恃强凌弱,甚至不服从监狱民警的管理。(4)对前途悲观失望。虽然职务犯有这样或那样的优越感,其自我满足的行为在其他罪犯面前表现得淋漓尽致,但是,他们始终意识到自己金钱、权力、地位已是昨日辉煌,高墙、电网、罪犯是他们无法逃避的现实,进而苦闷忧虑,自暴自弃,对前途悲观失望。

3. 职务犯的行为特点。(1)改造行为的虚伪性。职务犯的双重人格比较突出,善于察言观色、阳奉阴违,千方百计揣摩民警的心理,投其所好。在公开场合和监狱民警面前表现积极,认罪服法,痛改前非,不提申诉,但背后鸣冤叫屈,在如何获得减刑、假释、保外就医等方面托人找关系,充分体现了他们改造的虚伪性。(2)反改造行为的隐蔽性。职务犯的反改造行为通常不公开表露出来,而是采取以所谓的"智取"方法抗拒监狱民警的管理教育。例如,利用监狱民警某些工作失误、挑拨监狱民警或者罪犯之间的关系、故意制造事端、扰乱正常的监管秩序、拉拢腐蚀监狱民警等等,造成教育改造工作的被动局面,其行为带有隐蔽性,稍不注意,就会上当受骗。(3)对劳动改造价值认识模糊。职务犯在捕前大多过着养尊处优、腐化堕落的生活,到监狱服刑后,凭借原有的各种关系,仍然享受较优厚的物质生活。相反,在对劳动改造价值的认识、如何通过自己的劳动创造财富、珍惜劳动成果等认识方面模模糊糊。在行为上表现为:习惯对他犯指手画脚、轻视体力劳动、以消极的态度去参加劳动生产等。

(二)对职务犯罪类罪犯的教育艺术

职务犯罪类罪犯一般都有较高的文化水平,对事物的观察、理解也有自己的立场和观点,比较注重、关心各种社会形势,特别希望从监狱和监狱民警那里获得与自己切身利益相关的信息,喜欢观察、评价、思考监狱民警的教育管理能力等。因此,不能轻视或者放松教育改造职务犯的工作,必须从教育方法上找准突破口,从思想上消除不认罪悔罪的观念,破除消极、侥幸心理,使其顺利回归社会。这里,我们仅从教育艺术的角度研究,以期对职务犯教育改造实际工作提供一些参考。

1. 加强政治教育攻势,注重政治语言的宣传感染。职务犯在犯罪前都是经过党和国家多年培养教育的干部,一般都具有较高的政治理论水平,他们对党的方针政策十分关注,也具有较强的理解能力。但是,由于其错误的人生观、价值观的影响,丧失了基本的政治立场,在人生的道路上"一失足成千古恨",投入监狱服刑后,采取消极的态度认识、评价党的方针政策,甚至错误估计国家的形势。在这种情况下,加强政治教育攻势、注重政治语言的宣传感染就显得特别重要。

所谓政治教育攻势,就是从内容上应该选择以具有典型教育意义的政治事件(案例)、政治人物、时事评说、方针政策等为重点,对职务犯进行教育,这些内容容易被他们理解和接受,还可以触动他们的思想灵魂,唤醒其对过去违法犯罪行为的反思。从教育方法上讲,就是要通过语言的渗透力、感染力教育他们。从教育改造的实践来看,政治教育语言表达要达到吸引罪犯的较好效果是比较困难的,关键是看监狱民警对政治教育内容知识面的掌握情况和语言运用水平。一般来说,要达到政治教育的感染力,必须掌握准确、充分的素材,教育素材要符合职务犯工作和生活背景、具有警示和教育意义、语言表达富有情感性和启发性。

2. 语言表达力求深刻、具有针对性和说服力。职务类罪犯一般都具有较强的理解能力,对教育者都有较高的期待,如果内容简单,空洞乏味,针对性和现实意义不强,就缺乏说服力、吸引力,这是教育改造职务犯过程中应该注意的问题。

语言表达深刻,是指教育语言具有内涵丰富、寓意深刻、层次性强的特点,而不是语言晦涩难懂,高深莫测,或者表面高雅、实则言之无物。语言表达的深刻性,还必须与教育的主体内容、教育时间、教育场合、具体的教育对象相联系,做到因人施教。

所谓语言表达的针对性是针对职务罪犯的思想、行为和犯罪特点,设计出具有典型教育意义的话题开展教育。这种针对性话题的设计需要长期的观察和经验积累,话题没有讲到"点子"上,不能让罪犯心悦诚服或受到一定的启发,就说明语言表达的针对性不强,教育就不会产生预期的效果。

3. 设计具有典型性的话题并以此引发职务罪犯积极的思考。在监狱实践中,对职务犯的政治教育是一块短板。一方面,就职务犯本身来说,他们对政治理论、政策性问题具有一定的了解和认识,而另一方面,监狱及监狱民警对政治教育的重视和研究程度有不深入、不到位的现象,因此,政治教育往往处于说起来重要,做起来次要的真空状态,这是长期以来只重视经济利益、忽视政治教育,只注重政治教育的形式而忽视政治教育的方法和效果所致(特别是对一些从警时间短,法律和业务能力不强烈、对党的方针政策理解不透、缺少机动灵活性的年轻民警来说,在应对、教育职务罪犯方面存在短板,有时,他们面对职务犯的"发难"往往手足无措、无计可施。因此,加强对职务犯的教育必须配备有一定工作经验的民警,并设计出教育职务犯的有效方案)。从职务犯的犯罪原因可以看出,很多职务犯之所以犯罪,往往是忽视了自己政治思想的改造和政治觉悟的提升,在原则问题、大是大非问题、人生观价值观等问题方面妥协放纵,进而堕落到违反道德和法律的境地。因此,对职务罪犯进行政治教育"补课"不但十分必要,而且在如何设计政治教育话题、如何通过政治教育引发他们的积极思考方面具有现实性和紧迫性。

一般来说,政治教育话题的设计在紧紧围绕国家和社会发展形势的大前提下,必须结合职务犯的思想实际,注重教育的方式方法,有针对性地选择教育的内容,引导、启发罪犯进行积极的思考,分析、评价、总结教育效果,使政治教育不走过场、不流于形式,使职务罪犯感受到政治教育是及时雨、清洗剂。

4. 语言要有情感,切忌轻蔑口吻。职务罪犯从一名国家工作人员沦落为阶下囚,失落感特别强,与犯罪前比较,家庭、人际、工作、政治、经济等方面都发生了巨大的变化,因此而引起情绪低落,心理失衡,思想迷茫;由于风光不再,还容易受到其他罪犯的嘲笑,自卑感增强,自觉生不如死,进而导致对未来失去希望,改造信心不足。在这种情况下,监狱民警不但要加强心理干预,而且在对他们进行教育、沟通和交流的过程中要有关爱理解之情,在语言上体现为平和、真情,不能应付了事,更不能冷嘲热讽。人在处于人生低谷的时候,最希望得到他人的理解和帮助,虽然职务犯有可恨之处,但是毕竟作为有感情、有思想的动物,他具有人性的一面。一方面,其所处的特殊的人生阶段需要我们去同情和帮助,这是一个普通的社会人都应受到的待遇;另一方面,从思想教育的角度上看,使他们从一名罪犯向合格公民的过渡,关心帮助他们是监狱民警的职责所在。

5. 打开心结,开启未来之路。职务类罪犯在投入改造后的相当一段时间内,对过去的工作、生活、亲情以及其他人际关系等很难忘记,有时甚至愈演愈烈,导致睡眠失常、心情郁闷、情绪低落,严重影响监狱正常的教育改造活动。在这种情况下,监狱民警不但要做耐心细致的思想工作,教育引导职务罪犯吸取教训,忘记过去,重塑自我,而且要充分运用科学的教育手段分析问题的成因、找到解决问题的有效方法,打开他们的心结,使他们轻装前进,融入正常的改造生活。

当然,对职务罪犯的教育,首先必须加强身份意识教育,尽快促进其角色转变。其次要强化思想本质改造,深刻认识自身的犯罪行为和危害后果,重点加强世界观、人生观和价值观教育。最后要采取严格管理与区别对待相结合的方法。在掌握这些原则和要求的基础上,积极探索和运用教育艺术在改造职务类罪犯中的作用,不但是十分必要、可行的,而且也是十分有效的。

第四章

罪犯思想教育艺术

第一节
罪犯思想教育概论

一、罪犯思想教育

谈论到思想教育,我们都会不自觉地与政治工作联系起来,甚至认为思想教育就是政治工作。不可否认,思想教育是政治工作的一部分,而且是政治工作的重要内容之一。正因为如此,习惯上,我们常常将两者合称为思想政治工作。但是,现代意义上的思想教育,并非传统的"思想政治"工作,它在继承和发扬传统思想政治工作的基础上,已发展成为一门具有自身特色和优势的管理科学。思想教育在尊重人的自然发展规律的前提下,通过对人的生理、心理、行为和环境的客观分析,采取循序渐进式的、科学的方法,对人的思想进行全方位的教育,使其改变原有的思想或观念,认识到自己行为上的偏差,进而端正自己的人生态度。基于这样的认识,在后面的表述中都使用了"思想教育"一词,而没有使用"思想政治教育",其目的不在于不重视政治教育,而在于突出思想教育的专业性特色。

通常情况下,做思想教育工作的习惯是:在还没有搞清楚对方产生思想问题的原因和不了解对方基本信息的情况下,就找人谈话,要么给予批评、要么给予表扬、要么采取批评加教育的方法,或者只注重讲大道理,讲利害关系等,让"受教育者"十分茫然,不知所云。显然,这样的思想教育缺乏针对性,效果也不会好。有的还表现为要么抓不住思想教育的要害或关键点,缺乏做思想工作的基本的准备,即要做什么思想教育、如何做思想教育、通过思想教育要解决什么问题等不得要领;还有一种表现是思想教育的方法简单,敷衍塞责,只是为了完成任务而已,这样的思想教育不但于事无补,反而会带来极大的危害。

思想教育要真正的入脑、入情、入理很不容易,因为思想教育是关系到人的思想进步和行为引导的一门艺术,是一种典型的意识形态领域的搏击和交锋,它不但需要精准的语言和方法技巧,而且更需要思想教育工作者深刻的思想内涵和极具个性的人格魅力。现代社会,在人的思想观点日趋多元化,人的个性逐步得到彰显,人的物质和精神利益矛盾交错,人们的信息来源十分丰富的背景下,一旦在人生的过程中出现某种不好的状况,要做好其思想教育并使其平心静气的去应对现实是十分困难的,所以,思想教育在整个社会工作中具有十分重要的地位。

人的思想教育工作不好做,这是现实问题,要做好特殊人群的思想教育工作就更加困难了。罪犯,作为一个特殊的群体,他们不仅有特殊的身份,而且其产生思想问题的根源错综复杂,既有历史的、现实的原因,也有个体的、社会的、家庭的和监狱管理等方面的原因,在教育的过程中,如果找不准罪犯的思想症疾、解决不好他们的思想问题,要使其安心改造,顺利回归社会是不可能的。

长期以来,罪犯思想教育被置于形式上重要而实质上并未得到重视的尴尬地位,产生这种现象的主要原因:一是监狱和监狱民警从观念上不重视罪犯思想教育,仍然满足于"收得下、关得住、跑不掉"的传统监管理念,监狱民警始终处于看守型,或者看守兼管理型状态,而没有真正地达到教育型或者管理兼教育型的水准,满足于监狱企业的生产效益好,不发生监管和生产安全事故的功利目的,抓不抓思想教育无所谓,使罪犯思想教育处于可有可无的状态;二是明知罪犯思想教育重要,但缺乏思想教育的方式方法,使罪犯思想教育没有产生预期的效果,由于缺少必要的监督和责任体系,久而久之,监狱或民警就处于应付状态;三是由于罪犯思想教育是一项看不见、摸不着的软指标,没有或者缺乏科学的参照和考核评价体系,使罪犯思想教育陷于随意状态,做与不做,做多做少,做好做不好也无关大碍,罪犯思想教育被人为地边缘化。

实际上,监狱和监狱民警都深感做好罪犯思想教育工作的重要性,如果真正找准了罪犯思想问题的症结,并从根本上予以解决,就为教育改造罪犯扫清了关键性障碍,也就是说,一旦把罪犯的思想工作做好了,就找到了打开罪犯思想灵魂的钥匙,就找准了教育改造罪犯的切入点,监狱的其他工作就会得心应手。

二、罪犯思想的特殊性

虽然罪犯思想有其特殊性,但是通过监狱民警的努力还是可以掌握其规律的。在押罪犯有不同的年龄结构、犯罪原因、道德修养、心理素质、个人处遇等等,所以其思想状况也就因人而异。罪犯思想特殊性中也有其共性的东西。例如,青少年罪犯的思想相对的比较简单、直接,开放性程度大,个性特征明显。他们中有很多人属于"愤青"族,不满社会现实,对社会甚至家庭充满抱怨,认为"你们用属于你们的观点来看待我们的事情,自然就与我们的思想发生冲突,你们不停地用过来人的思想制止我们,我们希望自己去尝试,不是在你们那里得到属于你们的经验,网上我们都称自己寂寞孤单,我们只想找一个理解我们的人,可以懂我们的人,而不是对我们指手画脚的人。""所以,想要教育我们,就得先让你们的思想与我们同步,然后静静地听我们叙述,不要我们说点什么就开始教育,不要把你们的思想试图强加在我们身上,我们其实很简单,只要你们懂我们。"一般来说,持有上述观点的以青少年罪犯居多,而出生年代相对较远如 20 世纪 80 年代以前的罪犯由于年龄、社会经历等因素的影响,他们的思想又相对保守和沉稳,在改造过程中具有隐蔽性、复杂性。尽管如此,在监狱特有的环境下,就罪犯思想状况的整体性来看,无论哪一个年龄阶段的罪犯(包括女性罪犯)都有一些共同的思想特点,这为监狱民警掌握罪犯思想规律、更好地矫正和改造罪犯提供了科学依据。

罪犯思想的共同性表现为:

(一)认知偏差与顽固性相互交织

认知是指认识活动或认识过程,即个体对感觉信号的接受、检测、转换、存储、重建、概念形成、判断和问题解决等信息加工的过程。它包括:接受和评估信息的过程;产生应对和处理问题方法的过程;预测和估计结果的过程。认知是一种心理功能,它具有多维性、相对性、联想性、发展性和整合性等特点。一般来说,除了人的自身身体和心理情况外(如身体残疾、心理素质较差等),如果没有其他外界因素的强烈刺激和影响,人的认知功能是趋于正常的。显然,罪犯均不具备这样的条件,罪犯的认知都存在这样或那样的问题。表现为对事物的分析、判断和处理的缺陷(偏差)。不但如此,在原有的认知水平上,罪犯还缺乏积极的纠偏态度,"宁愿坚持错误,也不向政府缴械投降"。较顽固地坚持自己的认知模式,导致认知偏差与顽固性相互交织,进而形成特有的思想意识。

(二)改造的现实性与理想愿景矛盾叠加

在监狱特殊的环境里,一方面罪犯不但要受到刑罚的惩戒,而且还要受到监狱民警严格的管控,制度化的生活、学习、劳动及活动方式,使他们感受到现实的残酷性;另一方面,罪犯对原有的生活乃至人生目标追求和向往与现实状况格格不入,形成极其复杂的矛盾心理:欲追求进步,觉得服刑的路途遥远艰辛,何时是头,如果停滞不前,又备感前程更加渺茫。现实性与理想矛盾叠加,导致罪犯服刑过程中的思想混乱,改造信心不足。

(三)思想隐蔽性与问题突发性同时并存

所谓罪犯思想的隐蔽性是指罪犯思想往往被一些假象(或现象)所掩盖,隐藏较深,不易被发现;所谓突发性是指罪犯思想变化出乎意料且无法应对。隐蔽性与突发性同时并存是罪犯思想的显著特征。在教育改造罪犯的实践中,监狱民警常常被罪犯思想的隐蔽性所迷惑,对罪犯思想信息的掌握不全面、不准确,只看到现象问题,而没有注意到实质问题,只知其然不知其所以然,在这种情况下,极易导致民警对罪犯的思想教育决策失误。不但如此,一旦罪犯思想发生突发现象,监狱民警对此就会措手不及,使罪犯思想问题处于更加失控状态,严重影响正常的改造秩序,形成新的监管安全隐患。

第二节
罪犯思想信息采集方法及鉴别

要掌控罪犯的思想情况,必须通过有效途径采集罪犯信息,并通过仔细排查、鉴别,进而获取全面、准确、有用的信息,为罪犯思想教育提供可靠的依据。

一、行为观察法及鉴别

一般来说,人的思想往往通过一定的行为方式表现出来,哪怕思想隐藏再深、再具隐蔽性,其思维和行为习惯也无法使其长期处于自闭状态,这是由人的本性决定的。人的本性分为生物本性、动物本性、社会本性和阶级本性。

人的社会本性和阶级本性属于人的精神领域,对人的思想起支配和决定作用,社会本性和阶级本性使人具有更加复杂的思想,人在其复杂思想的驱使下产生各种信仰、虚荣、情感、仇恨、欲望等等,并通过一定的行为表现出来,如一个人在与他人进行语言交流时,都使用社会共同认可的语言符号,按照社会人的习惯要求,去改变或者改正自己的不规范行为,用自己的立场、观点和方法去解决工作和生活中的各种问题。

人的生物本性和动物本性属于人的本能领域,反映人的自然属性。人的这种自然属性,往往使人的各种行为不自觉地自然彰显,饥渴了就要寻找食物和水,疲倦了就要休息,以及对安全、性的需要等等。在万物竞争的自然环境内,所有生物都会为保存自己去竞争所需要的物质,在这方面人和一切生物毫无差异。在监狱,我们仔细观察会发现,罪犯会为争得一束阳光或者为呼吸到新鲜的空气而情不自禁,会因得到监狱民警哪怕是十分细微的关照而"受宠若惊",这些都是人的最本能的一种行为表现。

因此,要掌握罪犯的思想情况,观察和了解罪犯的行为及其变化规律是一条必不可少的途径。如前所述,由于罪犯思想具有隐蔽性,甚至裹杂着一些假象,它不会像"晒鱼干"一样清清楚楚地挂在那里让人一览无余,也不会像死水一塘不会流动,如果掌握了罪犯行为的活动踪迹,就会给我们提供了解罪犯思想的最基础性的信息(在后面"罪犯行为教育艺术"部分将具体论述罪犯行为的相关内容)。

需要注意的是,通过对罪犯行为的分析方法来掌握罪犯的思想情况,其信息来源并不完全可靠,必须经过认真排查和鉴别。因为,一方面,罪犯行为表现本身可能具有隐瞒性、欺骗性,罪犯常常将一些虚假的行为表象故意呈现给监狱民警,使监狱民警获取不真实的信息,进而产生错误判断;另一方面,罪犯行为表现具有不稳定性,无规律可循,使监狱民警对罪犯的行为动机难以捉摸,同样会产生误判,因误判而获取的行为信息,对及时有效地解决罪犯的思想问题更是于事无补。

采取行为观察法获取罪犯思想信息的关键,在于了解罪犯行为发生的前因后果,就像要证明是否犯罪必须有一个足以证明构成犯罪的证据链一样。例如,罪犯行为发生的原因是什么、此行为的发生与彼行为的发生是否有因果关系、行为发生是否存在必然或偶然性、是故意行为或无意识行为等等。当我们较充分地掌握了罪犯行为发生的前因后果后,再去做罪犯的思想工作、解决罪犯的思想问题就容易得多了。

二、动态考察法及鉴别

所谓动态考察法就是对罪犯思想信息的采集所抱的客观的和辩证的分析态度。罪犯思想瞬息万变,一段时间甚至一天之内可能出现多次思想反复,每次思想复发可能有不同的表现,因此,对罪犯思想信息的采集必须运用动态考察方法,不能以一时一事为依据。当然,罪犯思想瞬息万变并不等于就不可捉摸,"月晕而风""础润而雨",罪犯思想在变化过程中同样是有规律可循的,不管罪犯思想在一段时间或一天之内发生多少次变化,它们总是有变化的原因,总是存在一些联系的,哪怕是罪犯故意的行为。因此,在教育改造罪犯的实践中,监狱民警不能因为罪犯思想的多变而产生顾虑,而应善于从中发现和掌握其变化规律,使罪犯思想始终处于自己的掌控之中。

动态考察法的优势是监狱民警能够及时、迅速地掌握罪犯思想变化情况,可以积极主动地发现罪犯思想变化动态,这种信息比较客观、真实、迅速地反映罪犯思想状况,能够为做好罪犯思想教育提供可靠的依据。

三、比较分析法及鉴别

比较分析法是监狱民警常用的罪犯思想分析方法,它通过对罪犯入监前后、改造前期和中后期、奖惩前后、表扬或批评前后等不同阶段的思想情况进行对比分析,进而获得有价值的信息。比较分析法需要监狱民警掌握一定的统计和系统化知识,需要罪犯改造过程中的全方位的表现情况资料作为支撑,通过这种比较方式得出的罪犯思想信息更具有科学性、准确性和针对性。例如某监狱甲犯受奖励前后的思想比较信息(见表1)。

表 1 甲犯奖励前后思想表现情况比较分析表

	劳动学习态度	监规纪律态度	认罪态度	比较分析
奖励前	服从安排、主动性强、有信心、完成任务好	有自我约束力、协助民警和他犯工作、有主动配合精神	认识犯罪危害性、忏悔、洗心革面	有目标追求、突出自我表现、争取奖励、隐藏真实思想
奖励后	服从安排、缺乏主动性、随大流	有自我约束力、各人自扫门前雪	认识犯罪危害性、但认为法律缺少公平正义	保持改造成果、不在人前人后表露真情实感

四、直接提炼法及鉴别

罪犯思想信息来源于罪犯改造全过程,体现在罪犯的劳动、生活和学习之中,直接提炼法就是通过对罪犯改造过程中的具有典型性、代表性的思想进行采集,为分析、解决罪犯思想问题提供重要的依据。直接提炼是有选择性的,它是建立在监狱民警对罪犯基本情况比较了解的基础上的一种方法,提炼的信息是否准确,直接关系到罪犯思想工作的质量和效果。在监狱工作实践中,有的民警不能很好地抓住罪犯思想情况的主线和要害,抓住罪犯中的一些"鸡毛蒜皮"的小问题不放,或者被罪犯的一些思想假象所蒙蔽,白白的在这方面耗费精力,而罪犯真实的思想隐藏在民警眼前,以这种方法"提炼"出来的罪犯思想信息就毫无意义了。当然,能够掌握罪犯中的一些"鸡毛蒜皮"、无关紧要的问题不是说没有作用,罪犯中的一些重要的思想问题往往藏匿于看似普通的事情之中,能够关注或采集到这些信息,对罪犯的教育改造有时还可以发挥意想不到的作用。收集、提炼罪犯的思想信息,就像选矿炼矿一样,如果选了一堆没有含任何矿物元素的东西,能够提炼出有价值的矿物质吗?因此,关键的问题是,民警要善于把握和区分哪些是相对真实的、于我有用的信息,哪些是虚假的、没有利用价值的信息,在通过详细的鉴别和筛选后,采集到的罪犯思想信息才会相对真实可靠,才能变成我们掌握罪犯思想动态、破解罪犯思想问题的"第一手"资料。

第三节
罪犯思想教育艺术

在价值观念多元化、目标追求物质化、未来发展理想化的时代背景下,人们的思维方式、价值尺度、行为方式和情感方式等方面也随之出现多元化取向,人们的主体意识逐渐觉醒,公民权利和责任意识逐步觉醒,自我价值目标日益明确,在这种情况下,作为思想教育的主体不得不对传统的思想教育进行深刻的反思,因此发出了"思想工作难做"、"不知道如何做"、"不愿意做"的感叹,有的人还认为,现在的"思想工作是一种典型的形式主义"、"思想工作说起来重要、做起来次要、忙起来不要"等。不可否认,要做好思想工作不是一件容易的事,换句话说,在社会转型时期,人们怕做思想工作,对思想工作有无可奈何之感。

事实上,做思想工作如果仅仅满足于形式上的内容,例如,谈了多少次话、走访了多少次、作了多少谈话笔记等等,而不注重思想工作要解决什么问题、效果如何、方法是否恰当等本质问题,显然,像这样做思想工作肯定没有效果,也毫无意义。我们必须把握的是:在多元化发展的新形势下,人们主体意识的觉醒,意味着对自我选择权利的确认和自觉性的增强,但不等于道德自律能力的自然形成,因为个体之间有道德素质的差异和品位的高低,所以,人们的价值选择也不尽相同。

所谓"思想工作不好做"等观点不无道理,一方面,它反映了在价值观念多元化、各种矛盾凸显的时代背景下,人们对做好思想工作的高要求、高期待;另一方面,也说明思想工作者可能还没有掌握思想工作的本质要求、基本内涵,缺乏对思想工作深层次的问题的挖掘和思索,还存在做好思想工作的有效方法和认识方面的缺失等。

思想工作的本质要求是以预防和解决可能或者已经存在的思想问题,找出发生问题的原因,通过系统的方法消除症结,卸下包袱,减轻压力,轻装前进。思想工作的基本内涵是积极围绕"人"这一主体,通过对人的心理、行为、习惯、环境等进行客观、全面的分析,并运用一定的方法和技巧使"人"能够较好地融入社会,更好地顺应社会的发展和需要。

思想工作方法,即解决思想问题的手段或技法,不同对象在不同环境下有不同的思想工作方法,方法使用是否恰当直接决定思想工作的效果。传统思想工作建立在对人性本善论的充分肯定上,希望通过从外部加大灌输一元化思想的力度来改造对象的意识,唤醒对象内心本来具备但暂时被遮蔽的善性。但在价值取向多元化、个人身份多元化等事实面前,强化灌输一元化思想的力度,进行一元化的思想改造已不合时宜。因此,我们要把思想工作理解为现代管理学上的一个问题,它是现代行政管理的一种方式,必须引用科学的理念来指导,也就是在肯定人们追求物质利益思想的合理性的基础上,大力倡导奉献精神,并教育引导人们认可追求物质利益的合法性;在肯定个性、尊重个性、发展个性的基础上,加强集体主义价值观的教育引导;在承认个体素质差异性的基础上,从现实的、具体的人出发,有区别地施以教育引导,必须重新认识并加大提倡"尊重人、理解人、关心人"的指导原则。譬如,与思想工作对象语言沟通的技巧、对思想工作对象情绪或思维的掌控、做思想工作时的环境要求和时间安排、对存在的思想问题或症结的准确把握等等,都是思想工作中必须注意的重要的关键性问题。监狱民警要做好罪犯的思想教育工作,就应该掌握思想工作的本质要求、基本内涵,并在法律规定的范围内,充分运用教育原理和方法,才能把罪犯思想教育工作做深、做透、做出成效。

思想教育是教育改造罪犯的主要内容之一,它有别于社会普通公民的思想教育。罪犯的思想教育可以说是从"负数"开始,它需要监狱民警对罪犯各种错误的思想进行清理,确立罪犯思想教育的方向和目标,进一步拟定罪犯思想教育的矫正方案等等。有民警十分形象地把做罪犯的思想工作比喻为犹如在杂草丛生的地里种庄稼:如果把正确的、主流的价值观比作是庄稼,那错误的、非主流的价值观就是杂草,在心灵的地里,庄稼不去主导,杂草就会去占领;庄稼不去扎根,杂草就会疯长。罪犯就是被这些负面的消极的杂草主宰,导致言语离弦走板、行为恣意妄为,最终触犯法律,变成了一个让自己都感到十分陌生的人。对罪犯进行思想教育,就是让罪犯认清犯罪的危害,接受正确义利观的教育、自觉矫正恶习,不管思想杂草滋生的种类再多,都能够定期清除。罪犯思想教育虽然在教育内容、教育方法等方面具有不同于其他类型的思想教育的特征,但是从净化社会环境,建立规范的社会伦理道德和符合社会主义核心价值体系上看却是一致的,这就是把思想教育的方法和效果以及突出为社会服务的功能作为思想教育工作者共同追求的目标。

一、尊重、理解和关心罪犯是思想教育的前提

尊重、理解和关心罪犯是思想教育的基本原则,也是符合教育规律的一种基本方法。长期以来,监狱民警对罪犯提出"尊重理解和关心"这一话题,往往会受到舆论的质疑,因为罪犯是国家和人民利益的危害者,打击和惩罚都不足以平民愤,哪里还能够对罪犯予以尊重、理解和关心? 造成这种认识误区有两个方面的原因:一是从普通公民的角度来看,罪犯确实给国家和人民的利益造成了极大的危害,其行为与一般的犯错误有本质的区别,只有打击和惩罚罪犯才能解人们的心头之恨,因此,打击和惩罚罪犯合理合法,如果"尊重、理解和关心"罪犯,就是对受害人的再次伤害,是对犯罪行为的纵容和对罪犯的迁就;另一方面,从社会舆论层面看,应不应该对罪犯予以尊重、理解和关心,国家缺少对公民的法律教育和社会舆论的正面引导,最后导致"罪犯虽然是人,但是他们不值得尊重、理解和关心"、导致"不把罪犯当人看"成为理所当然的事。在这种情况下,监狱民警为做好罪犯的思想工作而采取"尊重、理解和关心"罪犯的方法,往往也显得小心翼翼,唯恐方法和行为不慎铸成大错。

但是,应该清楚地认识到,在全面依法治国的背景下,对人的全面尊重已是一种不争的法治理念和要求,罪犯虽然实施了犯罪行为,是一个实实在在的"坏人",但是在他们受到法律应有的惩罚前提下,尊重、理解和关心他们也是符合法律精神和人性情理的。一个人在人生道路上,不可能不遭遇困难和挫折,当他处于人生低谷的时候,不管来自哪里的尊重、理解和关心都弥足珍贵,都会对其重新提振生活勇气、重构积极向上的人生希

望,都会发挥极大的鼓舞作用。

不可否认,罪犯对社会产生了极大的负面影响,他们不但破坏了正常的社会规则,对千万个家庭造成伤害,而且还有可能成为新的危害社会的潜在因素,如果不进行严格的监管和教育改造,就不可能实现刑罚惩罚的目的,监狱就发挥不了对犯罪的特殊预防作用。但是,在惩罚和教育改造罪犯的过程中,罪犯会产生这样或那样的思想问题,如果对他们的思想问题解决不好,不但不利于监狱的安全稳定,实现不了刑罚的预期目标,而且对社会和谐稳定会形成新的威胁。因此,在教育改造罪犯的过程中要尊重、理解和关心罪犯,这是教育改造罪犯的前提和基础。

尊重罪犯就是尊重罪犯的人格,维护罪犯的自尊。马斯洛需要层次理论认为,尊重是人类五个需要层次中的第四级需要,属于较高层次的需要。在我国的传统文化中,尊重别人是一种美德,只有尊重别人才能获得别人的尊重。生活在现代社会,获得和受到他人及社会的尊重,在人的整个需要层次中占有越来越重要的地位。当一个人没有尊严地活着时,那么,他就失去了人的价值和存在的意义。罪犯的身份虽然特殊,也为尊重付出了惨重的代价,但是罪犯作为一个实实在在的人,他有尊重的需要,有获得人格尊严的权利。我国相关法律对罪犯权利作出了具体的规定,其中,也强调要尊重罪犯人格,保护罪犯的人格尊严,这为更好地实现罪犯权利,尊重和维护罪犯人格尊严提供了法律依据。

尊重罪犯,会提高罪犯积极向上的自信心,树立乐观、向善的人生理念。有尊重需求的罪犯,总希望监狱民警按照他们的实际形象来接受他们,并认为他们有能力改过自新,能够胜任监狱规定的改造和生产任务。从本质上讲,罪犯关心的是名声、表彰奖励、公正评价和刑期减缩机会等等,而这些都必须首先得到民警对其表现的认可。当罪犯得到这些时,不仅赢得了监狱民警的尊重,同时其内心因对自己价值的满足而充满自信。如果监狱民警对罪犯的积极表现熟视无睹,对罪犯改过自新的能力持怀疑态度,显然,这就是对罪犯的不尊重,一旦不能满足希望并受到民警的肯定的需求时,罪犯就会感到沮丧,甚至"破罐破摔",在这种情况下,罪犯的思想问题就会积重难返。因此,尊重罪犯,满足罪犯的合理需求,是做好思想工作的前提条件。

理解,有明白和知道之意,它是逐步认识事物的联系、关系直至认识其本质、规律的一种思维活动。理解罪犯,是监狱民警站在人道主义的角度,对罪犯现实处境的同情和宽恕。当然,理解是有原则的,而非迁就或纵容罪犯的犯罪行为(即罪恶)。对罪犯而言,他们罪恶的行为被制止了,悔恨的眼泪流干了,但心里的伤口并未痊愈。如果能够做到真诚的理解罪犯,就能唤醒罪犯迷失的良知,更好地为监狱民警与罪犯之间构建相互沟通的平台,增强罪犯对监狱民警的信任。

关心罪犯,是指在严格刑罚执行的前提下,监狱民警对罪犯身心健康、家庭亲情、劳动及学习、前途理想等日常状况的关注和体贴。在教育改造罪犯的过程中,我们决不能低估对罪犯"同情"和关心的价值,当罪犯深陷人生低谷时,知道监狱民警正在为他分忧,这会有助于减轻罪犯的各种思想压力,增强积极改造的动力,监狱民警一个善意的举动或许只是自己的举手之劳,但对于罪犯来说都是其人生旅程中一个可以指明方向、激发自信的航标。

尊重、理解是一种态度,一种思维方式,关心是一种具体的行为,一种付诸实践的行动。罪犯受到监狱民警的尊重、得到理解和关心,不仅让罪犯体味到人间真情,感受到监狱民警宽容大度的胸怀,更重要的是为教育罪犯创设了一个宽松、和谐、彼此相互信任的改造环境,为顺利开展罪犯思想教育创造有利条件。

二、公平正义是罪犯思想教育的基础

公平正义指的是一种合理的社会状态,是人类追求的理想目标,其核心内容是社会各方面的利益关系得到妥善协调,人民内部矛盾和其他社会矛盾得到正确处理,社会公平正义得到切实维护和实现。在罪犯思想教育中,公平正义的基本要求是:监狱民警在处理问题上合情合理,不偏袒某一方或某一个罪犯,即改造过程中的每一个罪犯都承担着他应承担的责任,得到他应得到的利益。如果偏离这个要求,就无公平正义可言。

对罪犯进行思想教育的目的是消除罪犯思想上的症结,减少对社会问题认识的偏见。在监狱管理过程中,为什么有的罪犯总是以对立情绪对付监狱民警,为什么对监狱民警的所作所为持怀疑态度,除罪犯本身的认识误区外,最主要的原因在于监狱民警处理罪犯日常事务时缺乏公平和正义意识。准确地说,在公平方面,注重了实体上的公平,而忽略了程序上的公平,而程序上的不公平又是最大的不公平,例如,在刑罚执行过程中,对罪犯刑期的变更(如减刑)缺少必要的公开程序,狱务公开虽已成为刚性规定,但它又恰恰成为一些监狱民警手中的特权;在正义感方面,最主要的表现是监狱民警对所谓"表现好"的罪犯的违纪行为迁就放纵,对狱内不良倾向打击、处罚不力等等。长此以往,不但会积累成监狱潜在的安全危机,而且会使监狱民警失去应有的威信,使罪犯产生对民警的不信任感。把思想教育建立在罪犯对民警的不信任基础上,不但容易使思想教育流于形式,更加重了罪犯的抵触情绪和不良思想的产生,形成严重的监管和生产安全问题。

监狱民警对罪犯进行思想教育,最重要的是言行一致,对罪犯和监狱事务性问题的处理持公平公正的态度,敢于打击和惩罚狱内各种违法违纪现象,树立公平正义的良好形象,以此赢得罪犯的信任。

很多看似微不足道的不公平现象,都会引发大的监管和生产安全事件。近年来,在监狱发生的大案要案中,有相当一部分是因为监狱民警缺乏公平正义意识而引发的,有的是小事引发为大事,有的是小案引发为大案,有的是狱内事件引发为轰动社会的事件。在排除罪犯蓄谋的案件外,有哪一件案件的发生不与公平正义相关?如果公平和正义在监狱成为常态,罪犯能够处处感受到公平和正义所在,在监狱强大的教育攻势下,何患罪犯不弃旧图新、改邪归正?

三、弘扬正能量与培育、引导积极的价值取向相结合是罪犯思想教育的根本

在信息化社会,一个人要做到"两耳不闻窗外事"、不受各种观念和思想的影响,显然是不现实也是不可能的。监狱围墙,使罪犯不敢"越雷池一步",这是对罪犯自由的控制,但罪犯思想自始至终都在与大墙内外的各种信息发生反应,特别是在价值观念多元化背景下,罪犯思想也异常活跃,对于那些难以管控自己情绪的罪犯,监狱民警有可能在其行为中发现他们的思想活动轨迹,并会及时制订有效的防范措施,但对于那些不善于"显山露水"的罪犯,就难以捉摸其真实的思想情况了。在这种形势下,监狱民警对罪犯的思想引导、对社会正能量的宣传教育、对积极向上的价值观的培育就显得十分重要了。

在对罪犯进行弘扬社会正能量和积极的价值观教育过程中,就有一个教育的技巧和方法问题:什么东西是社会正能量?什么东西又是积极的价值观?我们不能简单地、片面地给罪犯讲一些概念,或者让罪犯十分勉强地接受这些观点,而是运用具体的事实进行启发教育,通过系统的教育使罪犯明白和形成自己的观念体系。例如,我们习惯于用"善"与"恶"的概念来标明人的本性,但实际上它并不是说明人具体本性的概念,仅仅是标明人所有本性的属性,即人所有本性的性质,因为"善"与"恶"是抽象的,是泛指的,"善"的本义是"善良"、"美好",是用来表述某一动物的为人所认可的良好行为。当被用来表述人的本质行为时,是指为大众所认可的良好的行为。"恶"是与"善"相对而言的,即指动物的某些被人认为凶残丑恶的不良本质行为。当它被用来表述人的本质行为时,则是某个人的无法为大众所承受的不良行为。现实生活中的人,都或多或少地与报复性、嫉妒性、猎奇性、领袖欲、自我表现性、求等性、贪念性、竞争性等等相关相连,这其中任何一项本性都是人的具体本性,都有独立的具体的实际内容。并且,"善"与"恶"没有一个具体的统一的标准,它带有强烈的阶级性、社会性、区域性和时空性,会因人所属阶级地位的变化、时空的推移而发生根本的变化。因此,对这些观念的阐述,监狱民警不能简单化、概念化,而应十分通俗、形象地给罪犯讲清楚。

◆ **延展学习**

　　✍中国明朝开国皇帝朱元璋,当他处于被统治阶级地位、身为平民百姓时,他认为广大的贫苦农民起来造封建王朝的反,杀朝廷命官、开仓赈济百姓的行为是善的,但是,当他做了皇帝,成了统治者,又转而认为平民起义、杀掳朝廷命官、开仓济民的行为是恶的了。在这里,人们意识中的"善"与"恶"是随着人的阶级地位的变化、所属区域社会的不同而发生着变化的。历史上哪一位统治者不是如此?

　　✍人在丰衣足食的时候,他不去偷盗别人的衣食,我们根本看不出他的物质占

有欲中恶的展示;一个孩子在没有挨别人打的时候,我们也无法看到他的恶属报复本性。当自己的母亲受到污辱时,他必然展示自己的报复本性,对污辱他母亲的人进行报复,在他的这一报复本性展示时,我们会了解到这一本性中有两个因素构成,其一是对母亲的爱,其二是对他人的恨。那么,我们可以说他对母亲的爱是"善",也可以说他对污辱他母亲的人的恨是"恶"。

在罪犯的思想意识中,始终存在对善和恶的模糊认识,包括对社会正能量和我们所提倡的积极的价值观的认识问题。例如,罪犯认为"杀富济贫"是善的,如果因为家庭贫穷,为家人去抢点、偷点不是违法行为,算不了什么"事",法律不应该追究他们的责任;官员犯罪后应该统统枪毙,因为官员有"权"、官员"懂法",官员知法犯法,被判刑后,就更不应该给他们立功减刑的机会等等。监狱民警在开展这类问题的教育时,必须把关守渠,既要储备丰富的系统知识,为有效教育罪犯做准备,又要保持清醒的认识,理清头绪,掌握问题的脉络,做到以理服人,真正把我们这个时代和社会所倡导的、所要求的、符合社会主流的东西,灌输给罪犯,让罪犯入心入脑,并化为罪犯的思想和行为内驱力。具体来说,一方面,民警要把握问题导向,搞清楚罪犯发生错误认识的根源,找出罪犯真实的价值观,因为"罪犯已经形成了扭曲的价值观和错误的人生观,某些罪犯甚至具有一定的犯罪人格。在这种情况下,以消除罪犯人生危险性为内容的罪犯教育不是简单的传授某种知识,而是要用正确的价值观和人生观去取代罪犯原有的价值观和人生观"(陈兴良:《关于罪犯教育管理工作科学化的问题》,载《犯罪与改造研究》2017 年第 6 期),因此,要创造、增大或转移罪犯在乎的价值,把他从错误认识的道路上拉回来,通过民警的引导,让罪犯自己认识问题之所在,让罪犯自己改变自己。另一方面,民警要充分利用现实生活中发生的鲜活事例去感染、熏陶、启发罪犯,使罪犯对善与恶有更加直观的感受,例如向罪犯展示中央电视台"感动中国"、"向幸福出发"等宣传视频,挖掘民警和罪犯中的感人故事,借鉴、运用南怀瑾先生提出的"内视观想"方法,让罪犯自己看、自己感受、自己讲身边的人和身边的事,要求罪犯"吾日三省吾身",进而改恶从善,提高自我修养等等。

四、客观评价罪犯是思想教育的基本要求

作为社会整体中的一员,罪犯不是孤立地存在的,包括罪犯的思想和行为本身。因此,实事求是、客观评价罪犯思想是罪犯思想教育的出发点。

实事求是、客观评价罪犯就是要不持任何偏见地对待罪犯。当罪犯从一个自由公民变为人身自由受到限制的特殊公民后,其身份或者说所扮演的社会角色也发生了根本性的变化,就罪犯本身来说,身份和社会角色的巨大变化已经使其产生严重的心理失衡,自感低人一等,如果再受到歧视,其思想包袱和心理上所承受的压力也就不言而喻了。在这种情况下,监狱民警的职责就是把罪犯真正摆在"人"的位置上,既要关心他们的物质

生活,又要关心他们的精神生活;既要关注他们的学习、劳动等行为表现,又应关心他们的思想表现情况,教育罪犯吸取人生成败教训,面对未来,重新做人。

客观评价罪犯,必须承认罪犯思想的隐蔽性和多变性,这是事实,如果认识不到这一点,就是没有基本的安全意识和忧患意识。当然,罪犯思想的隐蔽性和多变性是由罪犯所处的客观环境决定的,很多时候,罪犯并未把自己真实的思想在民警面前反映出来,如果民警就此视为罪犯不积极改造的行为,甚至视为反改造行为,只能说明我们还没有掌握教育改造罪犯的基本规律,以及罪犯思想教育的艰巨性和复杂性,那么,罪犯思想教育方案的设计和运用就缺乏客观公正性,更无科学性可言,也就不可能有效矫正罪犯的思想。

必须深刻认识和准确把握罪犯思想的隐蔽性和多变性,这是监狱民警对罪犯开展思想教育的最基本要求。罪犯思想复杂是因为罪犯思考和想象的问题太多,而且既现实又想当然,罪犯的很多思想问题是监狱民警无法预测或估计到的。罪犯思想的隐蔽性是由于罪犯思想始终处于与监狱和监狱民警的要求相对立的状态,他们不愿意也不可能把自己真实的思想完全展露给监狱民警,这是教育改造罪犯思想难度大的重要原因之一,也是罪犯思想教育的一个难点问题,如果监狱民警缺乏实事求是的工作态度,不客观掌握和分析罪犯的真实思想,罪犯思想教育就会流于形式,就是无用之功。罪犯思想的多变性是由于罪犯受改造环境或其他各种因素的影响,其思想始终处于不稳定状态,即便在某一时间、某一阶段呈现出稳定的状态,一旦出现影响其思想的其他因素,罪犯思想就会发生变化,其变化的程度往往根据罪犯不同个体和不同阶段而有所区别,在这个过程中,监狱民警就要有及时掌控罪犯思想变化的能力,从罪犯思想变化过程中分析、提炼出其产生思想变化的原因和规律,为罪犯思想教育提供第一手材料。

五、激励是罪犯思想教育的重要方法之一

有人认为,对罪犯的思想教育是监狱民警与罪犯之间的一种精神和灵魂上的交流,不可否认,监狱民警教育改造罪犯更多的就是在精神层面教育和引导罪犯悔罪认罪、洗心革面、重新做人。但是,必须承认,仅凭精神上的沟通可能触动不了罪犯思想,也不足以教育和改造好罪犯,必须针对罪犯个体的特殊性,采取相应的方法如激励措施唤醒罪犯积极追求改造的精神欲望,方能达到思想上的共振,并化为罪犯积极改造的具体行为。

要产生思想教育对罪犯精神和灵魂的触动效应,一般来说,除了运用一定的方法技巧外,还必须依靠一定的可以期望或者能够实现的某种载体,激励(可以分为物质激励和精神激励)就是一种很好的载体。

首先,激励是人的一种最基本的精神需求。无论人的地位如何、财富多少,十分在乎别人对他的评价或者赞赏,这种评价和赞赏就是激励的力量。罪犯处于逆境和低谷状态,没有了职业、亲人离散甚至家破人亡,社会地位及身份特殊,因此,无论是社会大环境

还是监狱小环境,人们对罪犯的评价一般都是负面的、消极的,罪犯也只能在各种"风言风语"中承受无形的舆论压力,长此以往,就会导致精神紧张、思想压力增大、行为诡异,严重的会导致思维错乱、情绪失控,进而发生违反监规纪律、自杀或其他暴力性事件。此时,如果监狱民警能够及时运用激励方式对罪犯予以鼓励,对罪犯身上那些微不足道的"闪光点"予以赞赏,对监狱民警的激励,罪犯不仅会心存感激,而且,就罪犯思想教育的效果来说,可能会起到"四两拨千斤"的作用。

其次,激励是监狱民警对罪犯进行思想教育的重要方法。思想教育花费的时间多,投入的精力多,效果却不明显,所以,人们形象地把思想教育称作是"费力不讨好的事情"、"一条看不见的战线",但是,思想教育在行为科学和管理科学中的功能却不可低估,特别是对罪犯的思想教育,在整个教育改造罪犯工作中具有不可替代性,因此,思想教育不但不能懈怠,而且必须加强。激励,作为罪犯思想教育的重要方法,已经被监狱工作的实践所证明,它一方面能够调动罪犯改造的积极性,使罪犯的思想始终处于健康向上的状态,使罪犯精神始终保持一种充满活力的状态,让罪犯在希望中改造。另一方面,它能够巩固罪犯的改造成果,进一步强化罪犯的身份意识、遵纪守法意识和端正改造态度认识。

激励是建立在罪犯的具体表现之上的,因此,监狱民警应随时掌握罪犯的表现情况,为有效发挥激励作用提供事实依据。在使用激励方法的过程中,应注意以下几个问题。一是要有效发挥激励对罪犯改造成果的强化作用,应尽量避免连续的、固定时间的激励。小功不赏,则大功不立,如果罪犯表现好,受到激励是情理中之事,但是,在有些时候,如果激励方法用得不恰当,或者没有掌握科学的激励方法,激励会产生负面的作用。美国心理学家斯金纳在他的白鼠实验中发现,如果每隔20秒就对白鼠强化(食物)一次,在强化后,白鼠的反应就会停顿,然后反应速度增加,在下次强化到来之前反应率达到高峰,说明它学会了根据强化的时间进行反应。白鼠的行为效率趋势就如扇贝一样,因此,有人称之为扇贝效应(见图2)。

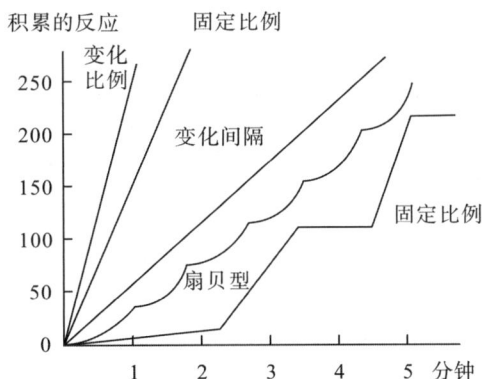

图 2 强化安排对反应速度的影响图

扇贝效应告诉我们,固定时间的激励不能维持新的行为,如果没有更具"刺激性"的激励时,个体就会"热情尽失",继而罢工,如果得到"新的刺激"后,个体就"没有心思去干活"了,直到下一个"新的刺激"的到来。扇贝效应虽然是在用动物做的实验中得出的结论,但在人的身上也被体现得淋漓尽致。例如,小孩子每周都会做一些简单的家务活,但是这两天她突然"罢工"了。经爸爸妈妈仔细询问,才恍然大悟:由于太忙,上星期天忘记了每周固定不变的对小孩子做家务的奖励——吃麦当劳。这很让爸爸妈妈困惑:用适当的奖赏鼓励孩子做家务,本来是为了培养孩子从小爱劳动的好习惯,但现在变成了没有奖励就不劳动。这和我们很多家庭父母教育孩子时的情况是一样的。其实,这就是扇贝效应的表现。

对罪犯的激励也不例外。但在对罪犯进行行为矫正、习惯养成、遵规守纪等初始学习和训练阶段,连续的、固定的激励性强化是必要的,它能够让罪犯较顺利地完成监狱民警要求的任务。需要注意的是,当罪犯的好的行为习惯达到了一定的程度,就要适时延长激励的间隔时间,直到最后撤销强化性激励。在延迟激励强化的过程中,可以变化间隔的时间,使罪犯不能找到变化的规律,以避免罪犯为激励而刻意的等待激励。此外,要进行合理的激励,即增加激励的内容,让罪犯在希望中进步。例如,罪犯自觉遵守监规纪律、认真完成劳动生产任务、积极参加三课教育学习等,之前的激励方法是,间隔一段时间口头表扬一次,再间隔一段时间又口头表扬一次,但口头表扬的形式多了,而缺乏更好的激励方法,也许,这种激励方法对罪犯就会失去应有的激励作用。特别是针对改造前后对比有明显进步,或者有特殊贡献的罪犯,就应该改变或增加激励的方式和内容,并保证激励方式和内容的多样性。

六、满足罪犯的合理需要是思想教育的重要保障

什么是需要,心理学理论就此作出了明确的解释:需要是人的一种意向性活动,它表现为人对客观事物的一种欲望和渴求,是人的生理和社会方面的客观需求在人脑中的反映。

虽然罪犯是受刑罚处罚的人,同样有对客观事物的欲望和渴求,但是,罪犯对客观事物的欲望和渴求显然是受到限制了的。由于需要是人的一种意向性活动,如果罪犯的这种意向性活动受到明令限制,在这种情况下该如何做好罪犯的思想工作?这就是监狱民警在教育改造罪犯过程中常常面临的问题。

需要具有指向性、周期性、紧张性、驱动性、可变性和社会制约性等特点,即便是社会的普通公民,他们的需要并不是完全可以得到满足的,而是受各种因素的影响和制约的。尽管罪犯失去了自由,并不等于就没有基本的、合理的需要。关键是罪犯有哪些需要,如何满足罪犯基本的、合理的需要,这是监狱民警做好罪犯思想工作的重要保证。

所谓罪犯基本的、合理的需要,是根据法律规定而设定的,虽然有的需要也是罪犯的基本的需要,譬如性的需要、与普通公民一样有人身自由的需要等等,由于罪犯特殊的身

份,决定了他们的这些需要是受到限制的,有的是不可能实现的,但罪犯的这些需要恰恰很强烈,长期的限制和压抑,必然会引起罪犯心理、思想和行为的改变,在这种情况下,通过哪些方法和措施解决类似的问题,这既是对监狱民警教育水平的考验,又是对监狱民警执法能力的挑战。

七、无意识教育是罪犯思想教育的重要补充

无意识教育,是相对于有意识教育而言的,它最早由奥地利精神病学专家弗洛伊德提出。弗洛伊德认为,意识、潜意识和无意识三个领域的复杂活动,构成了人们的全部精神活动过程。人的意识并不是人类心理的全部,它在人类整个精神活动中只占据心理表层的很小部分。弗洛伊德在其《无意识》中指出:"意识活动所包含的内容是极少的,在大多数情况下,大部分自觉性认识都长期'潜伏着',换言之,都是无意识的,不为我们的意识把握和理解。"继弗洛伊德之后,荣格创建的集体潜意识与弗洛姆的社会潜意识将无意识理论推向了一个新的高度。尽管以弗洛伊德为主的精神分析学派的无意识理论强调人的个体本能,具有非理性主义倾向,现代心理学、脑科学等已证明,人的心理活动中的确存在巨大的无意识领域。因此,无意识理论对于研究人的精神世界,科学揭示认识过程的作用机制,充分调动人的精神活动的能动性具有现实启发意义。

无意识教育是指教育者利用人的无意识心理,将教育目的,教育意向,教育内容等寓于一定的环境和氛围中,引导受教育者去感受和体验,从而使他们在不知不觉、潜移默化中受到教育和启迪。在思想教育领域,无意识教育与有意识教育结合起来,才能构成完整的思想教育方式和体系。

实际上,无意识教育在我们的生活和工作中随处可见,只是没有"无意识教育"这种说法。北宋著名散文家苏洵为了吸引两个儿子苏轼和苏辙的学习兴趣,每次有意躲在角落里读书,两个儿子十分好奇,趁父亲不在时,把书悄悄地拿出来阅读,从此便渐渐地养成读书的习惯,父子三人终成一代名家。"孟母三迁"也是一个典型的无意识教育方面的故事,孟母通过有意识的多次举家搬迁,其目的就是希望改变环境,以良好的环境对孩子进行潜移默化的影响。在改造日本战犯的过程中,管教干部吃带有沙石的粗粮,而把大米和白面分给日本战犯吃,管教干部以无声的行动使日本战犯感受到对他们的国际人道主义待遇,使他们在无意识中受到深刻的教育,逐渐认识到自己所犯的罪行,并产生悔过之心。

在我国,真正的有意识地将无意识教育运用于工作中的还是 80 年代末 90 年代初的事情。1989 年后,中央领导针对大学生思想中存在的问题指出,大学生不讲话不等于他们的思想没有问题,不等于问题解决了。因为当代大学生有个重要的心态,就是对国家大事是关心的,对改革开放是关心的。但是,他们对现行的宣传,从内容到形式是不感兴趣的,有一种抗"药"性,甚至有逆反心理。因此,做好他们的思想工作,要学会和掌握无

意识教育方法,"无意识"教育方法就是在这个背景下提出的。

将无意识教育用于罪犯思想教育中,从理论上讲是一个新生事物,但从教育改造罪犯的实践来看,监狱民警已不知不觉地使用和正在使用着类似的方法,并取得了一定的教育效果。

无意识是人们在生活实践中没有自觉意识到的心理现象,是一种隐蔽的意向,是潜在的心理指向,具有不依赖于具体的思想感情而存在的特点,它不易被外界所干扰。无意识教育就是不为受教育者自身所意识到的一种教育方法。例如,在 20 世纪 80 年代中后期,西方国家对我国采取的和平演变方法,就是典型的无意识教育,其根本目的和用意是以资产阶级自由化思想占领我们的意识形态领域,让中国人尤其是年轻人在不知不觉中接受西方的观点,实现和平西化。这种所谓的"无意识教育",带有明显的欺骗性,它是利用青少年是非不分、判断能力差等特点进行思想上的诱惑和拉拢。但是,从我们自身来看,为什么西方的和平演变能够长驱直入,我们为什么没有抓住青少年思想和行为上的特点进行正面教育,实施潜移默化的影响呢?实际上,思想教育工作与其他工作是有区别的,其他工作做了,一般都看得见,甚至摸得着,而思想工作的效果往往是既看不见、也摸不着,搞不好,很容易摆花架子,搞形式主义。因此,我们要有意识地制订一些方案,创造一种环境,制造一种氛围,然后把思想教育的内容渗透到这个环境和氛围中去,让青少年在这种环境和氛围中高高兴兴、真真切切、无意识的接受教育。

需要注意的是,无意识教育并不等于教育者是无意识的,不仅如此,教育者恰恰是根据教育对象的情况,有目的、有计划、有针对性地开展教育活动的,即有意识地去开展教育活动,这种教育形式是其他教育方法的重要补充,有时会收到意想不到的效果。

无意识教育具有两个显著的特点:无意识教育需要有一定的物质载体。无意识教育是依附于其他活动或客体进行的,一般情况下不能独立开展。在工作实践中,我们往往忽略对各种活动载体的运用,使活动的开展僵化,没有活力,缺乏吸引力,活动效果较差。例如,监狱在组织罪犯文娱活动时,监狱民警可以选择一些歌曲,并以分监区或小组为单位进行拉歌,通过拉歌,激发罪犯积极参与活动的激情,活跃气氛,在激烈的拉歌声中体现集体主义精神和荣誉感。罪犯思想教育工作,就是要把这种教育的意向依附在这类活动载体上,让它悄然流入罪犯的心里,并且不断地积淀而使罪犯受到启发和震撼,当这种教育意向积淀到一定程度后就会使其受到顿悟,从而培养罪犯良好的行为习惯和道德情操。无意识教育具有易逝性,即由于它具有零敲碎打和情绪性特点,因此,也容易消失。

无意识教育较之有意识教育的优势而言,就在于无意识教育覆盖面广、形式多样、灵活机动。有意识教育通常是对罪犯进行专门而集中的教育,其运用范围相当狭窄,对罪犯思想品德的形成与发展的影响也十分有限,有意识教育是一种带有封闭性质的思想教育方式。而无意识教育则可以将教育内容及其要求渗透到罪犯的劳动、学习和整个改造的过程中去,可以无处不在、无时不有地发挥作用,由于方式方法多样,容易激发罪犯改造的积极性和主动性。

无意识教育具有隐蔽性、渗透性和愉悦性等特点。

首先是教育目的的隐蔽性,对罪犯的无意识教育,可以说是一种含而不露的教育方式,民警在实施无意识教育时,不是把教育意图和教育内容直接告诉罪犯,也不是开门见山地向罪犯讲道理,而是通过间接的手段或方法实现做罪犯的思想教育工作的目的的。例如,监狱民警把帮助罪犯家庭的视频资料播放给罪犯看,其目的是使罪犯懂得感恩、知道回报、加速改造;请刑满释放人员到监狱现身说法,其目的是教育罪犯自觉遵守监规纪律、服从管理、积极参加政治和文化学习,立志积极改造,学到一技之长,做一个对社会有用的人;组织罪犯观看具有一定影响意义的影片,好的影视作品对一个人的影响是无形的、深远的,尤其在监狱与社会相对隔离的情况下,选择一些好的影视作品并组织罪犯观看,其积极的影响作用不可低估。

需要注意的是,无意识教育是民警有意识的一种教育活动,只是对罪犯而言是无意识的,即民警在开展这一教育活动的时候,是不为罪犯所觉察的,外部信息对罪犯思想或行为的影响是在不知不觉、潜移默化中完成的。在这个过程中,监狱民警应该注意三个方面的问题:一是必须有目的、有计划、有意识地开展无意识教育;二是严格掌握无意识教育的原则性和灵活性,掌握无意识教育的方法、技巧和艺术;三是坦诚相待、内外互动,即民警既要本着真心诚意去教育改造罪犯,又要充分把握罪犯的心理需求,调动罪犯"我要进步"的改造积极性。

其次是无意识教育具有内容的渗透性。无意识教育是民警以间接渗透的方式向罪犯进行的一种教育,它强调教育过程中罪犯的内心体验与感受。由于无意识教育的灵活开放,民警可以将思想教育工作的内容贯穿到罪犯改造过程中的各个方面,包括罪犯的业余时间,使罪犯在不知不觉中受到教育。

再次是无意识教育具有一定的愉悦性。人的无意识是大脑皮层兴奋较弱的区域所产生的一种反射过程,没有与第二信号系统(语言)刺激物相连,因而外部信息进入内心世界就不容易被主体察觉。但是,人的生理和身体本能并没有停止对外界事物的吸引,包括对理想、欲望、情感、规则等,这就不得不促使人们在不自觉中去积极追求它、实现它。监狱民警对罪犯进行无意识教育是以罪犯的无意识心理为基础和出发点的,这就必须要求民警所实施的教育活动能够让罪犯感到轻松愉快,能够使罪犯乐于接受,并以此满足罪犯的心理需求。实际上,监狱民警开展的很多活动都具有无意识的特征,例如,对罪犯家庭的走访和帮扶、以多种形式开展亲情或志愿者帮教活动、不定期组织罪犯观看影视节目等等,这类活动都属于典型的无意识教育活动,它们对罪犯具有强大的吸引力和感染力,通过这种教育活动的开展,能够激发罪犯积极改造的内在动力,为罪犯营造健康、快乐等良好的改造环境。

尽管无意识教育理论的历史比较长,并且被广泛运用于心理学和社会科学领域,但是,真正将它运用于思想教育工作中还是 20 世纪 80 年代的事,而用于罪犯思想教育领域的时间更短。因此,要发挥无意识教育在罪犯思想教育中的独特作用,首先应对无意识教育在罪犯思想教育中的价值、理论和实践依据进行实证研究；其次应对无意识教育的基本要求、基本内容、方法和步骤作出具体而明确的规定；再次是必须增强监狱和教育民警作为教育主体的人格感召力、教育内容的渗透力和教育环境的熏陶力，并将民警的有意识教育和无意识教育有机地结合起来，用无意识教育的优势弥补有意识教育的不足，才能增强思想教育在教育改造罪犯中的实际效果。

第五章

Chapter 5

罪犯行为教育艺术

　　对人的行为的产生和教育问题,在组织行为学、行为科学、心理学领域都有十分广泛而深入的研究,其研究成果早已被运用于生产和生活实践中。而几乎游离于社会和大众视线之外的监狱,由于特殊的地理环境和历史原因,虽然对罪犯的行为管控是监狱最重要的工作,但是这恰恰又是监狱工作中最薄弱的环节,原因在于监狱理论对行为科学研究不多,对用行为科学解决实践问题重视不够,因此,有必要将"行为"概念引入教育改造罪犯工作中来,并结合监狱实践进行有针对性的研究,其目的是通过对罪犯行为的研究,找到罪犯行为产生、变化的规律、找到罪犯行为产生与其思想变化的关系等,以增强"罪犯教育"的实效性,提高罪犯教育的科学化水平。

　　教育改造罪犯的方法和内容很多,但仅针对罪犯行为进行专业矫正的却并不多见,通过对罪犯行为进行系统的、科学的研究,有利于罪犯教育的内容更加明确、具体,从教育艺术的角度来看,它丰富和拓宽了对罪犯不良行为矫正的路径,使监狱民警对罪犯的思想和行为进行有效矫正成为可能。

第一节

行为概述

　　所谓行为,是指受思想支配而表现于外的活动。这种思想往往受情绪等心理的影响,因此,也可以说行为是意志的体现。行为主义认为,任何行为都是由于受到刺激而产生的结果,虽然这种观点有失片面,但是,在绝大多数情况下,人的行为的产生都与受到的刺激有关联。

一、行为的产生

行为科学研究结果表明,人的行为的产生和改变是人类自身遗传因素与环境因素相互作用的结果。在遗传因素相同的情况下,同卵双生子可能因为生活环境的不同而形成不同的行为习惯和生活方式;相反,当环境因素基本一致的情况下,人们可能因遗传因素的不同而表现出不同的行为。因此,影响行为和生活方式发生及保持的是环境因素,通过改变环境因素来促使人们某些行为发生改变。

行为产生的环境因素又可以分为自然环境和社会环境。

自然环境,如气候、地理特征、居住环境等。例如,生活在高寒地区与生活在平原地带的居民其性格的形成、行为的产生或改变是不一样的;生活在城镇与生活在农村的居民其性格的形成、行为的产生或改变也有所区别。

社会环境,又分为社会小环境和大环境。社会大环境如社会制度、经济状况、社会风气、道德法律和文化因素等;社会小环境包括家庭、学校、工作单位等。

无论是自然环境还是社会环境,它们对人的行为的形成、甚至改变都有极其重要的作用。正如行为主义的始作俑者华生所说,任何行为都是由环境决定的,都是在"刺激——反应"的条件反射中形成的。他十分自信地告诉人们:"给我一打健全的婴儿,再给我一些特定的环境。只要满足这两点,不管婴儿的才能、个性、本能及其父母的血统、职业如何,我都能将其中任何一个人训练成我所需要的任何一种人,譬如医生、律师、艺术家、巨商、乞丐或者小偷。"

在行为心理学理论研究方面,有两个著名的行为形成理论,即经典条件反射理论(classical conditioning)和操作性条件反射(operant conditioning)理论。

经典条件反射学说的著名代表是俄国生理学家巴甫洛夫,他认为,人的行为的形成是外在的条件刺激的反复出现与个体出现反应两个现象之间的联系反复强化的结果,即"所有的动物和人类的行为实质上都是反射性的",比如,他在实验室里添设了灯光和响铃装置,先给狗以声、光刺激,一定时间之后给予食物,见到食物后,狗必然会分泌唾液,这是它先天固有的反射。但是,经过巴甫洛夫如此这番的反复试验之后,狗只要见到这种灯光、听见这种铃声,即便没有食物出现,它也会分泌唾液。巴甫洛夫认为,灯光、铃声已与食物共同形成了刺激物,而这种"刺激——分泌"的神经联系已在大脑中建立。只要刺激物信号出现,就会引起唾液分泌。又如,婴儿第一次被护士打针,反复几次后,婴儿一见到护士就会哭,婴儿哭的这种行为的形成与受到外在的条件刺激(护士的出现)有关。这种后天习得的反射,巴甫洛夫称之为"条件反射",它与那些与生俱来的、人畜共有的无条件反射截然不同。巴甫洛夫发现了条件反射的许多规律。其中,重要的一条是,条件反射的建立必须有赖于一种无条件反射,否则,是无法凭空建立的。条件反射的形成并非一劳永逸,它是可以变化的。如果不经常用相应的无条件反射去强化它,旷日持久,条件反射就会削弱或消退。例如,狗学会了听见铃声就会分泌唾液,如果你老是响铃,却不按时地把食物放进它的嘴里,久而久之,狗对单独的铃声反应便会减弱,最后会置之不理。这表明,原已形成的条件反射因为得不到条件反射的强化已逐渐消退了。人类亦是如此。我们设想,曹军可以一次、两次"望梅止渴",如果再行军百十里地仍见不到什么梅子,也找不到解渴的东西,曹操再故伎重演,恐怕就无济于事了。画饼充饥,只能充得了一时,而不可能长此充饥下去。巴甫洛夫还研究了条件反射的泛化、辨别等规律,并用来解释行为的建立、改变和消退。经典条件反射学说已成为分析行为的产生、对行为进行治疗的最基本的理论之一,特别是利用条件反射的建立或消退的规律已成为消除不良行为、重建健康行为的重要方法。

操作性条件反射理论是美国哈佛大学心理学家斯金纳提出的。斯金纳说:"巴甫洛夫已经指出了道路,但我要前进的话,就不能不震惊地从唾液分泌这样的反射行为跃进到日常生活中的重要行为上。"斯金纳认为,吃饭、睡觉、走路、讲话、工作、娱乐、争斗等等都属于操作性行为。并认为,人的行为的形成是一个试错的过程,行为的形成决定于行为的后果或对行为后果的期待。比如男人抽烟的行为,如果得到女人的赞美,认为很有男人味,帅气,女人的表扬和鼓励就会使男人的吸烟这种行为持续下去;相反,如果受到女人的批评和抵制,认为不文明,是在损害别人的健康,吸烟行为就可能终止。又如不小心打破了杯子而受到批评,下一次就会特别小心,摔杯子的行为可能就不会发生。操作条件反射理论认为,人的行为并非先天形成,而是在试错过程中被鼓励或强化的行为后所影响的。斯金纳通过自己的"斯金纳箱"和其他系列实验后证明,强化对人的行为具有极其重要的影响。被他称之为"塑造作用"的行为矫正程序,主张先观察实验对象的全部操作性行为,分析哪些是有益的行为,哪些是不良的行为,然后,有目的地奖赏那些需要保留、巩固的有益行为,忽视或惩罚那些需要摒除的不良行为,结果,便创造出一种基本上是全新的行为。他利用这种方法,教会了鸽子打乒乓球,驯兽者们教会了狗熊骑车、海豚顶球、猴子解算术题等等。斯金纳还在他的《沃尔登》这本小说中描写了一个理想的社会愿景:这个社会的社区法律的维护是靠正性强化(奖励),而不是靠强力威胁(惩罚)。他的理想能否实现,我们不得而知,但他提出的"操作性条件反射"已成为行为治疗的重要理论。这也是我们了解斯金纳"操作性条件反射"理论的目的所在。

从生物学角度来分析,无论是经典性条件反射还是操作性条件反射,实际上行为都是由感觉器官、效应器官和神经系统共同参与完成的结果,如人的觅食行为:人的日常情绪状态与饥或饱的感觉密切相关,在人体内食物储存量下降到只够应付身体各器官正常消耗之前,饥饿就向你发出食物储备匮乏的信息;一俟胃里的食物量足以满足当前需要的时候,饱的感觉就会使你自动停止摄取行为。又如人的睡眠行为,一个人在潺潺的流水声甚至狂风的呼啸中不能惊醒,而当你轻轻地接近偶尔碰出一点声音就会使其惊醒,一个疲乏的母亲能够在嘈杂的声音里熟睡,而只要她的婴儿轻微地吭一声,她便会立即惊醒过来。还有人的防卫与攻击行为、性行为等等,均属于正常的生物行为现象。

由此看出,任何行为的产生(形成)都离不开一定的生物学基础,都需要一定的条件支撑,都是人类不断进化的结果。

二、人的行为的社会化

生物学研究的特点是对生命现象作尽可能细致的分割,直到分子水平,而且还将继续分割下去,以图逼近生命的本质,这种分割或研究是无穷无尽的。但是,人,始终是一个社会的人,对人的行为产生的研究不能仅仅局限于生物学范围。正如恩格斯所说,人来源于动物界这一事实已经决定了人们永远不能完全摆脱兽性。诚然,这是一个近乎严酷的事实——人还有着许多和动物相同的本能,如生存本能及由此滋生的食欲、性欲、获得欲和攻击欲等一系列和动物一样的本能追求。这些本能追求常常成为人类行为的一个内在驱动力。尽管如此,人和动物之间有天壤之别,我们的祖先从树上爬下来、从洞穴中走出来的那一刻开始,就告别了动物界(这与目前社会上流行的所谓"返璞归真"的行为主义者们的行为是有区别的,这些人打着行为主义的旗号,到深山老林中去吃野菜,住洞穴,赤身裸体,标榜回归自然、与自然融为一体)。他们不再满足于自然的存在,而是作为一种社会动物而存在和行动着,因此,我们必须把人的行为置于社会大环境内进行考究。

人类与动物的存在相比较,理性是人类骄傲的资本。之所以人类曾是动物却又严格区别于动物,关键在于人类具有理性,可以接受文化、教育和环境的影响。从这个意义上讲,人类的出现不仅仅是生物进化的过程,而且还是社会关系的形成和发展的过程。因此,研究人类的行为,必须超越生物学的种种结论,着眼于社会这个大体系。

有这样一句名言:"每个人的死都削弱了我,因为每一个我都包括在人类之中。因此不必打听丧钟为谁而鸣,它就是为你敲响的。"这个极富哲理的名言说明,个体在由自然人变成社会人的过程中,要学习他所在的群体的思维方式、价值观念、社会文化与行为方式。实际上这就是一个系统的社会教化过程,也就是所谓的社会化。个体的社会属性都是经过社会化过程而获得的。从一出生开始,个体就无时不受到周围社会的种种影响,形式繁多,从自然的潜移默化一直到刻意的强制教化。当然,这种社会化的过程不是单向进行的,个体也可以反作用于社会,参与或影响其他成员的社会化。换句话说,每个个体都是社会大系统中的一分子,而社会大系统正是由这全部的个体组成的,因而每个个体的行为与其他所在的社会无不相关,与他所相处的人无不相关。

三、人的行为社会化的基本途径

首先是家庭对人的行为的社会化过程。家庭是人类社会的基本单位,它担负着确保人类生存的主要责任,同时也被赋予了为适应文明而进行社会化的主要责任。家庭是个体最早接触的社会,也许在父母亲还未觉察到是在对儿女进行教育时,社会化就已经开始了。例如父亲粗暴野蛮的家长作风、母亲有理不饶人的态度等行为都可能被子女接受和模仿。家庭培养了子女(可以说从儿童开始)的基本技能、语言、行为方式和生活习惯。家庭用赞许和批评、奖励和惩罚的方式暗示或命令子女应该保留、加强某些行为,应该减少或消除某些行为。家庭年长的成员们言传身教,有意或无意地向子女灌输他们的价值观念和行为准则。家庭的另一个功能是消除其他成员在家庭外部环境中所经受的压力。这正是家庭能够维系巩固的原因之一。在家庭中,人们抛弃了在外部世界所扮演的社会角色,保持自我的本色,无拘无束。家庭成员长期风雨同舟、休戚相关、荣辱与共,因而感情上容易共鸣,行为能够达到一致。这种气氛与环境对行为的形成和塑造也有很大的影响。同时,家庭教养对行为的影响是显而易见的,这种传统方法,古往今来一直为中国家庭及父母所重视。

其次是群体对人的行为的社会化过程。人们一旦离开家庭,会自觉或不自觉地走进某个群体,例如农民、公司职员、公务员等等。不管是在哪一个群体中,都会受到一定的规章制度或约定俗成的习惯所制约,从而形成这个群体中人们共同遵守的行为准则,使人们的行为更趋于一致。群体对人的行为的影响主要表现在两个方面:一是个体在群体中都有自己扮演的角色,即身份,这种社会角色本身对行为就有极大的影响作用。如果是被管理者,就得服从安排、听从调遣。如果是警察,就得一身正气、爱民护民。二是群体成员相互之间的评价,尤其是集体舆论或权威者的评价,有时也能左右人们的行为。例如,从众行为,从众行为的形成不仅仅是由于个体本身的暗示性,还由于在大多数情况下,大多数人的意见正确的可能性大一些,并且,大多数人在主观上也不愿意与众不同。又如模仿行为,模仿行为一般出现在涉世不深、好奇心强的青少年身上。他们一旦把某人作为自己的"偶像",那么,"偶像"的一言一行,甚至穿着打扮都将成为被模仿的对象。在群体中,最容易引起相互感染和共鸣,相互交流可以使情绪变得激昂,而激昂的情绪共鸣则会形成一种同仇敌忾、势不可挡的气氛。这是一种非常危险的气氛,它降低个体的判断能力和自控能力,表现出冲动行为,可能被人利用而酿成灾祸。例如,大货车在公路上遭遇车祸,司机身受重伤,而周围的群众视司机于不顾,一窝蜂似地冲上前去,纷纷往自己家中搬运货物。他们都这样认为:"又不是我一个人搬东西,怕什么!"一天夜晚,在某地的一所大学,数百名大学生聚在一起,看着一个遭到挫折、扬言要从楼上跳下去的年轻大学生,他们就开始喊:"跳!跳!……"结果,那个大学生真的跳下去摔死了。法不责众的群体心理和夜幕环境使这些大学生怀有了匿名感,丧失了自我意识,常常会被诱骗而起哄;在临时性大群体中,球迷闹事,每个人都很少考虑自己行为的适当性,很少考虑自己应承担的责任。这些群体性行为,在社会心理学中被称为"去个性化"现象,它说明,在身份不明确的群体中,人们更容易失去自我意识、自我监控,更容易做出疯狂的事情。社会心理学家认为,导致去个性化现象的原因有两个:匿名和责任分散。个体在匿名状态下，个人的一切活动和行为都被他人所感知，于是自己对自己行为的责任意识也就减低了，认为参加者人人有份，任何一个个体都不必为集体行为承担罪责，由于感到压力减少，没有内疚感，因此，个体对自己的行为就会失去控制，做出异常的行为。

最后，社会对人的行为的影响。任何一个个体在由自然人变成社会人的过程中，都需要学习他所在的群体的思维方式、价值观念、社会文化与行为方式，这就是一个系统的社会教化过程，即社会化过程。因此，"任何人都不是一个独立的岛屿，而是大陆本土的一部分。每个人的死都削弱了我，因为每一个我都包括在人类之中。因此不必打听丧钟为谁而鸣，它就是为你敲响的"。这说明，一个人从出生开始，个体就无时无刻不受到周围社会的影响，从自然的潜移默化到刻意的强制教化。社会风俗习惯、规章制度或宗教教规、法律法规约束了人们的行为，并告诉人们哪些事情该做，哪些不该做。特别是随着信息社会的不断进步，人们可以通过各种媒体接触并了解社会，甚至传播各种政治观点、生活方式、人生哲理。信息量的增加，使社会成员之间也彼此沟通和影响，增强了社会的一体化过程（商品购销、费用支付、情感交流等等网络化）。

四、研究行为产生的意义

研究人的行为及其行为的产生原因是为了预测和更好的倡导积极的行为，抑制和矫正不良的行为。

我们知道，环境对人的行为具有重要的影响作用，相应的，人的行为对环境（包括自然环境和社会环境）具有反作用。一般来说，人的积极行为对环境的影响起推动和促进作用，如符合当代社会发展要求的道德行为、以先进思想和先进文化为基础表现出来的积极行为、自觉遵守法律法规的行为、促进人类文明进步的科学发现或科学发明的行为等等。而人的消极行为则对人类社会的发展和进步起阻碍作用，如违反社会规范的行为、伪科学行为以及其他一切与人类文明进步相悖的行为等。行为科学自产生伊始，都是以人的行为特点及其规律为研究对象的，因此，无论是人的积极性行为或是消极性行为均属行为科学研究的范围。

在教育改造罪犯领域，虽然没有严格地按照行为科学的类别对罪犯的各种行为进行划分（行为科学有狭义和广义之分。狭义的行为科学是指研究人们在生产中的行为及产生这些行为的原因，又称组织行为学，是现代管理科学的重要支柱之一；广义的行为科学是把在自然环境和社会环境中一切与行为有关的现象均划到其研究范围，例如人类学、遗传学等都属于广义的行为科学研究的范围），但监狱民警始终围绕人的"行为"这一主题对罪犯的行为进行研究，其出发点是希望通过对罪犯行为的研究，实现对罪犯在服刑期间各种行为的预测、控制和激励，进而达到教育和改造罪犯的目的。

第二节

罪犯行为及特点

受监狱环境、罪犯个性等因素的影响,罪犯在服刑期间的行为表现是多种多样的,既有自然的行为表现,如困了饿了就表现出疲惫不堪、没精打采的行为状态;又有因环境因素影响而产生的行为,如因监狱管理严格、自由受到限制等而产生的抵触情绪和悲观厌世心理;还有伪装的行为,如为了赢得民警信任而刻意表现自己、为了掩盖自己违犯监规纪律而嫁祸于人的行为,以及因生理和心理因素而产生的其他行为,如变态行为、自杀行为等等。罪犯的犯罪类型不同、生活环境和社会经历不同、年龄结构和文化程度不同,其行为表现方式也不一样。因此,为了更好地激励罪犯的积极行为,有针对性地矫正罪犯的不良行为,监狱民警必须对罪犯的各种行为进行甄别,为教育改造罪犯找到第一手资料。

罪犯行为,可以概括为两个大类,一类是积极行为,另一类是消极行为。积极行为是监狱提倡和应予鼓励的行为,是罪犯行为的主流。消极行为是(包括可预测的消极性行为)监狱制止、惩罚和应予矫正的行为,从表面上看,虽然消极性行为不是很普遍,但是其负面影响及其潜在的负能量不可低估。从《监狱法》第 57 条规定的内容来看,罪犯的积极性行为可以概括为七种情形,凡是符合七种情形之一的,监狱就可以给予表扬、物质奖励或者记功;从《监狱法》第 58 条规定的内容来看,罪犯的消极性行为可以概括为八种情形,凡是有符合八种情形之一的,监狱就可以给予警告、记过或者禁闭,而且罪犯在服刑期间有所列八种行为并构成犯罪的,依法追究刑事责任。除《监狱法》所规定的罪犯各类行为外,《监狱教育改造罪犯工作规定》(2003 年司法部令第 79 号)、《教育改造罪犯纲要》(司发通〔2007〕46 号)、《监狱服刑人员行为规范》(2004 年 5 月 1 日起施行,原为《罪犯改造行为规范》)等以《监狱法》为依据,列举、归纳了罪犯的一些具体的行为及要求。

这里,我们不再具体详述各种类型罪犯的行为表现情况,仅从法律法规和规章制度层面就罪犯群体中比较有代表性的行为进行研究。

一、法定性积极行为

即法律界定并予以肯定的符合监狱规范的行为。具体表现为:遵守监规纪律,努力学习,积极劳动,有认罪服法表现的;阻止违法犯罪活动的;超额完成生产任务的;节约原材料或者爱护公物有成绩的;进行技术革新或者传授生产技术有一定成效的;在防止或者消除灾害事故中做出一定贡献的;对国家和社会有其他贡献的。上列内容都属于罪犯积极性行为,罪犯具有上列行为之一的,监狱除了可以表扬、物质奖励或者记功以外,对被判处有期徒刑的罪犯,如果执行原判刑期二分之一以上,在服刑期间一贯表现好,离开监狱不致再危害社会的,监狱还可以根据情况准其离监探亲。

二、法定性罪犯消极性行为

即法律界定并予以否定的违反监狱规范的行为。具体表现为:聚众哄闹监狱,扰乱正常秩序的;辱骂或者殴打人民警察的;欺压其他罪犯的;偷窃、赌博、打架斗殴、寻衅滋事的;有劳动能力拒不参加劳动或者消极怠工,经教育不改的;以自伤、自残手段逃避劳动的;在生产劳动中故意违反操作规程,或者有意损坏生产工具的;有违反监规纪律的其他行为。

另外,《监狱服刑人员行为规范》(共 5 章 38 条)以明令形式,对罪犯的基本行为规范、生活、学习、劳动和文明礼貌等作出了明确的规定。在《教育改造罪犯纲要》"教育改造罪犯的指导思想、主要目标和基本原则"部分,明确了教育改造罪犯的主要目标,即认罪悔罪、遵守规范、认真学习、积极劳动,并就这四个方面的基本含义和内容进行了明确的解释。同时,《监狱教育改造工作规定》(共 10 章 63 条)在相关条款中,对罪犯的消极性行为情形进行了具体的界定(如第 21 条对顽固犯和对危险犯的规定)。这些规定,为监狱民警正确判断罪犯的行为提供了重要的标准。

三、几种常见的具有明显违反法律规定的消极性行为

就正在服刑的罪犯这个群体来说,每一个罪犯都是潜在的、不安全的因素,每一个罪犯都可能表现出消极性行为,如果设施设备落后、监管失控、教育方法不当等,都可能导致消极行为的发生,对监管安全造成极大的隐患。

罪犯消极的行为表现十分广泛,它可能发生在监狱管理的任何一个环节、任何一个时间段和任何一个场所,具有隐蔽性、突发性、扩散性等特点。特别是对罪犯中的一些貌似微不足道的小问题、小细节,如果疏忽大意甚至视而不见,不但助长了罪犯不良行为的产生,还容易酿成大祸,导致极其严重的后果。

(一)罪犯脱逃行为

罪犯脱逃是一种严重的重新犯罪行为,它不但威胁监狱的监管安全和正常的改造秩序,而且造成不良的社会影响,是罪犯的一种典型的消极行为。目前,对罪犯脱逃行为的控制主要是事后分析法,事后分析法又主要侧重于罪犯脱逃的心理分析,而缺乏对罪犯脱逃行为的事前预测或分析,缺乏从行为学的视角去了解罪犯脱逃行为产生的原因和矫

治对策。虽然罪犯脱逃是多种因素相互作用的结果,在具体案件中也很难界定主要是由哪一种因素导致了罪犯的脱逃行为,但是从教育改造罪犯的科学性和精准化要求来看,准确认识和掌握罪犯脱逃行为产生的个中原因就显到特别重要了。

例如,对罪犯脱逃的原因,我们可以概括或清理出很多种情况:监狱和监狱民警管理方法不当或执行法律法规有误、罪犯家庭发生变故、罪犯不适应监狱环境、受到其他罪犯行为的诱惑或挑唆、罪犯违反监规纪律或者出现了其他违法犯罪的情况而逃避惩罚、为了报复、好奇或者有意向其他罪犯显示自己的魄力、其他偶然性因素等等,在这些原因中,有的是直接性原因,有的是间接性原因,有的是诱发性原因,还有的是偶发性原因,不管是哪一种原因,只要仔细琢磨和认真辨别,我们都可以从中找到罪犯脱逃的真正理由,发现和掌握罪犯脱逃行为的基本规律。

了解和掌握罪犯脱逃的原因后,就便于掌握罪犯脱逃的方式方法和手段、罪犯脱逃的特点或特征、对罪犯脱逃行为的预测或控制等。

(二)罪犯哄监闹狱行为

所谓哄监闹狱,是指罪犯为发泄不满情绪而故意制造事端、扰乱监管秩序的行为。其表现形式多为参加人员众多、破坏生产设备或生产工具、拒绝参加生产劳动、绝食、公开向监狱和民警提出要求等等。随着罪犯权利意识的增强和罪犯狱外活动机会的减少(取消和禁止外狱犯、罪犯劳动生产主要集中在狱内等),相当一部分罪犯抱着"唯恐天下不乱"的心理,故意无事生非,以监狱民警不作为、乱作为或以有病不医、执法不公、罪犯之间引发的矛盾或纠纷等为借口,伺机滋事,小题大做,制造事端。哄监闹狱是一种突发性监管安全事故,"是对监狱的执法行为公开表示不满和对抗,是对监狱执法人员权威的挑战,它会使监狱在一定时间段内处于杂闹和喧嚣的脱序状态之中,严重者还可能引发暴狱等狱内又犯罪"(徐为霞等:《监狱突发事件》,中国检察出版社 2011 年版,第 229页)。它对监狱民警和罪犯的人身安全以及监狱的正常监管秩序造成极大的威胁,具有较大的危害性。

罪犯哄监闹狱行为具有一定的目的性,虽然呈现纠合性、公开性等特点,但是其中起组织和领导作用的是极个别罪犯,多数罪犯是被利用或者是受从众心理的驱使而为。因此,在教育改造这类罪犯前,要充分分析罪犯哄监闹狱行为产生的原因,罪犯哄监闹狱行为各个阶段的具体情形,实行区别对待,不能一概而论。特别是对被利用或者是受从众心理驱使的罪犯应对他们晓之以理,讲明利害,进而明辨是非,知错即改。而对于那些在哄监闹狱中的策动者、组织者、指挥者,必须通过强制、孤立等强硬手段予以处置,并开展有针对性的说服教育,真正发挥打击威慑少数、教育感化和引导多数罪犯的作用。

(三)罪犯暴狱行为

罪犯暴狱是一种严重的犯罪行为,具有突发性、破坏性、传播快和负面影响强等特点。它与罪犯的其他犯罪行为相比,虽然发生的概率要低,但是其对监狱和社会的冲击能量大(如 1996 年新疆塔里木监狱"7·15"罪犯暴狱案、2009 年内蒙古呼和浩特第二监狱"10·17"暴狱案),相应地,对社会心理的修复和监狱改造秩序的恢复过程十分缓慢。

由于罪犯暴狱发生前极具隐蔽性,监狱民警对罪犯实施暴狱的原因、准备过程、实施步骤、时间等根本无法掌控,一旦发生罪犯暴狱事件,监狱和监狱民警往往处于被动局面。近年来,监狱机关十分重视监管安全和监狱突发事件应急处置工作,狠抓监管设施、信息化建设、监狱民警业务培训(如制定应急处突方案、进行处突演练、谈判技能技巧和警察装备功能应用培训等等)和对罪犯的宣传教育,使罪犯暴狱事件基本处于"零"发生状态。但是,监狱的性质决定了监狱和罪犯这对矛盾体始终处于对抗状态,改造与反改造斗争是一场持续的、不间断的和十分激烈的过程。因此,绷紧安全之弦,强化日常管理,全面实行民警直管,实现科学、规范和现代化管理是避免罪犯暴狱发生的不二法门。

针对罪犯暴狱行为,监狱和监狱民警应进一步加强对罪犯的精细化管理。精细化是现代企业管理的一种重要方法,它要求落实管理责任,将管理责任具体化、明确化,要求每一个管理者都要到位、尽职,第一次就把工作做到位,做到日清日结,每天都要对当天的情况进行检查,发现问题及时纠正并及时处理。实施精细化管理,要着力解决观念、载体和制度问题。

在罪犯教育改造中实施精细化管理,是监狱民警尽职尽责的具体体现,也是教育改造工作的客观需要,它既是监狱民警工作"量"的要求,更是监狱工作教育改造罪犯"质"的需要,如果每一位监狱民警都能够把工作做到位,在教育改造罪犯的过程中能够第一时间发现问题、纠正问题并及时处理好问题,做到掌控罪犯改造的整体局势、熟悉罪犯劳动、学习和业余活动时间的每个细节,工作日清日结,罪犯就不至于违反监规纪律,更不会铤而走险、以身试法,去实施暴狱行为。

防止罪犯暴狱及其他严重危害监狱安全行为的发生,就必须强化监狱民警的精细化管理意识,做到工作精细细致,事事亲力亲为,不因任何违反即定流程或者擅自更改标准流程。例如,对罪犯的教育管理措施要精确到每一个细小的步骤,对每一名罪犯的具体情况做到精确了解,对制度执行要求严格到每个细节等。

监狱要组织实施精细化管理,必须做好三个方面的工作:一是设计科学的制度体系(制度化)。二是制订严密的执行制度流程(格式化),有效的监督管理体系和严格的责任追究体系(执行力)。

(四)罪犯自伤、自残、自杀行为

罪犯自伤、自残和自杀行为是监狱较常见的事件。从表面上看,罪犯的这类行为是以罪犯本身为侵害对象的,但实质上它真正侵害的客体是监狱机关极其正常的监管改造秩序,它不但是罪犯对自己身体和生命的藐视,而且是对法律权威性的公然挑战,是一种有一定目的的典型的反改造行为。

罪犯自伤、自残行为。产生这类行为的原因比较复杂、方法多样、特点突出。

从原因上分析,主要有四种原因:一是确因罪犯因身体或环境刺激而自伤自残,达到逃避现实、实现短暂的愉快与镇静的目的;二是为了逃避劳动和报复社会;三是受到公、检、法、司等机关的打击和惩罚后,思想更加顽固、反社会心理膨胀,在没有其他任何诉求理由的情况下,而采取自伤、自残方式发泄私愤,作无声的反抗;四是因为罪犯在狱内受到其他罪犯的威胁、体罚,或者是罪犯之间比"气质"、比"胆量"而相互打赌,争强好胜等等。

从方法或手段上看,通常采取吞食异物和机械性的自伤自残,也有采取药物性、生物性或生理特异功能性方法自伤自残的。例如,乘民警管理失控之机,过量服用药物、故意吞食有害食物或者故意让机器扎伤等。

无论罪犯自伤自残的动机是什么,无论罪犯采取哪一种自伤自残方法,自伤自残行为都具有突发性和残酷性的特点,对监狱的监管安全和监管秩序都会造成极坏的影响。因此,对这类罪犯的心理和行为特点进行深刻的分析解剖十分重要,特别是在教育改造过程中,要攻于罪犯心计,从本质上了解和揭露罪犯自伤自残的目的,教育罪犯珍惜自己的身体,正确面对挫折失败,保持健康向上的心态,树立正确的改造态度。

罪犯自杀行为。据世界卫生组织的统计,罪犯具有高度的自杀危险,罪犯自杀危险是社会人口的3～4倍。在我国,罪犯自杀行为同样已成为影响监管安全和秩序的重要问题,甚至成为社会关注的焦点问题,因此,如何有效扼制和杜绝罪犯自杀行为,已是监狱和监狱民警工作的重点和难点。罪犯自杀行为产生的原因很多,归纳起来看主要有社会、家庭和环境等多方面的外因,以及思想压力大,丧失生活信心和勇气,身患疾病而对未来绝望和其他心理或精神障碍等方面的原因,如何预防罪犯自杀已成为监狱和监狱民警的重要课题。

从行为表现上看,罪犯自杀前,在语言和行为方面都有一些异样表现,如打听自杀的方法,收集自杀方面的资料,睡眠与饮食紊乱,表情冷漠,注意力不集中,向他人赠送物品或分发财物,焦躁不安或偷偷哭泣等等。监狱民警要对罪犯的自杀行为有超前的预判和观察能力。首先必须从思维上高度意识到罪犯这一特殊群体中产生自杀的客观必然性;其次对罪犯中有可能或已经存在的自杀风险点进行布控、评估,及时纠正罪犯的自杀倾向;再次是对有自杀倾向的罪犯进行及时有效的生理、心理和思想疏导,使罪犯放弃自杀念头,减少和遏制罪犯自杀行为的产生;最后是建立可行的监管(控)和防范措施,使罪犯不能自杀、不敢自杀、不愿意自杀。

(五)罪犯变态行为

变态是指由于多种因素所导致的个体的心理异常以及由此而实施的相关异常行为的总和。在个体心理的作用下,做出的超过一般人认为比较离奇的行为是变态行为。变态行为与奇思异想不同,前者是心理上的一种变态和精神疾病的表现,通常做出人们难以理解的表情和动作,而后者是思维上的创新或探索。

罪犯变态行为常常表现为肢体和行为上的怪异,如异性癖和异性装扮癖,他们在心理上觉得自己属于异性,应该将自己的生殖器和其他第二性征向异性转化,这样才表里如一,男发女声,女发男音或女扮男装、男扮女装;眼神专注一个方向且呆滞可怕;性变态;恋物癖;露阴、窥阴癖等等。

　　罪犯变态行为的产生,有的是在投入监狱改造前就有了;有的则是在服刑以后,由于监狱的特殊环境而致;有的则是由于长期不良的生活习惯所致。但不管是哪种原因导致罪犯变态行为的产生,我们都不能对这些行为视而不见或者听之任之,而应本着革命人道主义精神,去关心、体贴并予以有效地矫治。在监狱实践中,有的民警用罪犯的变态行为做反面教材,或者刻意挖苦、讽刺这类罪犯,使其本已"满目疮痍"的人格成为不堪一击的对象,使他们无脸见人甚至生不如死。

　　罪犯教育,是清理和修补人格缺陷的"善举",监狱民警既要倡导、鼓励罪犯中的积极行为,树立向上、向善的标杆,更要乐于、善于"清淤洗污",把罪犯塑造成为符合社会公正良俗的具有完善人格的新人。

　　具有明显的罪犯消极性行为,除了上述种种外,还有罪犯劫持劫夺等行凶行为,罪犯伪病行为等等,这里就不一一详述了。

四、罪犯的一般性不良行为

　　罪犯的一般性不良行为,是指有违监规纪律和社会公德,以及不符合罪犯特殊身份的其他行为。包括不文明礼貌行为、群体去个性化行为、因猜疑嫉妒而产生的打击报复行为、阳奉阴违行为、顶撞民警和辱骂他人的行为、私藏违禁品违规品行为以及赌博嗜酒和违反规定吸烟的行为等等。

　　罪犯不文明礼貌行为表现为不尊重他人、语言粗俗、不遵守狱内公共秩序、高声喧哗、践踏花草破坏绿化和故意损坏公物、乱扔垃圾和随地吐痰等行为,虽然这类行为在社会上比较常见,但是由于人多面广,加之人员分散,时间上也不好把控,人们对这类行为已司空见惯,因此,很少有人去干涉或指责它,主要靠人的自觉的行为养成。但监狱是罪犯行为重新养成和塑造之地,罪犯群体相对集中,罪犯活动的时间节点容易控制,如果对罪犯的这些看似无关紧要的问题不加以重视,就会助长罪犯其他严重的不良行为的滋生和传播。司法部出台的《罪犯改造行为规范》对罪犯文明礼貌行为进行了专门的规定,各省、区(市)的监狱也结合实际对罪犯文明礼貌行为提出了具体的要求。在具体做法方面,不仅仅有切实可行的制度,而且落实到罪犯的具体行动之中。譬如,罪犯在监内如何行进,行进过程中见到监狱民警或者外来参观人员后该怎么做,参加集体活动时应该如何站、如何坐,劳动、学习和用餐等过程中应遵守哪些行为规矩等等。由此看出,罪犯不文明礼貌行为虽然是监狱管理中的"不起眼"的细节问题,但是事关罪犯的基本行为养成和做人的起码规则,也是监狱对罪犯进行规范化管理的基本要求,如果连这些最基本的细节问题都做不好,要改造其他犯罪恶习就是一句空话。

　　罪犯群体去个性化行为。群体去个性化是社会心理学的一个术语,是指个体淹没在群体之中,减弱了社会对个体的约束力,为个体从事反常的行为创造了条件。群体去个性化是美国著名社会心理学家津巴多的重要研究成果,他以斯坦福监狱实验和编写大学心理学教材而著称。他通过实验证明,人在隐藏自己真实身份(包括身体)的情况下的所作所为,与人的平时行为截然不同。1970年,津巴多召集一些女大学生做了一个实验,对她们说:实验要求对隔壁一个女大学生进行电击,因为是科学研究,不需要任何道义上的责任。在实验室安装一面镜子,通过镜子这些女大学生们可以看到那个被自己电击的女大学生。实际上被电击的女大学生是津巴多的助手,她并没有真正受到电击,但当受试者按下电钮时,她假装大喊大叫,流泪求饶,以使女大学生们相信,她真的很痛苦。这些女大学生们被分成两组。第一组是在"去个性化"的环境中,她们都穿上了带头罩的白大褂,每个人只露出了两只眼睛,因而彼此间也不认识。主持人请她们实验电击时也不叫她们的名字,整个实验在昏暗中进行。第二组受试者是在"个性化"的环境中,她们穿着平常的衣服,每个人胸前都有一张名片挂着。在实验时,主持人很有礼貌地叫着每个人的名字。房间里的照明很好,每个人彼此都能看得很清楚。实验结果证实了津巴多的预言:"去个性化"小组比"个性化"小组按电钮的次数多达将近两倍,并且每一次按下电钮的持续时间也较长。更有意思的是,津巴多在又一次实验前安排女大学生们听一段录音,内容是津巴多与两位将要被"电击"的女大学生的谈话。这个谈话表明二者具有不同的个性特点,其中一个十分可爱,乐于助人;而另一个则很自私自利,让人厌恶。同样在"去个性化"和"个性化"两种情景下让这些女大学生实施电击,结果非常有趣。在"去个性化"条件下,那些可爱的、正常情况下态度温柔的女大学生们,只要有机会,都会按一下电钮,而根本不管被电击的是一位可爱的或者可恶的人,而且她们一点也不为之感到紧张或内疚。相反,在"个性化"条件下,她们就非常有鉴别力,根据被电击者的个性决定自己按电钮的次数和时间长短。类似的实验较多,其结果都较一致。为什么会出现这种不可思议的现象?这就是群体行为中的"去个性化"现象,说明在身份不明确的群体中人们更容易失去自我意识、自我监控,更容易做出疯狂的事情。社会心理学家认为,导致去个性化现象的原因有两个:匿名和责任分散。个体在匿名状态下,个人的一切活动和行为都不被他人所感知,于是自己对自己行为的责任意识也就减低了,认为参加者人人有份,任何一个个体都不必为集体行为承担罪责,由于感到压力减少,没有内疚感。因此,个体对自己的行为就会失去控制,做出异常的行为。

依据"去个性化"原理,罪犯一般不良行为的产生,绝大多数都是在无民警监管或监管不到位的情形下所为。罪犯在失控的情况下,其思维和意识处于随意状态。但如果对罪犯的一切行为进行规范化要求,包括对罪犯的服装进行编号排序、对其劳动岗位、学习、娱乐活动、就餐位置进行相对固定的编排,罪犯的各种不良行为就会在有序的环境中得到纠正并形成良好的改造氛围。

第三节

罪犯行为教育艺术

在本章的开头部分,我们研究了人的行为的产生和形成问题,即人的行为的形成和产生是人类自身与环境因素相互作用的结果问题。同样毋庸置疑的是,罪犯行为的产生也是在环境的影响下,通过罪犯心理和生理相互作用的结果。由此可以看出,环境因素是罪犯行为产生的前提和基础,罪犯自身即心理和生理因素是罪犯行为产生的根本,没有环境的刺激,就不会产生罪犯心理和生理的一系列变化,罪犯行为产生就无从谈起。但是,由于罪犯是其行为产生的主体,因此,需要就成为罪犯行为产生的出发点。要研究和解决罪犯的行为问题,就必须了解罪犯的需要。在深入分析这些问题的基础上,我们才有可能掌握罪犯各种行为产生的原因,才能采取有效的方法去教育矫正罪犯的不良行为。

一、罪犯行为思辨

在监狱特有的环境里,无论是罪犯的违法性行为还是一般性不良行为,对于监狱和监狱民警来说都是禁止的、无法容忍的,更是法律和规章制度所不认可的,但是,罪犯这些行为的发生却是必然的,只是发生的时间、对监管秩序的破坏程度和所造成的影响不同而已。譬如,罪犯脱逃行为的发生,如果监狱民警的教育管理到位,监控设施先进,防逃措施有效,那么,罪犯脱逃的可能性就小,甚至可能实现数年无脱逃现象,但罪犯脱逃行为可以说是防不胜防,监狱要完全杜绝罪犯脱逃谈何容易。因此,监狱民警在增强责任意识和安防意识的前提下,要习惯于对监内发生的罪犯不良行为的积极应对,不能面对突发性事件就不知所措。这样,才能适应对罪犯不良行为的有效处置,进而实现对罪犯不良行为的预防和矫正。

任何一个国家的监狱乃至监狱的每一名管理者,都希望罪犯顺从管理,都希望罪犯的所作所为符合监狱规范要求,但这只是一种美好的愿望,如果仅指望罪犯服服帖帖地接受管理,而不从根本上加强对罪犯的教育改造,不但实现不了期望的目标,而且只能倍加增大监管安全的风险程度,使罪犯管理处于险象环生的境地。

(一)罪犯不良行为的发生受性格的影响

人的个性差异主要不是表现在气质、能力方面,而是在性格方面。性格是一个人独特的、稳定的个性心理特征,是个体在长期实践活动中沉积下来的态度和习惯化的行为方式。世界上没有两个性格完全相同的人,即便两个人同为诚实、勇敢、勤奋,两者的表现也不尽相同,都会在自己的行为活动中打上深深的烙印。

在心理学领域,目前对性格的分类和测试方法较多,无论是哪一种分类和测试方法,最主要的是要掌握两个问题:一是要将各种性格的特征或特性划分出来,找出它们的关系,从而了解性格的实质;二是科学设计各类性格的测试系统和指标体系,客观分析和掌握各类性格的缺陷和优势,这样,才可能较准确的了解一个人的性格和行为倾向。

监狱民警每天都要接触罪犯,时时刻刻都在和不同类型性格的罪犯"打交道":热情外向的、婉约内向的、积极乐观的、悲观消极的一应俱有。绝大多数情况下,多数民警都是凭自己的感觉、经验等来判断和了解罪犯的性格的,这种方法不能说没有效果,有的时候确实发挥了一定的作用,但是,凭经验和感觉判断,常常会把民警的思维和注意力误导到表向问题,而忽视罪犯性格的实质性特征。譬如罪犯自杀行为,在很多情况下都是罪犯的强迫性行为所致。一般来说,容易出现强迫性问题的罪犯在性格上往往有固执、易焦虑、自信不足而又要求完美、注重细节的特点。他们往往过分克制自己,对自己的行为总是求全责备,生活习惯较刻板,墨守成规;沉溺于自己的理想中,以寻求其他罪犯的赞扬、超过其他罪犯为唯一的快乐和目的,他们对狱内的具体事物注意不够,但对可能发生的事情特别关注,甚至很早就为之担忧。他们爱把问题往消极方面想,还爱夸大消极的后果。在这种心理和思想的支配下,其行为极易走向极端,造成难以想象的后果。如果监狱民警只注重罪犯的行为表向:即罪犯有好于装饰自己性格的特点,明明是固执己见而偏偏言听计从,明明循规蹈矩却处处标新立异,明明内心寂寞难耐却时时无忧无虑等等,就容易被罪犯的表向所欺骗,就容易给罪犯自杀行为提供可乘之机,发生监管安全事故,很多突发性事件就是在冥冥之中发生的。

综上所述,监狱民警应透过现象看本质,既掌握罪犯性格的表象,又了解罪犯真实的性格特点,充分驾驭罪犯因性格而表露出来的各种不良行为。要知道,不管罪犯如何伪装,性格始终贯穿在罪犯的全部行为中(这是人的本性问题),在罪犯的整个个性中处于重要地位,具有核心意义,它是罪犯人生观和价值观的集中体现,充分了解并掌握罪犯的性格,可以预测罪犯在一定条件下的行为倾向,为预防罪犯不良行为发生和有效矫正罪犯奠定基础。

(二)罪犯行为发生受习惯的影响

习惯是刺激与反应之间的稳固链接,习惯本身就是一种行为,而且是一种稳定的、自动化的链接。由于习惯是人后天在一定时间、特有的环境内形成的,因此,它能满足人的某种需要,由此习惯可能起到积极和消极的双重需要。罪犯消极行为的发生,在多数情况下,与其不良习惯有密切的联系。在长期的生产和生活过程中,由于他们不注重良好习惯的养成,久而久之就"习以为然",形成难以改变的"坏习惯"。如罪犯"出口成脏"的语言习惯、不服从管理"反其道而行之的思维习惯"、不明真相而随大流的"从众"习惯等等。

(三)罪犯行为的发生受环境的影响

"近朱者赤,近墨者黑",说明环境对人的影响很大。荀子认为:"木受绳则直,金就砺则利",其含义是指环境对事物的影响不可低估……要成就一番事业,实现自己的人生理想和目标,需要"天时、地利、人和",同样包含了环境的影响力问题。由此可见,环境对人的行为的影响是极其重要的。虽然不排除有的人能够拥有抵御环境影响的超凡能力,但是从整体上看,环境对人的影响力却是普遍的。罪犯在监狱内作出这样或者那样的行为,除上述性格和习惯的原因外,可以说环境是一个至关重要的因素。譬如自由对于一个人来说是十分重要的,虽然马克思将自由形容为"带有镣铐的舞蹈",但人人都喜欢这个"带有镣铐的舞蹈",离不开这个"带有镣铐的舞蹈"。对于罪犯来说,尤其如此,因为他们是丧失这个"带有镣铐的舞蹈"而真正被限制自由的人,在监狱这种特殊环境里,要想罪犯不思考非法获取自由甚至实施具体的行为、要想罪犯规规矩矩遵守监规纪律而决不会"越雷池一步",显然是不可能的。在没有进入监狱前,在有相对自由的情况下,他们不可能实施的行为甚至根本没有思考过的问题,在监狱就可能发生,这就是受到了监狱环境因素的影响。

过去,有人认为,监狱是一个集"仕、农、工、商,三教九流"各类人等无所不有的地方,甚至把监狱比喻为"黑染缸",认为,原来只有一种犯罪伎俩的罪犯,一旦进入监狱后,如果抵御不了各种诱惑,就可能染上其他不良习气,变成"多面手",这些认识和观念不无道理,也说明监狱环境对罪犯的影响。我们清楚地知道,一个积极向上的罪犯集体,能制止不良行为的发生,增强罪犯的集体荣誉感,培育罪犯的正当需要和良好习惯,而不良的罪犯群体则会滋生消极心理和不良行为,甚至形成抗拒改造的团团伙伙;丰富多彩的监区文化生活和干净整洁的狱内环境,能陶冶罪犯的情趣,充实罪犯的精神生活,提高罪犯内在的修养,而死气沉沉、杂乱无章的监狱环境,则会使罪犯养成意志消沉、行为放荡、精神空虚的恶习。因此,如何净化监狱环境,营造健康、积极向上的狱内环境就显得十分重要了。

二、对罪犯不良行为的矫正艺术

对罪犯不良行为的矫正比常规性罪犯教育(如罪犯文化教育、职业技术教育等)更具有针对性,因为罪犯的不良行为是通过一定的形式表现出来的、能够感知和观察到的东西。虽然罪犯的有些不良行为具有隐蔽性,但是最终都会留下蛛丝马迹,都会通过一定的途径显露出来。关键的问题是,如何针对罪犯的不良行为进行有效的矫正,这不仅仅是简单的罪犯教育问题,而且是一门实实在在的矫正罪犯行为的大学问。

多数情况下,监狱民警对罪犯不良行为的教育往往采取批评或处罚的方式。譬如,罪犯脱逃行为发生后,一般采取处罚式教育方法,即一旦将脱逃罪犯缉拿归案,采取的措施就是戴戒具、关禁闭、准备处罚材料、等待法院判决等，无可厚非，对罪犯的这种处罚及规范的工作流程是正确的，但此间我们往往忽略了充分利用这个过程对罪犯进行教育这个环节。这个环节并非就剩下对罪犯"恨之入骨"并予以"报复"，而应抓住这个难得的转换的契机，开展有针对性的个别化教育，真正的教育应该是无所不在、无时不有的，真正的教育是用爱和真诚浸润罪犯思想和心灵的全过程，监狱民警应毫不吝啬自己充满鼓励的语言和信任的目光，对罪犯永远不表现出失望和嫌弃。

（一）科学分析和客观评价罪犯不良行为产生的原因

在前面的相关内容中，我们对人的行为的产生已进行过分析，罪犯不良行为的产生显然与社会上普通人的行为的产生是有很大区别的。一方面，罪犯与社会上普通人的身份不同，身份不同，所扮演的社会角色、应享有的权利和履行的义务等就不一样。另一方面，罪犯与社会上普通人所处的环境不同，在不同环境下，人的思想观念、思维方式、情绪情感、行为方式等也不同。因此，罪犯特殊的身份、所处的特殊环境决定了罪犯行为与社会普通人之间的行为差异。可以说，罪犯的这种"特殊背景"，是造成罪犯不良行为的首因。

一个人的行为受到社会要求和个人自我需要的双重制约。既符合社会要求又满足自我需要的行为可称之为两全行为，这是精神健康的特征性行为。在满足个人需要的同时却与社会规范背道而驰的行为，是反社会性行为。遗憾的是，以反社会性行为为模式为特征的人格，其个人需要总是停留在较低层次而不能发展到高层次的水平。符合社会规范却与个人需要背道而驰的行为是自我折磨，这是心理冲突的典型表现。

鉴于这样的认识，在评价罪犯不良行为时，我们应从两个层面分析：首先，必须承认，罪犯有这种"特殊背景"，并在这种特殊背景下实施各种不良行为，是罪犯入狱前错误的价值追求所致，是违反社会规范的必然结果，因此，我们说罪犯受法律制裁是罪有应得。从这个层面讲，我们对罪犯不能持任何同情或谅解心理，也就是说，对罪犯的各种不良行为法律不容，更不能网开一面。其次，罪犯不良行为是特殊环境下的产物，罪犯不良行为的产生，除罪犯自身原因外，还受各种社会因素的影响，譬如，罪犯的脱逃行为，可能是家庭发生变故、对民警的不公平待遇而产生报复心理、社会的其他诱惑等等；又如罪犯自杀行为的发生，除罪犯性格方面的原因外，可能还与受到社会或其他罪犯的歧视、由于激烈的社会就业竞争而对未来生存产生恐惧感，以及与不健康的改造环境等有密切关系。从这个层面上讲，对罪犯的不良行为情理可容，应客观对待，也就是说，虽然在执法程序和处理结果上必须坚持法律精神，但是在具体的处理环节上应针对不同对象、根据不同原因和危害后果予以区别对待。

只有科学分析、客观评价罪犯不良行为的产生，区别不同现象，制定有针对性的措施，才能有效地矫正罪犯的各种不良行为。

（二）有效运用相关社会科学原理矫正罪犯不良行为

在教育改造罪犯的实践中，监狱民警对罪犯不良行为的矫正，往往停留或满足于经验式方法,缺乏创新性探索和专业知识的运用。特别是新招录的部分监狱民警,由于缺少专业基础知识,又没有教育改造罪犯的实践经验,对罪犯不良行为的矫正常常出现方法和措施不当,束手无策,失之于管,使罪犯的不良行为不能得到有效制止,严重干扰和破坏了监狱的教育改造秩序。

对罪犯不良行为的矫正是一项常规性的具有艺术色彩的工作,它不但要求监狱民警具有一定的耐性和奉献精神,而且必须具备过硬的教育矫正知识,能够运用心理学、教育学、社会学等原理去矫正罪犯的不良行为。

我们知道,罪犯不良行为是在一定时间和环境范围内形成的,它与罪犯的心理、教育状况、社会影响程度等密切相关,要从根本上教育矫正其不良行为,使其养成良好的行为习惯,当然离不开心理学、教育学和社会学的相关原理。

掌握系统的心理学原理并运用相关的心理学知识教育罪犯,诊断和矫正罪犯心理问题,避免罪犯不良行为的发生,是教育改造罪犯工作科学化的具体体现。实践中需要注意三个问题:一是要真正地把心理学知识作为教育矫正罪犯的一种常规性的重要的方法,注重实际运用,避免形式主义,而不能只注重心理咨询师的数量、甚至把硬件设备等作为一种摆设;二是要以提高罪犯教育改造质量为出发点,注重监狱民警心理学理论和实用能力培训长效机制建设,避免缺乏系统的心理学知识,出现要么一知半解,要么只会"纸上谈兵"而无实战本领的现象,导致对罪犯的心理问题不能进行有效的甄别;三是在普及罪犯心理健康教育基础上,根据罪犯教育改造的实际,建立系统的罪犯心理档案、明确的罪犯心理咨询环节和内容、有效的罪犯心理防御和矫治措施、科学的罪犯心理考评机制等,使心理学知识在罪犯教育改造工作中的运用真正步入健康发展的快车道,成为矫正罪犯不良行为的重要方法。

教育学在对人的行为养成教育方面具有不可替代的作用,教育的意向性决定行为教育的目的和效果。监狱民警——作为教育者是罪犯教育活动的主体,罪犯——作为受教育者是监狱教育活动的对象。在这一教育活动中,监狱民警对罪犯教育过程及其结果所抱的态度和期望是其意向性所在,它决定罪犯行为教育的目的和效果。在罪犯教育实践中,监狱民警究竟要教育罪犯什么,要带给罪犯什么,要让罪犯获得怎样的发展等,决定着罪犯教育的方向和品质。所有这些,都有赖于监狱民警对教育学所具有的知识存量和认识。《监狱法》颁布以后,监狱从宏观上已初步实现了职能定位,监狱教育改造罪犯的功能渐渐凸显,特别是罪犯教育改造方面规章制度的相继出台,为罪犯教育改造创设了良好的环境,罪犯教育成果也不断呈现。但是,从罪犯教育的整体来看,监狱民警对罪犯教育的专业化程度令人担忧,尤其是如何利用教育规律和教育学原理对罪犯开展有针对性的教育方面比较缺失,对罪犯教育的目的和意义、对罪犯教育的方法和技巧等深层次问题认识模糊,罪犯教育在民警心目中不是一项事业,好像仅仅是一份求生的职业,是迫不得已的在完成岗位所规定的行政性事务,因此,监狱民警在精力投入、知识储备、专业研究、职业规划等方面就显得后劲不足甚至无所谓,导致对罪犯的专业化教育程度低,如果说"对罪犯进行了教育",那也仅仅是为完成任务而已。例如:(1)因人施教——缺乏对罪犯的精准了解,如罪犯犯罪原因、个性特征、现实真实表现、内心需求或愿望等等。(2)教育内容——要么民警主观色彩浓厚,受民警职业因素的影响,导致强烈的个人情感冲淡主体内容,使罪犯对规定的教育内容无法感知;要么教育内容大众化,千篇一律,按部就班,枯燥无味,没有特色。(3)教育方法——缺乏系统性、针对性和引导性,生搬硬套,盲目性、随意性大,对罪犯教育基本出于应付,而缺少对罪犯教育方法的科学思考和研究。(4)教育方向和目的——将罪犯教育改造成为"守法公民"或"合格公民"是监狱的根本任务和主要目标,这是监狱功能的最基本的价值导向。但针对罪犯这一实实在在的个体,针对罪犯形形色色的思想和行为表现,在很多时候,民警常常穷于应付,工作的发力点仍然是保安全、促稳定,在强制性和行政性双重压力下,安全和稳定可能在一段时间内平安无事,但罪犯的思想、心理、行为乃至恶习如果没有得到根本的矫正,罪犯潜在的威胁和危险没有得到有效的根除,监狱的安全问题不但得不到根本的保证,将罪犯改造成为守法公民就是一句空话,就无法实现教育改造好罪犯的目标。实际上,将罪犯改造成为守法公民,虽然是一个宏观方向,但它是由一个个具体的、明确的指标体系构成的:恶习矫正、行为养成、心理矫治、监规纪律、思想教育、文化技术、文明礼貌、劳动生产、立功受奖等等,这些内容无不体现于罪犯的整个改造过程,监狱民警都可以把这些内容细化为具体的工作目标,并紧紧围绕将罪犯教育改造成为守法公民这个终极目标开展工作。这正是监狱民警必须树立的最基本的教育理念。

罪犯不良行为是各种因素相互影响的结果,其中,不良社会因素的副作用不可低估。因此,监狱民警应掌握社会学的有关理论知识,善于从社会学的视角分析罪犯不良行为的产生及矫正方法。社会学一般从结构论、冲突论、互动论等三个角度分析社会矛盾的产生、社会的发展进步和人与人之间的各种关系问题。就罪犯不良行为而言,无论从哪个角度分析,都离不开所处的社会背景或社会结构形式的影响,譬如罪犯或多或少因遭遇到的社会不公而引起的行凶报复行为、罪犯家庭成员因受到就业歧视或因此发生家庭变故导致罪犯内疚自卑而产生的自杀、脱逃行为等,如果偏离社会原因就事论事,而不从深层次的社会原因去寻找问题的根本所在,就会只见树木不见森林,对罪犯各种不良行为产生的原因分析就缺乏现实社会基础,相应的对罪犯不良行为的矫正对策或措施就缺乏科学依据。

(三)对罪犯实行人道主义关怀,实现罪犯人性回归

人道主义最核心的内容是尊重和关心人,彰显的是以人为中心的世界观理念。社会主义人道主义体现的是社会主义制度的优越性和社会大家庭的温馨,是实实在在的"以人为本"的价值理念。罪犯的犯罪过程,是其挑衅正义、与社会伦理道德和法律法规相抗衡的过程,虽然其行为已经受到法律的惩罚,但是它对各种社会关系的破坏和影响并没有消失。到监狱服刑后,按理说,罪犯应悔罪认罪,自觉遵守监规纪律,主动接受改造,可事实并非如此,部分罪犯在监狱服刑期间不但没有悔过表现,而且其行为更加放荡不羁,有的甚至重新违法犯罪,严重影响了监狱正常的改造秩序。对这种"罪错交织"、甚至"罪上加罪"的行为表现,除了法律和纪律的约束外,监狱并没有弃之不管,或者单纯地对他们进行惩罚,而是把教育作为一种常态,即通过深挖不良行为产生的原因,找准矫正不良行为的措施和方法,使其从内心真正地认识到不良行为的危害性,这种以教育人为出发点的方法,充分体现了监狱的人本主义精神,是我国监狱对罪犯实行人道主义的具体体现。同时,为了教育改造罪犯,法律或监狱还可以赋予罪犯更多的人道主义待遇,例如离监探亲、帮助罪犯困难家庭、政府对出狱人的保护(政府帮助安置就业)等等,随着行刑人文主义精神的不断发展,罪犯将享受更加全面和完善的人道主义待遇。

通过对罪犯实行革命人道主义关怀,使罪犯实现人性的回归,以此来达到矫正罪犯不良行为的目的是有条件的,其前提是惩罚、批评、处理罪犯在前,教育、帮助、关怀在后;对罪犯行为危害性程度和改造方案的评估在前,对其实行革命人道主义、唤醒罪犯人性回归,使罪犯真正改恶从善在后。在此过程中,必须遵循的原则是既不能一味地迁就、容忍罪犯(当罪犯不良行为发生后),也不能刻意的冷落、孤立罪犯(当发现罪犯有改好的可能时),因为这种做法不可能促进罪犯人性的全面修复和发展,也不可能真正体现刑罚的精神和价值。

第四节
罪犯行为语言辨别艺术

在前面有关章节中,我们对人的行为的产生有了一些基本的了解。但是,如何通过人的各种行为语言表现或惟妙的身体语言(即肢体语言)表现来观察其心理变化规律就不是一件容易的事情了。实际上,在一个人的脸部表情、身体四肢的动作中,说话者的情绪往往是无所遁形的,只要你能够懂得如何体察人的行为、"阅读"人的身体语言,就能够轻轻松松破解他人的"心理密码"。

监狱民警在教育改造罪犯的过程中,常常为罪犯违反监规纪律、不服从管理、甚至顶撞民警、抗拒改造而不知所措,那么,这里与民警分享的就是如何通过分析、判断、掌握罪犯细微的行为语言,从而有效地对罪犯实施管理,为更好地教育改造罪犯提供一定的方法和技巧。罪犯被投入监狱服刑后,虽然失去了自由,生活、学习和劳动环境都发生了巨大的变化,思想和心理状况也有所改变,但是,罪犯长期养成的行为习惯并未因此改变,这为民警洞察和进一步了解罪犯、教育改造罪犯提供了有利条件。

一、行为语言概述

人的行为语言是人参与一切社会活动的基础,是人得以表达自己思想情感的具有特殊意义的一种方法,人的一切行为包括说话本身都属于行为语言。

在前面的相关内容中,我们对语言作了一定的介绍,并知道了语言是人类社会的产物,是一种社会现象。语言包括有声语言、书面语言、行为语言等等(根据科学家的研究,在地球各种生存环境里,除了人类语言外,还有动植物语言,这里不做探讨)。有声语言是声音和内容的结合体,是人的最原始思想和情感的载体,也是人类社会始终使用的一种最基本的交流思想的工具。书面语言是以文字(或符号)的方式表达出来的、辅助言语进行交际的一种工具,它是有声语言的书面化。

由于行为语言的范围非常宽泛,因此,我们把行为语言界定为:人类用非有声语言或书面语言(或符号)表达思想情感的各种方法,它是人的感觉和思维的工具,是表现人的感情和思维的一种形式。一直以来,人们通常把有声语言作为语言一词的通称,实际上,有声语言并不能包含语言的所有功能,因为还存在行为语言。根据科学研究证明:语言有两种或多种表现形式,一种是语言原来的形式,即由语音、词汇和语法构成的信号交流系统,这是语言的基本表现形式,是语言最重要的表现形式,也是人类所独有的表现形式;另外一种就是由细胞核的遗传密码作用于各种行为构成的信号交流系统,这是语言的另外一种表现形式,而且是一种十分古老而又一直十分活跃的表现形式,这就是行为语言,它是人和其他各种生物所共有的一种语言表现形式。因此,我们观察一个人,不能只看他的某一个方面,如说话(有声语言)或者文字(书面语言)等,更重要的是"听其言观其行"。

二、行为语言的特点

行为语言必须是人的某种思维或情感的表达,它需要一定的物质作为基础,即它需要借助某种现实的、具体的、能够看得见的形象或听得见的声响等媒介以适当的方式表现出来,这些用来作为示意的事物以及它们的表现,构成了行为语言的物质基础,这是行为语言的一个重要特征。具体来说,行为语言具有以下特点。

1. 必须通过一定的肢体动作表现出来。人的肢体动作丰富多彩,其表达出的思想或情感真假难辨,但它始终代表一个人的行为方式,是某种行为语言的体现,如皱眉头、眨眼睛,探开双手、摇头等等。

2. 行为语言可以是单方面的,也可以是双向的。一个人的行为语言并非一定要在他人面前表现出来,有的行为语言可能具有隐蔽性,例如,生病的老年人为了不让子女看见自己痛苦的样子,当着子女的面装作若无其事,但子女不在时却痛苦不堪;下属被领导批评后,当着领导的面表示接受,甚至唯唯诺诺,领导离开后却骂骂咧咧、气愤不已等等。但多数行为语言是双向的,即行为人往往通过一定的行为方式将自己的思想或情感向他人公开地表达出来,无论这种表达方式是自觉的还是不自觉的,其表现方式都会引起对方的注意。例如,当一个人在受到他人赞扬或鼓励的情况下,一般都会面露喜色;当一个人故意欺骗或说假话时,都会有一定的行为语言暴露出来,如红脸、不停地搓手、眨眼睛等等,哪怕他能够自圆其说,做得天衣无缝。

3. 行为语言容易受环境或习惯的影响。在很多情况下,行为语言是"不由自主"地表现出来的,这正是由环境或习惯因素所致。例如在人员众多的情况下跟着起哄,在比赛场上情不自禁地站起来,对第一印象不好的人不理不睬等等。

三、罪犯行为语言辨别艺术

有研究证明:"55%的非语言交流依赖面部表情。一个人可能说的话句句合你的心思,他说的每句话你都愿意听,并且是用很美、很优雅、很洪亮的声音说出来的,让你的耳朵都为之一振。但是,如果面部表情和说出来的话不一致,那这个人等于什么都没有说。"你甚至会马上断定"这个人表里不一、言行不一致",进而对他形成别样的看法。从这里可以看出,研究行为语言,不仅仅是为了建立良好的交际环境,更重要的是通过对他人行为语言的观察、辨别,接收、认可或否定、拒绝其思想和情感。

监狱民警掌握一定的行为语言知识,有利于及时了解、分析、控制罪犯的各种心理和行为状况,特别是通过对罪犯一些反常的、细微的行为语言观察,能够为我们及时发现问题、客观研判狱情、激励或惩罚罪犯提供实践依据。就罪犯个体来讲,其眉毛、眼睛、鼻子、嘴巴、四肢等都能表达思想和情感,如果监狱民警能够做到把上列肢体所表现出来的行为动作,都当作罪犯所表达出的各种含义的某一句话,那么,我们就基本达到了掌握和解读罪犯行为语言的能力。

当然,要准确、有效地辨别罪犯的行为语言,需要监狱民警有一双机灵的眼睛和耳朵、善于分析和判断的脑子,以及具有一定的专业知识。在实践中,监狱民警往往忽略或者轻视了罪犯的很多行为语言,无论比较明显的还是细微的,当你没有在意这些明显的还是细微的行为语言时,很多有用的信息、甚至对你的工作具有决定性的第一手资料就悄无声息地消失了。

要准确、有效地辨别罪犯的行为语言,监狱民警必须深信罪犯行为语言所表达的真实意义。一般来说,罪犯的行为语言是通过其肢体表现出来的,罪犯的手势、面部表情、站立的姿势或身体姿态,都是身体因某些压抑的情绪或内心情感发出的信号,不管这种行为语言是真是假,每一个动作都会反映出罪犯的真实感受,因为,科学研究证明,肢体动作反映的是人的真实感情,当你无论何时想掩饰自己的真实感情的时候,血压都会升高,并因此而暴露出人的真实面目。下面,以人的眼睛、嘴巴、鼻子等为例,介绍它们因某些动作的发生而表现出来的行为语言信号,以供参考。

1.眼睛。民警在与罪犯接触中,交流最多、最频繁的是罪犯的眼睛,通过眼睛,可以发现罪犯是否在意民警,或者是否对民警怀有敌意,还可以判断出罪犯的其他思想情感。

一般来说,如果罪犯对民警没有敌意,他会长时间的注视民警,并且瞳孔放大,这是罪犯积极的情感反应。如果罪犯回避与民警目光的正面交流,要么说明罪犯心里有恐惧感,害怕民警,要么就是想向民警隐瞒什么。

当罪犯假装向民警微笑时,民警不能被罪犯的假象所迷惑,这时,民警就应仔细观察罪犯太阳穴附近的肌肉,如果罪犯太阳穴附近的肌肉没有动,包括脸颊没有鼓起来、鼻翼没有展开、眼角没有皱纹、前额没有松动等,说明罪犯是假装微笑,因为只有当笑意传到眼里,露出真正的微笑时,在交感神经和副交感神经的作用下,太阳穴附近的肌肉才会有动作,很少有人能装出这种微笑。

民警还可以通过罪犯的眼睛判断出罪犯的多种行为语言。例如,当罪犯感到恐惧的时候,其下眼皮很紧张,眉毛上抬紧锁,双唇拉成一条水平线;当罪犯在生气的时候,他会用双眼对视让他生气的人,上下眼皮紧张,眼睛眯得像一条缝,其思想或情感上表现出的是想吓唬、控制或威胁;当罪犯对某一事件持怀疑态度或对某一任务没有把握的时候,往往会同时眯起双眼,皱起前额,一条眉毛向上抬起;当罪犯感到悲伤或惭愧的时候,常常是前额紧拧,眼睛朝下,回避与民警目光的正面交流;当罪犯眼睛眨个不停的时候,一般是对某一事件感到紧张或者感到不安全,也有可能因为罪犯没有向民警说实话,或者因为别人不相信自己才表现出这样的行为。

另外,在观察罪犯眼睛表情时还要注意其眼球的动作。美国行为科学家格里高利·哈特莱通过实验证明,眼球的动作与脑部构造有关联:当人们从视觉皮层的记忆部分唤出信息时,就称为视觉记忆。当一个人的眼睛往上转动,表示在构筑视觉;若往侧面转动,则表示拒绝记忆;正在计算或思考问题的人眼球会往左下方看,而正被强烈情绪干扰的人会往右下方看。明白了这些基本原理,能够知道眼睛转至哪个方向意味着什么,有助于民警做出基准判断,能够明白在问罪犯问题时,他是凭记忆回答或是在捏造事实。

眼睛是心灵之窗,眼睛所表现出的思想情感或行为语言十分丰富。要从罪犯的眼睛中得到更多的信息,监狱民警必须首先有一双"火眼金睛",并且,必须将罪犯眼睛中所表现出来的语言与罪犯的其他行为表现有机地结合起来,进行综合分析、比较、甄别,最后才能获取对教育改造工作更多的、真实的、有用的信息。

2.嘴唇和下巴。我们不仅可以从罪犯的嘴巴里听到他的言辞,而且还可以通过嘴巴来解读他的表情密码。例如,当罪犯的精神或情绪被完全占据的情况下,他可能会下意识地用嘴巴做出奇怪的动作:咬口腔内侧、不断舔唇、吐舌头、咬嘴唇或咬嘴唇上的死皮、将嘴扭向一旁等,不管是哪一种动作,在某种程度上都能说明这个罪犯的思想状态。咬嘴唇常常是一种压抑内心愤怒或怨恨的表情,特别是在罪犯摇头的时候咬下嘴唇更是非常愤怒的表现,这是一种敌意的、可能产生对抗性行为的表达方式。

除嘴巴外,下巴也会反映出罪犯很多的内心世界。人类学家戴丝蒙·毛里斯认为:"我们可以通过观察人的下半张脸的动作,即下颌和下巴的动作——尤其是在判断别人的情绪状态方面,来了解很多解读他人的方法。"一般来说,一个人在生气的时候,例如在被冤枉或者要责备某人的时候,他的下巴都会不由自主地向前撅,表达的是威胁或者敌意,在和别人谈话的时候,可以通过观察对方的下巴来判断他是否生气了。假如某人用手托着下巴,就意味着此人想集中注意力,做出一副若有所思的样子,而实际情况是,他并不在意你的讲话,甚至很厌烦你,所以只好支撑着脑袋好让自己精力集中一些。当某人轻轻地、慢慢地摸着下巴,就像摸着自己的胡须一样时,说明此人正在集中精力倾听别人说话。当某人怀疑你说的话的时候,他常常会摸着或托着下巴,下意识地克制自己不告诉你、不相信你。

3. 鼻子。鼻子在一个人的五官中是最为突出的部分,也很能代表一个人的个性或从中得到关于每个人的一些信息。例如,当一个人对某人或某件事不以为然的时候,常常用鼻子显示出来,嗤之以鼻,就是一个人用鼻子发出的冷笑,其行为表示瞧不起、轻蔑。罪犯通过鼻子表现出来的行为语言很多,只要民警仔细观察就会发现:当某个罪犯与你说话的时候,如果他皱起鼻子,通常意味着他不赞同你的话,或者是他对你很反感、不相信你;当他的鼻子向上抬起、脑袋向后仰着的时候,这是一种下意识的、优越的、认为"无所谓"的态度,这类罪犯很喜欢对别人品头论足,或者是对他人持一种轻视、挑衅和控制的情绪;还有的罪犯喜欢摸鼻子,摸鼻子可能是罪犯的一种下意识的动作,其行为语言表现的是想向民警隐瞒什么东西,是罪犯正在骗人或者没有说实话的迹象。

在通常情况下,一个处于压力状况下的人会触摸自己的鼻子;也有的是因为不赞同、不认可别人,用手背抹一下鼻子,或者用手指节轻靠鼻孔,好像是阻挡异物进入鼻腔一样;有的由于思考问题而过度搔弄鼻子,这是血管流量增大造成的反应;还有的可能对他人心生厌恶而皱起鼻子(女性要多一点)等等。在监狱工作实践中,我们应当注意,无论是哪一种以鼻子为"主题"显示出来的行为,都表示着一定的意义,都反映出罪犯的一定的心理运动状况,监狱民警应当随时留意罪犯鼻子所释放出的信息,为进一步辨别和控制罪犯其他不良行为的产生提供依据。

4. 手和手臂。手和手臂所反映出的行为语言相当丰富,但需要较强的观察和鉴别能力,同时,还需要掌握一定的行为心理学和语言学知识等,才能足以从人的手和手臂中找到"玄机"。

在监狱实践中,民警常常遇到自己或看到别人的双手处于"无所适从"的状态,这实际上是人在某种特殊环境下的情感状态。罪犯如果心情平和,身体和精神都处于比较舒适的时候,他的手部动作一般有力、稳重、"得心应手"而不机械,常常把手放在自己感觉舒适的位置,例如,双手放在脑后,双手叉在腰部等;十指交叉并拱成塔状,表现出罪犯比较自信或对未来充满希望;罪犯在无聊或者沮丧的时候,常常爱摆弄大拇指,把其他指头交叉在一起,大拇指互相绕来绕去,以此来减轻沮丧的程度或厌倦感;除习惯性动作外,有的罪犯喜欢啃或者撕手上的死皮,常把手绞在一起,好像在不安的摆弄着什么东西,一般来说,这些动作是罪犯在有压迫感的时候的一种无意识的动作,表示罪犯烦躁不安的情感,也有可能意味着罪犯有愤怒或沮丧的情绪;如果有罪犯在桌子上轻扣手指或者用手在桌子上敲得咚咚响,或者手里不停地拨弄东西,说明这个罪犯很紧张,缺少安全感,或者很不耐烦,因为他没有自信,需要摸着一些实在的东西才觉得踏实可靠;如果某个罪犯在说话的时候把双手放在口袋或其他地方藏起来,说明这个罪犯不想让民警知道某些重要的信息;有的罪犯喜欢紧握拳头,说明这个罪犯不想把自己的情感表达出来,手握得越紧就越紧张,罪犯在生气或感到难过、在撒谎的时候,也常紧握拳头,如果他的大拇指是藏在拳头里的话,这名罪犯就感到很危险、很害怕或者很担忧,说话的时候,用食指朝外指,或者不停地快速地动来动去,也暗示这个罪犯内心埋藏着怨恨;在日常生活中,如果发现罪犯的手通常是摊开的,手指是伸直的,表明这个罪犯比较坦率并善于接受他人,反之,如果手背向外,表示孤僻、保守,且不够坦诚和不易接纳别人。

手臂动作所传达的信息也十分丰富,只要民警仔细观察,同样可以从罪犯的手臂动作中理解其行为所传达的各种信息。例如罪犯将双臂交叉,是一种防御性的姿势,说明这名罪犯不自在并且希望能够保护自己。行为科学研究结果表明,当人在感到不安的时候,常会占据较少的肢体空间。例如,把双臂抱在胸前还说明某人想掩饰什么,或者认为事不关己而回避甚至逃避现实等;双手紧扣放在背后,或者身体放松,双手自然下垂说明这个人很轻松自在,表示坦诚,无须防备等等。监狱民警掌握手和手臂的语言含义,可以从中获取大量的信息,对于及时、准确分析罪犯各种心理和情感,更好的教育改造罪犯具有十分重要的意义。

5. 腿和脚。同样,我们可以从双腿和双脚来观察、了解一个人的情况,可以说,双腿和双脚所反映出的一个人的信息更加真实可靠,因为,一个人如果要用双腿和双脚来控制面部表情是十分困难的,有研究者曾说,双腿和双脚是人的身体中最诚实的部分之一,它们真实地反映人们的感受和想法。

如果某人坐着的时候双腿分开,说明这个人坦诚、自信,如果某人把一条腿搭在另一条腿的膝盖以上,说明此人在为自己打气,意味着此人不自信或没有说实话;如果某人跷着二郎腿,说明这个人很独立,是一个不受约束的人,他不在意别人怎么想;如果有人把双腿伸在别人面前,说明这个人的意志很坚定,希望自己的一言一行能引起他人的注意,常常以自我为中心,喜欢支配别人。

人的双脚更能反映出一个人的真实情感,就像人们的双手和双臂可以说明他们的感情状态一样。如果某人的双脚合拢,较平稳的站在地上面对着你,这个人可能较诚实、直率,很平静;相反,如果一个人把脚的重心放在靠外的一侧或脚后跟上,说明这个人可能不地道或者很少说实话;如果某人晃动双脚或者轻轻敲打双脚,说明这个人极不耐烦或十分厌倦,其心理表现是"我想走了,我不想继续待在这里了";有人如果把一只脚藏起来,即把一只脚放在另一条腿的后面,他往往无意识地泄露了自己内心的秘密,意味着这个人感到很紧张或不舒服,哪怕他身体的上半身有多放松,脚摆放的位置充分说明了他内心的不安;如果一人把一只脚踝放在另一只脚踝上,这个姿势已经透露出这个人的某些信息,说明这个人可能要隐瞒什么,或者他很紧张、很不自在。

总之,罪犯行为语言的表现形式多种多样,每一种行为语言都包含着不同的内容,代表着行为人的心理或所思所虑。监狱民警如果要从罪犯的一言一行中获得有价值的信息,不但要"独具慧眼",而且要善于对比、总结,学会在实践中掌握罪犯行为语言的特点和规律,更好地为教育改造罪犯服务。

第六章
Chapter 6

中国传统文化与罪犯教育艺术

第一节
文化的含义

一、什么是文化

"文化"是一个古已有之的词汇。《易经》上说:"观乎天文,以察时变,观乎人文,以化成天下。"这是中国"文化"一词的最早来源,其基本意思是按照人文来进行教化。西汉刘向的《说苑》:"圣人之治天下也,先文德而后武力。凡武之兴,为不服也,文化不改,然后加诛。"这里的文化是指"文治教化",显然,与今天"文化"的概念是有区别的。

1871年,英国文学家泰勒在其所著的《原始文化》中,给文化下了一个著名的定义,即文化是一个复杂的总体,包括知识、信仰、艺术、道德、法律、风俗,以及人类在社会生活里所习得的一切能力与习惯。这个长期被视作经典的定义,强调的是文化的精神方面,认为物质文化不是文化本身,只是文化行为的产物。由于这个定义只是列举了文化内容的诸多层面,将文化看成是这些层面的复合体,而未正面揭示文化的本质,因此只是一个描述性定义。

梁启超说:"文化者,人类心能所开积出来之有价值的共业也。"(梁启超:《什么是文化》,载《饮冰室合集:卷5》.中华书局1989年版)蔡元培认为:"文化是人生发展的状况。"冯友兰先生指出:"中国文化就是中国之历史、艺术、哲学等等之总合体;除此之外,并没有别的东西,可以单叫作中国文化。"由此看出,现代意义上的文化主要有三种含义:(1)

人类在社会发展过程中所创造的物质财富和精神财富的总和;特指精神财富,如文学、艺术、教育、科学等。(2)考古学用语,指同一个历史时期的不同分布地点为转移的遗迹、遗物的综合体。如仰韶文化、齐鲁文化、巴蜀文化等。(3)指运用文字的能力及一般知识。如学习文化、文化水平等。这里所指的文化主要是物质文化和精神文化。其中,精神文化的影响力最大,精神文化即以历史的形式凝固了的,是影响过历史,以致被称为传统的各种知识、价值观念、思想体系。巨大的历史惯性是精神文化的主要特点。

当然,精神文化还包括心理型文化,它不是凝固的而是存在于人这个文化主题的各种行为中,它的核心是以价值观念和思维方式为主体的传统观念。

二、文化的本质

在文化的创造和发展过程中,主体是人,客体是自然,而文化便是人与自然、主体与客体在实践中的对立统一物。正如王夫之所说,人类从"茹毛饮血,茫然于道"的"直立之兽"演化而来,逐渐培养出与"天道"既相联系又相区别的"人道",这便是文化的创造和发展过程。

所以说,有了人,就开始有了历史,也就开始有了文化。人创造了文化,同样文化也创造了人自身。有意识的生产活动直接把人与动物的生命活动区别开来。

文化的本质是"人类化",是人类价值观念在社会实践过程中的对象化,是人类创造的文化价值,经由符号这一介质在传播中的实现过程,而这种实现过程包括外在的文化产品的创造和自身心智的塑造。简而言之,凡是超越本能的、人类有意识地作用于自然和社会的一切活动及其产品,都属于文化的范畴。譬如,人通过有意识的活动改造了自然,使其获得人类的灵气。一块天然的岩石不具备文化意蕴,但经过人工打磨,便注入了人的价值观念,进入"文化"范畴。人打磨石器的过程,人在打磨石器过程中知识和技能的提高,在打磨石器中人与人结成的相互关系,以及最后成就的这件包蕴着人的价值取向的石器,都是文化现象。又如,人类修建各种建筑物,其最初的意图是遮风避雨,以供人类栖身之用,但发展到现在,人类所精心设计的建筑物,不仅成为一个国家、一个民族乃至一个城市的地理性标志,而且包含了许多文化成分,并集中体现了人类的文化价值。

通常所谓的人文精神、人文价值,不是从单纯的文化角度而言,而是与人的生命、人格、权利、尊严和自由息息相关的。抽空了"人"的诸多内涵,人文精神将无从谈起,而文化也就不复存在。也就是说,不尊重人的文化,掠夺人的权利和自由的文化,归根结底会走向文化的反面。

总之,文化最本质的核心含义不是别的,而是人。一言以蔽之,文化即人化。

三、文化的作用

中华文化源远流长,跌宕起伏,绚丽多姿,历久而弥新。在信息化时代背景下,不但要使文化高度注重人的锤炼和修为,以"人皆可为尧舜"策励人们完善自我,增强文化自信,而且要为中华民族的文化复兴做积极的努力。

人类创造了文化,文化反过来"反哺"人类。"从这个意义上说,文化的发展应致力于使人更像人,而不是沦落为工具和物。"朱厚泽(原中宣部部长)曾经一针见血地指出:"我们很长时间忽视人文精神的教育,只把知识当作一种功利来学,培养了一批手艺匠人,而且知识面非常窄,这是非常危险的。人最根本的就是人的思维,发展就是自由。"朱厚泽先生的精辟论述,说明了什么都可以功利,唯有文化与人化功利不得,速成不得。只能从长计议,循序渐进,择善而从。

那么,文化在社会发展和对人的教育过程中究竟有什么功用呢? 在社会主义市场经济条件下人们在对文化的不断质疑和反诘声中,文化失去了本身应有的尊严。人们衡量文化品位的高低和价值大小的标准,不是文化潜在的巨大的正能量,而是它"能否换钱与赚钱",在这种情况下,文化的作用被人为地歪曲或不予重视。因此,我们应正视文化的作用。文化的作用,对于个人来说,如果受到文化的熏陶,就"都能具备独立的人格与优雅的气质";对于人类社会来说,文化能够促进其不断进步,使每个个体都能够"全面而自由地发展","享受人类文明所能实现的最大福祉"。

第二节
中国传统文化概述

文化是一个动态的概念,是一个历史的发展过程。就历史性意义而言,中国文化包括源远流长的传统文化,也包括经过历史演变而形成的近、现代文化。这里,就中国传统文化进行简要的分析。

中国传统文化是中华文明演化而汇集成的一种反映民族特质和风貌的民族文化,是民族历史上各种思想文化、观念形态的总体表征,是指居住在中国地域内的中华民族所创造、继承和发展的,具有鲜明的民族特色、悠久的历史、内涵博大精深的优良的文化。

一、中国传统文化的主要内容

传统文化是一个民族的命脉和血脉,是人民的精神家园,如果一个国家,一个民族没有属于自己的传统文化,那么,人民往往就没有信仰、没有追求,思想也就很难创新,发展乃至生存就没有希望。一个民族,一个国家的文化都有其自身的特点,都是在不断继承和创新中发展的。因此,可以肯定地说,文化的根在于传统文化上。但是,就我国而言,自近代以来,对传统文化的破坏很多。比如新文化运动对传统文化造成了一定的伤害,"文化大革命"则到了登峰造极的地步。尽管如此,传统文化作为影响中华民族的宝贵精神财富发挥了应有的作用,同样,传统文化的内容也因此而丰富多彩。今天,都在讲文化重建,但文化的形成,不是一朝一夕的事,它是需要长期的历练和积淀的,所以,文化重建任重而道远。

中国传统文化的范围十分广泛,古代的衣食住行、风俗民情、宗教祭祀、道德伦理、文学艺术、科学技术等等,都属于它的基本内容。

(一)以政治思想文化为主体的中国传统文化

一是儒家的"仁爱""德治"思想。主张在社会上广泛地推行"仁爱",更希望以"仁爱"思想来安邦治国,行"仁政"就是要求统治者对人民有"仁爱"之心,不能过分地剥削压迫人民,要从"民"的基本生活出发,为"民"着想。为此,要"为政以德",主张"德治",即以统治者个人的道德来教化人,使人从内心服从于统治,从而达到大治。孔子就是典型的代表,他的"仁者爱人"观,其"仁"的基本含义就是对他人的尊重和友爱。孔子认为:"为政以德,譬如北辰,居其所,而众星共之。"(《论语•为政》)孟子将"仁"与"不仁"当着施政的根本,认为行"仁政"者得天下,失"仁政"者失天下。

二是道家的"无为而治"思想。道家创始人老子追求的理想社会是"小国寡民",认为:"小国寡民,使有什伯之器而不用;使垂死而不徙。虽有舟舆,无所乘之;虽有甲兵,无所陈之;使民复结绳而用之。""至治之极,甘其食,美其服,安其居,乐其俗。邻国相望,鸡犬之声相闻,不相往来。"(《老子》第八十章)。为实现其理想政治,老子主张"愚民"。"古之善为道者非以明民,将以愚之。民之难治,以其智多。故以智治国,国之贼;不以智治国,国之福。"(《老子》第五十六章)与儒家积极有为的政治文化思想不同,道家主张"无为而治"的超越式的政治文化思想。当然,道家所提倡的"无为而治"并非真正的无为,而是在天道自然无为、人道顺应自然的天人关系中展开的,其手段是因势利导,最后目的是"无不为"。

三是法家的"法治"思想。法家认为,为了使国家强大有序,应该尚法明刑,强化法令刑律。且不论亲疏贵贱,应当"一断于法"。法家的代表人物是韩非,韩非认为,建立专制主义中央集权政治,"法"、"术"、"势"三者是必不可少的条件。"法"即成文法令,"术"即国君统御天下的手段,"势"即国君拥有的至高无上的权威,三者统一于专主专制,实现其稳定统治。

四是阴阳家的"五德始终"思想。阴阳家认为,物质世界是由金、木、水、火、土构成的,这些物质世界是变化运动的,其变化运动来自于"五行相生"。齐国阴阳家邹衍把这一思想推及人类社会的发展变化中来证明朝代的兴替,形成了"五德始终"的历史观。

另外还有以鬼谷子、苏秦、张仪等为代表的纵横家,以吕不韦等为代表的杂家等,这里就不一一列举了。

(二)以家庭、社会、国家为核心的伦理道德文化

中国传统文化都离不开家庭、社会和国家这三个层次的内容,所谓修身、齐家、治国、平天下,正是其伦理道德的内核所在,体现了中国传统文化的内在逻辑和至高境界。

例如,儒家"仁"文化认为:

家庭伦理,最主要和最基本的内容就是仁爱,仁爱的核心是孝悌,即孝顺父母、敬爱兄长,形成长有所分、男有所别、家庭和睦。

社会伦理,提倡信、义、宽、惠、温、良、恭、让、敏、行等,认为人不可能不讲信义,守信,忠义是也;为人不能不讲宽、惠,体谅宽容别人,也能有益于别人;为人应当温和善良,有谦让精神;为人应当聪明睿智,善于践行等等。如果把社会看作是一个家庭,就要尊老爱幼,提倡"老吾老以及人之老;幼吾幼以及人之幼"(《孟子·梁惠王上》)的思想。

国家伦理,儒家认为,治理国家就像治理家庭一样,国君是家长,因此社会成员对国家要忠诚,对自己的工作要尽职尽责。而国君对臣民要有仁爱之心,所以,孟子主张:"民为贵,社稷次之,君为轻。"(《孟子·尽心下》)只有把"民"看得最重,才能治理好国家。

(三)丰富多彩的民俗文化

民俗文化蕴含了中华民族的智慧,展示了各民族多姿多彩的文化景象。它包括婚丧嫁娶、待人接物中的各种礼仪,民族传统节日,各民族衣食住行习俗,宗教及民间信仰(如巫术、神灵、拜佛、祭祖求子)等等。

(四)以物质和精神为载体的文化典籍

以物质和精神为载体的文化典籍,可以说是中国传统文化的主要内容之一,它从感官和精神层面形成对人的深刻的影响。其表现形式是诗词歌赋、琴棋书画及其他文化古迹。

二、对中国传统文化的态度

任何一种文化都是精华与糟粕共存,中国传统文化发展、成熟在以农业经济为基础的封建社会,15世纪以后,由于西方工业文明的兴起,中国传统文化的糟粕部分明显地成为社会发展的阻碍。如封建专制、宗法等级制度、封建礼监,以及因循守旧、故步自封的社会心理等等,都是和现代化背道而驰的,特别是鸦片战争之后,中国人民受尽西方列强的欺侮,任人宰割,中国传统文化则成为酿成国弱民穷的根由之一,也承担了历史的责难,几度被全盘否定和受到彻底的批评,它的糟粕越来越被人们所认识,而其精华部分并没有被科学地认真总结。至今,随着中国现代化建设的日新月异,国人对传统文化的认识渐渐觉醒,并越来越觉得中国传统文化教育在价值观念多样化的时代背景下尤为重要。正因为如此,对中国传统文化应持有客观和实事求是的态度,做到"古为今用"。

华东师范大学哲学系陈乔见教授关于如何对待传统文化如是说:

一是多一份温情和敬意,少一点戾气和嬉皮。要完善中华优秀传统文化教育,首要之务在于引导,培养和营造社会大众对传统文化的温情和敬意,少一些嬉皮(即浅层次的、肤浅的虚热)。

二是破除传统与现代势不两立的思维模式。即坚持中华优秀传统文化教育与时代精神教育相结合,坚持弘扬中华优秀传统文化与学习借鉴国外优秀文化成果相结合原则。

三是多传授批判精神,少灌输权威观念。目前的状况是:反对者批倒骂臭,小慧者嬉皮解构,热爱者奉若神明。这些态度都失之偏颇。

四是多一些人性教育,少一些意识形态。以往和当下的传统教育过于强调一些高、大、全的空泛目的和理念,后果并不尽如人意,结果往往走向假、大、空。

第三节
中国传统文化在监狱文化建设中的地位和作用

一、监狱文化

在我国,监狱文化最早发端于 20 世纪 80 年代中期的上海,当时提出的概念是监狱文化或监区文化,"监区文化"是当时上海监狱的特色之一(当时上海监狱的特色包括分类改造、规范化管理、监区文化和综合治理等四个方面)。主要目的是在罪犯劳动之余,开展一些读书和文娱活动,一是可以避免罪犯因"闲得无聊"而"惹是生非";二是通过组织各种读书活动和文娱活动,增强罪犯学习兴趣和知识,活跃改造气氛,让罪犯的身心得到放松。在具体时间安排上,主要集中在节假日或者其他重要时刻。在表现形式上,以"读书小组"、举办知识竞赛、歌舞、体育比赛(如篮球、乒乓球)、小型游园活动等为主。发展到 20 世纪 90 年代,中国传统文化被广泛运用到监狱并影响和教育罪犯。2003 年,司法部 79 号令颁布《监狱教育改造工作规定》,其中在第五章明确提出了"监区文化建设"的概念。2007 年,司法部颁布的《教育改造罪犯纲要》规定:监狱要"发挥改造环境和监狱文化氛围对罪犯的熏陶作用……""监狱文化"开始在官方文件中频频出现。目前,监狱文化已突破有限的范围,"发展成为宣传和提升监狱形象、提高罪犯教育改造质量、提振监狱民警精神的重要手段",或者说,监狱文化已融入监狱活动的整个过程。

由此看出,监狱文化已不是监狱局部的文化现象,监狱文化已然成为监狱作为特定性质的国家物质附属物,并在监狱建设发展过程中逐步形成的具有行业特色的包括价值观念、治监理念、行刑方式、群体意识、环境风格、行为规范等在内的全部物质文化和精神文化的总称,是阶级社会特有的一种文化现象。

任何文化的形成都是经由历史长期积淀的结果,而且,文化的传承与发展更需要历经日月的磨砺、时间的轮回而变得清晰可见。在文化的发展中,蕴含着思想、理念、精神、道德、信念等因素,对社会具有深远的影响力、感召力和凝聚力。监狱文化也不例外,因此,可以说,监狱文化是监狱的一种理念和价值判断,是监狱工作的核心和灵魂。但是,监狱文化与其他中国文化相比较,又有其特殊性和一定的局限性。

首先,监狱文化是一种法律文化,监狱文化形成的历史背景不同。监狱文化是在国家机器——监狱及刑罚运行过程中逐渐产生的,带有明显的政治和法律痕迹,因此,监狱文化的内容相对单一。其次,监狱文化是在特定的范围内产生的,即监狱文化产生于监狱以及与监狱相关联的思想、观念、制度和行为,具有明显的地域特色,因此,监狱文化的排他性较强,其影响力也有一定的局限性。最后,由于监狱的性质使然,监狱文化相对规范而严谨,传播正能量的效果比较快。

二、监狱文化的主要内容

监狱文化之所以成为文化,不但因为从形式上具有了文化氛围,而且是它确确实实具有了文化的因素,并以此去影响周围的世界。

在监狱民警中,有一种错误或者片面的认识,认为监狱文化就是举办一些文体活动,张贴一些宣传标语,悬挂一些名人名言、书法字画等等,这就是监狱文化了。因此,在监狱实践中,一定要把监狱文化与监区文化、监区文娱活动区别开。当然,不排除这些形式上的做法具有一定的文化成分,对监狱文化的形成、丰富监狱文化的内容具有一定的积极作用。但是,这种形式主义的东西往往会使监狱文化的创建陷入盲目浮躁和功利主义的狭隘范围。真正的监狱文化,除那些形式上的东西外,更多的是影响监狱人民警察、熏陶罪犯思想灵魂、教育引导人们的各种观点、理念、精神和值得传承的物质载体,它是一个内容丰富、形式多样的文化体系。

一是以监狱工作为核心的监狱创业精神。中国监狱工作的产生、发展和壮大,经历了漫长而曲折的过程。无论是新中国成立之前的中国革命根据地时期、抗日战争时期、解放战争时期还是新中国成立后的各个时期,在监狱创业层面都有很多可歌可泣的精神留存并传诵至今。

革命根据地时期,工农民主政权处于极端艰苦和动荡不安的战争环境,监狱作为工农阶级镇压豪绅地主军阀官僚反革命分子的武器,提出了用共产主义思想和生产劳动对罪犯进行教育、感化的无产阶级思想,从而确定了革命根据地新型监狱制度建设方向。这个时期,虽然监所管理制度比较简单粗放,看管好犯人(包括人犯)、不使其逃跑是监所最主要的任务,但是,监所管理人员却随时随地都冒着生命危险,为教育、感化罪犯出生入死,这种冒着生命危险教育、感化罪犯的精神,成为中国共产党领导下的最宝贵的监狱文化"遗产"。

抗日战争时期。1937年抗日战争爆发后,在中国共产党和爱国民主力量的坚持斗争和积极推动下,建立了中国共产党领导的、团结各抗日阶层党派团体的抗日民族统一战线的政府。抗日根据地时期的监狱,主要设立在环境比较稳定的边区高等法院和某些独立性较大的行署级法院。在批判和摒弃旧的法律思想和监狱作风的基础上,形成了狱政工作的优良作风,这些优良作风是中国监狱历史文化的宝贵财富。

新中国成立初期。新中国成立后,百废待兴,监狱建设和发展成为考验新生政权的重要问题。在党中央和各级政府的领导下,广大的劳改工作干部积极响应党中央的号召,舍小家,顾大家,逢山开路,遇水搭桥,在荒无人烟、条件恶劣的环境里兴建起了一座座崭新的监狱和农场,并成功改造了末代皇帝、伪满战犯、国内战犯、日本战犯和大批反革命犯,创造了监狱改造罪犯的"人间奇迹",谱写了中国劳动改造罪犯的新篇章。劳改工作人民警察无私奉献、不怕牺牲的创业精神和以革命人道主义教育改造罪犯的成功范例,成为中国监狱文化激励一代代监狱民警艰苦创业的重要精神支柱。

改革开放到今天,各种刑事犯罪处于高发态势,在监狱设施落后、罪犯构成日趋复杂、关押条件简陋、警力严重不足的情况下,监狱民警继承和发扬劳改工作的光荣传统,为改革开放保驾护航,肩负起新时期教育改造罪犯的历史使命,成功改造了成千上万的各种类型的刑事犯罪罪犯,"眼睛一睁,忙到熄灯"、"献了青春献子孙"的无私奉献精神,成为当代监狱民警的真实写照;特别是监狱体制改革和监狱布局调整开始后,监狱民警顾全大局、有位有为、勇于担当、敢于开拓创新的时代精神,为创建现代化文明监狱和实现"依法治监"、全面推进"依法治国"方略奠定了坚实的基础。

二是以罪犯教育为主体的"教育改造"文化。教育改造罪犯是一项铸造人类灵魂的重要工程。罪犯思想千变万化、罪犯行为狡诈诡异、罪犯心理变化无常,各种突发性事件的产生难以预料,因此,不熟悉教育改造罪犯的法律法规、不掌握党的方针政策、缺乏教育改造罪犯的技巧和方法,要教育改造好罪犯是不可能的。新中国成立后,在教育改造罪犯的历史过程中,积淀了很多成功的经验。例如,改造国民党和日本战犯的成功经验,曾经执行过的"三个为了"、"两个结合"、"改造第一,生产第二"以及现行"惩罚与改造相结合,以改造人为宗旨"的监狱工作方针,"劳动改造与政治思想教育相结合、区别对待"等监狱工作政策,对罪犯教育改造规律的掌握及运用,"劳动改造、教育改造和监管改造"三大手段,"社会帮教"、"集体教育与个别教育"方法、开办监狱"特殊学校"、"三课教育"等等。这些内容中蕴含着许多珍贵的丰富的文化元素。

三是以监狱文娱活动为主体的"行为表现"文化。一般来说,监狱都会根据自身实际开展各种文娱活动,以丰富监狱民警和罪犯的文化生活,营造积极向上的监狱文化氛围。其组织和表现方式主要有:利用重大节日进行各类文艺会演,成立监区、监狱或本区域内的文艺表演队并定期举办活动,开展各类体育比赛,组织游园、棋牌竞技等活动,成立乐器、书画爱好等习美小组等等。活动的主体既可以是罪犯，也可以是监狱民警，还可以是监狱民警与罪犯以及社会帮教团体、罪犯亲属等。在很多监狱单位，经过长期开展这类活动，已经形成了自己特有的"品牌"，有的已发展成为省际乃至全国范围内的活动，引起了社会的广泛关注。各类活动的开展，不仅用健康向上的内容充实了罪犯的业余时间，缓解了紧张的改造气氛和特殊的人际关系，让罪犯和监狱民警在活动中体验到轻松愉快，促进罪犯积极改造，而且有效地利用了社会力量，加强了社会与监狱的沟通，增强了社会对监狱的了解，形成和丰富了监狱特有的文化内涵。

四是以罪犯悔罪认罪、现身说法为主要内容的警示教育文化。监狱文化的内容及其形成不是偶然的和片面的，它是一个多样性与历史发展的必然性相结合的产物。所谓多样性是指监狱文化的构成是多元的、是在特殊环境里形成的文化综合体；所谓历史发展的必然性是指监狱文化的形成不是一朝一夕之事，也不是随人的意志的改变而改变的，只要人类有监狱存在，就必然沉淀出一定的监狱文化。透过监狱发展的历史，我们会清楚地看到，一切与人类背道而驰的行为，都为正义所不齿。从古至今，这些行为像游走不定的幽魂时时警醒人们，这种警醒作用的发挥，正好规范和驱使世人要走人间正道。所以，从这个角度出发，监狱组织或经由社会各级组织开展的让罪犯进行的悔罪认罪、现身说法警示教育，就成为极具教育意义的监狱文化，其对世人的影响力除了在警示教育现场的唏嘘感叹之外，更多的是教育人们如何修身内敛，行端品正，这种文化的渗透力、震撼力和感染力远非空洞的说教可比。

五是以监狱民警为主体的警察文化。监狱民警是监狱文化重要的创造者、参与者，因此，监狱文化离不开监狱民警，监狱民警理应成为监狱文化的重要角色。我们把监狱民警在监狱文化建设过程中形成的具有监狱特色、反映监狱民警文化状况的现象称为监狱警察文化，它是监狱文化的重要组成部分。改造罪犯需要方法和技巧，它是一门艺术，它不但要求监狱民警成为教育改造罪犯各专业领域的行家里手，更需要监狱民警成为"多才多艺"的复合型人才。在长期的监狱工作实践中，虽然监狱民警接触的多是具有监狱"亚文化"色彩的内容，其消极因素在所难免，但是，监狱工作的性质决定了监狱民警必须具有较强的"免疫力"，因此，用丰富多彩的文化内容（也可以说是业余爱好）充实自己，已成为较普遍的现象。民警中最常见的有诗词歌赋、小说、报告文学、回忆录、摄影作品、书法字画、音像作品等创作，在这些作品中，有的较客观、全面地反映了监狱、监狱民警和罪犯的真实画面，对监狱工作起到了积极的宣传作用；有的以艺术形式表现出来，生动、形象地刻画出监狱作为国家暴力机器的法律和社会价值。这类作品不但对监狱工作进行了艺术性升华，而且使监狱文化凸显出深刻的社会意义。

六是以罪犯为主体的反映罪犯思想和行为的健康、积极向上的罪犯文化。监狱文化是多元的，可以说，凡是对监狱起推动和促进作用的文化都属于监狱文化的范畴，从这个意义上讲，以罪犯为主体所创造出的健康、积极向上的文化，也属于监狱文化。罪犯的犯罪历史并不代表罪犯就永远沉没于被人深恶痛疾的深渊，在监狱民警的教育感召下，绝大多数罪犯都能认罪伏法、改过自新。罪犯在接受改造的过程中,常常通过各种形式的作品来表达自己追求进步的心声、抒发对人生的感悟、表达自己对监狱民警的感恩之情,包括诗词歌赋、小说、雕刻、书法字画、歌曲创作等。一般来说,罪犯的作品具有原创性,表现形式多样、情真意切,具有一定的艺术感染力和教育启发功能,是监狱文化的重要组成部分。

七是以各种物质为载体表现出来的监狱文化。文化的表现形式多样:精神的、物质的,流动的、凝固的,文字的、声像的等等,其中,以物质形式表现出来的文化相当丰富,如各种监狱历史古迹。主要表现为监狱建筑的形式和布局风格(如上海提篮桥监狱、吉林抚顺战犯管理所、中国历史上各个时期保存下来的监狱遗址或物件等等)、文化活动设施(如精心设计的罪犯学习、活动场所,活动设施等)、雕刻塑像(如励志名言石雕、名人塑像等)。近年来,随着监狱文化建设的不断推进,以物质形式表现出来的监狱文化具有一定的代表性,走进监狱,映入眼帘的一般都是干净整齐的监狱环境,精巧的监狱建筑布局,具有浓厚人文氛围的文化长廊,生动形象的雕刻塑像等等,文化气息扑面而来,物质文化成为监狱文化的重要表现形式。

八是以监狱和社会共同创建的既具有帮教性质、又具有宣传性质的监狱社会化建设文化。目前,社会帮教虽然还没有形成系统、规范的体系,但是,社会帮教的影响力却不可低估。政府机关、社会团体、民间组织、大学生志愿者、亲情帮教、宗教人士、法律工作者等都不同程度通过职业培训、提供就业岗位、心理咨询等形式对罪犯开展帮助教育,使罪犯重塑做人的信心,感受社会大家庭的温暖、体会到人间真情。这些活动汇聚成无形的力量,成为罪犯积极追求改造的强大的精神动力。在这些活动中所产生的关心、爱护、亲情、理解、支持和期待,是社会对罪犯的人文关怀,也是社会文明进步的体现,理所当然是监狱文化的重要组成部分。

除上列监狱文化内容外,还有以监狱企业为主体的监狱企业文化。以法律法规、民警教育培训(包括监狱专业人才培养)、监狱学科体系和监狱理论研究为主体的法律文化等等。

三、传统文化对监狱文化的影响

监狱文化同属于文化的范畴,它是传统文化的继承和发展,具有可融性、可塑性,即监狱文化对一切健康的、对监狱发展和罪犯教育改造有积极意义的文化都可以吸收、借鉴和发展,并形成自己特有的文化现象,因此,传统文化对监狱文化的影响是不言而喻的。

从理论上说,在国门以内,任何行业文化都深深地打着传统文化的烙印,因为传统文化对每一个人的影响无时不在,无处不有,而行业文化的形成是与每一个人息息相关的,所以,可以说传统文化是各种行业文化包括监狱文化形成的"奠基石"。传统文化对监狱文化的影响主要表现在以下几个方面:

(一)传统文化是监狱文化的主体内容

中国传统文化源远流长、博大精深、影响深远,中国现代文明始终贯穿传统文化的脉络。虽然监狱文化在创建过程中有所创新和发展,但是,其主体内容仍然离不开传统文化。首先是对中国传统文化的继承,中国传统文化在监狱文化所表现出来的内容中无所不在,如忠厚勤劳、尊老爱幼、诚实守信等思想,这些思想既是对罪犯进行思想教育的内核,又是监狱文化构成的基础。

(二)中国传统文化影响监狱文化的发展方向

中国传统文化是经过历史的风风雨雨积淀而成,它是代代相传不断进步的,因为它的延续性,所以,它直接影响着国家和民族文化的发展方向,对监狱文化的影响也是如此。监狱文化的主流是弘扬正气,伸张正义,诚信知耻,宣传积极的人生价值追求,自觉遵守社会道德和行为规范,用社会主义核心价值观占领罪犯的思想,这与中国传统文化的主流思想不谋而合。中国传统文化认为,"君子义以为质,礼以为之,孙以出之,信以成之"(《论语·卫录公》),"凡人所以立身行己,应事接物,莫大乎诚敬。"(朱熹《朱子语类》卷一一九),"君子耻其言而过其行。"(《论语·宪问》),"人不可以无耻,无耻之耻,无耻矣。"(《孟子·尽心上》)。这些关于人的行为规范一直沿袭至今,成为监狱文化发展方向的奠基石。

(三)监狱文化丰富和发展了中国传统文化

任何文化都应有其强大的生命力,都应有其发展和不断创新的前景,否则,就不称其为文化。监狱文化蕴含了人类进步的精神元素,是社会先进文化的重要组成部分,它不但有强大的生命力,而且还有着广阔的发展空间;它不但继承和发扬中国传统文化的优秀成果,而且还以其特有的内聚力丰富和发展着中国传统文化。

第四节
中国传统文化与罪犯教育艺术(一)

一、传统文化对人的教育功能

利用文化改造罪犯,最早可追溯到上古时期的嘉石之制。上古时候,惩戒犯罪较轻的罪犯,采取在朝门左边立一块嘉石,命令罪犯坐在嘉石上示众,让其思善悔过。嘉石是一种有纹理(花纹)的石头,或者是刻有简单法条的石头,让罪犯坐在有纹理的石头上思过,以让其懂得"文理",这是古人的一大发明。

实际上,传统文化对人的教育功能十分明显,它主要包括"为人之道"和"为事之道"两个部分,核心是为人之道。

所谓"为事之道",现代语义就是对国家和民族应该承担义务和责任,不能当旁观者,即"天下兴亡,匹夫有责",这是中国传统文化的中心要义。《管子·牧民》中说:"礼义廉耻,国之四维,四维不张,国乃将亡。"一个国家精神的衰败和文化的衰弱,体现在人的身上,就是没有礼义廉耻,甚至把这种思想或行为当成一种套话来说。八国联军入略中国的时候,光绪皇帝心急如焚,焦急之际下了一道"圣谕":"我中国之弱,在于习气太深文法太密;庸俗之吏多豪杰之士少;公事以文牍相来往,而毫无实际;人才以资格相限制,而日见消磨……误国家者在一私字,困天下者在一利字。"对国家和民族缺乏担当精神,这个国家和民族注定是没有希望的。"为事之道"正是中国传统文化在当下对人的责任意识的唤醒。

所谓"为人之道",简单地说就是做人的道理。中国传统文化无论是于君于民都提倡修身养性,倡导"慎独"。做人要有"仁爱"之心,不能强人所难,"己所不欲勿施于人";要有君子之义,不能乘人之危,"置之死地而后快"。《论语·述而》上说:"德之不修,学之不讲,闻义不能徙,不善不能改,是吾忧也。"杨雄在《法言·修身》中说:"修身以为弓,骄思以为矢,立义以为的,奠而后发,发必中矣。"现代社会,"为人之道"是在处理人际关系中体现出来的。人际关系主要包括三个方面的内容:一是个体之间的关系。二是群体之间的关系。三是个体与群体之间的关系。处理个体之间和个体与群体之间的关系体现着个体的为人之道,属于个体文化的内容;处理群体之间和群体与个体之间的关系则体现着群体的为人之道,属于群体文化的内容。"为人之道"之所以是文化的核心,是因为,为人之道支配着为事之道。社会发展的历史证明,奉行什么样的为人之道,就必然奉行什么样的为事之道。例如,一个在人际关系上奉行利己之道的人,在人事关系上必然奉行利己之道,或采取"事不关己高高挂起"的态度,或采取"利小小干,利大大干,无利不干"的行为准则;反之,一个在人际关系上奉行利他之道的人,在人事关系上必然奉行利他之道,或采取"天下人管天下事"的态度,或采取"舍己为人"和"克己奉公"的行为准则。

为人之道和为事之道都有三种类型:一是利己型,如奉行"人不为己天诛地灭"原则的个体人或群体人;二是利他型,如奉行"为人民服务"和"先天下"思想的个体人或群体人;三是互利型,如奉行"己所不欲勿施于人"和"互利共赢"原则的个体人或群体人。中国传统文化是这三种文化类型的综合。因而,我们在建设社会主义文化时应抓住"为人之道"这个核心,以"立人"带"立事",让"立事"为"立人"服务。

二、传统文化对罪犯教育艺术的实用范例

对罪犯的教育少不了传统文化,因为从某种角度来讲,罪犯之所以走上犯罪的道路,是因为其人性的泯灭,丢失了最基本的"为人处世"的法则,这就是对传统文化的无知和

缺失,也就是前面讲的不懂得"为人之道"和"为世之道"。有理论曾经怀疑:"可以通过教育尤其是思想教育来改造罪犯?"这种质疑不无道理,它指出了因为社会的进步和发展,人的观点和思想的自我免疫力得到加强,也就是人的现代文明精神——思维的创新性和对外来束缚的排他性。但是,除了人与生俱来的因素外,人的观点、思想、情感、心理和行为无不渗透后天因素的影响,要破除那些背离人类伦理和法律精神的习气,教育矫正就成为不二之策。对罪犯的技术(或技能)教育是为了让其有一个"安身"的基础,而对罪犯的"处世之道"等方面的教育则让罪犯有一个"立命"的根基,这正是罪犯教育艺术的本意所在。关键的问题是:让罪犯"安身"的教育,只要条件具备便如"水到渠成",而对罪犯的"立命"教育,由于是监狱民警对罪犯在思想和观念、理想和信念方面的重构,因此,其过程艰难程度可想而知。这里,中国传统文化为我们提供了弥足珍贵的教材,它成为监狱民警教育改造罪犯的十分重要的内容。

但是,中国传统文化包罗万象,从为人处世、安身立命到天文地理、治国理政无所不有。而就监狱的现实来说,我们只能根据监狱的实际情况,从罪犯的文化水平和接受能力出发,选择其具有适应性、实用性和典型教育意义的内容来开展传统文化教育。当然,在具体的过程中,我们不能把传统文化当成一种时髦、一种形式,因为,无论是监狱文化建设,还是中国传统文化的继承,都不是用形式走出来的,也不是口号喊出来的,而是一种实实在在的学习、体验和创新。

为方便监狱民警在实践中操作运用,采取列举的方式,将一些常用的传统文化范例列举出来,这些范例,在教育改造罪犯过程中具有特别的参考价值,其前提是监狱民警必须首先熟知这些内容并领会其真实含义。

✍范例一:儒家经学。儒家经学的内容十分广泛,重点掌握儒家常识介绍、十三经、《周易》典籍片段、《论语》典籍片段和《孟子》典籍片段。

1. 儒家及经学常识介绍。儒家是中国传统文化史上以孔孟学说为代表的学派。经学是以儒家经典为研究内容的学问,如文字学、考古学。经学是中国古代最兴盛发达的学问。汉武帝"罢黜百家,独尊儒术"以后,经学成为中国封建社会的正统,并与当时的社会政治形势相关联,不断发展变化,从孔孟学说中演绎出各种适应时代需要的儒家学说。如两汉时期,以董仲舒为代表的今古文经学;魏晋时期,何晏以老子思想解释儒经的玄学;宋明时期的理学;清朝的古籍整理和语言文字研究。鸦片战争后,康有为还用今文学说提倡变法维新,到"五四运动","打倒孔家店",经学结束。儒家经学虽然有陈腐守旧的封建性糟粕,但是也有创新、务实的民主性精华,它对今天的哲学、历史、文学、艺术,以及民族性格、社会心理,民风民俗等都有很大的影响,其珍品仍是实现中华民族伟大复兴——中国梦的宝贵财富。

2. 十三经。儒家经典经过了"六经""五经""七经""九经""十二经"和"十三经"之说。《孔子·天运》中记载:"孔子谓老聃曰:丘始《诗》、《书》、《礼》、《乐》、《易》、《春秋》六经。"后来《乐》经失传,汉武帝独尊儒术,只设置五经博士,教习"五经",从此《诗》、《书》、《礼》、《易》、《春秋》五经被奉为儒家经典并成为中国封建社会官学、私学的基本教科书。东汉又把《论语》、《孝经》扩充为经,于是又有"七经"之说。到了唐朝,科举制盛行,将《三礼》、《三传》列为经书,称为"九经"。唐文宗又将《论语》、《孝经》、《尔雅》刻于石上,称为"十二经"。宋朝理学家将《孟子》也奉为经书,形成"十三经",并将《大学》、《中庸》、《孟子》、《论语》并列,称为《四书》,将汉的《五经》和《四书》合并称为"四书五经"。

3. 建议学习、朗诵、熟记《周易》、《论语》、《孟子》典籍片段。

✍范例二:诸子百家。包括诸子百家常识介绍、《老子》典籍片段、《墨子》典籍片段、《孙子兵法》典籍片段、《韩非子》典籍片段。

1. "诸子百家"。"诸子百家"是对先秦各个学派的通称。"诸子"是对各学派代表人物的尊称,如儒家的孟子,墨家的墨子,道家的老子、庄子,法家的韩非子等等。"百家"是指学术派别及其众多的著述。《汉书·诸子略》把"诸子百家"分为儒家、道家、阴阳家、法家、名家、墨家、纵横家、杂家、农家、小说家等十家。在中国历史上,"诸子百家"对促进历代统治阶级的统治、对中国传统文化的形成和发展发挥了重要的作用。例如,在春秋战国时期,各种游说之士、九流十家之徒,来往于各国之间,广收门徒,积极主张和倡导法治、仁治,连衡、兼爱等观点,围绕天道观、认识论、名实观、社会政治伦理以及礼法制度等各种问题游说君主和列国,这种前所未有的哲学景象,孕育了百家思想的形成,对中国乃至东方文化的形成、发展产生了重要的影响,是中国传统文化重要的奠基石。

2. 建议学习、朗诵、熟记《老子》、《墨子》、《孙子兵法》、《韩非子》典籍片段。

✍范例三:义理之学。主要介绍部分理学(朱熹)、心学(陆九渊、王守仁)知识。

1. 义理之学常识。北宋以后出现了一种特殊形态的儒家哲学,即以儒学为基础,援用道、佛哲理融汇而成的一套新儒学,被称为义理之学。它提倡人要躬行践履、修身养性。义理之学的开山鼻祖是周敦颐,人称濂溪先生,主要著作有《太极图书》、《爱莲说》等,他以太极、阴阳、五行解释宇宙的发生,提出"诚"是"圣人之本"、"百行之源",所阐述的太极、理、气、性、命等,成为宋明理学的基本范畴。在周敦颐思想的影响下,宋明理学在发展过程中形成了以程颢、程颐、朱熹为代表的客观唯心主义和以陆九渊、王守仁为代表的主观唯心主义两个学派。前者世称程朱理学,后者被称为陆王心学。

程朱理学认为"理"是宇宙的本源,是离开事物独立存在的抽象的实体,由它主宰和派生万事万物。该学派曾在宋以后长期居于思想统治地位,影响很大。

陆王心学亦称陆王学派。陆九渊主张"心即理",奠定了宋明理学中心学一派的基础。王守仁(王阳明)发展了心学,倡导"致良知"和"知行合一"说,形成了完整的客观唯心主义学说,在明代盛极一时。由于陆王都把"心"视为宇宙的本源,因此,后人将陆学王学合称为"心学"。

2. 建议学习程颢的《识仁》、程颐的《人性论》、朱熹的《中庸首章评》,陆九渊的《白鹿洞书院论语讲义》、《陆九渊语录》、王阳明的《致良知》和王守仁的《传习录》等典籍片段。

☑范例四:史学论著。主要包括司马迁的《史记》典籍片段、司马光编著的《资治通鉴》典籍片段。

☑范例五:古典文学。主要包括先秦、两汉至唐宋元明清部分古典文学概览,唐诗宋词元曲,《红楼梦》、《西游记》、《三国演义》、《水浒传》等中国古典文学名著。针对监狱及罪犯实际,重点选择学习和阅读唐诗、宋词元曲和部分古典名著。由于古典文学特别是唐诗、宋词、元曲篇目繁多,内容庞大,因此,在具体组织的过程中,应该做好篇目和内容的选择,不宜选择那些生、长、偏的文章。

☑范例六:中国古代科技及医学成就。重点介绍"四大发明"、天文历法、中国中医学传统知识。

☑范例七:宗教知识。重点介绍中国道教和佛教知识。

☑范例八:中国民间文化。主要包括《百家姓》、《弟子规》、《千字文》、歇后语及相关民俗。《百家姓》、《弟子规》、《千字文》等篇目少、字数不多,但内容丰富、通俗易懂,历来为人们所喜爱。在罪犯这个群体中,由于文化水平参差不齐,多数罪犯文化程度不高,因此,有目的、有计划地引导他们朗读或熟记这些民间文化,有助于增强他们对民间文化的学习兴趣,提高其对民间文化的理解,并通过对民间文化的学习提高其自我修养能力。

☑范例九:有针对性地介绍几种中国古典民间乐器及部分经典曲目。民间音乐是我国历代音乐发展过程中的主流。远在周秦以前及周秦时代,统治阶级所制定的一切典礼音乐、舞蹈都是劳动人民所创造的,都来自民间。自汉朝汉武帝建立乐府开始,至隋、唐、宋、元、明、清等历朝历代,民间音乐成为统治阶级乃至广大老百姓喜闻乐见的精神食粮。譬如隋唐时代的所谓"华夏正声"的清乐,本是汉魏时代的民间音乐,被统治阶级奉之为雅乐而保存下来。唐、宋时期,民间音乐对诗词的影响巨大,无论是典礼音乐或统治阶级和士大夫阶级所享乐的音乐,推本溯源,也几乎都是民间音乐的改头换面。随着各民族文化的不断交流,民间音乐也得到不断的丰富和发展。

针对监狱的实际情况,我们可以向罪犯介绍一些常见的中国民间音乐和古典乐器。例如古典乐器方面的:琵琶(古代西域乐器)、箫笙竽笛等管乐器,古筝、竖琴等弦乐器,以及京胡、板胡、唢呐、锣鼓等等民间乐器。古代经典曲目如:《高山流水》《广陵散》《梅花三弄》《苏武牧羊》《阳关三叠》《十面埋伏》等等。

☑范例十:中国重点文化古迹介绍。由于罪犯教育的特殊性,对其进行重点文化古迹教育,仍然只限于在监狱内的常识性介绍,但可以通过多种形式进行,例如文字性介绍、文字加图片式介绍、纪录片或通过其他视频等介绍。介绍内容力求形象具体、准确全面、具有代表性。中国是拥有世界文化遗产最多的国家之一,丰富的古代文化遗迹记录了中国的历史,文化遗产和古代遗迹成为我们民族的强大的精神支柱。例如,可以介绍中国文字的起源(甲骨文的发现和考证情况)、敦煌莫高窟(甘肃)、龙门石窟(河南洛阳)、秦始皇陵兵马俑(陕西)、万里长城(八达岭)、孔庙孔府和孔林(山东曲阜)、颐和园(北京)、杜甫草堂(四川成都)、圆明园(北京)、北京故宫和天坛、山西平遥和云南丽江古城、苏州古典园林等等。

本范例重在实用于罪犯教育的内容列举,包括有代表性的中国传统文化内容,当然,这里的"有代表性"有两层含义:一是在监狱现有的条件下能够或者可以实施的教育内容(如监狱是否具备实施传统文化教育的力量,包括硬件设施、环境氛围、干警的知识储备等等);二是必须对罪犯改造具有现实教育意义的内容。因此,采取对中国传统文化列举的方式予以推荐或是建议,以供参考。

三、传统文化在罪犯教育中的局限性

中国传统文化在教育改造罪犯中的地位和作用是毋庸置疑的,并已产生巨大的影响。中国相当多的监狱都较成功的运用传统文化来教育改造罪犯,并以此唤醒罪犯向"合格公民"的回归。例如,组织罪犯参加"传统文化大讲堂",宣传孝道文化、将《弟子规》融入罪犯教育内容。绝大多监狱都开展了传统文化进监狱活动,如吉林市在全省监狱范围内下发了学习《弟子规》的文件,印刷《弟子规》口袋书,采取"宣、讲、学、背、谈、演、比、推"等八种形式开展教育活动,每周至少两个小时用于集中学习《弟子规》,并将学习情况与罪犯考核相结合。山西省太原监狱将服刑人员犯罪的原因总结为"四缺",即"缺孝道、缺诚信、缺仁爱、缺礼仪",因此,就有针对性地对服刑人员开展"讲、读、写、背"《弟子规》活动。吉林省女子监狱开展"千人诵读经典"和太极拳等大型表演活动,演绎了经典文化的博、雅、深。通过各种传统文化活动的开展,"对打造和谐改造环境、激发罪犯改造热情、重塑健康灵魂起到了积极的推动作用。多数罪犯服刑改造态度发生明显变化,由顽劣无礼向敬语谦辞转变,由傲慢自恃向谦虚内敛转变,由怨天尤人向反躬自省转变,由污言秽语向文明礼貌转变,由索要钱物向体恤亲人转变,由无所事事向看书学习转变",收到了良好的改造效果。

但是,值得注意的是,中国传统文化中的整体思想是产生于封建社会的,总是打上了剥削阶级的烙印,它往往成为维护其阶级统治的一种思想武器,加之由于中国传统文化的内容庞杂、良莠不齐,其观点或思想都存在一定的片面性和主观主义色彩,特别是在理解文化的精神实质方面存在着差异,因此,对中国传统文化的作用不能一概而论或者过于自信,必须因地制宜、因材施教,要结合现代价值要求,充分融入体现现代人文精神的内容,根据罪犯的思想、文化程度、接受能力、监狱软硬件条件等情况组织实施。

第五节

中国传统文化与罪犯教育艺术（二）

——鬼谷子的智慧和语言艺术及其运用

鬼谷子,姓王名诩,又名王禅,战国时期的思想家、军事家、教育家。因隐居清溪鬼谷,故自称鬼谷先生,是先秦诸子之一。鬼谷子无心做官,却被尊为纵横家之鼻祖。据史料记载,战国时期的军事家孙膑、庞涓,外交家苏秦,为秦国统一打下基础的张仪以及危难之际自荐出使楚国的毛遂等都出自鬼谷子门下。

《鬼谷子》,又名《捭阖策》,是中国古代作品中运筹帷幄的智慧宝典,决胜千里的实用指南。它侧重于权谋策略及辩论技巧,从各个方面解释并利用战国时期激烈的社会矛盾,制订出一整套计谋与言谈技巧,其中阐述的关于纵横、捭阖、反应、摩意、揣情等一系列谋略,对监狱民警教育改造罪犯具有一定的现实借鉴意义。

一、"捭阖"之术及其应用

"捭"开启之意,"阖"隐藏之意,"捭阖"即开、合。一开一合是万事万物发展变化的规律。鬼谷子把"捭阖"之术立为世间万物的根本道理,也是解决一切矛盾的钥匙。鬼谷子"捭阖"之术的要义是:何时应敞开心扉、直言陈辞,何时应冷静观察、沉默不语,都可以通过启与合的密切配合,来把握事物发展的规律,从而达到知人、御人的目的。

（一）分析和掌握罪犯思想发展变化规律,顺势而为,是教育改造罪犯的成功之道

鬼谷子认为:"观阴阳之开阖以名命物,知存亡门户,筹策万类之始终,达人心之理,见变化之朕焉,而守司其门户,故圣人之在天下也,自古及今,其道一也。"(《鬼谷子·捭阖篇》)意指通过观察阴阳两类现象的变化来对事物作出判断,并进一步了解事物存亡的关键因素,计算和预测事物的发展进程,通晓人们思想变化的关键,揭示事物变化的征兆,从而把握事物发展变化的关键。所以,从古至今,处于天地之间的圣人分析事物的思路都能统一到阴阳的变化之中。

罪犯的思想和行为尽管千变万化,但必然有引起其变化的各种因素。监狱民警应分析罪犯思想和行为产生的前因后果,找准其变化发展的关键点和基本规律,才能"因材施教",做好教育改造工作。在监狱实践中,民警常常因缺少对罪犯在改造过程中各种现象的观察,对罪犯思想或行为变化没有本质性了解,一旦发生突变,要么束手无策,要么作出错误性判断,导致决策失误。

(二)察言观色,知己知彼

鬼谷子认为,是否知道对方的虚实,可以采取先观察他的嗜好和欲望,还可以看出他的志向和意志。明白对方的实际情况后,我们应该闭藏自己,隐瞒自己的真实计谋,不让对方察觉,然后再开启自己的思路,其目的是要考虑彼此间的诚意。以从中获取有利于自己的信息。或开启自己,让对方知道自己的真实想法,其目的是为了相互间的信任,获得共同的情感。计谋是否可行,必须先观察分析清楚对方的思路,才能比较彼此间的相同与不同之处。

在教育改造罪犯的实践中,有的监狱民警常常"一厢情愿"的准备了很多方法或措施,但往往行不通、不管用,原因在于没有做到"知己知彼",没有掌握罪犯的真实情况。事实上,教育改造罪犯的策略或方法,基本源于对罪犯信息的掌握,信息来源全面、准确,所制订出的方法或策略就科学、符合实际,就更具有针对性,正所谓"测得风向好使舵"。我们知道,世界上没有两片完全相同的树叶,也不可能存在两个完全相同的人,因此,说话办事都要因人而异。只有全面而深刻地了解别人,才能"得其指",更好地实现"求其利"的目标。例如,监狱民警在与罪犯谈话时,要先揣摩、体会罪犯的心理,知道其好恶,掌握其思想和行为的真实动机,然后给罪犯讲清楚做任何事情都应思前想后、趋利避害,使罪犯相信你的诚意,并与你的意见和要求达成一致。

(三)掌握语言技巧,学会用语言教育感化罪犯

语言是人与人之间进行沟通的重要工具,不同的说话水平和方式,给对方带来的感受就有所不同,所获得的说话效果和目的就有所区别。

"捭阖者,道之大化,说之变也。必豫审其变化。吉凶大命焉。口者,心之门户也。心者,神之主也。志意、喜欲、思虑、智谋,此皆由门户出入。故关之矣捭阖,制之以出入。捭之者,开也,言也,阳也。阖之者,闭也,默也,阴也。"(《鬼谷子·捭阖篇》)

鬼谷子认为,开放和封闭是万物运行的现象,是游说活动的一种形态。人们必须首先慎重地考察万物变化,事情的吉凶,人们的命运都系于此。语言是心灵的窗户,心是心灵的主宰。意志、情欲、思想和智慧都要由口说出来。因此,用开放和封闭来把守这个关口,以控制出入。所谓"捭"之,就是使之开放、发言、公开;所谓"阖"之,就是封闭、缄默、隐匿。鬼谷子认为,嘴巴是一个人宣泄情感的门户,要注意开合,把有益的话、动听的话说出来,把有害的、得罪人的话关在肚子里。

对罪犯进行教育,同样要追求语言的艺术效果,但由于监狱民警长期面对这项枯燥无味的工作,往往已不在意语言的表达了。也就是说,教育讲话要讲什么、怎么讲、什么时候讲无所谓,而罪犯对民警的讲话方式或内容也司空见惯,其内心根本就不知道民警讲了什么,讲话效果就可想而知了。

(四)准确洞察罪犯言行,掌握罪犯为人处世规律,是教育改造罪犯的成功之道

鬼谷子认为:"捭阖之道,以阴阳试之,故与阳言者依崇高,与阴言者依卑小。以下求小,以高求大。由此言之,无所不出,无所不入,无所不可。可以说人,可以说家,可以说国,可以说天下。为小无内,为大无外。"(《鬼谷子·捭阖》)其基本含义是指,关于捭阖之

道,要从阴阳两个方面来试探对方。因此,对于积极进取者,应谈论崇高奋进之事来加以引导;而对消极保守者,应谈论卑微求全之事来加以引导。卑微求全之事,易得到志小者采纳;崇高奋进之事,易得到志大者采纳。若能从人物心理出发去游说,则无所不出,无所不入,无所不可,达到无往而不胜的境界。这种游说方法,可以游说人,可以游说家,可以游说国,可以游说天下。做小事,可进入无限微妙的境界;做大事,可进入无限广大的境界。在这里,提出了"与阳言者依崇高,与阴言者依卑小"的结论,他把人分为两类:一类是"阳言者",即积极进取者;一类是"阴言者",即消极保守者。他提出在与人共事前,不妨把对方归一下类别,然后决定用什么样的言行来对待他。

鬼谷子对人的分类方法虽然不尽科学,但是也有一定的道理,这种方法对教育改造罪犯具有一定的启发性。罪犯群体虽然结构复杂,性格各异,但是,我们可以从人的成长规律或个性特点、根据罪犯的犯罪性质或现实表现等将其进行分类,并根据不同的类别进行有针对性的教育。

二、揣情之术及其应用

鬼谷子所提倡的"揣",即揣度,揣术实际上就是揣情术,是忖度人情事理,权衡事物利弊得失,并从中发现隐藏的真相。

鬼谷子认为:"古之善用天下者,必量天下之权,而揣诸侯之情。量权不审,不知强弱轻重之称;揣情不审,不知隐匿变化之动静。……"(《鬼谷子·揣篇》,下同)其含义是指,在古时候,善于治理天下的人,必然会审慎地把握国家的发展趋势,揣度各诸侯国的具体情形。如果不能周密切实地审时度势,权衡利害,就不会知道各诸侯国的强弱情况;如果不能周密地揣度形势,便不知道各种隐藏的情况和发展变化。他还认为:"常有事于人,人莫能先。先事而至,此最难为。故曰'揣情最难守司'。"意思是,善于运用揣情为人处世的人,总是让人无法超越。他总是在事情发生之前,就已经预料到了,这种料事如神的境界是最难达到的。所以,揣情是最难把握的法术。

鬼谷子的揣情之术实际上是建立在对人的充分认识基础上的,用今天的话讲,就是"识人"、"用人"的方法。所谓"神机妙算"、"未卜先知",靠的是对人和事的认真态度,靠的是经验和智慧。

在教育改造罪犯的过程中,有很多因素是监狱民警无法预见的。但是,只要监狱民警保持一定的耐性,坚持对教育改造工作的务实精神,平时做到对罪犯的细心观察、了解,掌握罪犯的言行举止,增强工作的预见性,加强教育改造中的防范意识,自然就做到了"揣情",从而增强工作胜算的可能。

在掌握"揣情"之术后,最主要的还要掌握"摩术",揣是一种猜测、预测,是一种主观的思维方式。"摩",本义为揉搓,这里指通过适当的言论刺激对方,以获得对方真实的意图。因此,"摩"可以视为"揣"的具体运用。通过"揣情",明确了对方的意图之后,即可择法而行之,称为"摩意"。善于摩意的人,必具有超强的思维能力,他们能根据同气相求的规律,将心比心,将事比事,从而准确察知对方的内心欲求。摩意的具体方法有责以正义、诱以利益、施加威吓等等。摩意的目的和要义是通过言语刺激等方式,使对方的真情暴露出来。与此同时,自己要做好隐蔽工作,尽量不暴露自己的内心,以充分掌握事物发展的主动权。历史上著名的"围魏救赵"、"明修栈道、暗度陈仓"等战例就属于典型的"摩术"。

"摩术"同样可以用于罪犯教育改造工作中。在不违反法律精神的前提下,监狱民警通过一些方法和技巧迫使罪犯的错误思想和行为暴露出来,不但可以及时对这些错误思想和行为予以矫正,而且,可以预防或减少一些狱内案件的发生。

三、"决"术及其运用

"为人凡决物,必托于疑者,善其用福,恶其有患,善至于诱也,终无惑偏。有利焉,去其利则不受也,奇之所托。若有利于善者,隐托于恶,则不受矣,致疏远。故其有使失利、有使离害者,此事之失。……"(《鬼谷子·决篇》)鬼谷子认为,凡为他人决断事情,都是受托于有疑难的人。一般来说,人们都希望遇到有利的事,不希望遇到祸患和骗诱,希望最终能排除疑惑。在为人做决断时,如果只对一方有利,那么没有利益的一方就不会接受,只是因为依托的基础不平衡。任何决断本来都应是有利于决断者的,但是如果在其中隐含着不利的因素,那么决断者就不会接受,彼此之间的关系也会疏远,这样对为人决断的人就不利了,甚至还会遇到灾难,这样决断是错误的。

决术是《鬼谷子》中的重要谋略之一。决,即决疑、决策、决断之意。鬼谷子提出"决情定疑,万事之机"。决的形式,或是对疑点进行分析,或是对利弊进行权衡,或是对方案进行取舍,其目的都是廓清思路,以展开下一步行动。决的前提是认清事物的性质,杜绝偏见,以便决断无误。

鬼谷子"决"术要义,可以概括为:权衡利弊,三思而行;看问题要有高度,富有战略眼光;对事物判断准确就立即决断;善于把握决策技巧等。

在教育改造罪犯的过程中,监狱民警常常会遇到一些意想不到的问题或困难,或左思右想,不得要领,或举棋不定,犹豫不决。特别是在遇到突发性事件时,不能看到事件的本质和要害,缺乏对事件分析的高度和深度,不能对事件性质作出准确及时的判断,致使决策错误,贻误战机。很多罪犯群体性事件、脱逃事件、罪犯自杀事件及其他暴力性事件都因此而生。如果监狱民警掌握了"决"术要领,并能够结合工作实践加以运用,就会避免或者控制这类事件的发生。

在《鬼谷子》各篇内容中,都详细提出了对人和事件的处理谋略,大至国家,小至个人,均从对环境利用、行为观察、语言使用、心理分析等等方面进行了全方位的论述。虽然有的观点具有片面性和主观色彩,但是对人和事物认真分析和处理的精神,包括一些具有超前性的思辨方法或技巧,对监狱民警教育改造罪犯都具有一定的启发意义。

第七章
Chapter 7

罪犯情景教育艺术

　　所谓情景是指在一定时间内各种情况相对的或结合的情况,也可以理解为情境。情景对人的影响既可以发挥积极性作用,也会产生消极性影响(本书只论述情景对罪犯的积极性作用)。在现实生活中,人可以创设某种情景,从而感受一种情感氛围,例如,一场催人泪下的英模报告会,一堂别开生面的专题讲座,一次推心置腹的谈话,人与人之间一次偶然而印象十分深刻的交流等等,都蕴含着情景,情景能够引发人的情感冲动或思考。人也可能在某种自然或者人文环境中得到一种情感熏陶,例如,对鬼斧神工的名山大川的陶醉,对风景秀丽的森林草原的痴迷,对古朴庄重的历史遗迹的敬畏等等,同样引发人的情感,使人产生心灵的震撼。情景无所不在,无处不有,因此,我们说,人都是生活在一定的情景中的。人之所以产生这样或者那样的行为,原因在于有不同的情景,所谓"触景生情",就是这个道理。

　　将情景概念引入罪犯教育艺术,是因为在监狱特有的环境下,罪犯面临着与普通人所无法想象的情景状态。人在自由状态下,虽然也生活在各种不同的情景中,由于始终处于相对自由的状态,因此,即便所处的情景对其情感、情绪、精神等产生不良影响,都可以采取不同的方法进行调适(K 歌、喝酒、做运动、玩游戏等等),甚至找到一个更好的环境去进行排解(拜访朋友、旅游、逛商场等)。而对于罪犯来说,情景创设的主动权在监狱和监狱民警。因此,创设一个什么样的情景才有利于罪犯的改造,既是方法问题,也是艺术问题。

第一节

监狱建筑情景与罪犯教育

　　人类通过建筑创造出了世界的表象,而这个世界正是人类自身的缩影。因此,有人说,人体是心灵的外壳,而建筑又是人体和心灵的外壳。实际上,建筑从一开始就是为了维护人的安全,准确地说是为了维护人体与心灵的安全。从原始时代最早出现的圆形棚屋,到后来方形建筑以及比较规则的圆形建筑的出现,无不与人体发生联系,它是人类对空间、时间,乃至数学认识的一个飞跃。

在建筑学上,有人认为,以物态形式存在的建筑,首先应该满足的是人类基本的生理与物质需求。基于此,人们常常热衷于从生物学意义上去寻求原始建筑的本质,这是一种片面的和不科学的认识。因为,动物学研究证明,动物巢穴仅仅是一种生存空间,而人类的住宅却已升华为感知空间,产生了唯人类才具有的精神价值,它所容纳的不只是人们的躯体,更容纳着人们的情感和精神。据普卜特《住屋形式与文化》记载:对罗马、新英格兰、缅甸、越南和中国的许多民族而言,住屋是他们唯一的庙堂。在我国古代,住屋不仅仅是日常宗教仪式的殿宇,它的屋顶、墙、门灶等等到处都有神灵护卫。又如在缅甸的一些地方,让陌生人进入自己的屋子,被看作是一种亵渎。在非洲,住屋的意义常常是精神上的,即人、人类祖先和土地间的联系,许多屋子的"主人"实际上是不可见、不可知的超自然的神灵。随着社会的发展和人类文明程度的不断进步,建筑已不仅是社会需求的产物,更是诠释人类心灵的产物。就现代建筑来说,尽管它变幻无穷,但仍然包含着"前科学时代"(主要是指人们通过经验积累和感性认识来处理、解决问题的时代,它是一个相对的概念,并没有明确的界限。丹皮尔在《科学史及其与哲学和宗教的关系》中说"科学,过去是躲在经验技术的隐蔽角落辛勤工作的,当它走在前面传递而且高举火炬的时候,科学时代可以说已经开始了")的传统建筑,并带有明显的历史遗风。

一、监狱建筑与罪犯教育的关联性

我们首先肯定了建筑物(如房屋)对于人的重要性,即它不仅仅象征和代表了人的居所,更是人的精神和心灵的"港湾"。虽然监狱的建筑物——监舍、围墙、禁闭室、习艺车间、教室或者活动室等等都带有羁押和监管的性质,但是,作为罪犯(人)居住、活动性质的意义或成分却是永远的也是不可缺少的,因此,监狱建筑物与罪犯之间有密不可分的"情缘"。而监狱建筑并非生冷、僵硬的固体,作为物化的国家意志的象征,它因罪犯而生,因此,它要符合羁押和监管罪犯的条件,满足罪犯的基本生活要求;它是国家的物质附属物,因此,要体现和塑造作为国家暴力机器的外在形象;它是社会文明进步的表现,因此,它不但要满足教育和改造罪犯的需要,而且要充分体现现代人文理念,并具有一定的艺术性,体现具有监狱建筑特色的艺术价值。首先,罪犯从一个自由公民变化为"受到限制自由的特殊公民",其身份发生了改变,但是,罪犯——作为一个人,他仍然需要相对栖身和活动的场所,监舍、禁闭室、习艺车间,监狱的教室等等就成为他们必然的场所,成为他"安身立命"的唯一去处,正如一个自由的公民需要回家,需要有一个属于自己的居所一样。其次,对罪犯而言,监狱建筑具有法律上的意义,即监狱建筑的标准、内容、要求是法定的,至于有什么样的建筑物,并不改变其使用的性质和法律层面的功能,罪犯没有选择或者放弃的权利。最后,随着社会的发展,监狱已完全脱离了单纯的羁押性质,刑罚功能的渐近演变,使监狱建筑的人性化程度日趋提升,正如有的建筑学家所说的,监狱建筑对罪犯精神、心灵、自信心、改造积极性的影响已经超过以往任何一个时代,它使罪犯泯灭的良心受到点化,消沉的意志得到激发,思想和行为受到熏陶,因此,监狱建筑成为塑造"新生"的摇篮,成为罪犯告别过去的"分水岭"。

我国政府对监狱建筑特别重视,新中国成立后,百废待兴,有一部分监狱建筑是通过对旧监狱改造后来关押罪犯的,而绝大多数监狱都是在中国共产党的领导下,广大监狱民警逢山开路,遇水搭桥,通过艰辛的劳动在荒凉偏远的地方建立起来的。"文化大革命"开始后,监狱没有逃脱被砸烂的厄运,监狱不仅是人们避之不及的场所,更是成为一个时代灾难的象征。"十年动乱"结束后,国家对监狱建设给予了一定的资金和政策支持,但是,监狱建筑整体改观不大,效果不明显,监狱建筑落后的设计理念和"灰色"的视角形象始终存在。到了 2002 年,由司法部负责主编,司法部哈尔滨设计院编制的《监狱建筑标准》,经过有关部委会审核后,由建设部、国家计委批准发布,并于 2003 年 2 月 1 日起正式实施。2010 年,住房和城乡建设部出台《关于印发〈2009 年工程项目建设标准和建设项目经济评价方法与参数编制项目计划〉的通知》,至此,监狱建筑有了法定的建筑标准,监狱建设开启了一个崭新的时代。

二、监狱建筑在罪犯教育改造中的功能

监狱建筑具有法定性功能,即它在满足罪犯居住及相应活动的前提下所具有的羁押功能、威慑功能、防范功能、隔离功能和教育功能等等,其中,刑罚的惩罚性功能是最重要的。监狱建筑为罪犯提供的居住和活动性功能是普遍性功能,即一切建筑所具备的功能。同时,由于监狱建筑始终属于建筑的范畴,因此,它还具有建筑物所特有的审美功能。

在监狱发展的历史过程中,不同阶级其监狱的刑罚功能有所不同。以中国不同历史阶段的监狱为例,由于奴隶社会和封建社会主要以剥夺罪犯的生命刑和身体刑为主,因此,监狱的功能一般只是暂时羁押和监管罪犯的场所,监狱建筑成为罪犯行刑前的"中转站",是罪犯生命存在与生命终结的"奈何桥"。这个时期的监狱建筑林林总总,无所不有,它与阴森恐怖、野蛮愚昧分不开,监狱建筑潮湿狭小、虫棘遍野,集尽其灭绝人性之功能。到了封建社会晚期,尽管刑罚观念有所进步,但是,严刑峻法仍是统治阶级不可逆转的治国之策,监狱同样成为他们复仇和黩杀罪犯的人间地狱。

在西方行刑理念的影响下,清朝末期,统治阶级进行了监狱改良。一是吸取先进的行刑理念,制定监狱法典,加强监狱管理;二是废除部分极刑,加大自由刑的执行力度等。由于封建狱政的弊端丛生,法规与实践矛盾日趋严重,哪怕是康乾"盛世",囚犯也难逃监

狱"吃人"的魔掌。在监狱建筑方面,清末虽然在明朝的基础上有所改进,但是监狱牢房狭窄,仅以蔽风雨,未决已决犯杂居拥挤,病犯与非病犯混押,无卫生、教育可言,监狱成为犯罪养成场所和疾病传染的渊薮。正如方苞《狱中杂记》所言:狱中老监,除了中央禁卒住室以外,其他四室全无窗户,空气污浊,"而系囚常二百余","矢溺皆闭其中",加之"隆冬贫者席地而卧,春气动起鲜不疫矣"。若是夜中疫病囚死,"生人与死者并踵顶而卧,无可旋避,此所以染者众也"。狱囚死者日多,每天约三、四人,"多至日十数人"。

北洋军阀和国民党统治时期,由于封建军阀割据,各自为政,以及国民党政权的反动性,监狱的黑暗和残酷性变本加厉,监狱成为禁锢、镇压、迫害仁人志士的工具,监狱建筑成为抹杀新生革命力量的代名词。例如,国民党政府除设立庞大的监狱和集中营外,还允许设置私牢,很多革命志士和无辜老百姓在国民党的监狱和私牢遭到非人的折磨。

在中国共产党的领导下,我们不否认监狱建筑仍然具有惩罚罪犯的功能,但是,惩罚内容和目的与以往任何阶级都有着本质的区别。特别是在全面推进依法治国的背景下,我国监狱始终坚持依法治监,对罪犯进行文明管理,把教育改造罪犯成为守法公民作为监狱追求的最大价值,因此,监狱建筑不但体现了我国物质文明的程度,而且更成为我国法治进程的坐标。特别是实施监狱布局调整以来,我国监狱建筑以崭新的面貌展示在世人的面前,不但改变了交通和地理条件,丰富和完善了各种功能,而且赋予监狱建筑人性化、艺术性的内涵和审美情趣。

监狱本身是一个概念,它由实实在在的、具体形象的监狱建筑、监狱警察、监狱管理制度等庞大的系统组成。这些系统中的任何一个成分都是相互联系、相互依靠并不可缺失的。其中,监狱建筑是监狱存在的前提和基础,是监狱一切活动的物化载体。如果我们仅满足于监狱建筑本身的意义,那么,可以说监狱建筑就是监狱建筑,它并没有什么特别之处。但是,现代监狱建筑蕴含了更多的隐喻,它延展和推广了监狱科学、文明和社会化内容,并将监狱建筑的法定性功能和审美功能有机地结合起来,为社会了解监狱、为监狱了解社会提供了宽阔的通道。

(一)监狱建筑的法定功能

所谓法定功能即法律规定并在法定范围内有效的功能。监狱建筑的法定性功能在现有法律当中没有明确的表述,因此,理解它的法定性功能只能从法律规定的监狱的性质等精神中去寻找答案。从性质上讲监狱是国家的暴力机器,在具体功能上,监狱是国家的刑罚执行机关,依照刑法和刑事诉讼法的规定,被判处死刑缓期两年执行、无期徒刑、有期徒刑的罪犯,在监狱内执行刑罚。监狱和监狱民警依法对罪犯进行监管和改造,监狱民警的执法活动、监狱执法设备等等都受法律保护。

1. 羁押功能。这是监狱建筑的基本功能。羁押功能的合法性在于羁押对象、羁押时间、羁押地点和羁押方式的法定性。世界上任何一个国家的监狱建筑,不管在建筑形式上多么特别,它的首要任务就是羁押,无论是最早出现的家庭监狱,还是以国家管理形式出现的完全意义上的监狱,它都具备羁押的功能,并且其功能设置必须与羁押内容(即羁押对象、时间、地点、方式)基本一致。但是,需要区别的是,以社区矫治出现的现代行刑方式,由于罪犯是在社区接受教育改造的,社区是居民生活、学习、工作和休闲娱乐的场所,是一个相对自由和自主性的空间,因此,社区不是监狱建筑,社区也没有监狱,社区只是监狱刑罚执行活动的外延空间。监狱建筑的羁押功能表现在对罪犯自由的限制,罪犯的学习、劳动、生活、亲属会见、业余活动,乃至言语、心理和生理活动规律等等都受到监管和干涉,罪犯的一切活动都只能囿于监狱建筑范围。监狱建筑的羁押功能是使罪犯从一名普通的社会公民向一个自由受到限制的特殊公民角色的转变,为罪犯角色身份和自由受到限制,并使罪犯之所以成为罪犯进行了明确的界定,这样,罪犯在监狱及监狱规定的范围内的活动就是合法的,否则就是非法的。

2. 威慑功能。监狱从它产生开始,就极尽其威慑之能事,这不仅仅是刑罚的多样性、残酷性,还体现在监狱建筑的诡异神秘,这是一切统治者对敢于威胁和危害其统治地位的人的别有用心。中国奴隶社会就有用于建造雏形时期的监狱,即用"丛荆"做成围栏,将受刑人关在里面。我国历史后期的一些典籍资料对用棘藤作为监狱建筑结构材料都有记载,如唐代陈子昂《祭韦府军文》中指出:"昔日梦奠之时,值余寘在丛棘,狱户咫尺,貌若山河。"《清典》卷五十六记载:"监狱外垣周堆荆棘。"夏朝用土垒成平台(即夏台),并"乃召汤而囚之夏台"(《史记·夏本纪》),到"夏帝芬三十六年,作圜土"(《竹书纪年》),即用泥土筑成圆形的监狱。还有皋陶造狱的传说,自西汉到明清时期,历朝监狱普遍把皋陶奉为狱神,建庙设像,以示崇敬,这是统治阶级借助神化的力量以加强监狱威慑作用而采取的手段。皋陶造狱虽然只是一个传说,但是它反映了当时统治阶级对监狱威慑功能的价值追求。在以后的夏至各朝各代,监狱建筑从牢(本是关牲畜之地,后来把抓来的奴隶与牲畜一同关押)、圜土、囹圄、监、狱和监狱,都集威慑恐怖之大成,体现了剥削阶级监狱的淫威。世界各国监狱发展的历史,也往往从监狱建筑方面可见一斑。深山、海洋、不毛之地、甚至太空都成为监狱建筑的可选之地,监狱建筑誓有不足以威慑罪犯就不罢休的态势。

威慑功能作用的范围主要是罪犯,同时也作用于不特定的社会自由公民,不论是哪一种范围,它都会对社会发挥积极的作用。威慑功能作用的对象是罪犯的身体、心理和精神,它是实施主体,充分利用外界因素对人的身体、心理和精神进行有目的的影响,进而实现主体所希望的目标。

人为什么会产生恐惧,并且,一旦产生恐惧,就会引起心理和身体上的紧张,甚至摧毁精神和意志。从心理学的角度来分析,恐惧感的产生,是由于人对事物缺乏基本的认知和判断能力,进而导致心理无法承受所至。心理学家理查德·拉查罗斯指出:"威胁我们的不是事情的本身,而是我们赋予它的意义。"如果我们在思想上重新去看待害怕的事情的话,也许就不那么害怕了。从人类学的角度来看,恐惧感的产生,其恐惧源除来自对事物的认知力不足外,还与动物与生俱来的胆怯、消极的人生观、自身行为过错等有关。恐惧是在真实或者想象的危险中,个人或者群体深刻感受到的一种强烈而压抑的情感状态。表现为:神经高度紧张,注意力无法集中,内心充满害怕,脑子里一片空白,不能正确判断或控制自己的言谈举止,变得容易冲动。

监狱建筑对罪犯之所以产生强大的威慑力,主要在于罪犯对法律缺乏认知力,铤而走险,以身试法。事到临头后,又不知所措。在社会舆论、道德、良心和法律攻势等的多重压力下,所产生的一种恐惧心理。监狱建筑对罪犯的威慑作用具体表现为:建筑空间的有限性,使罪犯自由受到限制、心理压力增大;建筑模式(结构)的特殊性,使罪犯不再是对新事物所抱有的好奇感,而是面对监狱的此情此景,如坐针毡、如临深渊、惶恐不安;建筑环境的陌生性,使罪犯对原有环境只存幻想,目前的处境更使原来的习惯变为不自在。虽然,现代监狱离一切野蛮和不文明现象越来越远,但是监狱的性质一点都没有改变,并且,随着人类社会思想的不断开放和行为自由度的不断加大,人们对自由的追求和眷恋越来越强烈,而监狱恰恰是限制罪犯自由的地方,罪犯一旦进入监狱服刑,对环境的陌生和对失去自由的恐惧便油然而生,监狱建筑的威慑力并体现得淋漓尽致。

3. 惩罚功能。就监狱建筑本身来说,它不具备惩罚功能,监狱建筑惩罚功能的发挥,是因为法律赋予了它其他任何东西都不可能代替的精神和极具象征性的力量。这种精神就是伸张正义、惩罚和预防犯罪的法律精神;这种象征性的力量,就是来自以国家为后盾,而不以个人意志为转移的强制力保障。

监狱建筑的惩罚功能,首先是对罪犯的犯罪行为的惩罚,在这个特有的环境里,通过刑罚的实际执行,使罪犯因畏惧再次受刑而不敢再犯罪。心理实验证明,犯罪人之所以犯罪的心理原因之一,就是他具有不受惩罚的侥幸心理。通过对罪犯适用刑罚惩罚,使其身受其苦,感受到自己的犯罪行为所必须付出的代价,并能深刻认识到刑罚是犯罪的必然结果,任何侥幸心理都是枉然的。正如森武夫在其《犯罪心理学》中所说的:"惩罚可以给人留下难忘的印象,并使其在受惩罚的原因再现时,产生本能的条件反射式的恐惧"(森武夫著《犯罪心理学》,知识出版社1982年版,第182~184页)。监狱建筑对罪犯的第二个惩罚功能就是对罪犯部分实体权利的限制,例如限制其自由活动和人际交往,在规定的时间、有限的空间内进行劳动生产、集中学习和参加集体活动,一举一动受到监管,活动范围受到警诫。

4. 防范功能。防范功能是监狱建筑物的核心功能和监狱存在的最基本价值。不同的历史时期和不同的国家,虽然有不同的监狱建筑标准,但是,在防范功能的目标上却是一致的。譬如,在丹麦这个国家,共有14所监狱,其中,只有4所是封闭式的监狱,其他都为开放式监狱。开放式监狱没有高墙、电网和哨兵。犯人宣判后,首先考虑投入开放式监狱服刑,只有那些暴力倾向严重、刑期很长以及自愿要求到封闭式监狱服刑的罪犯才送到封闭式监狱。监狱的制度十分宽松,唯一的硬性要求是罪犯晚上必须住在这里。白天参加工作或者学习,也可以接受监狱分配的工作。他们开着车去上班,晚上回来住,无论在哪里工作,每周在监狱住宿的时间都要达到37个小时,监狱就像自己的家一样。但是,罪犯一旦私自逃跑,监狱就会立即报警,通过连接欧盟15个国家的警察互联网,每个成员国的警察几分钟内就会收到有关信息资料。罪犯一旦被抓回,就要付出重大的代价,就可能被投入封闭式监狱长期服刑。类似的开放式监狱及其管理制度在美国等西方国家都比较普遍。由此看出,这些国家的开放式监狱,只要罪犯按照法律的规定自觉的回到监狱,遵守了监狱制度,警方对罪犯的行为不予干涉。同样,只要罪犯在规定的时间没有离开监狱范围,监狱方面也不会去影响罪犯的正常生活,否则,就难脱干系。但是,不管是开放式或者是封闭式的监狱,监狱建筑是一个"分水岭",是罪犯自由与否的标志。在这些"进"与"出"的过程中,监狱建筑始终发挥着防范罪犯脱逃的功能。在我国,监狱建筑的防范功能尤为明显。在革命战争时期,监狱建筑简易破损,但由于教育引导和宣传到位,很少发生罪犯逃离关押点的情况,即便是临时性遣散,罪犯也会按照规定的时间回到指定的位置。在这种情况下,简易破损的"监狱建筑"就成为防范罪犯脱管的"标志性建筑"。新中国成立后,监狱建筑有了根本性的改变。特别是随着押犯的增加,监狱安全稳定重要性的日益凸显,国家对监狱的投入也逐年增加,监狱建筑的防范功能也相应得到强化。

70 年代末到 90 年代中期,由于各种因素的影响,犯罪成为影响社会主义建设和社会不稳定的重大问题,随着犯罪率的猛增,监狱人满为患,而监狱经济又十分困难,监管设施落后,监狱建筑十分破旧,加之绝大多数监狱地点偏僻,通讯保障不足,更没有网络互联互通等,监狱对罪犯的防范能力也严重下降,罪犯脱逃现象司空见惯,一个监狱跑几个、几十个,甚至上百个罪犯也是家常便饭。作为国家重要机器的监狱,其权威性受到严重挑战。之所以发生这种令人难以置信、践踏法律尊严的局面,除了政策性原因、监狱管理体制、机制等问题外,不得不承认监狱建筑在防范罪犯功能方面的严重滞后。

90 年代后期,特别是进入 2000 年以后,国家对监狱工作予以前所未有的重视。2003年 3 月 12 日,国务院印发《关于解决监狱企业困难实施方案的通知》(国发〔2003〕7 号),通知认为,监狱企业长期以来作为改造罪犯工作的重要组成部分,为监狱改造罪犯提供劳动岗位,对监狱切实履行职能,维护国家政治稳定和社会安宁发挥了重要的作用。与此同时,国务院批准进行以"全额保障,监企分开、收支分开、规范运行"为目标的监狱体制改革试点,从体制上解决了监狱经济与刑罚执行以及罪犯教育改造之间的矛盾问题。

在监狱建设方面,重点表现在监狱布局调整工作的全面启动。一是在 2002 年监狱布局调整试点(青海、四川、湖南等六个省区市)工作的基础上进一步在全国范围内全面启动监狱布局调整工作。2001 年,国务院作出了监狱布局调整的决定,先后在部分省、区开展试点,并明确在"十一五"期间顺利完成此项工作,随后国家发展和改革委员会、财政部、建设部、国土资源部等相关部委也相继联合发文支持监狱布局调整工作。2006 年,国务院召开会议进一步研究解决监狱布局调整问题,并形成了《研究监狱布局调整和监狱体制改革试点有关问题的会议纪要》(2006 年 4 月 24 日,国阅〔2006〕40 号),会议认为:监狱是国家政权组织的重要组成部分,加强监狱布局调整和监狱体制改革试点工作,是惩治和改造犯罪分子,维护国家安全和社会稳定的现实需要。二是在监狱布局调整资金方面予以大力支持,中央政府仅试点省区前期投入资金就达到 5.5 亿元,地方政府投入 39.1 亿元。国务院还明确规定,"十一五"期间,每年安排的监狱布局调整建设专项资金不低于 7 亿元;另外,在正常的公、检、法、司专项投资中安排监狱项目建设投资,发展改革委员会根据中央预算内投资和国债投资情况,尽力予以支持。布局调整工作全面启动后,国家财政投入资金逐年增加,确保了监狱布局调整工作的有序进行。迄今为止,虽然布局调整工作还没有全面完成,但是,总体发展方向较好,多数监狱相继改变了偏远落后、交通不便、设施简陋的局面,布局调整不但使监狱建设尤其是监狱建筑得到彻底的改观,监狱执法环境得到改变,而且也使监狱的防范功能得到加强,为刑罚执行和教育改造罪犯提供了硬件保障。

5. 监狱建筑的教育功能。监狱建筑作为刑罚执行的载体,它还承担着对罪犯的教育功能。监狱建筑对罪犯的教育功能是通过具体的刑罚执行表现出来的,监狱建筑的隔离功能从形式上使罪犯感受到失去自由的痛苦,体验到高墙电网对人的自由的约束,认识到任何超越法律底线都必须付出的代价,进而使罪犯在心灵上受到震撼,在行为上受到否定,在良心上受到谴责,在思想上受到启发,最后达到知错悔罪的作用。

心理学和行为科学研究证明,人在与外界处于隔离或半隔离状态下时,一般都会产生较明显的忧虑甚至恐惧感,并同时期望和留恋自由自在的生活,一旦重归原来后,便对现实格外珍惜,这是一个特别的教育过程,监狱建筑对罪犯的教育功能就是这种隔离状态下的教育功能的具体体现。

(二)监狱建筑的审美功能

监狱建筑是否具有审美功能,从理论上讲是一个不容讨论的命题。但是,由于监狱的性质和任务所在,人们对监狱建筑的审美功能存在认识上的偏差,即监狱就是关押罪犯的地方,监狱建筑就是将罪犯与社会隔离开并防止罪犯脱逃的一道屏障,哪来审美、哪有什么审美价值? 2010 年开始实施的新的《监狱建设标准》虽然对监狱建筑没有作出关于审美标准方面的相关规定,但是它要求必须"达到安全、坚固、适用、经济、庄重",这一要求,至少使监狱建筑脱离了简陋或千篇一律的俗气。

实际上,任何一种建筑都代表着不同历史时期一个国家、一个地区的文化发展轨迹,是人类物化的精神创造。监狱建筑是一个国家或地区建筑总体的重要组成部分,它是"刑罚存在并时刻处于运动中的物化符号"(许章润:《监狱学》,中国人民公安大学出版社1991 年版,第 17 页)。监狱建筑是关押和改造罪犯的特殊物质载体,它记载了我国监狱文化的发展历程。作为一种既具有重大现实意义又可以传承的文化,监狱建筑理应具有审美功能。

原始社会以后,建筑的意义已远不止遮风避雨那么单纯,建筑寓意着人们的思想、观点、习惯、想象等等,它通过塑造特有的形象反映社会生活及某种社会意识形态,是一种固体文化和艺术,因此,建筑具有审美价值。监狱建筑隐含着丰富的社会历史和文化底蕴,自然,它具有艺术的审美功能。"当我们把监狱建筑视为一种艺术的时候,关照的绝不仅是建筑形式所带来的简单的感官愉悦。""在经济落后、保守封闭的年代,人们居住环境较差,监狱建筑更是给人以大门紧闭、阴森昏暗的印象。而今,当美的艺术已渗透到社会的各个领域、各个细胞,监狱这一关押、震慑与美的艺术结合体的出现也就不足为奇了。"(袁海鸣:《从监狱建筑的历史沿革看监狱传统文化与现代文明》)。

监狱建筑的审美功能表现在两个方面:一是作为建筑本身所具有的审美价值。世界上各个国家包括中国在内的不同历史时期,监狱建筑都并非千篇一律,而是各具风格的,这些监狱建筑代表了不同的地域文化和美学特色,彰显着不同的审美追求和艺术价值,它不但涵盖了建筑应有的艺术成分,而且这种审美追求和艺术价值是其他建筑所无法比拟的。作为建筑本身所具有的审美功能,监狱建筑除了具备一般建筑的审美格调外,监狱建筑的审美功能还表现在建筑结构的独创性、建筑色彩的特有性、建筑环境的特殊性等等。二是从建筑艺术的社会属性来看,监狱建筑具有审美功能,主要表现在其对促进社会健康发展和文明进步、具有象征法律精神的设计理念和特殊的人文意义。象征法律精神的设计理念,就是监狱建筑始终围绕着公平、公正、安全、庄严等关键节点,这是建筑艺术社会属性的最高境界,具有积极的社会价值。监狱建筑具有特殊的人文意义,是指监狱建筑无论在空间留存、色彩配对、方位选择等方面,都明显的带有对人性的尊重和关爱,它们之间互为一体,形成具有特殊意义和丰富内容的审美主题。

三、监狱建筑艺术在教育改造罪犯中的作用

这一命题是排除监狱建筑的惩罚功能(刑罚的衍生功能),仅从建筑艺术对人的感染、熏陶、启发等的角度来考察它在教育改造罪犯中的作用的。

(一)心灵抚慰作用

建筑的主要目的,从一开始就是为了维护人的安全,确切地说是为了维护人体与心灵的安全。可以说,人体是心灵的外壳,而建筑又是人体和心灵的外壳。例如,原始社会最早出现的圆形棚屋,以最贴近人体,最经济简约的形式,为人体撑起一个原初的庇护所。后来,方形建筑出现,与人体的轴向性和地理的方位发生联系,是人类对空间、时间,乃至数学认识的一个飞跃。

监狱建筑之所以对罪犯具有心灵抚慰作用,是因为监狱建筑无论从形式或内容上,都会对罪犯的安全起到维护作用。罪犯犯罪以后失去的不仅仅是自由,心灵受到的创伤尤为严重。所谓心灵创伤,既包括了罪犯因犯罪而受到的刑罚惩罚,必须承担的法律后果,例如失去自由的痛苦,也包括因犯罪而产生的良心上的自责。任何人在这样一种环境下,都有生不如死的想法。但是,监狱不但没有嫌弃罪犯,而且还肩负起了教育和改造罪犯的责任。

监狱建筑艺术对罪犯的心灵抚慰作用,首先表现在为罪犯提供了一个足以栖身的场所,包括罪犯生活、学习、劳动、娱乐等活动空间,这些场所或者空间的设置、布局具有明

确的针对性,罪犯在这种空间和场所内,一般能够感知到监狱的良苦用心,即在罪犯处于人生逆境的情况下,还能得到监狱真诚的关爱,感激之情,油然而生。其次,监狱建筑在建筑结构的创意、寓意等方面极具人性化。自古以来,我国监狱建筑在外观设计上都以怪、险、奇著称,在色彩布局上都以深、冷、暗色调为主,监狱建筑配套设施简陋破损,监狱给人的印象是阴森、恐怖,监狱真正成为迫害和虐待罪犯的"人间地狱"。而现代监狱建筑则摒弃这些落后、愚昧、野蛮的方法,在建筑风格、色彩布局等方面,尽量考虑罪犯及其亲属、社会等的心理接受程度,尽量从有利于改造罪犯出发,凸显监狱文化特点,彰显监狱人性关怀。例如,《监狱建设标准》明确规定,监狱建设要符合"科学化、规范化、标准化"的要求,要"与经济、社会发展相适应","达到安全、坚固、实用、经济、庄重",从这些规定可以明确看出,监狱建设的每一个项目(包括选址、监舍、活动场所、围墙、环境、交通、通讯、布局结构、材料等等)都应符合改造罪犯的需要。监狱布局调整以后,监狱建筑基本上体现了现代监狱人性关怀的特点,更加注重监狱建设环境对罪犯的影响和改造作用。监舍、围墙、监狱大门等虽然固若金汤,也限制了罪犯的自由,但是,随着罪犯在监狱服刑时间的增加,这些物化的建筑物,已然成为他们心理和日常改造生活的依靠,甚至对这些物化建筑物极富情感。而那些辅助性的文化娱乐设施、园林花圃、象征性的雕塑等更使罪犯感到温馨备至。

通过监狱建筑的这种情景感染,罪犯会逐渐淡化心灵的伤痛,促进其悔过自新和改造积极性的建立,进而增强罪犯教育转化的效果。

(二)心理矫治作用

由于犯罪,从一个普通公民变成一名罪犯,并受到刑罚的惩罚,虽然在法理上不难理解,但是就罪犯来说,不但要承受巨大的心理打击,而且常常会因为身份或者社会角色的变化而产生一系列的心理问题,有时,这种心理问题会愈演愈烈,成为困扰教育改造罪犯的重要因素。因此,对罪犯的心理矫治已成为教育改造罪犯工作的一种常态化手段。

在心理学研究领域,心理治疗的方法很多,归纳起来看,主要有心理分析法、行为矫正法、以人本主义心理学为指导的心理疗法(如美国的咨客中心疗法),以及日本森田正马于20世纪初创立的"森田疗法"等,各个理论系统的心理治疗方法都有它的最佳适应征,或者说,任何一种方法都不能说对所有的心理疾病同样有效,各有所长,都有存在的价值。比如说,在西方行之有效的心理治疗理论和方法原封不动地用来治疗中国的心理病人,不一定能够被病人很容易地接受,不能保证能有良好的疗效。同样,对普通病人的心理治疗理论和方法不加选择地用于监狱罪犯的治疗,也不一定有良好的效果,因为罪犯心理问题的产生和"症状"与社会上普通人的心理症状是有极大的区别的。因此,在运用心理治疗方法时,必须结合社会文化、风俗习惯、心理患者的实际情况有选择地、有改造地使用。

监狱建筑艺术对罪犯的心理矫治,实际上是借助于外界物体对人的暗示或影响发挥作用的。暗示,是潜意识对外界任何现象包括显意识行为(即思考)的认同、接受和储存。

人都会受到心理暗示,受暗示性是人的心理特性,它是人在漫长的进化过程中形成的一种无意识的自我保护能力和学习能力;当人处于陌生、危险的境地时,就会根据以往形成的经验,较快的获取周围的信息并作出相应的判断。从心理学理论上讲,暗示分为自我暗示与他暗示两种。监狱建筑艺术对罪犯的暗示或影响作用属于他暗示,这种暗示具有积极的意义。首先,随着国家法治进程的不断推进,监狱的规范化、文明化和科学化程度越来越高,监狱建筑的艺术水平也渐入佳境,它在展现教育改造罪犯方面的作用更是今非昔比。其次,我国当代监狱建筑理念或者说建筑的整体构思具有明确的目标,它在发挥刑罚方面的功能的同时,还通过各种建筑艺术形式(包括环境)来对罪犯的心理进行积极的干预和影响。这种干预和影响,对于监狱民警来说,可能还不在意或者说还没有引起足够的重视,但是,对于罪犯来说,他们在这个陌生而又新鲜的环境里,监狱建筑的色彩、模式、空间状态等都显得十分重要,都会对他们的心理造成不同程度的影响。

监狱建筑艺术对罪犯的心理矫治作用主要体现在以下几个方面:明快的空间布局有利于消除罪犯忧郁的心理情绪,减轻罪犯的心理压力;具有人本精神的监狱建筑艺术色彩可以拓展罪犯狭隘的思维,增强改造自信心,树立对未来生活的向往;相对完善的建筑设施和具有针对性、实用性的建筑场所(如教室、娱乐场所、习艺车间、餐厅等等)能够消除罪犯的自卑心理,并通过多样性的劳动、学习、娱乐等活动分散他们的注意力,走向积极健康的改造道路。

(三)情感熏陶作用

情感是人对客观事物是否满足自己生理上的一种较复杂而又稳定的需要所产生的态度体验。它包括道德感和价值感两个方面,具体表现为爱情、幸福、美感、仇恨、厌恶等。情感熏陶带有明显的社会需求的态度体验。监狱建筑对罪犯的情感熏陶是建立在罪犯主观欲望和社会客观需要基础上的。所谓罪犯的主观欲望是指罪犯本能的需求,但是,这种本能需求必须是在法律许可范围内对爱恨情仇的自我体验。而社会客观需要则是监狱通过一定环境的设置使罪犯情感受到熏陶,进而达到希望产生的效果,这种效果具有明显的是非界限,是一种积极的态度体验。由于情感能够激发人的心理活动和行为动机,如果仅凭个人好恶发泄不满情绪,甚至过激行为,显然是不符合要求的,因此,通过设置特有的氛围对罪犯情感进行熏陶十分必要。

监狱建筑虽然没有社会普通建筑(如学校、家庭、酒店、会所等)的温馨可人,但是,客观上它具有一般建筑所无法超越的熏陶力量。原因在于监狱建筑在其特有的环境里发挥着警示、教育、养成、引导等作用,建筑设计的专一性,可以规范和限制罪犯的言行举止,监狱和监狱民警的统一管理,严格要求,使罪犯向上、向善的情感熏陶成为可能。

(四)价值认同作用

价值认同是指个体或组织通过相互交往而在观念上对某一或某类价值的认同和共享,或以共同的理想、信念、尺度、原则为追求目标,实现自身在社会生活中的价值定位和定向,并形成共同的价值观。健康的价值认同无论是对个人或社会都具有积极的意义。

所谓罪犯的价值认同是指通过教育改造和环境的影响,使罪犯通过监狱建筑的艺术性来实现罪犯的价值认同,从表面上看似乎有些牵强附会,但事实是监狱建筑艺术确实对罪犯的价值观产生了影响,并形成了一定的具有积极意义的价值认同。具体表现在:在监狱建筑特有的范围内,罪犯对监狱服刑、学习、劳动环境的接受和认同;罪犯在监狱特殊环境下对监狱民警教育、管理活动及其方式方法的认同;通过监狱建筑的隔离、防范、矫治等功能实现罪犯对犯罪危害性、应受惩罚性、追求积极改造的意义等价值观念的认同。

当然,监狱建筑对罪犯价值认同的影响,一方面取决于罪犯主观认识和努力程度,另一方面主要依靠监狱民警的组织、管理和执行的力度,监狱建筑对罪犯的教育和影响作用再大,它也只不过是一种物化的东西,没有人的参与和充分利用,它就没有任何实际意义。

第二节

监狱法治情景与罪犯教育

不言而喻,在现代社会,监狱与法治相生相伴,共同承担着教育和改造罪犯、维护社会安全稳定的重要使命。虽然监狱在产生之初并没有法治的含义,但是,它毕竟体现的是统治阶级的意志,尽管这种意志是集人治之大成,但它随着人类社会的发展进步,统治阶级的意志或者说人治逐渐由少数人的意志转变为多数人的意志,法治的精神由此渐渐凸显出来。

在现代社会的背景下,法治不仅是社会文明进步的标志,而且已经成为一个国家最主要的治国理念和治国方略。无论是在古希腊或是在古罗马,法治就为先哲们所倡导。我国法治的发展进程虽然起步较晚,但是作为一种治国之策和理念,早已有之。例如,先秦时期的韩非子就提出了"闻有吏虽乱而有独善之民,不闻有乱民而有独治之吏。故明主治吏不治民"的法治思想。中国共产党十八届四中全会提出了全面推进依法治国、建设有中国特色的法治体系,并绘就了建设社会主义法治国家的总目标和实现路径,法治作为一种治理国家的基本方略已被提到前所未有的高度。

监狱法治是法律精神的本位回归。刑罚执行、狱政管理、教育改造等等,凡是涉及监狱管理和罪犯改造方面的问题无不与法治有关,法治已成为衡量监狱文明与进步的标尺。由于监狱法治涉及的面很宽,因此,这里仅从监狱法治的情景与罪犯教育的角度进行研究,这样,可以使我们所研究的问题更趋于明了。

一、监狱法治情景的内涵

监狱法治情景是指监狱——法的制定和运用过程。法的制定是监狱法治的前提和基础,没有法的制定就不会有监狱文明,更不可能有监狱的法治。法的运用是监狱法治的具体体现,对法律精神的理解程度、法治意识情况、公正执法水平等等,都属于监狱法治的内容。监狱法治情景就像一片土地一样:如果是一片沃土,那么,庄稼就可能长势旺盛;相反,如果土地贫瘠,就有可能寸草不生。浓厚的法治情景不仅能进一步增强监狱民警知法、守法、用法的法治意识,最关键的是它能够培育罪犯守法、服法,并积极追求改造的自觉性。因此,监狱法治情景的创建是现代监狱建设的基础性工程。

二、监狱法治情景的表现形式

(一)监狱法制建设

这里所讲的监狱法制并非立法意义上的"法律"的制定、补充或修改,而是指与监狱工作相联系的各种法律法规和规章制度的法制建设情况。要形成一种比较浓厚的法治情景环境,如果没有各种法律法规和规章制度建设,就如在没有基础的地面上修建高楼大厦,根基不牢地动山摇,监狱法治化建设就是一句空话。在专制主义和独裁统治下,不可能呈现任何法治情景,因为管理目的和管理要求都是个人意志的体现,所以,才导致剥削阶级监狱随意践踏人性、体罚虐待罪犯的情况。新中国成立以来,国家和监狱管理部门一直重视监狱法制建设,从 1954 年政务院颁布实施的《中华人民共和国劳动改造条例》到 1994 年出台的《中华人民共和国监狱法》,从公安部、司法部等制定的部门法规到各省区市司法厅、监狱管理局乃至基层监狱单位制定的规章制度,都彰显了监狱法制建设的进步过程,体现了监狱法治情景的渐进发展状况。监狱法制建设为创设良好的监狱法治情景提供了重要保障,为监狱民警公平、公正执法,依法教育改造罪犯奠定了坚实的法律基础。

(二)法治意识

意识是人脑对内外表象的觉察,或者说是人脑对刺激的反应,简单地说,意识代表了人可以认识自己的存在,可以知道发生的事情。由此可知,意识必须以人的存在为前提,然后通过其大脑去认识或感知世界,如果人的大脑不具备认识和感知世界的功能,那么,我们就认为这个人没有意识,或者是有不完整的意识甚至是错误的意识。监狱民警是否具备法治意识,取决于民警的法律知识水平和对法治的认识程度,如果法律知识水平较低(不知法、不懂法),对法治的认识不清,自然,法治意识就淡薄。在监狱,要形成良好的法治情景,首先必须是监狱民警具有良好的法治意识,这样,才能确保监狱执法水平的提高,才能创设良好的法治环境。当然,法治情景的创设不能仅凭监狱民警,社会大环境的影响、罪犯的法治意识也是影响法治情景的重要因素。

就目前监狱的法治状况来看,监狱法治还处于较低的运行状态。主要表现在部分监狱民警法治观念淡薄,缺乏系统的法律知识学习,对法律的理解一知半解甚至出现严重偏差;法律信仰不够,法治思维欠缺,导致执法能力不足,部分民警仍然满足于凭经验、凭感觉办事;少数民警没有守法观念,执法粗暴,缺乏公平正义理念等等。相应的,罪犯的法治意识处于更低的层次,表现为角色或身份意识不强;倾向于对权利或诉求的主张,义务或责任意识淡化;对法律和民警执法缺乏敬畏等等。

以上分析可知,监狱良好法治情景的创设还受制于法治意识较低的现状,不提高监狱民警和罪犯的法治意识,就不可能实现良好的法治情景。

(三)法的运用

法的运用是指法律在监狱的具体遵守和执行过程,是监狱法治情景的主要内容和关键环节。明代张居正有一句名言:"天下之事,不难于立法,而难于法之必行。"如果有了法律而不实施、束之高阁,或者实施不力、做表面文章,制定再多的法律也无济于事。张居正前后主政十年,在当时军政败坏、财政破产,危机四伏的历史背景下,他在全国推行了包括"一条鞭法"在内的一系列改革措施,虽然最后改革受阻,没有达到目的,但是,其法治思想仍然具有借鉴意义。

在全面推进依法治国的时代背景下,法治的重点应该是保证法律的实施,做到"法立,有犯而必施;令出,唯行而不返"。没有实施的法律,或实施不到位的法律,无异于一纸空文。有法律不实施比没有法律更可怕,它不仅损伤了法治的权威,也无法实现法治目的,更会动摇社会公众对法治的信仰。

就监狱来说,法治实施到位,不但需要监狱民警具有良好的法治思维和法治习惯,而且需要具有强烈的法治意识,同时,加强对罪犯法治意识的熏陶和培养也是监狱法治的最重要内容。

中南大学法学院陈云良教授认为:"在社会转型期,只建设法治,不建设社会,法治将难以实施。因为法治归根结底是调整社会关系的,如果社会关系复杂扭曲,法治发挥作用时很容易进退失据。法治社会建设既要重视提升公民的法律意识,又要关注公民的生活状态和个体在社会发展中遇到的挫折。法治要在更广泛层面供给公平,完善社会保障,加强公共服务,打破一些贫者从暂时贫困走向跨时代贫困的恶性循环,提升幸福感。例如极端事件的发生和民生领域的法律没有得到切实落实,与现有纠纷解决机制没有有效地运转有很大的关系。"(《中国法治实施报告(2014)》)。

三、监狱法治情景对罪犯教育的现实意义

良好的监狱法治情景是监狱现代文明的体现。在现代社会,一切野蛮行为都意味着落后,都是与法治社会和法治要求背道而驰的。改革开放以来,监狱法制建设不断健全,

监狱文明程度明显提高,监狱进一步贯彻执行社会主义人道主义精神,对罪犯依法实行规范化、科学化管理,监狱逐步推行狱务公开制度,努力探索罪犯教育改造社会化,监狱文明进步呈现出崭新的局面,监狱法治情景的全方位展现,不仅使监狱法治出现了前所未有的景象,而且使监狱执法活动和罪犯教育改造工作被置于广泛的监督之下,监狱,真正成为社会关注的对象。

实现监狱与国家法治的同步发展。从理论上说,监狱的文明程度和法治化水平是整个社会文明程度和国家法治化水平的一个缩影,因为监狱本身是一个彻头彻尾的执法实体,从罪犯的日常管理到刑罚执行、从罪犯的生活卫生到习艺劳动、从教育改造到罪犯刑满安置就业,以及监狱建设、监狱体制改革、监狱民警队伍管理等等,涉及社会的方方面面,因此,有人把监狱比喻为一个职能齐全的"小社会"。但是,由于监狱的性质使然,加之监狱自身宣传力度不足和社会对监狱的了解存在"盲点"等因素,导致人们对监狱法治产生认识上的误区,认为"监狱是集三教九流之地,关押、体罚、劳役无所不能,法治——对于监狱只是一种美好的愿景"。事实上,社会每前进一步,监狱就也向文明迈进了一大步,国家实行全面依法治国方略,监狱也已开始全面依法治监的具体构架。监狱机关已明显的认为:如果我们仍然处在法治边缘犹豫徘徊,不加强监狱的法治建设,不接受社会的监督,不实行狱务公开,就可能会引起更多的误会和舆论的枉评。因此,必须构建厚实的监狱法治情景,这是监狱能够实现与国家法治同步发展的不二选择。

提高罪犯的法律意识。监狱法治情景构建的主要目的和作用在于提高罪犯的法律意识,而罪犯法律意识的普遍提高对促进罪犯知法守法、认罪服法,进而改恶从善、自觉追求改造具有积极意义。法治情景对罪犯法律意识的影响实际上就是监狱法治环境对罪犯思想行为的影响。旬子在《劝学》中说:"蓬生麻中,不扶自直;白沙在涅,与之俱黑。居必择乡,游必就士,所有防邪僻而近中正也。""近朱者赤,近墨者黑。"等,所有这些都在说明一个道理:环境对人有十分重要的影响。我们以"黑网吧"为例(事实上,所有的网吧都难逃其责),由于管理不善,教育引导不够,"黑网吧"对青少年的消极影响可以说已经到了触目惊心的地步。虽然也有人"出淤泥而不染",但是,对绝大多数青少年来讲简直就是一场灾难,毁了他们的学业、灭了他们的志气、拆了他们的家庭,环境的破坏力可想而知。监狱法治情景,就是要塑造一个适宜于罪犯改造的良好环境,而不是"黑染缸"。监狱法治情景的培育,能够使罪犯受到法律精神的熏陶,通过法治环境的潜移默化,来强化罪犯良好的学法、知法、守法习惯。

有利于监狱法治体系的建立。监狱法治情景的内容十分宽泛,它是各种法治情景相互联系、相互作用的体系。从法的制定、法的实施、法律知识的宣传普及到法律意识的培养、法文化建设和对执法过程、执法结果的监督等等都是监狱法治情景的体现,其中,执法和执法监督是最重要的环节。在监狱实践中,缺少的不是法律,而是如何规范执法(法的实体性和程序性运用)以及执法监督问题。监狱法治情景作为监狱法治的构成体系,正好创设了一个学法—知法—懂法—用法的重要的法治平台。

四、监狱法治情景创建

(一)完善监狱法制

监狱法制是监狱法治情景的基础,没有健全的监狱法制,就不可能有监狱法治情景,因此,必须建立健全的监狱法制。

监狱法制经历了一个从无到有、由少到多的过程。在新中国监狱发展的历程上,虽然有 1954 年政务院颁布的《中华人民共和国劳动改造条例》、1981 年公安部制定的《监狱、劳改队管教工作细则》等法规和规章制度,但是,这些法规和规章制度显然已适应不了监狱工作的需要,原因不仅仅在于这些法律法规简单粗糙,关键在于它们不可能对罪犯劳动生产、教育改造、刑罚执行、狱政管理、监狱土地、监狱民警等法律关系进行有效的调整,在实际工作中,监狱的运转更多的是依靠行政手段甚至长官意志,在这种背景下,监狱法制建设没有得到足够的重视和实质性发展,监狱法治情景暗淡,监狱法治就无从谈起。

改革开放以后,随着《刑法》、《刑事诉讼法》等法律的不断修改、补充和完善,特别是随着监狱立法的有序展开,监狱工作逐渐步入法制轨道。尽管如此,监狱仍然摆脱不了"人治"的阴影,尤其是刑罚执行等一系列执法活动或明或暗的还遗留有很多"潜规则","提前释放"、"暗箱操作"的现象依然存在,因此,监狱法治情景不明朗,监狱法制建设任重而道远。

1994 年《中华人民共和国监狱法》颁布到 2005 年,监狱法制建设进入一个崭新的时期,监狱工作和监狱法治进入历史快车道。其中,标志性事件是 1995 年开始实施的《监狱法》和 2005 年在全国范围内开展的"规范执法行为、促进执法公正"专项整改活动,这两次事件以及这期间相继出台的有关监狱工作方面的规范性文件,为监狱法制建设铺平了道路,使监狱法治情景展现出前所未有的景象。

时至今日,社会公众对监狱的关注度越来越大,国家对监狱工作的要求越来越高,罪犯的权利意识越来越强,监狱和监狱民警在执法过程中如果稍有不慎,就有可能被推向舆论的风口浪尖。当然,这不是坏事,因为,一方面,社会对监狱执法的监督力度加强了,说明监狱在社会整体结构中的地位十分重要;另一方面,它通过外力形式,警醒和督促监狱及监狱民警尊重和保障罪犯权利,确保司法公正,让刑罚执行权在阳光下运行。2014年 4 月,习近平对司法行政工作作重要批示,突出强调了加强监狱内部管理、严格减刑假释等工作,防止有权人、有钱人以钱赎身等问题。这一要求,使监狱要进一步把维护社会公平正义、提升执法公信力作为监狱工作发展的主要方向。

(二)增强监狱人民警察的法治意识

在健全法制的基础上,要实现监狱法治,创建良好的监狱法治情景,最关键的问题是增强监狱民警的法治意识。

意识是感觉、思维等各种心理过程的总和,是人的头脑对于客观物质世界的反映,存在决定意识。监狱民警法治意识的状况,取决于对监狱性质和法律精神的理解和认识程度。认识肤浅、理解不够,法治意识淡薄;相反,法治意识则强。因此,培养监狱民警的法治意识应成为实现监狱法治、创建监狱法治情景的核心内容。

长期以来,在监狱法治建设过程中,一般只注重对民警的行政管理和约束,强调纪律处分或法律处罚,而忽视了法治意识的培育,这样做的后果是:民警缺乏对法律实体内容和执法程序的遵守,以权代法、盲目执法、规避法律等情况时有发生,甚至出现民警违反法律却不知道什么时候违法、违反什么法律,更不知道用什么法律来保护自己的十分尴尬的现象,导致民警的"前腐后继"。监狱理论研究和实践证明,增强监狱民警的法治意识:一是要严格把握监狱民警招录关,应侧重于对法律专业人才的选择,处理好人才招录与专业需求之间的关系。二是建立监狱民警法治意识培养常态机制,并制定严格的考核体系,实行监狱民警分类管理制度,对专门从事监狱刑罚执行、罪犯教育改造等岗位的民警,实行员额制。三是实行监狱民警执法、执纪督察制,做到督察内容、督察范围、督察时间全覆盖,以此来强化法治意识。四是对监狱民警进行法律信仰教育,铸造监狱民警的法治信念,着力提高监狱民警的法治思维能力。五是注重用法治方式规范和约束监狱民警的权力,增强民警的执法责任意识。例如,建立监狱民警司法(执法)责任制,拟定监狱民警责任清单,明确监狱民警权力和责任范围,建立权力公开、监督等配套制度,在构建民警权力和责任清单时,要坚持和把握权责对等原则,既要明确权力所对应的责任,又要明确责任追究的边界。同时,要建立和完善监狱民警分类管理制度,按照不同层级、岗位的民警权力责任划分,来进一步提升监狱民警的专业化和职业化水平。六是建立健全监狱民警职业保障制度,用法治方式保障监狱民警应该享受的各种待遇和权利,提高监狱民警的职业荣誉感和尊严感。监狱民警具有较高的职业风险,执法过程中如果缺少法律支持和保障,对民警创新能力的提升乃至执法工作的开展都会造成影响。

(三)提高监狱民警的法治能力

法治能力,是指监狱民警运用法律治理监狱和教育改造罪犯的能力,是监狱民警综合能力的体现,是依法治监的决定性因素。监狱法治情景通常表现为静态和动态两种形式。监狱法律文化、监狱法制、监狱民警及罪犯的法律意识、对法治所持的态度等等都属于静态的法治情景,静态的法治情景需要人的内心感悟和体验,并由此转化为对法律规范的自觉和坚守。依法对罪犯执行刑罚、教育改造、组织劳动生产、狱政管理等活动属于动态的法治情景,它是以具体的、比较直观的形式展现法治的过程,是监狱民警法治能力和法治水平的真实体现。监狱民警就是通过对静态的法治情景的自觉和坚守以及对动态的法治情景创建来实现其法治能力的。

当然,提高监狱民警的法治能力不是一朝一夕之事,只有养成对法律的敬畏、崇尚和大胆实践精神,才能提高监狱民警的执法水平、执法效率和执法公信力,才能成就真正的法治和提升监狱民警的法治能力。

(四)对罪犯法律知识的普及

罪犯法律知识的普及是相对的,是根据监狱和罪犯的实际情况进行的,即根据监狱刑罚执行、教育改造、狱政管理、罪犯劳动生产和罪犯刑满释放后的实际需要进行。在监狱实践中,传统的方法是将法律知识融合到政治教育里面,主要采取课堂讲解和灌输的方式,由于在内容和方法上缺乏针对性和实用性,不但起不了教育和普及的作用,还容易使罪犯对法律知识的理解似是而非、一知半解。例如,对罪犯十分关心并与其有密切关系的内容讲得少、讲不明、讲不透,导致罪犯对自己的罪行认识不清,没有悔改意识,甚至对教育改造产生抵触情绪,发生抗改行为,在这样的环境里创建法治情景是不可能的。

罪犯法律知识的普及,意在塑造他们知法、守法意识,营造知法、守法、用法的法治氛围,因此,对罪犯法律知识的普及可以采取多种方式进行。首先,从内容上应有针对性地选择监狱工作需要和与罪犯密切相关的法律法规及规章制度,并用教学大纲或者教育改造计划的方式予以确定,确保教育内容和教育过程的规范性、严谨性。其次,在教育方法上要多样性,可以采取课堂讲解、集体讨论、主题宣讲、以案说法等方法,期间,必须调动罪犯群体的积极性和培养罪犯群体的参与意识,使法律知识的普及具有广泛性。再次,要适当运用形式上的宣传方式,列举一些比较精准、简洁、通俗易懂、具有大众口味的宣传标语、法律语言使用手册等,制作一些健康、极具教育宣传意义的雕塑、音响和影像作品等,以增强罪犯法治教育的直观感、针对性,实现罪犯普法工作的科学化、精准化,形成监狱特有的法律文化景观,并与监狱文化相融相通,以此来普及法律知识、营造良好的法治环境氛围。最后,要让罪犯养成循法的思维习惯,监狱法治不仅仅意味着观念的倡导、立法的完善、理论的构建,更需要每一名罪犯循法而为,从狭义范围来看,这是教育改造罪犯成为守法公民的需要,是监狱职能和价值的体现,但从广义上来看,它是实现党的十八届四中全会"全民守法"目标的重要环节,是监狱法治注入国家法治和国家文化的重要内容。

第三节

监狱人文情景与罪犯教育

现代社会,一个人的精神世界有三大支柱:艺术、科学和人文。艺术注重主观情感,追求的是美,给人以感性,让人富有激情;科学强调客观规律,追求的是真理,给人以理性,使人理智;人文既有深刻的理性思考,又有深厚的情感魅力,追求的是善良,给人以悟性,对人文的信仰使人虔诚。一个人的精神世界不能没有科学,也不能没有艺术,更不能没有人文素养。

一、人文透析

从概念上讲，人文就是重视人的文化，它是人类活动的先进部分和核心部分，即先进的价值观及其规范，集中体现为重视人、尊重人、理解人、关心人和爱护人。从学科体系上看，主要是指文、史、哲三大学科，也泛指经济、法律、教育等在内的学科。人文作为人类文化的基因，作为一种朴素的习惯和意识，古已有之。但作为一种社会思潮和一种普遍的文化，即作为更多的人所具有的更为稳定的价值和规范，则开始于 15 至 16 世纪的文艺复兴时期，形成于 17 至 18 世纪的法国启蒙运动，以及美国的独立宣言和法国的人权宣言时期，发展于 20 世纪中后期。1948 年 12 月，联合国《世界人权宣言》的发表，是人权走向法制和国际化的标志，马斯洛的需要层次论和自我价值的实现，则是现代人文思想最杰出的代表。

人文，在中国早已有之。早在春秋时期就孕育着丰富的人道主义思想，特别是传统中国文化中包含着丰富的人文内涵。遗憾的是经过西方人文革命（文艺复兴提出尊重人等观念）、科学革命（近代科学诞生提出尊重规律）和工业革命（蒸汽机时代、电气时代、电子时代）三次大革命后，人类社会发生了一系列翻天覆地的变化，中华民族在这几次大的革命中沉睡不醒，而一觉醒来又把这些伟大的变革、人类的很多文明成果，特别是人文思想和人文精神的伟大成果当作资产阶级的东西予以否认和抵制，使中国人文发展在历史上出现断层。包括 20 世纪信息化、知识化、民主化、全球化的出现，人从过去的工具人，发展到现代的社会人、文化人，人的价值得到充分的承认，人与人的相互交流与认同得到更好的实现，自信、平等和价值感等得到普遍的提升，而我们也没有很好地抓住这些提升公民素质的机会，出现了人文发展的真空状态，一直到 20 世纪 80 年代，人文思想和人文精神才逐渐呈现在我们的生活当中。

在理解人文概念时必须清楚，人文首先是一种思想，一种观念，也是一种制度或者法律。人文的核心是"人"，以人为本，关心人、爱护人、尊重人和理解人，要承认人的价值，尊重人的个人利益，包括物质利益和精神利益，也就是做到人文关怀、生命关怀。

值得注意的是，虽然人文的精神实质是以人为本，关心人、爱护人、尊重人和理解人，但是，极其重要的是必须注重人文情景（环境）的构建，如果没有人文情景，关心人、爱护人、尊重人和理解人只是一句空话，一句冠冕堂皇的口号。因此，构建人文情景、注重人的物质和精神需求是实现人文关怀的前提和基础。

二、监狱人文情景构建

监狱人文情景与监狱文化的构成一样，它是一个逐渐的发展和积累的过程，并且，在很多时候,监狱人文情景与监狱文化相互交融,相互补充,共同推进我国现代化文明监狱的进程。就二者的内容构成来说,监狱人文情景注重的是人性关怀,监狱和监狱民警是监狱人文情景塑造的主体。而监狱文化凸显的是一种氛围,一种精神风貌,监狱、监狱民警、罪犯是监狱文化的创造主体。因此,监狱人文情景的构建应立足于以下几个方面。

(一)对罪犯实行革命的人道主义是监狱人文情景构成的总体要求

中国监狱对罪犯实行人道主义,不是一种纯粹的理论思潮和文化标榜,它已发展为一种实实在在的对罪犯权利的尊重。监狱对罪犯所进行的文化和技术教育、医疗卫生保障、特许探亲、接见、社会帮教、暂予监外执行和减刑、对监狱事务的知情权等等,构成一道道温情和煦的人文景观,就连现代监狱建筑都完全摒弃了传统设计的理念,而把审美性、人性化等作为不断追求的建筑风格。

同样,我们正在进行的监狱体制改革和监狱布局调整更是监狱人文情景构建的大手笔,实质上也体现了对罪犯的革命人道主义精神。

监狱体制改革,从表面上看是对监狱和监狱企业职能的性质界定和体制革新,事实上,它是对法律精神不折不扣的贯彻落实,是监狱职能的本位回归。监狱的职能,是使罪犯的犯罪行为受到惩戒和教育,通过思想教育和恶行矫治,恢复其普通公民的身份,过上正常人的生活;监狱企业,在承担生产任务的同时,还为罪犯提供必要的劳动岗位,罪犯通过劳动既习得了劳动技能,又体现了劳动价值,还矫正了好逸恶劳的不良习性,因此,罪犯在监狱企业的劳动,实际上就是对自己未来职业和生活的规划。所以,从这个层面上讲,监狱体制改革无不体现着对罪犯的人道主义关怀,同样是一种符合法律精神的高超的监狱人文情景的顶层设计。

监狱布局调整,是要通过对监狱的区位调整,来实现监狱环境的根本性改变,这是一项历史性工程。新中国成立后,监狱区位的选择都倾向于偏远、交通不便的地方,这是在当时社会大环境下形势发展的需要,但是,随着我国经济社会的发展,原有监狱的区位现实已暴露出越来越多的缺陷,监狱布局调整正是对这些缺陷的纠正和补漏。

(二)贯彻落实监狱工作方针、政策是监狱人文情景构成的根本

监狱人文情景构建的核心内容和指导思想是监狱工作方针、政策,其他人文情景的构建都必须围绕这个核心进行。在我国,监狱工作方针、政策本身蕴含着丰富的人文精神,在宏观设计理念上既体现了监狱对罪犯的人道主义和宽阔胸襟,又较客观、全面地反映了我国监狱工作的本质要求;从操作程序上看,监狱工作方针、政策指导性强,逻辑递进关系清楚,既有理论高度,又有实践经验凝聚,它为监狱工作的开展指明了方向。因此,贯彻落实好监狱工作的方针政策,是监狱人文情景构建的根本。

但是,就监狱实践来看,还存在一些对方针政策误读的现象,直接导致刑罚执行、教育改造、劳动生产等执法活动偏离方向,监狱改造环境呈恶性循环趋势。首先,表现为职能部门"各自为政",缺乏协调配合意识。在围绕"改造人"宗旨的前提下,监狱工作是一个执法"环环相扣"的整体,任何一个环节都重要,任何一个环节都不可缺少。其次,贯彻落实方针政策的程度参差不齐,表现为对方针政策理解不透彻、不全面、不到位,因此,常常出现对方针政策不作为或少作为、乱作为的情况。最后,"错误归责"。工作中很多问题的产生,往往是前述两种情况或自身原因造成的,而最后将责任怪罪于监狱方针政策不科学、缺乏实际指导意义。

(三)监狱民警的科学、文明、规范化管理是监狱人文情景构成的基础

科学、文明和规范本身就是现代文明的重要组成部分,虽然监狱是国家的暴力机器,是国家的刑罚执行机关,但是监狱并没有把科学、文明和规范排斥于"狱门"之外,恰恰相反,监狱以营造科学、文明、规范的人文环境为己任,为清洗罪犯的思想和灵魂发挥基础性作用。近年来,我国监狱采取的各种实务性措施已充分证明了这个问题:推行狱务公开和监狱开放日,让监狱接受社会监督、让社会了解监狱;监狱与法院、检察院之间建立网上办案平台,实现互通互联,提高办案效率和公正司法的力度;充分利用社会资源,推行监、地医疗合作,为罪犯生命健康提供有效保障;实现网络视频探亲,减少行刑成本、为罪犯亲属接见提供方便和减轻劳顿之苦等等,这些创新性、务实性的工作,正是监狱建设科学、文明、规范人文情景的体现。

(四)教育、培养罪犯遵纪守法意识是监狱人文情景构成的关键所在

构建良好的监狱人文情景的目的和意义在于为教育改造罪犯,为监狱提供一个健康的"育人"环境。但是,任何事物的发展都是相辅相成的,有了良好的"育人"环境而对罪犯却失之于教、失之于管,罪犯遵纪守法意识与良好的监狱人文环境相去甚远,监狱人文环境建设就没有任何意义了。因此,矫正罪犯的不良习惯,加强罪犯的养成教育,培养罪犯遵纪守法意识,是构建监狱人文情景的关键。

三、监狱人文情景与罪犯教育

在教育改造罪犯的工作中,我们能够使用的方法可以说都使用了,能够想尽的办法都想到了,但并没有达到我们希望的教育改造效果。那么,究竟需要什么样的教育方法才能真正触动罪犯的灵魂,使之"返璞归真"呢?

所有社会科学的研究,实际上都是围绕"人"这一中心主题进行的。社会问题的产生因人而起,社会的发展与进步离不开人,制度与执行需要人。人文从一种哲学思潮发展到一门科学的过程,就是对人的自由、平等,对人性的关爱和价值实现的发展过程,在这个过程中,"人"始终成为被关注的焦点,也因为如此,社会才有翻天覆地的变革,人类才有文明进步和源源不断的精神积累。

在监狱长期发展的过程中,往往忽略了"人"这一社会的根本问题,所以,才极易导致罪犯教育改造中各种问题的产生,因此,我们要积极培育监狱人文情景,关心"人"的发展。

监狱人文情景与罪犯教育的结合点在于对监狱人文精神的培植和落实。

(一)重视对罪犯"人性"的重新评估

一谈到人性问题,很多人就敏感,要么避而不谈,要么"羞羞答答"甚至谈"人性"色变,"人性"似乎成为只供观赏的"装饰品"。对罪犯人性的重新评估是指对罪犯思想及行为的重新的正确的认识。布莱克认为,人类的思想永远没有最后一幕,"如果人类的思想要解放的话,这是一场世世代代都要重新开始的战斗"(阿伦·布洛克:《西方人文主义传统》,生活·读书·新知·三联书店 2003 年版,第 127 页)。正是这种思想的适时变化,一切都可能成为批判和反思的对象。因此,在教育罪犯的过程中,我们要保持一种开放的态度,正确看待罪犯思想变化的客观性,既要密切关注罪犯的生存状况,又要对罪犯的尊严与符合人性的生活条件、对自由的客观追求予以必要的理解和支持。也就是说,在深信罪犯并不享有法律规定的自由的前提下,他们仍然有某种程度的自由选择权,在这样的存在框架下,罪犯努力接受改造,积极发展自己,无论是通过民警的教化还是通过自我修养,都有可能为完善自己而不断地"弃旧图新",开始美好的人生。

(二)正确看待罪犯的"公民"身份

从法律精神范围考察,我们每一个人都是时代的公民,都是国家的公民,包括罪犯在内。承认是时代和国家的公民,就应该有责任和义务在推动社会和时代进步发展方面有所作为。就罪犯的表现来说,显然与这种要求背道而驰,罪犯不但没有尽到维护社会既有规则的义务,反而是社会规则的破坏者。基于此,我们常常将罪犯统统视为"专政"和打击的对象,将罪犯排除于公民之外。从情感上说,对罪犯非公民身份的歧视,是情理中的事,但是,在法治社会,法律并不以人的情感为理由而置法的精神于不顾,必须遵循和尊重法律,因此,正确看待罪犯身份是符合法律精神的。

正确看待罪犯的法律身份,就是要依法保护罪犯的合法权利、监督罪犯履行法定义务,使罪犯的公民身份实至名归。

但是,在监狱实践中,罪犯权利和义务的实现往往受各种因素的影响,特别是对罪犯权利的保护,问题更为突出,其原因有二:一是缺乏罪犯权利保护的社会基础。由于受中国几千年封建社会严刑峻法思想的影响,罪犯除接受严刑峻法之外并没有任何权利可言。受这种思想的影响,"在国家的立法以及社会公众的要求面前,罪犯的权利就越发的渺小"。"对国家而言就是保护国家利益和社会秩序,对社会公众而言就是保护自己的人身、财产安全。所以国家和社会更多的是把刑罚的功能集中在对社会的一般预防上,把监禁罪犯当作单纯的对犯罪的一种回报、一种对社会的威慑,更多的只是满足了社会公众的报应心理,而忽略了考虑罪犯作为一个独立的个体的权利。将罪犯置于监管之下,不管是国家还是社会公众,这种心理诉求达到了。在这种情况下,国家和公众唯恐对罪犯的监管力度不够,重新发生犯罪,所以对于罪犯权利的保护就不会投入太大的精力,造成罪犯保护措施的缺失。"(赵运恒:《罪犯权利保护》,法律出版社 2008 年版,第 89 页)二是监狱行刑的现实对罪犯权利保护产生影响。根据《中华人民共和国监狱法》的规定,"监狱是国家的刑罚执行机关",监狱对罪犯执行刑罚是其本质要求所在,虽然也同时规定了对罪犯进行教育改造和劳动改造,但是,在实践中,刑罚执行可以说是刚性要求,如果违反规定,对执行者有严格的问责,而教育改造、劳动改造,包括罪犯权利保护问题的执行力度则具有一定的缩展性,也就是说,对这些法定性问题执行的多少、执行的程度如何、执行的好坏并无多少责任追究,进而导致"柔性执法"现象的产生。例如,对罪犯权利的保护,监狱通常的做法是,只要罪犯在服刑期间不出问题,不发生安全事故,都视为罪犯权利得到了保障,至于罪犯权利是否真正的得以实现,就不得而知了。又如,公正司法、公平执法是实现罪犯权利的基本要求,但在处理罪犯的诸如减刑、假释等问题的时候,司法机关为了限制和调节罪犯假释、减刑的比例及人数,就主观的设置一些规定,这实际上直接剥夺了罪犯假释、减刑的权利,损害了罪犯的权益。之所以出现这样的现象,还有一个重要的原因是,司法机关(包括社会公众)认为,由于罪犯实施了危害社会的行为,监狱依法对其处以相应的惩罚,这既是社会公正的体现,也是对罪犯行为给社会造成损害的一种报应性惩罚,剥夺和限制罪犯的权利,或者对罪犯权利的实现采取不积极的态度是顺理成章的事。从理论上分析,出现罪犯权利保障的种种问题,是因为刑罚执行的根本要求与教育改造、与执法者法治意识等之间存在的客观的、现实的、必然的冲突和矛盾。不过,随着法律制度的不断完善、法治进程的全面推进,罪犯权利也将日趋全面和具体,监狱民警的法治意识会越来越强,罪犯权利的实现也会发生根本性的改变。

监狱人文情景构建是全方位的,而罪犯权利的实现只是最基本的内容之一,如果连罪犯最基本的权利都得不到保障,其他人文情景的构建就是一具空壳,要在一种没有实质人文关怀的环境中教育和改造罪犯,就难以实现对罪犯进行改造的预期效果。

第八章
Chapter 8

心理咨询与心理矫治艺术

第一节
罪犯心理健康教育初览

罪犯心理健康教育是一个广义上的概念,它包含了对罪犯心理健康知识的普及和对罪犯心理现象的咨询及矫正等内容。罪犯心理健康教育不是一个新鲜的话题,谈不上是教育改造方法的创新,只是现在的重视程度和普及力度大,人们从观念和思想上已意识到心理健康或心理健康教育在工作和生活中的重要性。早在改造日本战犯和国民党战犯期间,管教干警就运用心理学的基本原理对罪犯进行心理疏导,为改造他们扫除心理上的障碍。进入 80 年代后,罪犯心理教育和研究受到监狱界的广泛重视。1981 年,第八次全国劳改工作会议第一次提出了加强罪犯心理研究的要求。1987 年,上海市少年管教所开设了全国监狱系统第一家心理诊所。1994 年,司法部预防犯罪研究所和中央司法警官学院组成课题组,开始研制"中国罪犯心理量表"。1994 年 11 月,上海市监狱管理局成立罪犯心理矫治工作指导中心。1995 年 9 月,司法部发布《关于创建现代化文明监狱的标准和实施意见》,正式把"进行心理矫治"作为现代化文明监狱的标准之一。但是,由于受监狱体制的影响,监狱民警的主要精力是组织罪犯完成繁重的生产任务,对罪犯的心理教育仅限于理论研究的层面,在实践中也是极为简单的心理学基本知识的介绍。20 世纪 90 年代中、后期,随着罪犯矫正方法的推陈出新,心理咨询和心理矫治被作为教育改造罪犯工作的重要方法而得到普遍运用,特别是进入 2000 年后,监狱系统将心理咨询师业务能力的培养作为监狱民警人才建设战略来抓,罪犯心理教育被提到前所未有的高度,具体表现为:心理咨询人才呈现层次性开发态势、心理学理论的实践性操作(成果转化)加大、硬件设施投入增加,与此同时,监狱民警教育改造罪犯的理念也有了较大的转变。尽管如此,罪犯心理健康教育仍然摆脱不了热一阵、冷一阵,紧一阵、松一阵的状态,还缺乏系统性、常规性的工作体系。并且,罪犯心理健康教育没有与罪犯教育改造、罪犯的生产劳动、监狱突发性事件等有机地结合起来,形成了各自为政、但又不能各尽其能的零乱局面。

一、罪犯心理健康教育处于"急功近利"状态

人的心理状况往往受很多因素的影响,其中,环境因素在一定程度上起决定性作用。罪犯到监狱服刑后,各种环境发生了根本性的变化,其心理也发生了巨大的变化,并且,随着时间的推移,心理变化呈复杂性、多样性变化状态,往往给教育改造工作造成意想不到的阻力。但是,无论罪犯的心理如何变化,都是有一定的原因和规律可循的。医生对病人进行诊断和治疗都需要先诊后治,然后对症下药,对罪犯的心理健康教育也是一个道理,因为生理疾病和心理疾病都有其产生的病理原因和基本规律。然而,在监狱实践中,常出现没有弄清楚罪犯心理问题的情况下,就盲目地开展工作,认为只要把这项工作做了,效果如何另当别论,究其原因是监狱民警在教育改造罪犯观念和思想上急功近利,认为对罪犯采用心理咨询、心理矫正等方法会"包治百病"、一劳永逸。

二、罪犯心理健康教育"短板"现象突出

之所以将罪犯教育改造称为艺术,是因为这项工作需要巧妙的方案设计、精心的组织协调、超前的思维理念及可供评价和观瞻的实体内容。对罪犯心理健康教育就是摸清罪犯心理活动规律、解开罪犯心结、为顺利改造罪犯扫清心理上的障碍的一种具有艺术性、创造性的活动,因此,它要求监狱民警具备良好的心理素质、厚实的心理学基础知识,以及与罪犯进行巧妙的心理交锋和克敌制胜的能力。但实际工作中却面临以下问题:首先是心理健康教育专业人才不足。近年来,监狱尽管招录了一些心理学专业方面的人才,但"人未必尽其才"、"才未必尽其用",人才闲置和浪费的现象十分普遍;其次是从事这项工作的监狱民警素质参差不齐,表现为对心理健康教育专业知识一知半解、理论知识与实践经验脱节、认识不够、工作不到位,"短板"现象突出。近年来,司法部和各地监狱机关组织的心理咨询师培训,虽然培养了具有一定规模和资质的三级、二级心理咨询师,发展、充实了罪犯心理健康教育专业队伍,对推动罪犯心理健康教育发挥了积极作用。但是,在这些经过培训的专业人才中,有的仅为获取一本"资格证书"而为,并没有对心理学知识进行系统、深入的研究,有的获取资格证书后并没有学有所用,一些监狱把监狱民警获得专业资格证书的多少作为装点单位的门面,罪犯心理健康教育并没有真正的

发挥作用。

三、罪犯心理健康教育"始乱终散"

罪犯教育改造是一项系统工程,将心理健康教育融入改造过程是教育方法的创新。有观点曾经指出,罪犯心理健康教育(心理咨询和心理矫治等)与教育改造、劳动改造和监管改造三大手段一样,是一种全新的、科学的教育改造方法,共同承担着教育改造罪犯的任务。毋庸置疑,罪犯心理健康教育是遵循人性发展规律、适应社会发展需要、实行人道主义精神的具体的、有效的方法,它承担了其他改造方法不可代替的功能。司法部也就罪犯心理健康教育曾作出过具体的规定,从宏观上对这项工作进行了要求和统领(2003年6月13日,司法部颁布了《监狱教育改造工作规定》,对监狱中的服刑人员心理矫治工作进行了原则性规定)。但由于区域差异和理念不同,罪犯心理健康教育呈现出五花八门的状态。一些地方根本不具备这个条件,却在那里"盲人摸象",走入认识的误区;有的监狱仅凭领导的重视与否,没有形成硬性规定或纳入考核体系,领导认为这项工作重要,业务部门就去做,如果领导不重视,就置之不顾,陷入因人而异、被动作为的怪圈;有的监狱领导,还没有走出认识的误区,仍然将主要精力用于劳动生产、抓企业效益,根本没有精力顾及罪犯心理健康教育等等。这些现象说明,罪犯心理健康教育还没有形成良好的气候,监狱民警在观念和思维上还没有适应新的形势发展的需要,没有认识到罪犯心理健康教育对有效地改造罪犯的积极作用,因此,如果不从观念和体制、机制上加以解决,罪犯心理健康教育就会出现始乱终散的局面。

四、明确罪犯心理健康教育的内容和途径,是做好心理健康教育的前提和基础

针对上述问题,监狱和监狱民警在对罪犯进行心理健康教育过程中应从最简单、最基本的问题着手,循序渐进,有目的、有计划地解决罪犯存在的各种心理问题。一般来说,重点把握四个层次或按照以下四个步骤开展工作:首先是通过健康教育,促进罪犯潜能的发挥;其次是增强罪犯心理自我调节能力,促进罪犯心理健康;再次是找准问题,消除罪犯的不健康心理,恢复其正常心理;最后是进行适当的危机干预,并恰当地处理罪犯中出现的心理急症。

罪犯心理健康教育的内容和途径。在监狱实践中,有的民警贪大求全,总希望把罪犯所有的心理问题都解决好,这种愿望可以理解,但既不现实也不符合事物发展的规律。因为,罪犯心理问题的产生总有其内外原因,解决罪犯心理问题必须找准"病因",才能"对症下药",并进行循序渐进的调理,最后才可能康复。罪犯心理健康教育应重点掌握认知教育、意志力教育、情感教育、人格教育和社会性教育等五个方面的内容。基本途径

是组织心理健康知识传授和相应的技能训练；心理辅导；心理咨询；危机干预与心理治疗等。

第二节
罪犯心理咨询概论

"咨询"一词来源于拉丁语，其含义为商讨、协商。在现代汉语中有两种含义：咨询和辅导，对于在校学生来说叫辅导，对其他人叫咨询，但在本质上区别不大。

心理咨询是通过语言、文字等媒介，给咨询对象提供帮助、启发和教育的过程。心理咨询的对象是有精神障碍的人：一是能自诉的正常人的精神障碍，如轻度精神病患者和异常心理者；二是不能自诉的但可以通过其他人帮助主诉的精神障碍，如有精神障碍的儿童、聋哑人和口吃患者。心理咨询的过程分为掌握材料、诊断分析、劝导帮助和检查巩固等阶段。心理咨询的方法主要有个别咨询和团体咨询、门诊、书信、电话、网络、宣传、现场咨询等。心理咨询的意义在于通过咨询，可以使咨询对象的认识、情感和态度等有所变化，解决其在生活、学习、工作、疾病和康复等方面出现的问题，从而更好地适应环境，保护和增进身心健康。

随着监狱教育改造罪犯科学化的不断推进，心理咨询方法已引起监狱的广泛重视，并在罪犯教育改造中得到了普遍的运用，尽管出现对心理咨询的认识还不深刻、使用方法和步骤不规范等问题，但作为一种对新的、有效的、科学的教育改造罪犯方法追求的态度是值得认可的。

一、罪犯心理咨询的内容、形式和原则

(一)罪犯心理咨询的内容

罪犯特殊的生活和改造环境，决定了其心理活动的特殊性和复杂性，因此，罪犯心理咨询的内容与普通人的心理咨询内容有很大的区别。但是，罪犯心理咨询的内容又与社会普通人有直接或间接的关联。

罪犯心理咨询的内容主要有以下几个方面：

1. 在人际关系上如何克服自卑的心理障碍。自卑是一种消极的自我评价和意识，是一种负面的情绪体验，一种人格上的缺陷状态，形象地说，自卑是自己为自己设置的障碍。有自卑感的人觉得自己这也不行，那也不行，在面对他人的时候产生自惭形秽的感

觉,从而徘徊在人生的低谷。自卑是绝大多数罪犯最典型的心理障碍,它是由罪犯特有的社会经历和监狱特殊的环境造成的,如果不进行及时的疏导,极易引起罪犯极端行为的产生。有自卑感的罪犯,无一例外地会为了取得优越地位而加深自己的错误。因此,通过心理咨询的形式,教育、引导罪犯认识到每个人或多或少都有自卑,要有发掘自己优点、超越自卑、完善自我的信心和勇气,打破自卑的禁锢,使其走出自卑的阴影,树立正确评价自己的信心,才能为改造扫清障碍。

2. 如何赢得别人特别是亲人的理解、信任和尊重。心理咨询的目的,一方面是要发现并了解罪犯有什么心理问题,另一方面就是要根据罪犯的心理特征制订咨询方案,进行耐心地进行心理疏导。正在服刑期间的罪犯,有相当一部分都面临众叛亲离、遭受众人唾弃问题,不被人理解、信任和尊重的情况在所难免,这就容易造成他们心灰意冷、破罐破摔等心理问题,严重的会导致罪犯自伤、自残甚至自杀等行为的发生,在这种情况下,如何排解罪犯悲观厌世的消极情绪,树立积极改造信心,以促进罪犯新型人际关系的建立就显得至关重要了。

3. 如何处理与监狱民警、与其他罪犯之间的关系。人与人之间的关系应该是一种什么样的关系,一直以来,它成为社会学及相关学科研究的重要内容,但也是难以研究明白的问题。但是,无论如何研究,都离不开两个核心问题,即“利”与“义”。一般来说,在传统的社会背景下,“义”多于“利”,在价值观念多元化的背景下,“利”多于“义”,这种现象虽然不是绝对的,但它是人类社会发展的一条基本规律。

在现代社会,人们对利益的追求已放大到无限度,而对“义”的取舍却模糊不清,为了利益,人与人之间的尊重、理解和诚信出现了空前的危机,在这种情况下,要对人与人之间是一种什么关系进行界定十分困难。

但是,教育改造罪犯是监狱民警的重要职责,教育引导罪犯建立起人与人之间相互尊重、理解和信任的和谐环境,是监狱民警的责任和义务。心理咨询的重要任务之一就是教育引导罪犯如何处理好与监狱民警之间、与其他罪犯之间的关系。从表面上看,这项工作并不复杂,但要真正做好它并非易事。因为,要改变罪犯对监狱民警、对其他罪犯之间的认知和评价是十分困难的。罪犯对监狱民警从内心深处就缺少理解和信任,甚至根本不理解、不信任,而对其他罪犯更是心存戒备、无理解、信任可言。罪犯的这种人与人之间关系的危机状况如果得不到及时的引导和消除,要真正改变其内心存在的紧张的人际关系是不可能的。从这一现实出发,做好心理咨询,矫正罪犯心理上的认知错误就显得十分重要。

4. 如何对待罪犯改造过程中的身体和生理变化现象(疲劳、厌倦、注意力不集中等等)。身体和生理变化是一种客观现象,但身体和生理会受环境的影响。罪犯在服刑期间身体和生理变化集中体现在有衰老感、疲劳厌倦、注意力不集中、对性生活长期处于亢奋状态等等。产生这一系列现象的根本原因与罪犯所处的特殊环境有密切联系,因此,心理咨询就应该结合罪犯身体和心理变化的实际,教育引导罪犯正确对待这些问题,克服消极因素给身体和生理带来的影响，以便全身心地投入改造。

5. 如何适应新生活。这类咨询内容主要针对即将刑满释放的罪犯。对罪犯而言，无论刑期长短，一旦即将刑满释放，都会产生很多心理问题：如何面对亲人和社会、如何选择自己的职业、如何走好未来的人生道路等，面对这些问题，有的罪犯可能兴奋不已、彻夜难眠，有的罪犯可能抑郁忧愁、情感错综复杂，有的也有可能从容淡定、顺势而行。无论哪一种情形，都会对罪犯后期的改造以及刑满释放后的生活产生影响。因此，抓住罪犯在这个时期的心理特点，开展有针对性的咨询工作，对于进一步促进罪犯后期的改造，巩固改造成果，使罪犯较顺利地回归社会，更好地适应新生活是十分必要的。在实际工作中，有的监狱民警往往忽略对罪犯后期心理咨询环节，认为只要罪犯遵守监规纪律、管住不跑、不出事就万事大吉了，至于罪犯在这个时期有什么心理问题，已无关紧要。事实上，监狱民警所从事的教育改造罪犯工作，从宏观方面讲是教育改造好他们的世界观、人生观和价值观，使他们成为社会的守法公民。从微观角度来看，就是教会他们做人做事的道理，就像教育自己的孩子一样，使他们养成遵纪守法、诚实守信的良好品格，而且要花费精力随时排解他们的心理问题，让他们走出人生的阴影。这就要求监狱民警要有一定的社会责任担当，不但要"扶其上马，还要送其一程"。

对罪犯来说，心理上的问题很多，是永远也清理不掉的。尤其是那些触动他们思想灵魂的场景、那些因犯罪而导致的妻离子散、家破人亡的人间悲剧，没有哪一样不残留在他们心底，有的阴影可能会随着时间的推移而渐渐淡忘，有的阴影可能会通过心理咨询的方法而消逝，但有的阴影是一辈子都消逝不了的，它会像影子一样伴随罪犯一生。下面这则关于影子的故事能很好地说明心理阴影对人的消极影响问题，在教育改造过程中，当罪犯出现这样的心理问题后我们又该如何做呢？

"影子真讨厌！"小猫汤姆和托比都这样想，"我们一定要摆脱它。"然而，无论走到哪里，汤姆和托比都发现，只要一出现阳光，它们就会看到令它们抓狂的自己的影子。不过，汤姆和托比最后终于都找到了各自的解决办法。汤姆的方法是，永远闭着眼睛。托比的办法则是，永远待在其他东西的阴影里。

这个寓言故事说明，一个小的心理问题是如何变成更大的心理问题的。可以说，一切心理问题都源自对事实的扭曲。即那些令我们痛苦的负性事件。因为痛苦的体验，我们不愿意去面对这个负性事件。但是，一旦发生过，这样的负性事件就注定要随我们一生，我们能做的，最多的不过是将它们压抑到潜意识中去，这就是所谓的忘记。

但是，它们在潜意识中仍然会一如既往地发挥作用。并且，哪怕我们对事实遗忘得再厉害，这些事实所伴随的痛苦仍然会袭击我们，让我们莫名其妙地伤心难过，而且无法抑制。这种痛苦让我们进一步努力去逃避，发展到最后，通常的解决办法就是这两个：要么，我们像小猫汤姆一样，彻底扭曲自己的体验，对生命中有重要的负性事实都视而不见；要么像小猫托比一样，干脆投靠痛苦，把自己的所有事情都搞得非常糟糕，既然一切都那么糟糕，那个让自己最伤心的原初事件就不是那么疼了。

(二)罪犯心理咨询的形式

从咨询对象来看,主要有个别心理咨询和集体心理咨询;从咨询途径来看,主要有书信咨询、电话咨询、宣传咨询、现场咨询等等。

个别心理咨询是由罪犯单独向监狱民警(业务部门和专业人员)提出咨询要求,由单独的专业咨询人员出面解答、劝导和帮助的一种形式;集体咨询是由监狱业务部门根据罪犯所提出的问题,将他们分成课题小组,进行商讨、引导,以解决罪犯的心理障碍的一种形式;书信咨询是针对罪犯来信描述的情况和提出的问题,由具有专业知识的监狱民警以通信的方式解答疑难问题、进行疏导教育的一种形式;电话咨询是利用电话给罪犯以劝告和安慰的一种形式;宣传咨询是监狱通过传单、报纸、刊物、广播电视等媒介,对罪犯提出的典型心理问题进行解答的一种形式;现场咨询是监狱专业咨询人员深入监区、分监区、罪犯监舍、学习和劳动现场对罪犯提出的各种问题给予解答的一种形式。

(三)罪犯心理咨询的原则

对罪犯进行心理咨询,与社会上人们普遍关注人的心理健康问题有密切联系。在不尊重人格、不保护人的正当权利以及食不果腹的社会环境里,人的心理健康问题是被忽视了的,在这种社会环境下,人的躯体疾病与心理问题交错并发,使人心力交瘁。社会发展进步了,人们的生活水平、生活质量提高了,心理问题也得到了广泛的关注。汶川地震后,为了及时疏解受灾群众的惊恐情绪,国家派专业人员对他们进行了心理疏导。之后,哪里一旦发生突发性事件,都会有类似的组织出现,在第一时间为群众排解心理问题。将心理咨询引用到教育改造罪犯工作中已有一段历史,它已成为监狱和监狱民警教育改造罪犯的重要方法。但是,监狱心理咨询问题,还存在很多障碍,这些障碍成为影响心理咨询发展的不利因素,这就是在中国文化背景下,罪犯与社会是普通民众一样,都存在一种比较普遍的心态,即习惯于躯体有病,自己就明显地知道,就可能主动去找医生治疗,而对于心理上的问题却既无辨识能力,也无描述能力。并且,多数罪犯忌讳自己心理上有病,认为这很难为情、羞于启齿。例如,躯体疾病带来心理上的焦虑不安、情绪抑郁,或者某些不足(如家庭贫困、身体矮小、肢体残缺)引起自卑、苦恼等。在这种情况下,监狱业务部门和专业人员不但要寻找巧妙的方法教育引导罪犯正确看待自己存在的心理问题,要求罪犯积极配合民警开展工作,同时还要遵循心理咨询的一些基本原则,运用心理咨询的基本方法有效地对罪犯开展心理咨询活动,真正发挥心理咨询在教育改造罪犯中的作用。

1. 教育性原则。对罪犯开展心理咨询,最终的目的是通过心理咨询这个手段,发现并找准罪犯的心理问题,分析心理问题产生和形成的原因,消除影响改造的心理障碍,更好的教育改造罪犯。心理咨询的过程,实际上就是一种监狱民警与罪犯相互沟通、最大限度地追求理解和信任的过程,是一种人性化的教育体验,因此,教育性原则是心理咨询的首要条件和最基本的原则,循循善诱的引导、耐心细致的说服、诚心诚意的沟通等都成为心理咨询过程中教育性原则的具体体现。

2. 保密性原则。鉴于中国文化传统习惯、人们极不愿意将自己的心理问题"公之于世"的原因,在对罪犯进行心理咨询活动中,应该主动尊重罪犯的"隐私权",保守罪犯的"心理秘密",对心理咨询的内容、过程等都不能外泄,更不能作为"茶余饭后"的谈资。因为一旦离开了保密性,参与咨询的罪犯就失去了对监狱专业咨询民警的信任感和安全感,咨询工作就难以正常进行。保密性原则既是职业道德的要求,也是咨询工作的基本需要。在教育改造实践中,有的监狱民警没有遵守好这一原则,随意公开罪犯心理咨询的信息,对罪犯造成极大的心理压力,引起罪犯的强烈不满,其严重后果会使罪犯产生报复心理和报复行为。当然,保密性要根据具体情况而定,罪犯中所有的心理问题并不都是需要保密的,在一些特殊情况下,例如来参与咨询的罪犯中,有自杀或者攻击他人、有破坏监管设施企图和倾向的,适度地违反保密性原则,可能对参与咨询的这类罪犯更有利,这属于正当的泄密,不必受到职业道德的谴责。

3. 矫正与发展相结合原则(疏导性原则)。在对罪犯进行心理咨询的过程中,应该积极引导罪犯"吐露心声"、"敢说真话",负责心理咨询的民警要想方设法调动罪犯的积极性,通过监狱民警耐心的劝导和真诚的帮助,使罪犯主动配合开展工作。心理咨询离开了任何一方的积极参与,咨询的效果都会事倍功半,甚至白费功夫。

根据罪犯心理咨询的特殊性,在具体的心理咨询过程中,要遵循矫正与发展相结合的原则。因为就其实质来说,罪犯心理咨询是一种障碍性咨询,所以,罪犯心理咨询更应倾向于教育的、发展的咨询方向。在心理咨询领域,障碍性咨询与发展性咨询都是心理咨询的范畴,都是咨询内容的重要组成部分。而后者是罪犯心理咨询领域中非常欠缺的、急需加强的一部分,同时,其领域十分广泛,意义深远;在对罪犯障碍性咨询中,矫正障碍是一个咨询目标,但只是个具体目标和中间目标,障碍性矫正应该和促进罪犯的发展结合起来,才能在更大程度上发挥咨询的功效,这也就是把具体目标与长远目标结合的问题。一旦监狱专业咨询员真正能够把长远目标融合到具体目标中去,就会使罪犯心理咨询工作成效更加明显。

4. 灵活机动原则。适应于罪犯教育改造的任何方法,都是好的方法,但不一定是有效的方法,关键看是否采取了灵活机动的原则。方法很多,但方法始终是人的思维的结果,所以,使用方法的主动权和作用大小的发挥程度是与人是否采取灵活机动原则有密切关系的。

灵活机动原则,要求负责咨询任务的专业监狱民警在不违反其他咨询原则的前提下,根据具体情况,灵活机动地应用各种咨询理论、方法,采用灵活的步骤,以便最有效地取得咨询的效果。也就是说,在把握罪犯共性的基础上,最大限度地根据参与咨询的罪犯的个性、特点作出判断,进而采取不同的方法。要做到这一点,就需要负责咨询工作的民警有扎实的理论基础、广博的知识、明察秋毫的观察能力、丰富的实践经验以及快捷灵敏的反应。可以说,是否灵活机动是一个优秀心理咨询员的标志之一。

二、罪犯心理咨询的目标

仅就普通的心理咨询而言,它实际上是心与心的交流,咨询员与咨客之间是完全平等的,咨询员一般是处于中立状态。而且,有专业人士认为,每一个人都是有独特价值观的人,咨询员不应用自己的价值观去影响咨客,更不应该把自己的目标强加给咨客。

对于罪犯心理咨询而言,上述观点有其合理的一面,但在监狱工作实践中,要做到真正的中立几乎是不可能的,因为监狱和监狱民警的性质决定了咨询员(监狱民警)与咨客(罪犯)之间在身份上是不平等的,双方在进行思想、情感交流时监狱民警不可避免地会向罪犯传递自己的价值观。因此,在咨询过程中,最关键的问题是,当监狱民警以咨询员的身份对罪犯进行咨询时,必须清楚自己的价值取向是什么,知道如何去表达自己的观念,以避免把自己的价值观中不合理的内容甚至不正确的观念不自觉地施加到罪犯身上,而引起错误的导向。

在把握正确的价值导向的前提下,对罪犯进行心理咨询要注意两个方面的问题:

一是走出咨询就是给罪犯以教导、指点、向他们传授正确的观念和知识的误区。一些监狱警察在这种思想的支配下,将自己的价值观念、信念、目标等强加给罪犯,帮助罪犯做决定,告诉罪犯应该这样,应该那样,而一旦发现罪犯的价值观(只要是不违反社会主义核心价值观的,我们都可以视为正确的、合理的价值观)与自己不同、与社会公认的观念有区别时,就设法去纠正。实际上,咨询的主要原则之一就是充分尊重罪犯的价值观,不能把自己的价值观念强加给罪犯。

二是改变心理咨询的目标就是使罪犯无忧无虑,没有痛苦、没有困惑、没有心理上的不适的认识。因为,这些主观上的愿望是不可能实现的。假如罪犯参加心理咨询的目的是为了成长和进步,那么,罪犯总会有一定程度的不安、犹豫、痛苦、自责,成长和进步会伴随着苦恼,正如有所得必然有所失一样。如果通过心理咨询就可以让罪犯消除不安、犹豫和痛苦,那么,我们为罪犯的教育改造还会有值得担心的问题吗,显然,这个命题不成立。所以,我们只能把心理咨询作为教育改造罪犯的一种方法之一,在心理咨询过程中,应该更多的鼓励罪犯不断地去尝试、体验,去获得发展,而不是躲避风雨、逃避现实,安慰是必要的,但决不能缺少直面困难的勇气。

三、罪犯心理咨询的流程

罪犯心理咨询流程(这里,并没有完全按照现有咨询程序模式),即进行心理咨询活动的步骤和主要内容。第一个阶段是信息收集,第二个阶段是信息评估,第三个阶段是信息反馈,第四个阶段是行为改变,第五个阶段是终止咨询。五个阶段的时间有长有短、内容有多有少,咨询过程中应根据实际情况灵活掌握。

一般来说,第一至第三阶段是信息的收集和处理阶段,第四至第五阶段是帮助罪犯改变行为的阶段。前三个阶段虽然只涉及信息的收集和处理,但是,在这个过程中,监狱民警要耐心倾听罪犯的叙述,并相应地作出反应,与罪犯之间已经建立起从陌生到熟悉、了解和信任的基础,这之间发生了感知、情绪、需要、价值以及心理的冲突,因此,这个过程本身就是咨询的过程,同时还为后面的行为改变创造了有利的条件。后两个阶段的侧重点是帮助罪犯改变行为,使之通过系列的心理咨询和心理调适改变不良行为或恢复原有的良好行为,创造新的生活。

信息收集阶段。罪犯心理咨询需要收集的信息很多,收集到的罪犯信息越全面,评价越中肯,信息反馈就越准确,提出的矫正建议也就越来越有针对性。一般来说,罪犯的信息来源可分为三个维度,即时间维度、内在和外在维度、思维和情绪维度。时间维度——从罪犯的过去到未来。有关过去的信息可以帮助民警了解罪犯发展到今天的过程,而目前的信息可以使民警掌握罪犯现实的具体表现,未来的信息则可以预示罪犯的发展趋势,将这些信息加以综合、整理,就可以对罪犯有较为全面的了解。内在和外在的维度——在心理咨询的过程中,既要了解罪犯个人的内在信息,又要了解他在与人相处时的外在信息。罪犯内部信息多种多样,包括罪犯对现实的认识、罪犯的内在冲突以及处理这些冲突的方式、罪犯是什么样的人和他认为自己是什么样的人以及他希望别人把他看成是什么样的人、他有什么样的价值观和期待等等。思维和情绪维度——主要是了解罪犯对自己、对他人和其他有关事件的思想和情感体验是什么。重要的不是了解罪犯的思想和情感体验,而是要了解它们之间的相互作用过程以及冲突是如何产生的。总之,在对罪犯收集信息时,监狱民警要事先有一个框架,并循此线索获取需要的信息,而千万不要让罪犯牵着鼻子走。

另外,要灵活掌握询问方式,注意适时向罪犯提出一些问题,并从中获取所需要的信息。在罪犯心理咨询实践中,要掌握一些常用的询问方法,譬如:

✍民警提出"你为什么认为应该来找我谈谈?"这个问题意在肯定罪犯寻求咨询的动机和对问题的看法,但有的罪犯来咨询时会直截了当地坦陈自己所面临的问题,称自己感到压抑、担心、不安全,有的甚至会回答说:"我并不觉得应该来找你,是某某干警提醒我觉得应该来找你的。"在这种情况下,民警不能因为罪犯的回答方式而心存不快,而应对罪犯予以宽容与理解。

✍"你所出现的问题是从什么时候开始的?"设计这个问题的目的是可以使民警对罪犯的问题有基本的了解。需要注意的是,在回答这个问题的过程中,不少来咨询的罪犯倾向于把自己的问题说成是近期才出现的,而实际上通过询问不难发现,他的问题早就存在,只是最近才趋于严重而已。

✍"你认为是什么原因引起这些问题的?"设计这一问题的目的旨在掌握罪犯对问题的归因方式,让罪犯知道自己在其中应承担的责任。因为,多数罪犯往往对自己在问题中应承担的责任估计过轻,而把大部分责任或者主要责任归咎于其他人或环境因素。

☞ "这之前你有没有想办法解决这个问题?"设计此问题的目的在于了解罪犯的心理防御、适应性反应以及对周围环境的利用情况。在实践中,绝大多数罪犯并没有这方面的思考,通过问题的设计,可以启发罪犯在寻求别人帮助的同时,自己也要积极提前介入想办法解决自己的问题。

☞ "你到我这里来咨询,希望获得什么样的帮助?"对这个问题的设计目的旨在唤起罪犯对民警咨询活动的期待,而不是依赖。期间,民警应该向罪犯作一些咨询方面的常识性介绍,以免罪犯对民警咨询活动寄予过高的期望而可能导致的失望效应。在咨询的过程中,监狱民警会发现,不少罪犯对心理咨询的期望是错误的、不切实际的。譬如,对以上问题的回答:"我实在不知道怎么办才好,希望得到你的指导。"有的则回答:"希望你能帮我解决问题。"还有的干脆说:"你看着办吧,我也不知道该怎么办。"事实上,罪犯对问题的回答和对民警心理咨询活动的期望已远远超过了心理咨询本身的业务范围。

☞ "请你客观地评价自己,有哪些优势或长处?"问题的设计目的旨在让民警了解罪犯的能力和自信所在,也可以让罪犯进一步了解自己,增强其自信心,克服自卑和畏难情绪的产生。

在这个阶段,除了通过民警与罪犯的交谈详细了解其情况之外,监狱民警还应认真观察罪犯在咨询室中的行为,观察他与民警之间的互动情况以及对民警要求所作出的反应,只有这样,监狱民警才有可能获得有关罪犯及其问题的全面认识,所收集到的信息才更加真实可靠。

信息评估阶段。当心理咨询的信息收集到一定程度后,监狱民警就应开始对收集到的资料进行比较、分析和评价,这就是信息评估阶段。它主要包括以下几个方面的内容:症状及原因分析、咨询对象筛选、症状消除。所谓症状,就是罪犯心理所受到困扰的迹象,如人格障碍、焦虑症、性变态、自卑感、内疚感、失落感等等。监狱民警要及时、准确地评价和梳理罪犯咨询过程中的症状并立即予以干预,一旦发现问题严重的,应向相关部门报告。各种症状都有一定的原因,即引起某种症状是由于受到一定原因的影响,使得罪犯的某些基本需要得不到满足,如罪犯对于某种程度的安全感、爱、尊重、自由等等,特别是当罪犯家庭发生亲人丧亡、婚姻变故的事件后,罪犯的某些需要得不到满足时,他们就会感到困扰,如果困扰时间长,罪犯又缺乏足够的应对技巧,就会表现为相应的症状。需要注意的是,上述诸项原因并非互相排斥的,相反,它们在罪犯身上是混合存在,且这些因素之间是相互作用的。在咨询的过程中,有的罪犯并不知道自己要从心理咨询中获得什么样的帮助,为此,监狱民警应对罪犯的心理准备情况(程度)进行评估,为下一步咨询的开始做好铺垫,例如罪犯对自身问题的责任感、有无内在的动力、交流的能力、对症状的反应方式等。

通过对这些问题的排查、筛选进一步制定切实可行的咨询矫正方案。任何消除症状，改正引起症状的行为，决定于罪犯病因的性质：如果罪犯的症状是由于一次客观的应激事件引起的，那么，对罪犯认知的重建、更新和巩固就可以逐渐使其获得安全感，体验到爱，并增强其能力；如果症状来自与罪犯有密切交往的人，那么监狱民警就应帮助罪犯更有建设性地看待、处理当前的境遇，或者从现在的处境中解脱出来；如果症状在于罪犯人际交往中的不良行为，那么，监狱民警就应该帮助其培养良好的社交能力，或改善其自我评价；如果症状来自罪犯身心内部的冲突，民警可以将这些冲突一一的找出来，并帮助其更有创造性地对付它们。

　　信息反馈阶段。信息反馈是一个信息共享的过程，信息反馈的目的在于提供更足够的信息，使罪犯作出有关咨询的决定并让监狱民警知道。信息反馈要用通俗易懂的概念，要简单明了，不用烦琐的形容词和类比，能够用一张简单的图表就不要用复杂的文字，让人一目了然。信息反馈的内容既要反映罪犯的长处，又要反映其弱点，较好的咨询方法一般是从长处开始，以弱点结束。监狱民警可以诱导罪犯在信息反馈过程中和信息反馈之后问些问题（尽量避免太多提问和把问题复杂化），民警对问题的回答可以直截了当。将信息反馈给罪犯后，监狱民警可以给罪犯提出一些建议或忠告，建议或忠告必须要根据罪犯的实际情况作出，要具有一定的技巧和方法。

　　行为改变阶段。心理咨询的目的是促使罪犯行为发生改变，这也是心理咨询中的重要环节。在这个过程中，会出现这样或那样的问题，常见的问题主要有以下几个方面：一是有的罪犯常常有这样的误解，认为负责心理咨询的监狱民警就是心理设计师，就会为自己设计出一幅蓝图，需要监狱民警告诉自己是何人，他的问题何在，如何解决问题，他应该在什么时候向前迈出哪一步，在这种情况下，即便是有经验的监狱民警有时也会上当，常常被罪犯的思维模式所左右。其实，监狱民警完全可以抵抗罪犯的操纵和诱惑，成为咨询过程中的主导者。罪犯心理咨询的实践告诉我们，监狱民警对参加心理咨询的罪犯的立场永远是："你来告诉我你是谁"；"你来告诉我你的问题是什么"；"你来告诉我你希望怎么解决问题"；"你来告诉我你准备什么时候采取什么办法解决问题"。要知道，咨询的目标之一就是帮助罪犯成为他自己的咨询员，要解决上述问题，答案就在罪犯本身，监狱民警的任务不是越俎代庖地回答这些问题，而是提供有利于罪犯健康、向上的气氛与环境，从而，使罪犯获得必要的内省力来自行回答这些问题，并把它们付诸实践。二是多数罪犯在咨询过程中往往拒绝监狱民警着眼于他的内在问题，因为他们害怕自己的内心世界曝光。因此，监狱民警必须具备一些技巧，以处理咨询过程中的阻抗（物理名称，是一种物理量。是指在有电阻、电感和电容的电路里，对电路中的电流所起的阻碍作用。在心理学领域，最早由弗洛伊德提出。它指人在心理咨询过程中自我暴露与自我变化的抵抗。表现为人们对某种焦虑情绪的回避或对某种痛苦经历的否认。阻抗的意义在于增强个体的自我防御。）而且要把握好时机，知道在什么时候处理某一个问题最好。

通过心理咨询改变罪犯行为的具体方法和措施：一是适当运用内省力（即自知力，指病人对自身精神状态的认识能力，如能否判断自己有病或精神状态是否正常等等）来探索罪犯的内心世界，以给罪犯带来内心的宁静，从而减轻症状，使其不再产生干扰。同时要给罪犯指出，并非人类的所有问题都有良好的解决办法，但通过咨询，知道不妨先去解决那些可以解决的问题。二是教育罪犯以自身为镜子对照检查自己。即监狱民警通过咨询将罪犯的一举一动反映出来，让罪犯对自己的行为作出恰当的改变，当然，这种方法不能真实地反映罪犯的实际，因为以罪犯本身为镜子来反映自己，容易把真实的一面遮掩，而展示所谓最能代表自己的内容，最好的方法是将罪犯与他人（包括自己的亲人、朋友、同学等）相处的情况反映出来，例如监狱民警与罪犯相处，并向罪犯表达出自己的情绪体验，看罪犯就此现象有什么反应。这种方法的目的和作用在于让罪犯明白：当你按照自身的愿望行事时，对别人的感受或者反应并没有在意，这就要求对自己的行为作出适当的改变，以更好地与别人相处。三是向罪犯提供支持。在咨询过程中，监狱民警可以通过多种方式向罪犯提供支持，例如给罪犯以真诚的微笑和鼓励，提供切实的帮助，对罪犯积极的行为给予奖励，耐心向罪犯解释目前处境积极的、有希望的一面，这些都属于支持，通过这些支持可以减少罪犯的焦虑情绪。需要注意的是，支持一定要有现实依据，并且要遵循一定的原则，否则，支持就会发生相反的作用。对一些惯用的劝慰性质的支持，如果语言表达不当，就会变成一番空洞的、鼓动式的言语。例如："我敢肯定你的事情会变好的""我完全相信你，你一定能做到的"等等，如果换成这样的表达方式是否会好一些："我们尽力吧，不管怎样，我们会想办法来应付一切。"这种再保证（支持）具有现实基础，而且将监狱民警与罪犯之间的这种咨询关系当成获得支持的来源，而不局限于某件事的成败。

四、罪犯心理咨询中的倾听与交流

倾听是最有困难的、最容易出问题的环节，倾听是监狱民警心理咨询工作的基础，可以说，监狱民警的主要任务之一就是耐心地倾听，没有倾听，民警往往无从了解罪犯的问题和人格特点，因而也就无法达到心理咨询的最终目的。在日常生活中，我们都习惯说"听"别人讲话，很少说"倾听"别人讲话，这除了语言表达习惯外，还因为听和倾听是有区别的。

听是指生理上对声音的接受，如听到汽车的声音，打雷刮风下雨，鸟鸣流水等等。而倾听不仅包括生理上对声音的接受，而且加上个体心理上对声音的解释。听是简单的过程，而倾听则是较为困难的过程。人们极少为生理上的听觉设置障碍，但在倾听方面，却往往有这样或那样的问题。倾听并非仅是用耳朵去听，更重要的是用心去听，去感受别人说的话。不但要听懂别人用语言和非语言行为表达出来的东西，而且要听出在交谈中所省略和没有表达出的内容。

在对罪犯心理咨询的过程中,罪犯与监狱民警之间要进行很多的交谈,显然,监狱民警不可能以同样的注意力倾听罪犯的每一句话,否则就有可能错过其他重要的信息。随着监狱民警咨询经验的不断丰富,就可以在听罪犯叙述的过程中,熟练地知道哪些该注意倾听,哪些只需要一般性地注意。比如,对于罪犯来咨询时惯常采用的一般性问候就可以淡然处之;但如果罪犯突然一反常态,民警就不要放过,应予以特殊的注意,积极调整自己的问话,找出问题所在。善于倾听,不仅在于听,还在于参与。不仅是为了向罪犯传递自己倾听的态度,鼓励罪犯叙述,促进民警与罪犯之间的咨询关系,同时也是为了澄清问题,促进民警对罪犯的情况和对自身的了解。正常的倾听,要求民警以机警和共情(体验别人内心世界的能力,如同情心、同感,它是心理咨询中影响咨询关系建立的首要因素)的态度深入罪犯的"烦恼或痛苦"中去,注意罪犯的一言一行,细心观察罪犯的表达方式,认真观察罪犯如何谈论自己与他人的关系,以及对目前问题的反应,还要注意罪犯在叙述中的犹豫与停顿、语调变化以及伴随言语出现的各种表情、姿势、动作等,从而对言语作出更完整的判断。

在对罪犯进行咨询的过程中,民警要尽量避免发生以下错误:一是急于下结论。这样容易使罪犯觉得民警没有耐心听自己诉说,因而感到扫兴,影响咨询关系的建立。二是轻视罪犯在咨询中提出的问题。有的民警认为,罪犯在咨询中提出的问题是小题大做,无事生非,自寻烦恼,因而流露出轻视、不耐烦的态度,这是缺乏共情(也称神入、同理心、通情达理、设身处地,是指体验别人内心世界的能力。它包含三层含义:咨询师借助求助者的言行深入对方内心去体验他的情感、思维;咨询师借助于知识和经验把握求助者的体验与他的经历和人格之间的联系,更好地理解问题的实质;运用咨询技巧,把自己的共情传达给对方,以影响对方并取得反馈)的表现。因为无论问题在民警看来是多么的微不足道,但必须承认的事实是,它已经给罪犯本身带来了困扰,民警就需要正视它的存在。三是干扰、转移罪犯的话题。在咨询实践中,有的民警由于是初涉这类业务,因此容易缺乏透过现象看本质的能力,缺乏控制咨询进程的能力,面对罪犯长时间的叙述,往往觉得茫无头绪。四是随便进行道德或正确性的判断。有的民警在倾听罪犯叙述时,会随便地进行道德上的评判。如在罪犯说到自己与女性随便交往的事实时,民警的第一反应是:"你怎么能随便与女性交往呢?"在罪犯谈到自己和母亲的关系时,民警往往会说:"明明是你错了,你还说别人不对。"这种评判性的话在咨询中应尽可能少用,因为这样常常会让罪犯觉得民警的结论过于武断,是在强迫自己接受民警的道德判断标准。五是不适当地运用参与技巧。在工作中,民警的参与技巧有很多种,但常常出现运用不当的情况,例如,有的民警由于询问过多,让罪犯觉得自己是在"答记者问",这不利于罪犯的自我表达;有的民警进行小结时过于频繁,让罪犯觉得民警过于琐碎。

五、罪犯心理咨询中的认知及其处理

认知理论认为,认知影响人们的行为,人们怎样看待事物,决定了他们作出怎样的情感反应。认知是智慧的财富,它涉及理解、思维、记忆、想象、决定和推理。两个人虽然经历同样的事情,但是其反应却可能截然不同。例如,有两名罪犯都失去了妻子,其中一个把失去妻子视为末日来临,他觉得没有妻子,活着再也没有什么意义。这种观念使他丧失了一切,结果,乘民警不备自杀,幸亏抢救及时,才幸免于难。而另一名罪犯也把失去妻子视为巨大的损失,但他不把失去妻子与生活本身等同起来,他并不觉得失去了一切,因为还有父母,还有子女,自己身上还有沉甸甸的责任,仍然需要认认真真的进行改造,并把争取早日获得新生作为努力的方向。这就属于不同的认知所导致的情感反应。

认知观念是人们创造的,并被用以帮助他们控制自己的生活,从而使生活具有意义。认知观念可以是真实的,也可以是虚假的,即是说人的认知可能符合事实,也可能是对事实的歪曲。

罪犯中常见的错误假设来源。一是来自直接经验,例如,罪犯服刑初期,由于对狱内生活不习惯,常常违反监规纪律,也经常被民警严厉批评,于是他便认为所有的民警都是成天阴沉着脸批评人。二是来自间接经验。如某罪犯听其他罪犯介绍说,监狱里面"坏人"多,自己要多加防备,这名罪犯就形成了监狱里面的罪犯"坏人"很多的错误假设(但又无法判断谁是坏人),为了不被感染,于是就封闭自己,不与任何罪犯交流和往来。三是通过对因果关系的曲解。如罪犯罗某经常向民警"报告情况",而罪犯李某与罗某关系不好,年终罗某得到了减刑,罪犯李某却没有得到减刑,他便认为罗某得到减刑是因为他经常向民警"报告情况",得到了民警的关心,不但如此,自己没有得到减刑,可能是罗某在民警那里说了自己的坏话。

错误的假设均来自错误的思维,因此,在对罪犯教育改造的过程中,特别是对其进行心理咨询的过程中,应针对其错误思维进行积极健康的引导。

罪犯心理咨询过程中还有很多理论和实践性问题,例如咨询中的特质问题、情感问题、咨询阻力及其处理问题等等,由于本书仅是做常识性介绍,因此,就不再进行系统的、全面的论述。

第三节

罪犯心理矫治

心理矫治是教育改造罪犯的一种重要方法。在心理学理论研究领域,心理矫治从不同的角度认识就有不同的称谓,有的称为"治疗计划"、有的称为"心理学治疗计划"、有的称为"临床治疗计划"以及"心理健康服务"等等。

一、罪犯心理矫治基本概念

监狱虽然不是医院，但是在罪犯中确实存在一些心理障碍或心理问题，它们来源于：一是罪犯入监前就有的心理障碍。《刑法》明确规定"间歇性的精神病人在精神正常的时候犯罪，应当负刑事责任。尚未完全丧失辨认或者控制自己能力的精神病人犯罪的，应当负刑事责任，但是可以从轻或者减轻处罚。"这意味着，在被判处剥夺自由的刑罚的罪犯中，肯定包括一定数量的患有心理障碍或者精神疾病的人。二是在罪犯服刑期间，由于面临巨大的心理压力等因素，原来精神健康的罪犯也可能产生心理障碍或者精神疾病。无论是哪一种情况，监狱都应该给予积极的、合理的关注并开展心理矫治。然而，监狱毕竟不是精神医院，心理矫治民警不是精神科医生，不可能解决罪犯中所有的心理障碍或者精神疾病，特别是严重的心理障碍或心理疾病。因此，必须明确，罪犯心理矫治工作的对象，主要是心理健康或者基本健康（亚健康）的服刑人员，罪犯心理矫治的适应征应该主要是服刑人员中的一般心理问题和一些比较轻微的心理障碍或者比较轻微的精神疾病。

基于以上事实，罪犯心理矫治是指监狱民警利用心理学理论和技术消除罪犯异常心理和不良习惯的治疗方法与治疗活动。如前所述，在我国，由于目前还没有配备专业的罪犯心理治疗人员，对罪犯的心理矫治基本上由监狱民警兼任（也有个别社会专业人员参与），从专业要求和严格意义上讲，这是不符合心理治疗要求的，但监狱工作的客观需要决定了监狱民警不得不成为"无所不能"的"万金油"。

二、罪犯心理矫治的内容

罪犯心理矫治的主要内容是心理疾病和身心疾病，监狱民警通过心理治疗方法的具体运用，最终目的就是要解决罪犯的心理疾病和身心疾病问题。也就是说，通过对罪犯的具体的心理评估、心理健康教育、心理咨询、心理治疗和系列危机干预实现对其身心进行矫治的目的。

罪犯心理矫治的内容：罪犯因对监狱环境的不适应而产生的惊恐、后悔、自责等心理问题；罪犯不适应监狱改造生活而产生的焦虑、强迫和神经衰弱症状等问题；罪犯因人格缺陷和不足而产生的自责、自卑和自暴自弃、悲观抑郁等不良情绪问题；罪犯因生理或情感原因而引起的心理障碍问题；其他因罪犯身心疾病或躯体疾病而产生的心理问题等等。

三、罪犯心理矫治与心理咨询的联系和区别

二者的联系：在心理咨询的过程中，监狱民警对来访罪犯心理的分析、指导等行为本

身就具有心理治疗的作用。监狱民警在心理矫治前,对罪犯心理情况的事前调查、了解、说明等同样具有心理咨询的性质。因此,心理咨询是一种有效的心理矫治,而心理矫治又是心理咨询中不可缺少的重要手段,例如,在心理咨询的过程中如果发现比较严重的心理问题时,就需要通过心理矫治的方式才能得到解决。

二者的区别:心理咨询的面广,需要解决的问题相对轻微,对监狱民警的资格要求低,来咨询的罪犯一般心理都较正常。而心理矫治所要解决的问题属于精神疾病的范畴,治疗对象主要是有心理疾病的罪犯,并且一般心理问题比较严重,相应的,对参与矫治的民警资格要求高。

一般来说,在监狱对罪犯进行心理矫治,主要以心理咨询业务为主,对罪犯中严重的精神疾病治疗不多。尽管如此,对于罪犯中出现的具有严重心理疾病的罪犯,虽然是个案,数量不多,但是影响较大,必须引起高度重视。对罪犯的一般性心理矫治(如心理咨询),监狱民警应帮助罪犯解决其面对的心理困难,减少焦虑、忧郁、恐慌等精神症状,改善罪犯的不良行为,促进良好人际关系和人格的形成,以积极健康的心态去适应社会生活。

四、罪犯心理矫治的方法

从教育改造罪犯的实践来看,目前,还没有任何一种心理矫治方法属于我们自己的,主要引用国外的精神分析法、行为疗法、情绪疗法、森田疗法等来对罪犯开展心理矫治工作。关于这些方法的具体运用,在相关专业材料中都有较详细的介绍,它不属于本书论述的范围,因此,在此不作探讨,但是,就这些方法运用的情况,有的问题应值得研究。一是方法的运用要结合实际,不能生搬硬套。二是方法的运用要有明确的针对性,即要对症下药,不能张冠李戴。三是对有严重心理疾病的罪犯一般提倡以社会专业人员为主、监狱民警予以配合的方式进行,不宜由监狱民警作为独立攻关的任务或课题。因为,就目前我国监狱的实际情况来看,监狱还没有十分过硬的心理矫治方面的专业性人才,尤其是没有丰富的临床经验方面的专业人才。人的精神性疾病在很多情况下是与人的生理、身体疾病相联系的,因此,专业技术不过硬,加之设备、设施不足,就极易导致意外事件的发生。四是对罪犯的心理矫治,只是监狱教育改造罪犯的一种方法之一,它的科学性、创新性和实用性毋庸置疑,但任何一种科学方法的使用,都必须了解和掌握其基本要义、操作程序、目的及其价值,否则,就失去了使用科学方法的意义。五是在中国现有的国情背景下,罪犯结构复杂、罪犯基数庞大、监狱警力有限,绝大多数罪犯并非都一定要通过这种方法来实施改造,如果偏离了这一现实,那就是舍本逐末。因此,监狱应结合自身实际,综合运用多种方法,实现对罪犯全面的、有效的改造。

五、罪犯心理矫治的目标

对罪犯进行心理矫治的最终目的是达到教育改造罪犯所预想的结果,即转变不当认知、调整消极情绪、改变不良行为、矫正心理障碍。

首先是转变不当认知。通过心理矫治,增强罪犯对自己的心理、性格、行为的了解,正确认识其特点、性质和产生原因,并用恰当的态度去对待它们。

其次是调整消极情绪。通过心理矫治活动,对罪犯进行适当的疏导,使其消除疑虑、紧张、忧郁、悲观、绝望等心理现象,宣泄消极情绪,恢复情绪平衡,并在此过程中帮助罪犯形成良好的情绪反应模式,促使罪犯学会有效的情绪调节方式,保持稳定的、积极的情绪状态。

再次是改变不良行为。只有改变罪犯不良的行为模式和存在的各种心理问题,才能更好地适应社会生活。一方面,就是要矫正不良习惯,消除各种不良行为,增强对各种不利情境中的行为适应能力;另一方面,就是要求罪犯克制自控缺陷。犯罪心理学研究认为,在犯罪行为中,有相当一部分属于冲动性的犯罪行为,大量的暴力犯罪都是犯罪人在强烈的冲动下产生的,这些犯罪行为的发生,与其强烈的情绪和行为冲动有关。因此,在心理矫治的过程中,要帮助罪犯克服自控缺陷,发展自我控制能力,使他们能够在面临各种精神刺激时,不致产生情绪冲动和爆发性行为,减少产生强烈的应激、激情状态的可能性。同时,要改善社会行为。我们都知道,人际冲突行为和社会适应不良行为是造成大量犯罪行为、特别是许多暴力犯罪行为的主要原因之一,因此,帮助罪犯改善人际关系、建立和维持良好的人际关系,增强对社会生活的适应能力,尽量避免回归社会后遭受到新的人际关系方面的挫折,就成为心理矫治的重要内容。

最后是矫治心理障碍。心理障碍又称精神障碍或精神疾病、变态心理等,它指心理过程和心理特征发生的异常变化,如认知障碍、神经官能症等。在罪犯中不同程度地存在着心理障碍等问题,例如,在美国等西方国家监狱中有严重疾病的犯人就占 8% 左右。在我国,很多监狱通过心理门诊、卡氏 16 种人格因素问卷(16PF)测验、加州人格调查表(CPI)和艾萨克人格问卷(EPQ)等方法,发现相当一部分罪犯存在不同程度的心理障碍。因此,通过对罪犯的心理矫治工作,进一步预防、缓解和解决罪犯中存在的心理障碍,特别是大量的程度比较轻微的心理障碍,促进罪犯的心理健康是十分必要的。

✍ 抑郁性神经症自杀罪犯的管理与矫治个案

抑郁性神经症,即由社会心理因素引起的一种以持久的心境低落状态为主要特征的神经病性心理问题,介于严重心理问题与抑郁症之间,常伴有焦虑、躯体不适感和睡眠障碍。罪犯是自杀的高危人群,而抑郁负性情绪则是引起罪犯自杀的心理原因之首。如何缓解和消除罪犯抑郁、焦虑等负性情绪,减少和防止罪犯自杀是监狱探索的重要课题。

一、危机事件

2010 年 12 月 25 日凌晨 1 时许,贵州省某监狱七监区罪犯张某从睡梦中惊醒,手无意间触及墙面,感觉湿润,并闻有一股血腥味,顿时意识到自己包控的上床罪犯殷犯(男、1968年10月5日生,汉族,湖北省武汉市人,2010年4月30日因盗窃罪被判处有期徒刑12年,刑期自2010年1月22日至2022年1月21日止,2010年7月22日投入监狱服刑)有可能自杀了,迅速翻身掀开殷犯的被子,看到殷犯手腕流血(自制刀片割伤),正在床上痛苦挣扎。张犯立即向值班警官报告。值班警察迅速将殷犯送至监狱医院进行抢救。因发现及时,抢救得当,殷犯脱离生命危险,避免了狱内罪犯非正常死亡事故的发生。殷犯因采取自杀过激行为逃避刑罚处罚,扰乱监管改造秩序,在处理伤口、住院治疗10天、身体基本稳定后被关押禁闭15天处罚。禁闭结束转严管集训3个月。殷犯自杀事件发生后,监狱心理矫治中心派心理咨询师进行心理危机干预。在心理咨询师的心理疏导和分监区、监区、监狱业务科室等各级干警的谈话教育下,殷犯在禁闭和严管集训期间,情绪趋于稳定,改造有所好转,获减期4天提前于2011年4月15日解除严管。但是,回到监区不到1个月,殷犯又开始出现反复,情绪低落,意志消沉,整日忧心忡忡,易激惹,消极怠工,精神涣散,仍然流露出自杀危险。监狱民警主动介入,提出咨询转介,及时进行心理咨询并跟踪矫治。

二、信息收集与分析

(一)前任咨询师介绍

殷犯成长史:1968年10月,殷犯出生在湖北省武汉市江夏区某农场的一个普通家庭,父母是农场工人。父亲性格暴躁,信奉"棍棒出才子";母亲温柔贤惠,凡事忍气吞声。殷犯在家排行老三,前面是两个哥哥。1983年"严打"时期,其大哥因抢劫被劳教,败坏家风,其父"恨铁不成钢"的心理转向殷犯和其二哥,性格更加粗暴,时常打骂殷犯。当时殷犯曾跳下山崖,寻求短见,后被人发现得救,致右手骨折伤残。殷犯因为缺少家庭温暖,自幼养成冷漠、自私、自卑、固执、脆弱等心理。殷犯初中毕业后脱离家庭独自闯荡社会,从事苦力劳动、驾驶、个体等工种。期间,殷犯结婚生有一女一子,夫妻感情差,家庭关系淡薄。1999年9月,殷犯抛妻弃子独自到浙江省打工,跟随一个老板做汽车配件生意,对家庭、对子女更是不闻不问,以致家庭破裂,孤身一人在外闯荡。有一次,其父带其女儿到浙江看望,由于长时间没有沟通,父女感情淡漠,亲情寥寥。殷犯不仅没有自省,反而归因为人情淡然,生活无味,厌世,因而自暴自弃,游戏人生。2007年,殷犯携带所有积蓄四处游山玩水。6月的一天,殷犯游玩完三亚,身上积蓄所剩无几,当晚,在一宾馆内服安眠药一瓶昏迷,后被服务员发现,送医院抢救。当年9月,殷犯通过网聊认识贵阳市某校老师赵某(已离异)。两人一见如故,相见恨晚,殷犯即刻赶到贵阳与赵某相会,从此同居生活。两人相敬如宾,互相关爱,飘荡多年的殷犯第一次感受到了家的温暖,加之赵某真诚相待,并没有因殷犯文化低、无职业而嫌弃,让殷犯感激万分,倍加珍爱,把赵某照顾得无微不至。为了回报赵某的恩情,殷犯重新操起汽车配件生意。由于是本行,殷犯的生意很快上道。生意的所有收入,殷犯都用在赵某的穿着、首饰、还房贷等支出上。虚荣心增强,奢求欲增大,支出大大超出了生意赢利部分,但为了讨赵某欢心和感恩,殷犯无所不依,无奈只有拖欠商家材料款。日积月累,债务增大,且赵某又提出要买小车。殷犯百般思索,决定铤而走险,于 2010 年 1 月 7 日凌晨窜到贵州省平坝县城盗窃吊车,被抓获,获刑 12 年。

在看守所羁押期间,殷犯以为赵某会前来探视、安慰,但是赵某的唯一一次探监中,却拿来了殷犯的所有衣物,并提出分手,同时告知殷犯:殷犯之子高考报考某军事院校时,因殷犯犯罪坐牢,政审不过关,只考上了武汉市某学院。在继时性与同时性叠加压力下,殷犯又想到了死,并在看守所实施过自杀行为。分流到监狱后,殷犯依然情绪低落,意志消沉,兴趣低下,整日忧心忡忡。多次写信给赵某,期望赵某能念旧,给予心理安慰和经济支持,但信却石沉大海(其实是为了殷犯的改造着想,赵某回绝信已被干警扣留)。虽经各级干警多次教育,但殷犯均无转变,并于 2010 年 12 月 24 日借出工劳动之机,私藏自制刀具回监舍割腕自杀,发生上述危机事件。

心理咨询效果分析:通过心理咨询与矫治,取得一定的效果,但殷犯的心理冲突和自杀意念持久、牢固,"冰冻三尺非一日之寒",矫治有很大的难度,殷犯时有反复。

(二)罪犯自述

近期头晕、心悸、胸闷,思维紊乱,脑子像空了一样,提不起精神。记忆力下降,睡眠不好,多梦易醒。在改造中,只要看到利器或绳索就有一种莫名的冲动,想私藏作自杀用。那些积极追求改造的罪犯都是憨包,刑期十多年,甚至无期、死缓,还有心情含辛茹苦去改造,挣什么行政奖励条件去减刑。囚禁十多年,整个青春都在监狱渡过,出去已五六十岁还有什么意思,不如死了算了。

(三)监区干警反映

殷犯自入监以来,情绪低落,抑郁寡欢,改造消极,兴趣缺乏,爱好较少,只喜欢看书。长期无人探视,书信较少。对前女友甚为依赖,爱恨交加,有摒弃前嫌,重归于好的渴望。易激惹,常与他犯争吵,甚至顶撞干警。日常在号室或走廊来回走动,心难平静。自杀意念较重,极度危险。

(四)其他罪犯反映

殷犯孤傲,自闭,不愿与他犯来往、交流。性格古怪,情绪低落。晚上早睡但不踏实,翻来覆去。有时会偷偷哭泣。

(五)咨询师观察

殷犯衣着整洁,逻辑思维正常,言语表达正常,体形偏胖。情绪低落,精神不振。改造信心不足,生存意志低下。无明显躯体症状。有自知力,求医愿望强烈。

(六)心理测试结果分析

1. COPA—PI(中国罪犯个性分测试量表)测试结果分析:

表 1　COPA—PI(中国罪犯个性分测试量表)测试结果

说谎指标	同一性指标	内外倾 PD1	情绪稳定性 PD2	同众性 PD3	冲动性 PD4	攻击性 PD5	报复性 PD6
2	0	42	49	38	53	68	44

信任感 PD7	同情心 PD8	自信心 PD9	焦虑感 PD10	聪慧性 PD11	心理变态倾向 PD12	犯罪思维模式 PD14
49	53	44	56	41	52	58

同众性分低:表示殷犯独立而自有主见,常把自己看成与众不同,不太受社会舆论的约束,顾忌少,从不轻易放弃自己的主见,为人做事标准高,刻板,执着,缺乏变通性。攻击性因子分高:说明殷犯不安守本分,恃强霸道,渴望刺激和冒险,不甘于现状,为人武断,胆大敢为,喜欢寻事挑衅,惹是生非,独出心裁,崇尚迷信暴力,生活态度独立,求变,野心,抱负感强。其他因子分处于中等水平。

2.SCL-90(90 项症状清单)测验结果分析。

表 2　SCL—90(90 项症状清单)测验结果

躯体化	强迫症状	人际关系	抑郁	焦虑	敌对	恐怖	偏执	精神病性	其他	总分	总均分	阳性项	阳性项平均分
3.25	3.4	3.0	3.62	3.0	2.67	2.71	3.0	2.8	3.57	284	3.16	89	3.18

躯体化、抑郁、强迫和“其他”因子为重度,表示常有头晕、胃胀、胸闷等躯体不适;自我评价低,情绪低落,悲观,失望,有时控制不住要哭泣,甚至出现厌世的消极念头,有明显的失眠早醒,食欲减退等抑郁状态;反复思考一些明知没有必要的动作和想法,社会功能部分受损;入睡困难,多梦。其他因子均处于中度,说明敏感、多疑且易害羞,做事小心谨慎;极其焦虑,心慌,常出虚汗,坐立不安;警惕性高,防备心理强,与人难相处,偶有摔东西发泄等破坏行为;固执、偏见,多疑;常感到别人在批评与责骂自己。总分 284 分,远超过临界分 160 分,需进一步筛查。

3.SAS 测验结果:标准分为 68.75 分,有中度焦虑症状。自感内心烦躁明显增多,经常容易害怕或出现紧张、焦虑等情绪反应,也有躯体上如心慌、心悸、呼吸困难、头痛、头晕等不适感,经常坐立不安,饮食欠佳、消化不良等。

4.SDS 测验结果:标准分为 76.25 分,有重度抑郁症状。情绪非常低落,感觉毫无生气,没有愉快的感觉,经常产生无助感或绝望感,自怨自责;经常有活着太累,想解脱,出现消极的念头,整日愁眉苦脸,话语明显减少,活动也少,兴趣缺乏,睡眠障碍明显,入睡困难或早醒。

三、诊断与分析

（一）诊断

1. 殷犯的主要症状:情绪低落、兴趣下降、意向下降、焦虑、自我评价低、绝望、有自杀倾向、失眠等。

2. 根据郭念峰病与非病三原则,殷犯知、情、意统一,有自知力,主动求医,无逻辑思维混乱,无感知觉异常,无幻觉、妄想等精神病症状,可以排除精神病。

3. 参考"抑郁性神经症与抑郁症的对比表",殷犯虽然表现出与抑郁症相似的情绪低落、兴趣下降、意向下降等症状,且有多次自杀未遂史,但殷犯自幼有抑郁性人格,在病程上持续3年以上,自知力完好,生活能自理,体重下降不明显,因此可以排除抑郁症。

表3　抑郁性神经症与抑郁症的对比表

项目	抑郁性 神经症	抑郁症
起病及病程	缓慢发病,80%以上的人持续2年以上仍不痊愈,且至少有2/3的时间处于抑郁状态之中,有明显的环境应激、压力影响。	缓慢发病,但80%以上的人2年内痊愈,可反复发作多次,多无环境因素影响。
人格	病前有抑郁性人格,例如缺乏自信或自尊,强求自我完美,对人过分依赖,对逆境易产生心境低落倾向。	病前人格基本健全。
症状	1.自知力完好,生活自理好;2.兴趣减退,但未丧失积极性和动机;3.失望但不绝望;4.自我评价低,但接受鼓励和赞扬;5.被动人际交往好;6.有想死的念头,但顾虑重重,留念亲人;7.无精神运动性迟缓;8.睡眠障碍同精神衰弱;9.抑郁症状无晨重夜轻现象;10.性欲减退不明显;11.食欲轻微变化;12.注意力、思维力、联想力、记忆力等认知轻度下降。	1.重者自知力缺乏,生活自理困难;2.丧失动机和活动兴趣,无愉快感;3.对前途绝望;4.自我评价过低,鼓励与赞扬不起作用;5.被动人际交往困难;6.反复出现自杀念头或多次自杀未遂;7.有精神运动性迟缓(说话、动作慢);8.失眠、早睡严重;9.抑郁症状有明显的晨重夜轻现象;10.性欲减退或丧失;11.食欲明显降低或体重减低3.5公斤以上;12.认知力中度～重度障碍。

4. 焦虑症是"以广泛性焦虑或以作性恐惧为主要临床症状的神经症",是一种内心紧张不安、预感到似乎要发生不利情况而难以应付的不愉快情绪。殷犯出现上述焦虑症状只是抑郁性神经症的伴发症状,因此可以排除焦虑症。

5. 殷犯的心理冲突开始变形,泛化严重,反应程度强烈,社会功能中度受损,且病程较长,因此可以排除严重心理问题。

综合上述分析与鉴别,殷犯的最终诊断为:抑郁性神经症。心理测试结果支持本诊断结论。

(二)原因分析

1. 生物学原因:

殷犯正处中年,身体强壮,未曾患过重病,且家族无精神病史,生理未出现异常,排除器质性病变。

2. 社会学原因:

(1)犯罪入狱,女友决裂,精神空虚,无生存信念。

(2)长年对父母无孝,对子女未尽责,导致亲情关系淡漠,社会支持较少,感到改造期间无人关心,刑释后无人依靠,焦虑,抑郁。

(3)罪重刑长,异地服刑,人际关系差,无改造目标,丧失精神动力。

3. 心理学原因:

(1)存在认知错误:幼时父母严格要求,认为是父母讨厌自己,从小自卑、自私、不自信、自尊;成年时看到女儿对自己陌生,就断定人间无真爱,子女无期望而抛妻弃子,游戏人生;犯罪归因为他人,认为是为了女友才走的犯罪道路,女友必须对自己好,应该对自己负责;现女友决裂,希望破灭,面对十年刑期,觉得糟糕至极,今生已去,一切都完了,再无生存的价值。

(2)抗挫折容忍力和情绪调控力低,感受性强,受挫时情绪低落、意志消沉、兴趣下降、抑郁寡欢,心理困扰不能自拔。

(3)在行为模式上缺乏解决问题的策略与技巧,面对锒铛入狱、女友绝断、家人杳无音信不知所措。

(4)个性追求完美,争强好胜,存在非黑即白的绝对性思考、选择性概括、情绪推理、"应该倾向"、乱贴标签等认知曲解,无法正视挫折。

(三)改造难点和突破口分析

1. 改造难点剖析:

(1)殷犯从小心理脆弱,抗挫折容忍力和情绪调控能力差,缺乏解决问题的策略与技巧,轻生已经成为思维中固有的图式,凡遇重大应激事件或挫折都会呈现自杀的负性自动想法,自杀未遂多次,自杀观念根深蒂固,矫正难度大。

(2)殷犯具有空虚、冷漠、悲观、绝望等心理,情绪低落,兴趣缺乏,意志薄弱,抑郁心境持续多年,已经成为人格缺陷,矫正时间较长。

(3)殷犯从小自私自利,责任心差,对父母、子女或社会只有奢求,不尽义务和责任,不关心集体、家庭和他人的疾苦,亲情关系淡薄,没有改造目标和人生追求,难找改造信心和精神动力。

(4)殷犯依赖性强,将女友看成唯一的生命动力和救命稻草,而其女友同其断绝关系已成事实。

(5)性格孤傲,自私自利,自闭,不合群,人际关系较差,社会支持较少。

2. 改造的突破口:

殷犯失望而不绝望,对父母子女仍然流露出愧疚之情,有赎罪愿望;能主动求医,配合治疗;自知力完善,思维正常;社会阅历强,有适应环境的潜能。

四、矫治目标制定

短期目标:改变殷犯的错误认知,缓解其抑郁、焦虑等负性情绪。

中期目标:提高殷犯的自信心和责任感,培养兴趣和爱好,促其适应环境,安心改造。

长期目标:帮助殷犯学会自我心理调控,重建正确的认知模式,增强自我调适能力和环境适应能力,最终达到促进其心理健康、人格完善的目标。

五、管理措施与落实

惩罚与改造罪犯,简而言之就是管与教的落实。管是教的基础,教是管的升华。管是行为之教,教是思想之管。管就是管理、约束和强化。教就是教育、引导和矫正。

管的重点在于防,防止罪犯恶性漫延、滋生;防止罪犯牢头狱霸、哄监闹事、行凶、脱逃;防止罪犯自伤、自残、自杀。防有物防、技防、人防和联防,物防、技防是基础,人防、联防才是关键,只有四防一体,相互联动,才能确保安全。对具有强烈自杀倾向的罪犯首先要管得住,其次才要教得好。遵循这个原理,我们首先对殷犯制定严密的管控措施:

(一)列为危险犯进行包夹监控

包夹罪犯从原来的2人扩充至4人,24小时不间断监控;严格落实罪犯联号互监、"三集体"、"五固定"、半小时清点名、实名制清点名、进出所搜身、日巡查周安检、警察直接管理等制度;将殷犯具有自杀倾向的信息通告整个分监区罪犯,做到人人知晓,人人防范,加大人防、群防的力度,不给殷犯自杀的空间和时间。

(二)调换工种

限制活动区域,杜绝单独活动,防止接触生产工具和危险区域,加大物防作用。

(三)技防

充分利用视频监控等技防媒介,24小时不间断监控,提高技防力量。

(四)加大检查力度

加大会见、通讯、通信等检查和监听,封闭外来不良信息,让殷犯在希望中削弱失望,在失望中增强希望,学会自我成长。

(五)告诫

明确告诫殷犯,如果仍然有企图自杀的举动,将按规定对其使用警用约束带,限制其躯体,实施机械性防范,从心理上加以震慑,从实质加以防控。

六、心理矫治方法与实施

(一)制定心理矫治方案

从信息收集、分析和诊断的情况来看,殷犯产生自杀的主要原因源于心理冲突,即"心病"、"心结"。"心病仍用心药医"。自杀纠于心结,心结不解,防不胜防。

抑郁莫过于绝望,绝望莫过于心死。结合对殷犯的病因分析,制定的心理矫治方案主要是:以合理情绪疗法为主导,辅之放松疗法、认知行为疗法、真情感化法、兴趣培养法、责任复苏法等等,循序渐进,用半年至一年的时间,缓解殷犯抑郁、焦虑等负责情绪,矫正不良认知,提高抗挫折容忍力和适应环境能力,增强改造信心,点燃生命之火,并适时调整矫治方案。

(二)咨询原理

1. 合理情绪疗法的基本原理。美国著名的心理学家 A.埃利斯于 20 世纪 50 年代首创了合理情绪疗法,旨在通过纯理性分析和逻辑思维的途径,改变人的非理性观念,以帮助他们解决情绪和行为的问题。该理论认为,使人们难过和痛苦的不是事件本身,而是对事件的不正确认知、看法、解释和评价。合理情绪疗法的核心理论是 ABC 理论。A 代表诱发事件;B 代表信念,即人对 A 的认知、看法、解释和评价;C 代表情绪和行为结果,即症状。A.埃利斯认为,并非诱发事件 A 直接引起症状 C,A 与 C 之间有中介因素在起作用,这个中介因素就是人对 A 的认知、看法、解释和评价,即信念 B。人极少能够纯粹客观地知觉经验 A,总是带着或根据大量的已有信念、期待、价值观、意愿、欲求、动机、偏好等来经验 A。因此,对 A 总是主观的,因人而异的,同样的 A 不同的人会引起不同的 C,主要是因为他们的认知、看法、解释和评价有差别,即 B 不同。换而言之,事件本身的刺激情境并非引起情绪反应的直接原因,个人对刺激情境的认知、解释和评价才是引起情绪反应的直接原因。在 A、B 和 C 之后是辩论、治疗 D,对不合理信念加以驳斥和辩论,使之合理化,达到新的情绪和行为的治疗效果 E。

2. 认知行为疗法的基本原理。认知行为疗法是一组通过改变不良认知,达到消除不良情绪和行为的短程的心理治疗方法。该方法认为,错误的认知和观念是导致情绪和行为问题的根源。其咨询目标是发现并纠正错误观念及其赖以形成的认知过程,使之改变到正确的认知方式上来。认知行为疗法强调家庭作业,赋予矫治对象更多的责任,让他在治疗之中和治疗之外都承担一种主动的角色,同时注意吸收各种认知和行为策略来达到改变的目的。

(三)咨询过程

第一阶段咨询:诊断阶段(用两次咨询完成)

咨询目标:收集资料,建立良好的咨询关系,共同协商制定咨询方案及咨询目标。

咨询过程:

第一次咨询(2011 年 7 月 29 日)

1. 简单介绍心理咨询的性质、有关事项与规则,分析咨询关系与警囚关系的联系与区别,消除殷犯的顾虑,缩短心理距离。

2. 采用尊重、真诚、热情、积极关注等咨询技术进行摄入性会谈,了解和检验殷犯的基本信息,去伪存真,建立平等合作的咨询关系。会谈中少说多听,以提问的方式引导殷犯自我审查,用"踢足球谈话法"将殷犯提出的问题巧妙地踢给他,让他自己探索。

3. 运用催眠术中的渐进式放松技术引导殷犯进入放松状态,缓解肌体紧张和心理焦虑情绪,降低阻抗。教会殷犯自我放松技术。殷犯反映适应此种咨询方式,自觉有效果,能缓解躯体不适和不良情绪。

4. 在良好咨询关系逐步建立的基础上,选用 scl-90 和 SAS、SDS 量表进行心理测验(个性、潜能方面参考前任咨询师进行的 copa-pi、EPQ、16PF 等测验结果)。

5. 布置家庭作业,要求殷犯每天睡前和起床前均做一次深呼吸自我催眠放松,同时用一周的时间撰写个人成长史,侧重心理感受。

第二次咨询(2011 年 8 月 3 日)

1. 宣泄放松(45 分钟)。将殷犯带入心理宣泄室,给其一个完全自由的空间,任其自由宣泄,这对罪犯特别是重点犯来说是难能可贵的。殷犯进入宣泄室后,先关掉室内照明灯,背靠墙坐在拐角处,渐渐地低下头思索,随着宣泄乐曲响起,在咨询师的语音引导下,殷犯慢慢地开始哭泣,手不时地拍打防撞地,最后变成号啕大哭,好像要把压抑在心中的自责、悔恨、焦虑、抑郁等多种不良情绪全然释放。哭与笑具有同样的心理疗效,大哭能使心理释然,获得情绪释放。这是建立良好咨询关系的关键,也是心理治疗的基础。

2. 结合心理测验结果对殷犯的心理状况进行分析,告知其出现焦虑、抑郁等负性情绪是由心理冲突和一些认知曲解引起的,属于心理咨询的范畴,通过心理治疗能够治愈,提高其自信心。

3. 综合各种临床资料,诊断殷犯心理问题的性质和程度。

4. 与殷犯共同商定咨询方案和咨询目标。

5. 告知合理情绪疗法和认知行为疗法的咨询原理,布置殷犯对照查找自己的认知曲解、非理性思维、错误观念等家庭作业。

第二阶段咨询:领悟阶段(用两次咨询完成)

咨询目标:确定问题,检验表层错误观念,通过语义分析技术揭示核心错误观念、非理性思维,识别自动化思维,学会转换认知方式,重建正确认知,从而改善情绪,适应环境。

咨询过程:

1. 根据合理情绪疗法、认知行为疗法的咨询原理,结合殷犯的个人成长史等综合性资料,帮助殷犯分析和归纳非理性观念、认识曲解等,进一步明晰问题、确定问题。

2. 运用倾听、开放式询问、鼓励与重复技术、内容反应、情感反应、具体化、参与性概述等参与性咨询技术激活殷犯的思维,加强自我审查和反省,识别自动化思维,认识其不良情绪及行为的错误根源,检验和纠正表层错误观念,并对这些观念重新加以评价。

3. 通过语义分析技术进一步揭示殷犯深层的错误观念,逐步使其提高对自己错误的认知过程和观念的认识,认识到错误的认知导致其抑郁情绪,因而用新的思维方式来代替、评估旧的思维观念,用新的行为代替旧的不适应行为方式。如:

应用"灾变祛除法",通过严密的逻辑分析使殷犯认识到其对犯罪入狱的灾难性评估过高,有过分概括化和糟糕至极等非理性思维,过分夸大其灾难性后果。同是犯罪入狱,其他罪犯甚至无期、死缓罪犯,他们均能面对现实,安心改造,为何自己不能? 这取决于自己对改造的理解和评价。

通过"重新归因法",对殷犯"为了女友才犯罪"的犯罪归因进行严格的逻辑批判,对其"女友必须对自己好"的绝对化要求进行反驳,使他看到是自己思维的不现实性和行为的违法性,从而重新客观现实地归因。

运用"认知重建法",使殷犯学会如何正确地使用思维工具来代替非逻辑的认知。特别是对亲情、家庭的认识,让其看到血浓于水,意识到亲情才是永恒的精神源泉。

4. 布置家庭作业:进一步归纳不合理认知,列成清单,并从中寻找不合理的观念。

第三阶段咨询:修通阶段(用三次咨询完成)

咨询目标:运用多种咨询技术,使殷犯修正或放弃原有的非理性观念,并代之以合理的信念,从而使症状得以减轻或消除,促其身心健康,自我成长。

咨询过程:

1. 在良好的咨询关系建立、矫正对象有一定领悟的基础上,充分运用面质、解释、指导、情感表达、内容表达、自我开放、影响性概述等影响性咨询技术与其进行面对面的辩论,从内心矫正其不合理的信念和错误的认知。

2. 运用"产婆术"的辩论技术进行辩论和修通,即"让你说出你的观点,然后依照你的观点进一步推理,最后引出谬误,从而使你认识到自己先前思想中不合理的地方,并主动加以矫正"。

3. 运用"黄金规则与反黄金规则"原理,反驳殷犯对别人和环境的绝对化要求,即"像你希望他人怎样对待你那样,去对待他人"。让其接受黄金规则,领悟绝对化的不合理性,从而批判反黄金规则。

第四阶段咨询:巩固阶段(用两次咨询完成)

咨询目标:培养兴趣、增强自信、唤醒责任、完善社会支持系统,巩固咨询效果,促其认罪悔罪,积极改造,最后达到健全人格的目的。

咨询过程：

1. 结合咨询目标和实施方案，进行一次全面的总结，肯定殷犯在咨询中的积极配合，强化其所取得的认知模式和行为矫正效果。告知咨询取得了预期效果，但仍存在许多不足，希望其继续努力，按照已掌握的方法不定期地进行自我审查和完善。

2. 兴趣是推动正确认识事物的重要动力，也是充实罪犯服刑改造生活、转移注意力的重要方法，因此运用"兴趣引导法"加强殷犯的兴趣培养，促其参加积极健康向上的文体娱乐活动。

3. 亲情抚慰法。殷犯自入监以来，其父母、子女、兄弟均无通信、通讯和会见，在其女友同其断绝关系以后，殷犯唯一的希望就是来自亲人的安慰和帮助，这也是殷犯丧失改造信心和动力的心病之一。为此，经请示相关领导同意，运用一些技术手段联系其父母，并作好其父母的思想工作，最终得到家人的谅解，殷犯与家人取得联系，获得精神安慰与经济支持，其哥也于2012年春节期间从外省来监探望。在社会支持系统逐渐完善的情况下，殷犯的情绪有所好转，自杀意念在削弱，改造信心在增强。

七、效果评估

（一）殷犯自评

自我感觉躯体不适感减少，睡眠增强，食欲正常。遇事基本上能克制自己，冷静思考，分析利弊。能理解他犯积极改造的目的，他们是在为自己负责、为亲人努力。痛恨自己在外时对父母尽孝较少，而今再无机会，等到自己刑释时，年迈的父母可能已经含恨九泉。子女这辈子可能不会再原谅自己，但我不恨他们。

（二）监区干警反映

殷犯现在情绪基本稳定，能服从管理和劳动安排，投入改造，参加劳动。人际关系好转，合群性增强。遇事能及时向干警反映，按程序处理。自杀观念尚存，但已不强烈。在2012年4月监区举办的"珍爱生命、远离自杀"演讲比赛中，殷犯以亲身经历、内心剖析赢得了评委和犯群的掌声，最后获得比赛第二名的好成绩。

（三）心理测试数据对比

表4 心理测试数据对比

测试次数	测试时间	焦虑自评标准总分	焦虑症状程度	抑郁自评标准总分	抑郁症状程度
第一次	2011年07月29日	68.75	重度焦虑	76.25	重度抑郁
第二次	2012年02月23日	未测	未测	75.0	重度抑郁
第三次	2012年08月31日	50	轻度焦虑	56.25	轻度抑郁

（四）咨询师评估

殷犯为典型的抑郁性神经症自杀的个案管理案例。通过心理咨询和近两年的跟踪矫治，在分监区、监区各级干警的共同努力下，矫正达到了预期目标。目前，殷犯情绪稳定,改造信心增加,自杀意念削弱,合群性增强,人际关系良好,社会支持系统基本完善,重新燃起了生命之火。

八、经验总结

1. 对于自杀意念强烈的危险犯,首先要管与防,其次才是教与治。管是治标,教是治本,只有标本兼治,才能培养罪犯健康的心理,促进其人格再造,防止自杀事故的发生。

2. 抑郁负性情绪引起的自杀,绝大部分属于理智型自杀,具有利他性或自我性,他们往往经过了长期的评价和体验,进行了充分的判断和推理。他们对应激事件及生存环境的分析、对生命价值的理解、对家庭和亲情的思考一般要比其他人透彻。因此,我们不能幼稚地认为采取一般说理、说教的方式就能说服他们,首先要禁忌:

一不要说教式地和他们争辩或试着解释,如"你不能自杀,因为……";

二不要说理式地分析他们自杀的动机,如"你感觉很糟糕是因为……";

三不要批评式地打击和挑衅他们,如"你有胆量就去做吧……"。

对于具有自杀观念、倾向的罪犯,应该给予积极的情感支持,理解他们的感受并希望给予他们帮助,聆听他们诉说心里话或一些相关的问题,利用科学的心理学原理帮助他们分析产生心理冲突的原因,找出解决的方法,鼓励他们采取积极的行动去缓解一些不愉快或比较麻烦的状况,让他们自我成长,达到助人自助的目的。

3. 矫正罪犯是一个系统工程,需要监狱、家庭及社会的共同努力。没有和谐的家庭,没有强大的社会支持系统,罪犯就会失去改造信心和动力,没有良好的改造环境,罪犯也不会安心改造。防止罪犯自杀是一个上下联动的过程,需要同犯间的相互监督与鼓励;需要基层干警的日常管理、教育和疏导;更需要咨询师的心理咨询和心理矫治。单靠某一个包教干警或者某一位心理咨询师是难以达到预期目标的。因此,防止罪犯自杀需要上下联动,群防、群治。

4. 人是一个复杂的个体,具有人格的永恒性、不可变性,情绪的随意性、多样性,心理问题和行为的突发性、不可预知性等等,往往随着年龄的增长而成熟,随着个体心理素质的提高而完善,随着生存环境的变动而改变。没有一种教育方式能包教转化,没有一种矫治方法能药到病除。只有群策群力,多层次教育引导,多方法咨询矫治,见势利导,对症下药,才能达到矫正的预期效果。

5. 监狱心理咨询师,在管理上要有严格执法的警察心理,对罪犯依法、严格、科学、文明管理,规范执法行为,促进执法公正,做法律的捍卫者,维护法律的威严;在教育上要有治病救人的医生心态,放下架子,平易近人,培养咨询关系,拉近心理距离,进入罪犯心理,矫正罪犯,造就新人。

6. 罪犯自杀并非不可防、不可治,只要我们细心,注意观察罪犯的日常行为,洞察罪犯的心理变化,就能及时发现,及时防范;只要我们用心,认真分析罪犯的心理冲突,因人施教,对症下药,就能治愈罪犯,塑造新魂。

第九章
Chapter 9

监狱民警形象魅力塑造

一个人内在的品质优秀,如果再加上外在的仪表高雅,秀外慧中,就更显示出人格的魅力了,所以孔子说:"文质彬彬,然后君子。"

罪犯教育艺术不仅需要监狱民警的内在能力修炼,而且还需要注重外在形象的养成,即要有良好的形象魅力。从表面上看,形象魅力只是监狱民警外在形象的一种表现形式,但它仍然离不开内在能力的支撑,内在能力是外表形象的基础。因此,这里讲监狱民警的形象魅力不仅仅是外表形象,而且是内外兼修的问题,是一个综合性的概念。

第一节
形象魅力的构成因素

形象魅力是一个综合性概念,它包括良好的外在形象、丰富的德、才、识修养和处变不惊的应对能力。任何一名监狱民警如果要超越自己、超越他人,就必须具有良好的形象魅力,这是事业获得成功的重要保证。

一、形象魅力的首要因素——德

"德"作为一种永恒的价值观念无时无刻不在影响着人们,它对人的价值评判和行为规范作用永远大于法律,这说明"德"是人一生的准则和价值砝码,所谓"人无德不立,国无德不兴"就是这个道理。

中国历史的儒、道、佛三家都强调人生境界的提升。儒家强调人生境界的提升是为了让人们经天纬地、建功立业;道家强调人生境界的提升是为了让人们见天知性、返璞归真;佛家强调人生境界的提升是为了教人破除心障、追求圆满。虽然其根本目的不同,但是都认为人人可以不断提升自己的生存境界,都强调主观自觉和刻苦努力在提升人生境界中的核心作用,各自的人生境界学说都与日常的人生修炼有着密切的关系。按照人们通常的理解,人生境界的提升都在于"德"的修炼,人生价值的实现在于社会存在的意义。

监狱民警是国家公务人员,不但要全面履行与其职位相对应的职责,而且要接受德、能、勤、绩、廉方面的考核,由此可知,"德"是监狱民警的首要魅力,"德"的内涵主要体现为:思想政治素质、个人品德、职业道德和社会公德。

思想政治素质就是要求监狱民警要具有一定的政治理论功底,善于从政治上观察、思考和处理问题,具有一定的政治敏锐性和洞察力,能够正确贯彻执行党的路线、方针、政策,正确把握时代发展的要求,明辨是非,科学判断形势;个人品质主要表现在诚实守信、宽容理解、廉洁简朴、具有爱心和上进心等;社会公德是监狱民警最起码的道德要求,《公民道德建设实施纲要》从文明礼貌、助人为乐、爱护公物、保护环境、遵纪守法等五个方面对社会公德的主要内容和要求进行了明确的规定;关于职业道德的内容,主要体现为勇于献身监狱事业的精神、公平公正的职业操守、团结友爱的协作精神以及敢于负责的工作态度。

"德"的内容十分宽泛,对监狱民警"德"的要求也十分具体,因此,"德"是监狱民警形象魅力的基本内容和首要条件。

二、形象魅力的内在要求——才

才即才能,是指一个人的才智和能力的总称,它包括智力和技能两大系统。智力系统体现为计算、写作、分析、决策等能力,技能系统则体现为操作、表演、交际等技巧,是一种方法问题。智力是事业取得成功的关键,技能是事业成功的助推器。如果一个人缺乏实验、计算、分析和判断能力,要想超越别人是不可能的。同样,事业的成功有赖于方法的进步程度,正如巴甫洛夫所说的,方法每前进一步,犹如我们每上一个阶梯一样,使我们有更为宽阔的视野。

对于监狱民警来说,无论是智力系统还是技能系统都须臾不可缺少。人民警察是一个特殊的职业,其职业资格的取得都是按照《公务员法》《人民警察法》及相关法律、法规规定进行招录的,如果没有较好的智力水平,就进不了警察队伍。但是,智力系统是一个动态的发展过程,智力水平的提升必须通过长期的工作、学习和实践才会更加健全。现代社会都特别注重人的智力开发,都希望利用各种科学手段实现人的智力的超常发挥,这不仅反映了社会发展对人的智力标准的高要求,也体现了人类追求进步、充分发挥自己主观能动性的精神。监狱民警与罪犯之间存在着改造与反改造的矛盾,这实际上是一场智力的较量,显然,如果没有健全的、良好的智力水平,不但失去了监狱民警应有的魅力形象,而且教育改造罪犯就成为无稽之谈了。

同样,技能水平的提升和完善可以进一步提高和丰富智力系统。在智力能力不是十分健全的情况下,如果拥有一些特别的技能,这无疑是对智力的补充。在艺术领域,歌唱家、指挥家、画家等的超常技能不但使他们赢得观众的喜爱和尊重,更体现了他们无穷的个人魅力。监狱民警技能涵盖了对法律法规的熟练程度、执法程序和其他工作流程的熟悉情况、人际交往技巧、语言表达能力、写作能力等内容,对这些技能性问题的熟悉和运用情况,从某种意义上说,往往成为在同一领域超越他人的重要因素,它对事业取得成功具有重要的影响作用。

三、形象魅力的综合因素——识

这里所讲的"识"是指见识,它在人的魅力要素中是一块"拱心石"。见识是一个人把握时代前进的方向、驾驭各种环境以及对自己所从事业务领域内那些最能够出成果,最难超越他人课题的能力。一个人其他样样都具备,只是缺少见识,那就像盛装打扮之后,却没有地方去一样。有人曾形象的指出,人的魅力就如同一列急速奔驰的火车,其他因素是轮子,见识则是火车头,只要轮子不出轨,火车头就会载着整列火车驶向你事业成功的地方。

有见识,才能看准自己想要超越的目标,选择好超越的最佳突破口,才能少走弯路、错路。牛顿曾经用了 25 年的时间去研究神学,以论证上帝的存在,这当然是没有结果的,不得不说是聪明人的一大失误。一个政治家,如果他没有见识,就不可能洞悉历史发展的规律,不能真正的了解人民的意志和愿望,因而就不可能充分发挥自己的聪明才智,就会在困难和挫折面前退缩。

监狱民警的"识"是社会经验、理论知识、思维能力等的综合反映。在教育改造罪犯的过程中,监狱民警不仅要站在改造社会、改造人类的高度去认识监狱工作,以进一步坚定从事监狱事业的信心,而且要善于从具体工作方面对监狱工作进行谋篇布局,既要看到监狱的困难,看到教育改造罪犯的艰巨性,又要对监狱未来发展充满信心,这就是新时期监狱民警应该具备的"识"。

下面,我们做一个简单的测试,供监狱民警参考。

以下每组句子由 A、B 两种选择组成,每组句子占 3 分。你可以根据自己的实际情况给每个句子打分。具体规则是:(1)如果 A 很明显,B 很不明显,那就在 A 后面加 3 分,在 B 后面加 0 分;(2)如果 A 比 B 明显一些,就在 A 后面加 2 分,在 B 后面加 1 分;(3)如果 B 很明显,A 很不明显,那么就在 B 后面加 3 分,在 A 后面加 0 分;(4)如果 B 比 A 明显一些,就在 B 后面加 2 分,在 A 后面加 1 分。

①A——对我真想去做的事情,我会认真地加以考虑(　　)。

　B——我宁愿把精力集中在眼前的工作上,而不愿意把时间浪费在空想上(　　)。

②A——对一些特殊目标,我会列出计划,然后一步一步地去实现它们(　　　)。

　　B——对于我要去做的事情知道得很清楚,我想我并不需要列什么计划(　　　)。

③A——我有个人的事务报告(　　　)。

　　B——我想我不需要依靠这些东西(　　　)。

④A——我很少为失败而感到灰心(　　　)。

　　B——失败确实使我气馁,至少有时是这样(　　　)。

⑤A——关于我自己的表现,我会寻求信息反馈(　　　)。

　　B——因为常作自我批评,所以我想自己比周围的人要有自知之明得多,因此,在这方面我很少去听取周围人的意见(　　　)。

⑥A——我经常提出一些切实可行的目标,然后扎扎实实地加以执行(　　　)。

　　B——刚开始的时候,我对新目标总是很有兴致,但一旦我觉得疲倦,我就会失去兴趣(　　　)。

⑦A——在安排事务方面,我觉得自己特别擅长(　　　)。

　　B——我常常是被我自己提出来的大堆事务压得透不过气来(　　　)。

⑧A——对我生活中最重要的事情,我总想得好多(　　　)。

　　B——我的生活兴趣是如此的广泛,要挑出一项超出一切的重要事务,看来很困难(　　　)。

⑨A——我知道我的长处在哪里,我要尽力发挥我的优势(　　　)。

　　B——对我来说,主要是要排除或减轻我自己的弱点(　　　)。

⑩A——我有时会努力从一切事务中挣脱出来——不看电视、不打电话、又没有家庭事务或工作的干扰——去做纯粹的思考(　　　)。

　　B——在我的生活中,大大小小的活动那么多,我哪还有时间去沉思(　　　)。

请将 A 项得分相加,得分是:(　　　)

请将 B 项得分相加,得分是:(　　　)

　　测验结果分析:如果你的 A 项得分明显高于 B 项得分,那么你在这方面的魅力应该是很强的。或者说,如果得分越向 A 项倾斜,你的见解和观点就越是高明。如果你的 A 项得分超出 B 项得分并且达到一定的幅度,比如是两倍甚至更多,那你的见识方面的魅力就绝对高于一般人。

　　相反,如果你的 B 项得分高于 A 项,那你就得对"如何提高自己"进行一次研究和较全面的审视。如果你的 B 项得分比 A 项高出比较多,那就是一种暗示:你在这方面更需要加强努力。

　　当然,人的形象魅力还包括外表形象,它是形象魅力的重要组成部分,外表形象的修为不仅是个人修养的体现,也是对他人的尊重。

第二节
塑造监狱民警形象魅力的意义

一、有助于增强对罪犯的正面感染力

一个人要影响他人,思想观念和行为习惯的影响是十分重要的,但不是唯一的,因为形象魅力的影响不可低估。形象魅力更多的是以外在形式表现出来的,比较直观,其影响力十分深远。具有良好形象魅力的人,一举一动、一言一行都可能成为他人学习和效仿的榜样。个人魅力的产生和形成不但需要一定的先天条件,而且更主要的是通过个人长期的社会实践和经验积累。应当承认,在任何时候,个人都具有相对独立的意义,他具有特定的性格、气质、情感、意志,他也具有对自己主体能力素质的一定意识,从而有选择干什么或者不干什么、学什么或者不学什么的自主权利。但人类活动不是动物的简单生存和繁衍,而是通过不断地模仿、学习来提升自己,进而推动社会文明的发展的。在现实生活中,不是每一个人都可以用自己的魅力影响他人,只有那些注重个人修养、有意识培养自己良好形象的人,才可能成为他人学习甚至模仿的对象。正如美国著名政治学家弗兰斯·德瓦尔在其《黑猩猩的政治》中所说的:"一个个体对群体的影响力并不总是与他或者她的等级地位相对应的。这种影响力也与个体的个性、年龄、经验以及社会关系有关。"

监狱民警的外在魅力形象,不仅仅是从表象上觉得警察职业崇高、警用装备威武,而且还体现在警察自身言行举止是否得体并对他人具有影响力方面。警察职业和警用装备对罪犯自然会产生威慑力,让罪犯敬重有余,但它们发挥的是一种相互衬托或补充的作用。而警察的言行举止则内秀于中、外达于形,是形象魅力的本质支撑,对罪犯个体的影响起关键性作用。可以想象,一个言行粗鲁、表里不一,不究外表的人有何魅力能够影响罪犯?虽然在很多文学作品中,可以领略到不拘一格、"蓬头垢面"的"智者",但是,毕竟现实生活离文学作品还有一定的距离,何况现代社会需要进步、需要更多的有文明素养的人。

二、有助于吸引罪犯改造的注意力

监狱民警形象魅力对罪犯的影响是多方面、全方位的,其中,民警个性对罪犯的影响十分明显。从心理学理论的角度和监狱工作实践来看,过于内向、不乐于与人打交道,不善言谈、寡言少语,言语尖酸、心胸狭窄、对人过于苛刻,脾气暴躁、缺乏耐心等个性的人一般不适合做监狱民警。相应的,监狱民警应该待人宽厚,富有耐心,善于沟通,充满热情和温暖,能够鼓舞人、激励人,公平正直。一个优秀的监狱民警一定是一个个性比较鲜明与完美的人。

心理学研究发现,具有良好个性的人表现为:(1)人格完整,自我感觉良好,情绪稳定,且积极情绪多于消极情绪;有良好的自控能力,能保持心理平衡;能自尊、自爱、自信,有自知之明。(2)在所处的环境中有充分的安全感,且能保持正常的人际关系,能受到他人的欢迎和信任。(3)对未来有明确的生活目标,并能切合实际不断进取,有理想和事业心。

当然,个性作为一个人的处事风格,之所以有这样或者那样的表现,其原因是多方面的,包括价值观念、思维方式、审美情趣的不同,而这与他以往的生活经历有着千丝万缕的关系。风格既不能被克隆、被复制,也不能被传授,其各方面的组合和变换几乎是无穷无尽的。每个人都可以使自己的个性变得更加完美,重要的是你要有追求更完美自我的冲动。

在这个急剧变动的时代,每个人的心灵都充满了太多的欲望和要求,都积累了太多的焦灼和不安。情感瞬息万变,难以捉摸;意志相互冲突,难以取舍;理智恍惚不定,难以抉择。世界、生活、自我都在走马灯式地乱转,不再能被有效地把握。但是,作为监狱民警,就需要把握自己,需要知道这个社会到底是什么样子的,需要确信自己的工作究竟是为了什么。这一切都需要我们自己在心灵中得到某种程度的整合,在思想上得到升华,只有以这种比较完整的人格魅力,才能更好地去影响罪犯。

三、有助于增强教育改造的效果

监狱民警形象魅力对罪犯的影响是在潜移默化中进行的,它不分时间、地点,只要有相互接近的可能,都会产生效果,只不过其影响过程和影响的程度有所区别。有的罪犯可能在较短时间内就受到影响,有的罪犯可能需要通过一段时间的比较、综合分析后,才内化为自己的思想,表现出一定的言行。但是,无论是哪一种情形,监狱民警良好形象魅力对罪犯的影响是无疑的。

监狱民警形象魅力对罪犯的影响是无形的,它不但对罪犯行为产生积极的影响,而且同时对监狱民警自身的工作也发挥着重要的推动作用。很多时候,教育改造罪犯的方法不一定需要"苦口婆心"的说教,一些看似普通、平常的言行举止往往会产生意想不到的教育效果。

第三节

如何塑造监狱民警的形象魅力

　　监狱民警形象魅力是外在形象和内在修为的统一。虽然外在形象的树立离不开一定的先天性条件，但是如果缺少后天的学习和养成是不可能对他人产生影响的。而内在修为主要靠知识、价值观、信仰、人格和品德等内容的支撑，所有这些，都需要不断地学习和培养。

一、学会以激情激励罪犯

　　激情是一个人在特殊时间和环境下表现出来的强烈的、具有爆发性的情感，如愤怒、狂喜、惊奇等等。在现实中，人们习惯将某人对工作、生活或者事件等所抱有的强烈的兴趣和愿望，并表现出一定的行为称为激情。

　　以激情激励罪犯，并不是一件容易的事。首先，监狱民警必须对警察职业、对监狱事业有激情，才可能产生对罪犯教育改造工作的激情，才会以自己的激情去激励罪犯。因此，培养监狱民警的职业情感，是产生激情的原动力，也是监狱民警队伍建设的关键性问题。其次，要有目的、有计划地培养自己的激情。一旦选择了警察职业、选择了监狱工作，就意味着自己青春的奉献，因此，就应该产生对监狱这一职业未来的向往和不懈的追求，并且有计划、有目的地培养自己的职业情感，进而产生工作激情。如果对监狱工作没有兴趣，甚至认为这样的职业是作无谓的牺牲或者是人生错误的选择，且不说产生工作激情，可能连基本的职业情感都没有，哪来对罪犯教育改造工作的激情。

　　监狱民警的职业可以说是一种工作压力大、执法风险高的职业，工作环境和对象特殊，与社会接触少，长期超负荷工作，难免产生职业倦怠感，导致工作兴趣不高，怨天尤人，进而产生粗暴、过激行为，动辄发无名火，出现疲惫、乏味，上进心不强等不良情绪。但是，监狱民警作为教育改造工作的组织者、管理组，承担着惩罚和改造罪犯的任务，如果不注意克制自己的情绪，而把不良情绪发泄给罪犯，就可能带来一系列连锁反应，对罪犯产生负面的情绪影响，不但不能用自己的形象魅力和激情激励罪犯，反而会影响工作效果，甚至导致监管事故的发生。

　　监狱民警的激情一般表现在两个方面：一是对自己努力的方向保持信心，集乐观、激情以及充沛的精力于一身，不但个人勇于践行，而且能够以其特有的魅力影响和带动罪犯;二是对工作饱含激情,富有远见。具有个人魅力的监狱民警,能够把富有远见的设想看成是当前状态下最有吸引力和最理智的工作选择,并且在罪犯之间造成一种共鸣和渴望,并朝着既定的目标努力。

总地来说,监狱民警的激情魅力贯穿于教育改造罪犯的始终。超前的工作思路需要激情,富有远见的构想需要激情,激励罪犯积极改造需要激情,激情是实现计划和目标的原动力。

二、学会用正确的思想影响罪犯

毛泽东曾说:"有了正确的观点和正确的思想,还要有比较恰当的表达方式告诉别人。"(《毛泽东文集》第七卷,第 358 页)监狱民警要以自己的形象魅力影响罪犯,其中思想魅力的影响起主导作用,而思想魅力影响的前提是思想的先进性和新颖性,这就是毛泽东同志所讲的正确的观点和正确的思想,只有具备先进性和新颖性的思想,才能引导罪犯改正错误的世界观、人生观和价值观,才能矫正罪犯的违法犯罪行为,教育罪犯树立积极向上的人生信念。

那么,监狱民警正确的观点和思想从哪里来呢? 早在 1963 年,毛泽东同志就指出:"人的正确思想是从哪里来的? 是从天上掉下来的吗? 不是。是自己头脑里固有的吗?不是。人的正确思想,只能从社会实践中来,只能从社会的生产斗争、阶级斗争和科学实验这三项实践中来。人们的社会存在,决定人们的思想。而代表先进阶级的正确思想,一旦被群众掌握,就会变成改造社会、改造世界的物质力量。"(毛泽东:《人的正确思想是从哪里来的》)监狱是国家的暴力机器,监狱民警代表国家执行法律,依法对罪犯进行刑罚惩罚和教育改造。监狱民警的正确思想来源于社会公平和正义的需要,来源于国家治理和人民群众安全的需要。因此,用正确的观点和思想去影响罪犯,不仅仅是监狱民警形象魅力的展现,是监狱民警伸张正义的象征,也是国家意志的具体表现,是人类改造社会、改造世界的重要内容。

学会用思想去影响罪犯,需要对正确思想和观点的学习、积累和运用。正确的思想和观点包括人生观、世界观、价值观、政党观、执政观、法律观,乃至教育观、职业观、人际交往观、家庭观等等,如果缺乏对这些观点的把握,用思想影响罪犯就是一句空话。

三、学会以求真务实的工作态度体现价值并感染罪犯

职业的划分,是根据社会发展、国家、政党的需要,以及人的发展需求进行的。监狱民警职业既是国家和中国共产党执政的需要,也是维护社会稳定,确保人民安居乐业的需要。从宏观上讲,监狱民警从事教育改造罪犯的职业是改造人类的价值体现,从微观上讲,选择监狱民警职业也是实现自我价值的需要。问题是,一旦选择了这个职业,在工

作中是否真正地体现了自己的价值,是否真正地把监狱事业作为自己的价值追求。

以求真务实的工作态度体现价值,是十分具体而又再平凡不过的事情。学会以求真务实的工作态度体现价值,实际上就是以兢兢业业的敬业精神对待工作、以乐观自信的心情挑战困难。长期以来,监狱民警默默无闻地战斗在平凡的工作岗位上,承受着难以想象的职业压力,即使自己(无论是身体或者家庭)处于"冰火两重天"的境地,对工作也毫无怨言,这种牺牲和奉献精神就是求真务实工作态度所体现出来的价值,就是监狱人民警察最大的形象魅力,反过来,这种形象魅力又对罪犯产生无形的、积极的影响。

四、学会用幽默的方式活跃罪犯改造氛围

幽默是魅力的一种体现,幽默和魅力在很多方面是相互关联的。用幽默活跃气氛是指以特有的有声语言和肢体语言渲染环境,进而达到气氛融洽、便于沟通的罪犯改造氛围。富有个人魅力的人,一个根深蒂固的行为模式就是通过他们幽默的评述让别人感到舒服。当然,如果幽默不是一种天生的技巧,就需要后天的培养和锻炼。在教育改造罪犯的实践中,由于职业因素,严肃、紧张、一本正经是工作的常态,监狱民警一般不会有更多的幽默表现。造成这种情况的原因,一方面,罪犯这一角色,始终处于法律和正义的对立面,是监狱改造的对象,对他们"恨之有余"、"严之不得",哪里还有幽默可谈;另一方面,由于监狱民警职业性质所在,一切工作流程都是按照法律规定的程序进行的,哪里容得下对罪犯"随随便便",更无法使用幽默了。

实际上,无论是正规场合,还是工作之余,监狱民警都可以以幽默、风趣、诙谐的言行烘托气氛,营造宽松和谐的沟通平台。

幽默,表现为一种知识,一种诱惑,一种魅力,是一种缓和矛盾、协调关系、活跃气氛的"润滑剂"。正如美国著名心理学家特鲁·赫伯所说,幽默"它是一种最有感染力,最具有普遍意义的传递艺术"。监狱民警如果能够适当地运用幽默,不仅可以活跃气氛,还可以产生积极的交流、沟通效果。例如,当要组织一次罪犯教育大会时,几句幽默风趣的话语可以打破沉默、尴尬的局面,使罪犯在宽松、和谐的气氛中活跃情绪,增加主动参与的积极性。具体来说,一是可以减轻监狱民警和罪犯之间的紧张情绪。监狱民警通过幽默的方式不但可以缓解双方的紧张心理,而且还可以体现自己的亲和魅力。二是容易消除改造与反改造过程中产生的矛盾或分歧。有的时候,矛盾和分歧的产生,并非观点和意见的不一致,而是对对方态度的接纳与否,这种态度往往就表现在言行上,具有幽默性质的言行正是产生这种让人容易接受的态度的"润滑剂"。在监狱实践中,我们都知道改造与反改造是长期存在的一对矛盾,化解这对矛盾的方法很多,除了刑罚惩罚、教育改造等方法外,适时的通过改变态度,用良好的行为方法来影响罪犯也不失为有效之举。三是有利于增加罪犯积极改造的满意度和投入程度。幽默行为活跃环境气氛,它首先是减轻了罪犯在改造过程中的紧张心理或者对立情绪,在这种比较轻松的场景下,监狱民警对

罪犯发出的任何指令,都有可能得到较好的配合和执行,使教育改造收到意想不到的效果。

五、学会以自尊自重赢得罪犯的尊重

自尊就是自觉做一个高尚的人。它包括两个方面的内容:其一,从人与物的关系而言,人是主人,物是从属,人操纵和支配物,人高贵于物。"富贵不能淫,贫贱不能移,威武不能屈。"这三条中有两条都是讲的金钱财富,也就是物欲对人自尊的考验,正确取舍就保持了自尊。这就叫"物物而不物于物",即做物质的主人,而不做物质的奴隶。其二,从人与人的关系而言,自尊是在人群中的自我承认、自我肯定、自我尊重,它是由自主的意识和独立的人格所形成的,并因自尊的行为而得到他人的尊重,人做什么样的事,也就成为什么样的人。因为人与物的关系也要在人与人的关系中建立起来,实际上也贯穿着人与人的关系,所以重要的是要在人与人的关系中显示自尊。

一个人是否具有形象魅力,其中一个重要的特征就是具有独立的人格和较强的自尊意识。有人把监狱民警的职业比喻成"高危行业",这个比喻一点也不过分,因为这个职业具有权力和被权力支配着的物质元素,对这些权力的使用不但考验着监狱民警的正义感和公正意识,还考验其在物质面前的欲望定力。如果对物质欲望淡定自然,对权力运用公平公正,就极大的赢得了自尊,就体现了监狱民警的高尚人格,这种自尊及高尚人格的展现,是一种无形的魅力,就会得到罪犯的尊重。

形象魅力的提升是一个漫长的过程,它需要加强各种综合素质的历练,如注意力、观察力、记忆力、想象力和思维力的培养。

第一,关于注意力的培养。一般来说,注意力的培养主要从以下四个方面入手:一是保持注意的稳定性,即在一定事物上注意所能持续的时间,它要求主体对所关注的事物抱有积极乐观的态度,并尽量使这些事物(或者活动)显得形象生动;二是提高注意的分配能力,即在同一时间内,把注意指向不同的对象,这叫"一心二用"或者"一心多用",其前提条件是必须对某一种事物(活动)是比较熟练的,并且,这种事物(活动)之间必须形成某种反应系统,例如,一边给罪犯讲课,一边演示自己的课件,一边唱歌,一边弹琴等等;三是做好注意的转移,即根据任务情况,主动把心里活动从这一事物转向和集中于另一事物上;四是扩大注意的范围,按照俗话所说,要"眼观四路,耳听八方"。由于监狱民警管理的对象是一个复杂的群体,如果只注意其中的一个或几个对象,而忽视了其他对象的存在,那就是顾此失彼。

第二,注重观察力的培养。观察力是监狱民警长期养成的重要的智力能力,它是有目的、有计划、有准备的知觉。观察能力直接影响到监狱民警能否获得丰富而深刻、完备而准确的信息,是监狱民警实战能力的具体体现。如果面对罪犯或工作中存在的问题"视而不见"、缺乏对环境基本的观察和判断能力,极有可能铸成大错。因此,应该培养自己良好的观察能力：一是必须目的明确，计划周全，避免漫无目的或先入为主。二是要实事求是，不能带有个人成见或偏见，要排除主观因素。三是要观察细致，切忌走马观花、粗枝大叶，并因此而导致错误结论。四是要不断丰富和积累知识经验，培养良好的观察兴趣，养成敏锐的观察能力。

第三，对想象力的培养。想象是人的大脑对已有表象进行加工改造并建立新形象的过程。它是人的智力结构的动力因素。根据想象有无预定目的，分为无意想象和有意想象。

无意想象是没有预定的目的、不自觉地产生的想象，例如，看见波涛汹涌的洪水就想象到战场上千军万马的厮杀，看到天上的云彩，自然而然地想象到它像奇峰异兽等。在心理学领域，无意想象的极端状态常常发生在梦境，梦境的内容是过去经验的奇特组合。

有意想象是根据一定的目的自觉地进行的想象，它包括再造想象（即根据语言的描述或图样的示意，在人的头脑中形成相应新形象的过程）和创造想象（它是不依据现成的描述，而在头脑里独立地创造新形象的过程，基本特点是形象新颖并具有开创性）两种。就监狱工作来说，再造想象是最平凡、最通用的一种想象。教育改造罪犯的计划或目标设计、罪犯改造质量评估、罪犯分类管理、突发事件演练等都是再造想象。而教育改造方法的创新、罪犯心理矫正系统的运用、监管模式的改进等则属于创造想象。

监狱民警职业是一个富有想象的职业，虽然法律法规对罪犯的刑罚执行、教育管理、狱政管理等都作了实质性的内容规定，其具体程序都有章可循，不会产生更多的想象。但是，涉及罪犯管理、教育改造的方法等问题，是可以创新的。如果我们都按部就班、对工作缺乏创造力、想象力，势必影响监狱同社会的同步发展，必然导致监狱与社会的隔离。而监狱民警想象力的发挥，不仅仅是创新方法的运用，更重要的是它激发了监狱民警的工作激情，适应了监狱社会化发展的时代要求。

如何培养监狱民警的想象力。一要不断深入监狱实际，参与社会实践性活动，储备自己丰富的想象；二要围绕罪犯教育改造工作，有目的、有计划地去开展想象；三要不断丰富自己的语言表达能力，充分发挥语言在教育改造罪犯中的价值，让丰富的想象力通过富有艺术性的语言表达出来；四要培养创新能力和独立思考的习惯。

第十章

罪犯教育艺术现代化

　　罪犯教育艺术现代化,主要是指罪犯教育观念、教育内容和教育方法(手段)的现代化,也包括实现罪犯教育艺术的物质现代化,这是监狱社会化发展的客观要求。罪犯教育艺术的"落脚点"是教育的"艺术"问题,它源于教育,但又高于教育,是对教育的升华。罪犯教育艺术的现代化正是将罪犯教育问题置于时代发展的高标准、严要求下进行的,罪犯教育艺术现代化最终是人的现代化。

　　现代化本身是一个变革的概念,是传统生活方式及其体制向现代化生活方式及其体制的历史更新。在法律领域,法律的现代化就是平等、自由和法治精神的进一步彰显,法律成为人们行为的基本准则,人人遵纪守法成为社会的普遍现象。在当今的时代背景下,法律的现代化在监狱的表现尤其明显。一方面,社会的现代化发展趋势,需要监狱加快现代化进程,因为监狱是法治的聚焦点和窗口,在监狱,法律意识的培养、法律的运行情况和模式、法治精神的贯彻落实都具有一致性或统一性,与大墙外存在一定的区别,因此,监狱法律现代化是监狱法治的重要标志;另一方面,监狱自身要发展,要实现与社会法治化的同步发展,因此,必须加快监狱法律现代化建设,对罪犯的教育改造无论是在认识上、方法上还是内容上都要植入新的、现代化的元素,真正实现罪犯教育的创新性发展。

第一节
罪犯教育观念的现代化

一、科学认识罪犯

　　对人和事物的认识程度是与人的思维方式、价值理念、知识水平、社会阅历、时间过程等有密切关系的。随着科学的日趋发展，虽然可以凭借现代技术对人的身体、心理及生物性进行测评，但是，对人和事物的本质的探索，人始终处于一切工作的主体和支配地位，因此，离开人的因素去认识人和事物是不现实的，也是不科学的。

倡导对人进行科学认识，其指导思想是从认识人的本源开始，即认识人的自然属性及其社会化过程中产生的思想、心理等问题。

人的自然属性首先是人的存在是一种自然存在，任何事物都有其自然属性，即保持自然界最初的形态。席勒认为，"神也不例外，神的本性因其来自自然和人，因而神性里必然包含着自然的本性和人的本性"，"每个单独的神都不缺乏完整的人性"（卢世林：《美与人性的教育：席勒美学思想研究》，人民出版社 2009 年版，第 21 页）。需要特别指出的是，席勒强调人的自然属性并不意味着席勒就是一个自然主义者。因为自然在席勒这里只是一个起点，而不是终点和目标所在。他并没有召唤人们回归自然，而是希望人们在理性的光芒的照耀下，在走向自由的审美途中一步步地超越自然。在席勒看来，自然界的自然所显现的只是一种物质存在的本性，他所追求的是一种更高的自然，一种只有审美和艺术才能通达的人性和神性的自然。显然，这里的自然早已经不再是生物学、地理学意义上的自然，而是心灵和精神的自然，即美的自由显现的王国。

那么，究竟什么是人的自然属性呢？简单地说，它是指人的肉体存在及其特征，这是人存在的基础和前提，也是科学认识人的基础和前提。例如人对吃喝的需要、防卫本能、性欲和情欲的本能等等。当然，人的这些自然属性，只能反映出人的简单的、本能的属性，而人之所以成其为人，关键在于人的社会属性。

人的社会属性是指在实践活动的基础上人与人之间的各种关系，正如美国思想家查尔斯·霍顿·库利所说："人的社会生命起源于与他人的交流。"在人与人的关系上，人的本质之所以不同，是因为人所处的社会地位、所在的社会关系不同，不同社会关系下的人具有不同的本质。

查尔斯·霍顿·库利举例说：

"我们设想一个美国家庭抱养一个中国婴儿，并把他带回美国抚养成人。这个婴儿的生命历史仍然源于中国。他会生长出直的黑头发、黄皮肤和中国人的其他特征。他也会具有一切可能属于他们的遗传的意识倾向。但是他的社会性的历史将源于美国，因为他将从他周围的人们那里学到英语和在这个国家里发展起来的习俗、举止和观念。他将成为美国的政治、宗教、教育和经济传统的继承者；他的整个头脑将成为一个美国人的头脑，除了他学习这些事物的遗传倾向和美国儿童的遗传倾向之间的区别。中国河流和美国道路在他的生命中交汇在一起。"（查尔斯·霍顿·库利：《人类本性与社会秩序》，包凡一、王源译，华夏出版社 1999 年版，第 6 页）

这里需要得出的结论是：人的自然属性是人的本能属性，它是人作为一种动物得以生存或者存在的前提条件。人的社会属性是"人"之所以被称其为"人"的根本属性。真正的认识人,不但要认识人的自然属性,而且更要认识人的社会属性。社会属性是人的本质属性,是了解人、分析人的思想、观点、行为和心理的前提。

在前述内容的基础上,我们仅以如何正确认识罪犯进行一些研究,这是教育改造罪犯的基础工作。

科学认识罪犯与认识普通公民并没有本质上的区别。因为,作为人所具有的自然属性,罪犯与普通公民并无两样,只是由于不同的遭遇(社会环境和机会)他们扮演了不同的角色,但是,每个人都是处在不同的社会环境里的,都会有不同的遭遇和扮演不同的角色。所以,科学认识罪犯实际上就是对人的科学认识。

科学认识罪犯,包括两个方面的含义:即对罪犯的科学认识和监狱民警自身应该具备的认识能力。对罪犯进行科学认识就是对人的科学认识,取决于监狱民警的认识态度,包括公平意识、法治精神、仁爱之心及足够的耐性。而监狱民警自身的认识态度,取决于监狱民警的道德修养、学识水平、科学素养、实践经验等等。

(一)树立罪犯"人"的身份意识

"罪犯也是人",这是长期以来,我们对罪犯"人"的身份的基本认同。但是,看似合情合理的身份认同,并没有杜绝对罪犯"人"的身份不予尊重的事实,其原因在于传统的认识误区和对法律精神的漠视。对罪犯"人"的身份的不尊重,主要表现在罪犯自身作为一个"人"的权利的失落,罪犯的权利往往被看作可有可无、可多可少、可给可弃的东西,这种被法律明确界定的权利,很多时候往往变成了部分民警随心所欲的权杖。

树立罪犯"人"的身份意识,要求我们真正地把罪犯当人看,从一个自然人的需求到一个社会人的需求都能够提供法律规定的足够的权利保障,其人格受到实实在在的尊重。

首先,作为一个自然人的存在,罪犯有着和其他普通公民同等的权利,即基本的生存和受到尊重的权利;其次,作为一个社会的人,罪犯触犯了法律,破坏了一定的社会规范,因此,又不能享受法律规定的某些权利,这在《中华人民共和国宪法》和相关的刑事法律中都有明确的规定;最后,罪犯权利的具体运用,必须根据法律的规定,监狱和监狱民警不能曲意更改,即既不能随意扩展,又不能简略,原原本本地执行法律,就是对罪犯权利的重视,就是对法律的敬畏,否则,就是对法律的藐视。

(二)明确罪犯的特殊身份关系

在监狱执行刑罚的罪犯,其特殊身份是基于法律的界定。根据法律的规定,罪犯是被人民法院依法判处刑罚的犯罪分子。罪犯的特殊身份由其法律特征决定,即罪犯是实施了危害社会的行为,并已经构成犯罪;罪犯是人民法院依法判决给予刑事处罚的;判决已经发生法律效力(被判刑的已决犯)。理解罪犯的特殊身份只能限于法律规定的范围。在监狱实践中,"由于没有准确把握罪犯的特殊身份和罪犯的法律特征,一些监狱或监狱民警超越法律规定的范围,异化罪犯特殊身份,使罪犯成为'似人非人'的另类"。

随着监狱法治化水平的不断推进,对罪犯身份的认识越来越趋于客观、理性。罪犯也是人,是犯了罪的特殊公民,经过监狱民警的教育改造后,他仍然需要回归社会,是社会普通公民中的一员,只有在正确认识罪犯身份的基础上,才可能真正地实现教育好、改造好罪犯。

二、对罪犯教育的认识

虽然对罪犯的"人"的身份性质有了客观公正的认识,但是由于罪犯的特殊身份,他们毕竟不同于普通公民,因此,对罪犯的教育与普通公民也有所区别,这就需要监狱民警用客观、理性的精神对待罪犯的教育。

一要认识到罪犯教育属于全民教育的范畴,因此,罪犯教育应纳入国家教育体系,并与社会普通教育同时规划、同等对待,监狱对罪犯进行教育,是在履行法律规定的国家义务,是对罪犯享受全民教育权利的具体实施;

二是罪犯教育是一种特殊环境下的"育人"工程,它不仅仅是罪犯的一项权利,而且也是罪犯的义务,它实际上是监狱民警对罪犯知识、道德、行为的再塑和培养,因此,应制订有别于其他社会教育的教育规划、教育目的、教育内容和教育方法;

三是罪犯教育应实现监内教育与社会教育的同步发展,建立监狱教育与社会教育相结合,以监狱教育为主、社会力量广泛参与的常态化模式,其目的是确保罪犯教育的社会属性,避免罪犯教育"闭门造车";

四是要建立罪犯教育的考核和评估机制,避免罪犯教育的主观性、盲目性、随意性,实现罪犯教育的最大效益化。

当然,我们还不能局限于以上对罪犯教育的感性认识,罪犯教育还有其自身的特殊性,具体表现在:

1. 教育对象的层次性差异。监狱教育对象是罪犯这个特殊的综合性群体,由于罪犯的文化层次各不相同,加之罪犯犯罪性质有别,这就决定了教育活动组织形式的特殊性,即不同年龄结构和不同犯罪结构的罪犯可能存在于同一个教育组织之中,这样的特殊组合,对教育者和罪犯都是一种考验:教育者(民警)既要注重教育方法的选择,又要兼顾教育内容的挑选。而教育对象(罪犯)由于年龄、文化程度等的差异性,就决定了他们对教育内容的理解或接受程度的差异性。因此,监狱对罪犯的教育与社会教育有严格的区别。

2. 教育内容有本质的区别。罪犯教育内容的主体在于犯罪行为和恶习的矫正、人格的重塑和"三观"思想的改造,而对罪犯的文化、职业技能等普通教育则是"改造"罪犯的一种手段,它只能服务于罪犯教育主体的需要,监狱民警必须走出传统的认识误区——不能以"三课"教育代替所有的罪犯教育,更不能偏离主题而把监狱的"学校"办得比社会普通学校高、大、上。

三、罪犯教育艺术现代化

现代化,不是一个口号,也不是"流行色",而是一项前无古人的事业。弗兰西斯·培根在其《伟大的复兴》一书的序言中写道,"希望人们不要把它(现代化)看作一种意见,而要看作是一项事业,并相信我们在这里所做的不是为某一宗派或理论奠定基础,而是为人类的福祉和尊严……"国家和民族的复兴是一项伟大的事业,其实现路径就是国家和民族的现代化。现代化的实现靠人,人的现代化靠教育,教育现代化已然成为我们的伟大事业。

现代化是一个历史时代特征的"文明的形式",犹如社会制度的更替。美国社会科学家罗伯特·华德曾列举了十种特征来确定经济的现代化:其中包括积极应用科学技术;使用无生命能源;生产劳动力的高度专业化与非个人市场之间的相互依赖;大规模的财政活动和经济决策的集中化;物质生活水平不断提高等。美国另一位社会科学家塞缪尔·亨廷顿则以比较简明的三个阶段去确定政治的现代化:一是以单一的、通俗化的、国家的政治权力,代替分散的、传统的、宗教的、家族与种族的政治权力。二是建立并发挥新的权力机构的职能——法律的、军事的、行政管理的及科学的、技术的——它必须由新的管理阶层组织来执行。新的组织和管理成员的组成和选择,是以他们的才能和社会成就作为依据,而不是以家庭、家族、家族的背景或地位的高低贵贱来决定的。三是整个社会中的各种社会团体和组织,通过政党或利益集团,日益广泛地参与政治活动,同时,新的制度不断发展。

相应的,有社会科学家根据现代化的基本特征和要求,列举了几种背离现代化的现象:害怕和恐惧革新与社会改革;不信任乃至敌视新的生产方式,新的生产观念;被动地接受命运;盲目服从和信赖传统的权威;缺乏效率和个人效能感;顺从谦卑的道德,缺乏突破陈旧方式的创造性想象和行为;头脑狭窄,对不同意见和观点严加防范和迫害;凡事总要以古人、圣人和传统的尺度来衡量评断,一旦与传统不符,并加以反对和诋毁;对待社会公共事务漠不关心,与外界孤立隔绝,妄自尊大;凡属于与眼前利益和切身利益无明显关系的教育、学术研究都不加重视或予以蔑视排斥(《人的现代化》,载包遵信主编:《走向未来丛书》,四川人民出版社)

实现罪犯教育效益最大化,不仅仅需要在认识上有所提高,更需要罪犯教育向罪犯教育艺术方法上的升华,实现罪犯教育与现代社会的同步发展,即实现罪犯教育艺术的现代化。

罪犯教育艺术的现代化,实际上就是人的现代化,即监狱民警的现代化。如果监狱的硬件设施全部或者基本上实现了现代化,但是监狱民警的管理理念、思维方式、思想观念、教育内容等还处于陈旧、落后甚至封闭的状态,罪犯教育艺术现代化就成为无稽之谈。因此,监狱民警的现代化是罪犯教育艺术现代化的关键。

从社会发展和监狱工作未来发展的趋势来看,可以从以下几个方面去衡量监狱民警是否具有现代化的标准。

1. 接受新事物或者说有准备地去接受新的生活经验、新的思想观念、新的行为方式。罪犯教育艺术是一项综合性的系统性的工程,它不但需要具备丰富的工作经验和知识体系,而且必须具有超前的思想和行为意识。监狱民警有准备地去接受新的生活经验、新的思想观念、新的行为方式就是一种超前意识的体现,这种超前意识实际上是一种积极的心理倾向,是一种现代人具有的基本品格。譬如说,对传统教育改造方法的使用,虽然比较传统甚至保守,但是,它风险小、成本少,很多人习惯于这种方法;而如果运用心理学、循证矫正等具有创新性的方法,虽然比较创新和科学,但是工作量大、要求高,多数人就不愿意使用这种方法。又如,你目前所在单位的工作环境和收入等情况都不错,如果派遣你到一个很远而且生活不习惯但极有发展前途的监狱单位(监区或分监区)去上班,你是否愿意? 一般来说,一个乐于接受新事物或者说有准备地去接受新的生活经验、新的思想观念、新的行为方式的监狱民警,对富有挑战性的工作和机会的反应是积极的,他愿意以新的方式和态度对待未来。因此,我们认为这种"乐于接受新事物的愿望"的品质的监狱民警,是符合现代监狱民警的标准的。

2. 对社会的改革和变化持积极、乐观的态度

封闭、保守与开放改革是对立的,当我们用这一对矛盾去衡量一个人的现代化程度的时候,它就成为一个重要的参考标准。监狱的封闭性,使监狱成为社会鲜为人知的角落,也使监狱民警的思想观念、思维习惯、决策模式等落伍于社会。例如,在国家对监狱进行体制改革之初,相当一部分监狱民警所持的态度是等待、观望、彷徨、迷惑,有的甚至持反对意见或者抱着无所谓的心态,认为,监狱体制改革有可能打破自己警察的身份,有可能"被"下岗、"被"分流,对原有的监狱体制津津乐道、念念不忘,满足和不知进取成为相当一部分监狱民警的常态,这是典型的保守主义的表现。

相反,对社会的改革和变化持积极、乐观的态度,能够欣然接受社会或者监狱的改革和变化过程,能够更加自由地接受先前是限制别人得到而现在他们也许正在享有的改变机会,这种不固执己见、乐于面对改变的现实,这种对别人以非传统的方式去思考、而不横加干涉别人的类型的监狱民警,我们视为就具有现代化素养。

3. 有独到见解和判断能力

对罪犯的教育往往受制于教育对象和教育环境的特殊性,因此,相当一部分监狱民警缺少开拓创新意识,固守陈见,不认同、也不容纳别人的创新性观点;对棘手问题或突发性事件缺乏独立判断能力和有效的应对措施。

当别人的意见与自己不一致时,不强求别人、不独断专行,但能坚持原则,不轻易附和别人的意见,特别是对下级的意见或建议不随意应付了事,对来自上级的压力不盲目屈从。这些富有个性的特征,是现代监狱民警的重要表现。

4. 注重细节,诚实守信

细节不一定决定成败，但是，细节可能影响成败，因此，现代人必须注重细节，在生活和工作中不可轻视细节问题。例如，有的人本质很好，没有"坏心眼"，但在生活中行为粗放、又不善言辞，给人印象很差；有的人乐于助人、开放自信，但"心直口快"，说话没有轻重含蓄；有的人不修边幅、不善化妆，但内心却洁净自爱、心地宽敞明亮等等。这些细节问题虽然不伤大雅，但是它影响人与人之间的关系，甚至会影响办事的效果。相反，如果在细节方面稍加注意，就会达到事半功倍的效果。

诚实守信是中华民族的优良传统，但是，曾几何时，这个优良传统在一些人心中已丧失殆尽。重拾传统精华，增强民族诚信感既是现代人的责任，又是成为一个"现代人"的重要标志。"人而无信，不知其可也。"（《论语》）"诚者，天之道也，思诚者，人之道也。"（《孟子·离娄上》），古代人都十分推崇"人而无信不立、业而无信不兴"的为人处世的思想观，都提倡"一言九鼎"、"一诺千金"，都遵循"一言既出驷马难追"的守信原则，作为一个现代人还有什么理由不取信于人。在监狱实践中，有监狱民警认为，监狱是国家的刑罚执行机关，监狱民警是代表国家执行刑罚的，"对罪犯不存在什么诚实、信任问题"，不可否认，罪犯的"诚信度"值得怀疑，但是，不能因为怀疑罪犯的诚信而丧失作为一名监狱民警应有的诚信或起码的做人准则。

监狱民警诚实守信，包括以下三个方面的内容：

一是守时，即信守时约。譬如，约定开会、谈话、上课或者其他活动时间后，除很特殊的情况外，一般都不要变更，更不可失约。

二是信守诺言。监狱民警无论是对工作还是对罪犯个人定约承诺，是为常事。它既是工作相互配合的要求，也是工作的目标和结果。诺言的兑现，即是相互配合的默契、工作目标的实现。监狱民警在对罪犯诺言的兑现中，一次次地提高威信，融洽感情，一步步地走向事业的成功。

三是信守命令、政策和法律。在这方面，要做到始终不渝，稳定而少变。古人云："轻诺必寡信，多易必多难。""言多变则不信，令频改则难从。"在教育改造罪犯的过程中，监狱民警如果朝令夕改，这不但是"寡信"的重要表现，它还有可能使罪犯无所适从，举步无向，更容易使自己指挥无力，形不成统一的目标和意志，最后必将失去罪犯的信任，造成工作上的阻力。与此同时，监狱民警应不折不扣的执行监狱工作方针、政策和法律，"服从指挥、听从命令"，这不但是对诚信的坚守，更是对原则性问题的坚持，是忠诚和敢于担当的表现。

5. 对他人和社会的能力充满信心，具有强烈的个人效能感

什么是个人效能感？个人效能感即自我效能感，它是指人对自己能否成功地进行某一成就行为的主观判断。影响自我效能感形成的因素有两个方面：一是个体成败的经验，一是个体的归因方式。自我效能感是可以通过训练而提高的。

现代人是一种有效能感的人，现代人相信人能够学会如何控制环境，而不为自然本身的力量或社会权势所左右。现代人觉得自己有能力独自或同别人合作去组织他的生

活或者工作,能够对付和控制生活或工作给他带来的挑战,无论这些挑战是来自个人、人与人之间、团体乃至国家。现代人特别讲求效率,反对办事拖沓或采取敷衍塞责的态度处理工作,容不得懒惰与滥竽充数的人。

教育改造罪犯不仅仅是监狱民警能力的体现,更是一种高度的责任意识,这种责任意识就是对教育改造罪犯工作的自信和工作运行的高效率。我们都在讨论执法成本问题,节约成本不光是减少物的消耗,更注重的是效率。在刑罚执行的过程中,监狱民警只有注重责任心和自信心的提升,才能产生高效率的执法效果。

6. 有较缜密的计划。这是监狱民警现代化的重要标志,缜密的计划是与时间和效能密切相关的现代人的特质。凡是在生活和工作中趋向于制订长期计划的人,他就具有现代人的品质。教育改造罪犯是一项重新塑造灵魂的系统性工程,它的缜密性不仅是方案或计划的制定,而关键在于对教育计划的内容的设置、程序的规范性和方法的科学性等等,相反,如果没有缜密、周全的教育矫正计划,就会落入盲目、被动的局面。

7. 注重知识的学习思考和运用。

监狱民警在形成自己对周围世界的看法或意见时,注重对事实的考察和尽可能多地去获取知识,在这个基础上,不去附和跟风,不是看领导的脸色行事,而是形成自己独立的比较客观的意见和看法。因此,在工作中不固执己见,较尊重事实和验证,注重科学实验和生产实践,愿意吸收新的知识,不轻信也不迷信权威。

罪犯教育与社会普通教育相比,罪犯教育更具有教育内容的针对性、知识(技术)的密集性和实用性。这就要求监狱民警不但要尊重知识,注重自身知识的积累,而且要注重知识的过滤,并针对罪犯教育的实际进行引导、传播。对罪犯教育的过程,实际上是监狱民警知识的运用过程,期间,哪些知识适合罪犯教育、如何取舍,都有待于监狱民警的认真思考和精密策划。

知识的价值不在于一定要拥有多少知识,关键是知识对社会的引领和促进作用。在教育改造罪犯的过程中,罪犯良好道德品质的养成、不良习惯的矫正、劳动技能的获得、人文知识的普及等等,每一项目的提升,都意味着对社会文明的贡献。从这个意义上讲,监狱民警发挥了知识在推动社会文明进步中的重要作用,无论从理论上还是实践上,监狱民警都应该是现代人的典型代表。

8. 可依赖性和信任感

可依赖性和有信任感都是给人以安全的表现。在现代社会,竞争、危机无处不在,但在竞争和危机中并非人人都能立于不败之地,当面对在竞争和危机中的不幸者时,你是否能够成为可以依赖或者值得信任的人,成为是否为一个现代人的重要参数之一,而且这种依赖性和信任感并不局限于你熟悉和认识的人,包括你不认识的人和事。正如美国社会学家英格尔斯所说的,一个现代人要比传统的人更能信赖一个初次见面的陌生人。虽然我们不排除"被"依赖和信任过程中的一定的选择性,例如,利用别人的可依赖性和信任感而进行的希望获得同情的行为、故意欺骗行为,但可依赖性和信任感始终是现代人坚定不移的品质。

监狱民警每天面对那些熟悉而又陌生的面孔,尽管他们之前杀人越货、无恶不作,尽管他们之前狡猾欺诈、贪欲成性,尽管他们仍然在接受刑罚惩罚,但在监狱这个特殊的环境里,监狱民警是他们相对可以依赖和信任的人,尤其是要通过教育来矫正他们,不但要容忍他们的过去,而且对其在改造过程中产生的错误思想和行为也要正确看待,并予以公平、公正的处理。在教育改造罪犯的过程中,可依赖和可信任感,是监狱民警的职业性质决定的,虽然也不排除罪犯对监狱民警持怀疑甚至根本不相信的可能,但是只要一贯秉承客观、公正的态度,严格依法办事,就能够增强罪犯对监狱民警的依赖和信任程度。

除上述现代化品质外,监狱民警还应重视专业技术的提升,做到自尊、尊重和理解人,对教育内容和传统观念敢于挑战,对罪犯教育艺术有比较深厚的专业素养等。

第二节
罪犯教育设施现代化

可以肯定地说,监狱设施在经历过现代化文明监狱建设和监狱布局调整两次大的变革后,已经有了实质性的改变。但是,这里提出的罪犯教育改造设施的现代化不是仅满足于现有的水平,而是一个动态的不断发展的过程。监狱设施的现代化,虽然只是从表面上表现出监狱的现代化程度,但是它反映了监狱的物质文明发展水平,因此,它是监狱现代化的重要象征。

一、监狱设施现代化要符合中国国情

当我们用发展的眼光看待监狱现代化的时候,不难发现,监狱设施已今非昔比:视频监控自动报警和协同办案管理平台、安防集成平台,远程教育、探亲接见和帮教系统,规范、标准化的仓储和生产车间、教学楼、图书馆,宽敞的草坪、运动场,以及具有一定科技含量的警用装备和应急处突设备,现代化的民警办公楼、备勤楼等等,所有这些现代化的设施,对于当今中国的监狱而言,已不是什么稀罕之物,它们无不体现出我国监狱的现代化程度,是中国经济社会发展和文明进步的缩影。但是,监狱在实现物质文明现代化的同时,我们的管理理念、教育方法、教育改造罪犯的内容是否也实现了现代化,这是每一个监狱民警都必须认真思考的问题。与此同时,我们还应该清醒地认识到,监狱设施的现代化与社会发展的一致性,当罪犯刑满释放后,有的罪犯可能会留念监狱的生活,因为

他们回归社会后的处境并不一定比监狱优越，有的甚至格格不入，这种畸形的社会现象是否会带来更多的矛盾？尤其是那些回到仍然贫穷的农村的刑满释放人员，是否会因为强烈的环境（特别是生存环境）反差而导致他们"重操旧业"，监狱优越的现代化条件是否会成为他们重新犯罪的"祸根"。在这种情况下，我们是否可以思考：监狱设施的现代化是否需要进行一种更加合理的、公正的取向。笔者认为，一方面，监管设施应该具备必要的条件，在满足监管安全和生产安全的前提下，更重要的是人的现代化水平，只有监狱民警的思想观念、管理理念和方法实现了现代化，才能真正地创造教育改造罪犯的现代化成果。另一方面，在追求监狱设施现代化的同时，我们不能忘记监狱工作的优良传统，因为，优良传统对人的教育和感化功能是无穷的、永恒的。如果监狱民警不在思想观念、管理理念和方法上首先实现现代化，高墙内的设施现代化的实施不一定关得住罪犯野性的思想，不一定能矫正好罪犯的种种恶行，在这种情况下，罪犯因为高度集中的狱内生活方式，长期的心理和行为压抑，可能会导致狱内案件的增加，甚至会使案件的性质更加惨烈。

二、监狱设施现代化的主要内容

监狱设施，包括监狱建筑物，办公设备，生活、生产、学习、警用装备和安防设施等等，监狱设施是刑罚执行、罪犯教育改造工作的根本保障，设施的状况对工作效率和效益的发挥有直接的影响，对监狱监管安全和生产安全起关键性作用。新中国成立至九十年代中期的四十多年时间里，我国监狱设施经历了从无到有、从十分简陋到基本上能够关押罪犯的发展过程，监狱在完成罪犯教育改造，确保社会安全稳定方面做出了重要的贡献。但是，由于监狱设施陈旧、功能不全、防控能力差，人防、物防力量薄弱，因此，罪犯脱逃现象普遍，监管安全和生产安全事故的发生是常见之事，而这些问题一旦发生，由于缺乏制度和体制的保障，责任几乎全部由监狱民警承担，政治加经济上的多重处罚，使监狱民警备受精神和心理上的压力，苦不堪言。同时，监狱地理位置偏远，交通和信息闭塞，交通工具十分落后，办公条件和经济待遇差，导致监狱民警思想不稳定，职业荣誉感不强，加之社会对监狱不了解或存有严重的偏见等问题，这些负面因素给监狱工作造成了严重的影响。

进入新世纪后，特别是从 2001 年开始，国务院对全国监狱（先试点后逐步全面推开）作出布局调整重大决策，随着监狱布局调整拉开序幕，各监狱通过新建、改扩建、调整合并、迁建等形式改变了监狱原有的环境，监狱的整体设施得到了全面的提升：监狱围墙、监舍、办公楼、生产车间、图书馆、教学楼、运动场、心理咨询室、配餐中心（食堂）、医院、服刑人员超市等形成一个完整、配套的系统；很多监狱完成了 AB 门禁、围墙岗楼、电网照明、视频监控、隔离防护等安全警戒设施和教育改造设施建设，实现了"两门"（AB 门中的人行门、车行门）、"两网"（电网、隔离网）、"一平台"（监控报警系统平台）和"一哨"（哨兵楼)以及周界全天候防范系统等联动,可以说,这些设施为打造平安监狱,为更好的服务教育改造罪犯工作提供了有力的物质保障。

随着物质文明的不断进步和科学技术的不断运用,监狱设施现代化水平也呈现出了更大的发展空间。但就其未来发展方向而言,应坚持以下发展理念:一是监狱设施应坚持从感官型向应用型方向发展。从全国监狱布局调整的整体情况来看,无论是新建、迁建的监狱,还是改扩建、调整合并建设的监狱,一般都侧重于监狱外观的"高、大、上",有的甚至偏离了监狱布局调整的基本原则,一味地追求监狱对人的感官刺激效应:监狱大门、办公楼、图书馆、教学楼等色彩鲜艳,气势恢宏,但实际上外观设计可利用价值不大,材料浪费较多,这与监狱布局调整的基本原则和《监狱建设标准》的要求不一致。二是设计理念要有超前意识,但必须与现实紧密结合。现代化监狱建设必须有超前意识,包括在空间布局、功能设计等方面,都能够充分预见未来监狱发展的需要。但是,从目前有的监狱建设来看,并没有与监狱的现实结合起来,设计理念过于理想化,譬如,在厂房、车间或者生产设备的建设方面,监狱企业在还没有选择好项目、还没有完全明确企业发展方向的情况下,就盲目投资建设,盲目引进设备等。图书馆、罪犯食堂宽敞华丽,有的比大学餐厅还要气派。三是要坚持节约、减少行刑成本理念。监狱布局调整归根结底是为创造一个良好的内外环境,减少行刑成本,因此,应本着可持续发展的战略观念抓好监狱建设。

第三节
罪犯教育现代化与监狱信息化建设

一、监狱信息化概述

20 世纪 90 年代以来,信息技术不断创新,信息化已成为全球经济社会发展的显著特征,它与能源、材料共同构成我国国民经济和社会发展的三大战略资源。监狱信息化顺应了国家信息化发展的要求,是实现"科技强警"、提高教育改造质量整体水平的重要举措,是监狱管理的一场革命,标志着监狱现代化建设已迈上了一个崭新的阶段。

监狱信息化建设是在国家加强信息化建设大背景下提出的。从 2007 年开始,司法部为贯彻落实国家信息化工作决策,先后制定和编制了《全国监狱信息化建设规划》、《全国监狱信息化一期工程项目建议书》等,在得到国家发改委对全国监狱信息化一期工程立项批准后,司法部组织召开了全国监狱信息化建设、全国监狱信息化建设应用等工作会议,就监狱信息化建设进行了具体部署,随后,监狱信息化建设规划、立项等顺利完成,网络硬件平台、基础信息资源库、应用系统、技术防范工程、标准体系建设不断加强,监狱信息化建设取得了显著的成绩,并实现了跨越式发展。

根据监狱现实和未来发展的需要,司法部提出了监狱信息化建设的总体目标和具体目标,这对监狱信息化建设的方向和目的发挥了指导作用。监狱信息化建设的总体目标是:构建覆盖全国监狱系统的网络互联互通、信息资源共享、标准规范统一、应用功能完备的信息化体系,明显提高监狱信息资源综合开发利用水平,形成全员应用、资源共享的信息化工作格局,显著提高监狱执法、安全防范、罪犯改造等工作的信息技术应用能力,为推进司法行政系统信息化建设奠定基础。

监狱信息化的具体目标是:建设数字化监狱,即通过信息处理、网络通信、生物识别等各个学科的先进技术将监狱内的各种记录、文字、图像、多媒体等信息进行传输和处理,实现监狱系统内信息采集数字化、信息传输网络化、信息管理智能化、信息分析集约化和信息培训经常化,最终实现监狱更科学、更公正、更规范、更安全、更节约、更高效地履行其刑罚执行职能的目的。监狱数字化建设是一个复杂而庞大的系统工程,它主要包括网络平台建设,应用平台建设,数字化队伍建设平台和业务科学化、规范化、标准化建设等四个方面的内容。其中,网络平台建设是基础,应用平台建设是核心和灵魂,数字化队伍建设是关键,提升监狱和监狱民警业务的科学化、规范化、标准化水平是目的。

根据总体要求和具体规划,监狱信息化建设进一步确立了建设一个平台(网络和硬件平台)、一个标准体系(监狱信息化标准体系)、三个信息资源(监狱信息库、罪犯信息库、警察信息库)和十个应用系统(安全防范和应急指挥、监管及执法管理、教育改造、生活保障及医疗卫生、警察管理、生产管理与劳动改造、监狱建设与保障系统、狱务公开、办公自动化和决策支持系统)等主要任务,使监狱信息化建设目标更加明确,任务更加具体。(参见下图)但是,从目前的情况来看,有的监狱信息化建设还处于初始阶段,无论从设备、技术、人才、经费保障、网络安全等方面都还存在着严重的不足,而且,由于思想观念或理念不同、地区差异明显,监狱信息化还处于较低层次的、功能单一的运行状态,即要达到完全优化的信息系统来为监狱工作提供全方位的服务还有较大的差距。

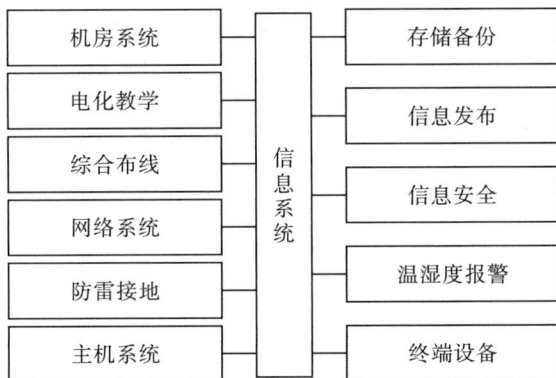

图1 监狱信息系统建设目标及构成图解

二、智能化监狱展望

随着监狱信息化一期工程建设的不断推进,涉及的多个监狱业务管理子系统也将得到逐步的应用和推广。特别是通过引进和开发一批智能化系统,把移动互联网和传统的监狱管理相结合,改善了监管执法条件,推动了互联网共享信息的发展,对增强监狱风险防控能力和促进公正执法发挥了积极的作用。与此同时,监狱需要积极构建一个大数据服务的云服务平台,以统筹规划监狱业务子系统及在建的安防、监控、网络平台,从而实现各系统资源共享,为监狱民警提高安全可靠的大数据服务,全面提升监狱信息化水平,建设智慧监狱大数据应用服务平台。从我国部分省区监狱信息化建设的经验来看,监狱一旦建成大数据应用平台,就可以随时对监控、报警、对讲、广播、门禁、人员定位、罪犯基础信息库、生活卫生、狱政管理、劳动改造、刑罚执行、教育矫正、狱务公开、会见、亲情电话、办公 OA(办公自动化)等涉及监狱软硬件运营的所有系统进行整合监测,对监狱提供智能分析、智能搜索、智能预警服务,并随时通过数据运行分析,及时了解和控制监狱各部位运行状态。

图 2　系统构架

智能化监狱就是通过各个平台的有效应用,实现实实在在的互联互通,达到各个平台的深度融合,特别是通过云平台、大数据、物联网的有效运用,使各种数据实现移动互联和共享,进而实现监狱信息传输网络化、管教业务标准化、民警执法规范化、数据分析智能化。但是,智能化监狱建设还存在很多问题,例如制度设计、人才匮乏和建设性障碍等等,就监狱目前的状况和未来的发展情况来看,主要应解决以下问题:一是加强制度设计和人才使用储备,确保智能化监狱建设进入良性循环的"快车道"。二是进一步提高监狱自动化办公平台水平。自动化办公平台除解决好监狱行政性事务外,在科学运用大数据、物联网优势的前提下,重点应处理好罪犯基础数据、罪犯计分考核相关信息、刑罚执行互联互通共享数据、监狱罪犯会见数据信息等等。三是建立成熟、稳定的安全警戒平台,包括实时可靠的视频监控和异常报警系统、智能门禁系统等。四是提升监狱生活卫生及教育改造罪犯平台服务功能,使智能化建设发挥实质性效应,例如,罪犯一卡通消费管理系统、罪犯健康档案管理系统、监狱内部网络和远程教育系统等等,为监狱日常性工作提供强有力的智能支持。

智能化监狱将为监狱管理带来一场技术性变革,它的影响力不仅仅是监狱管理手段的高度信息化,而且对监狱民警的思想和观念、知识结构、监狱公正公开执法等等都是一场前所未有的挑战。

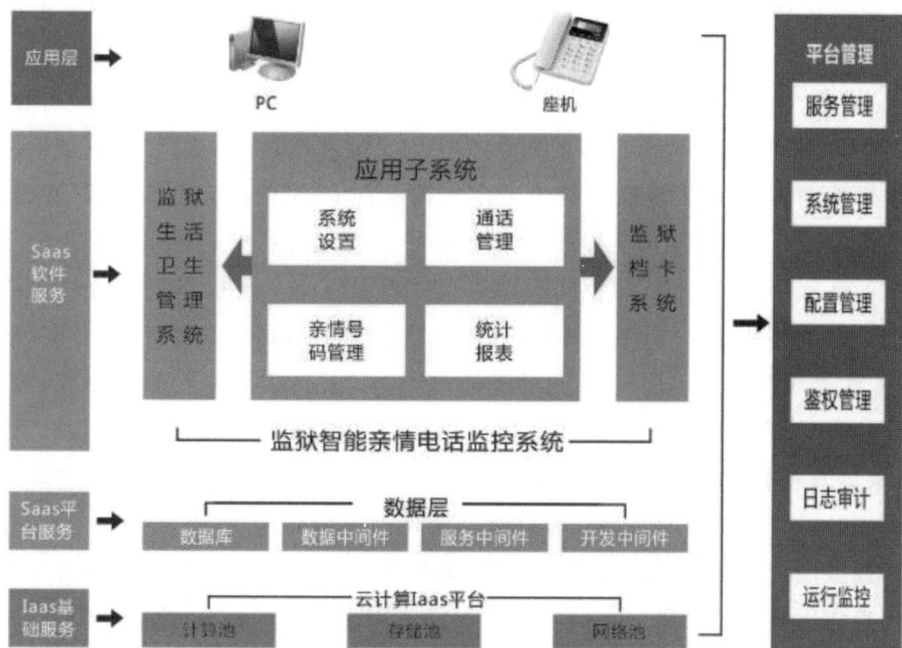

图3 平台功能体系架构

三、信息化与罪犯教育艺术

信息化是社会发展的必然趋势,它以通信、网络、数据库技术为基础,为人类社会发展提供强有力的技术支撑。信息化建设为监狱民警教育改造罪犯提供了一个快速、简便、直观的工作平台,特别是通过对一些子系统的操作运用,例如,通过信息技术对罪犯进行生物特征识别(包括人脸识别、指纹、手掌纹、虹膜、视网膜、语音识别、形体、个人习惯识别等）、数据库处理、心理分析、语音监控等等，为监狱民警精准掌握罪犯情况提供了技术支撑。但是，高标准的信息化条件并不代表罪犯就可以服服帖帖、规规矩矩地接受改造，也并不证明罪犯教育改造质量就会必然的提高，更不能百分百确保监狱就能平安无事。因为再好的技术装备，只是做好监狱各项工作的外部因素，而起决定性作用的因素还在于监狱民警，因此，正确处理好信息化手段与监狱民警作用发挥的关系是做好监狱工作特别是罪犯教育工作的关键。

（一）监狱信息化具有一定的局限性，不能因为信息化而一劳永逸，监狱民警才是做好监狱工作不竭的动力

毋庸置疑，信息化为监狱提供了现代化的管理方法和手段，大幅度提高了工作效率，为监狱民警准确掌握罪犯情况，及时防控和处置教育改造罪犯中的各种问题创造了良好的条件。但是，任何新技术都可能是"双刃剑"，新技术在带来更多惊喜的同时，其潜在的安全隐患不容忽视，也就是说信息化并非完美无缺，信息化的局限性也容易导致罪犯教育改造工作的失误，如果监狱民警一味依赖信息化设备，而不充分发挥自身的能动作用，显然是不可取的。例如，人脸识别技术，它对图像质量要求较高，对光照和背景等都有较高的要求，光线、噪音、阴影极有可能破坏人脸部件的边缘，从而影响人脸识别的真实程度，我们知道人脸识别主要是对人的眼眶、鼻区以及嘴部三块区域进行图像采集，然后在机器前进行识别，只要进入摄像头可照范围之内就能立即识别成功，其识别流程是检测人脸→活体检测→人脸对比（与之前上传照片）→分析比对结果→返回结果。但是，由于现代科技的高速发展，只要对人脸识别在使用过程中的每个关键点进行分析，在多个环节都能找到多个突破点，只要略施小计，就能让人脸识别形同虚设。譬如，在破解人脸识别个案中，注入应用绕过活体检测，也就是通过注入应用的方式来篡改程序，从而绕过所谓的活体检测功能，使用一张静态照片就可以通过人脸识别。又如，对于戴眼镜的人来说，摘下眼镜或者更换眼镜以及调整眼镜佩戴角度后，就无法识别等等，在这种情况下，监狱民警平时对罪犯情况的掌握就显得至关重要。

（二）监狱现代化是一个全方位的概念，信息化只是监狱现代化进程中的一个环节，不能以信息化代替监狱民警

人的思想和行为是不断变化和发展着的，而思想和行为又是受人的意识支配的，思考什么，为什么会产生这种思考，如何行动等都来自自身，即便是受到外部环境的影响，也需要通过人的意识作出反应。对于人的这种活动现象，一般来说，信息化是无法解决的，因为信息化更多的是对人已经表现出来的行为进行管控或者分析和鉴别。在教育改造罪犯的过程中，罪犯由于环境和角色的变化，会产生很多让民警琢磨不透的思想和行为，甚至会发生一些突发性的事件，如果仅凭信息化对已经发生的事件或问题的事后分析处理，而不注重事中和事前的基础性工作，那么，罪犯教育改造工作就会陷入深度危机。从另外一个角度来说，罪犯思想和行为是时刻变化和发展着的，从目前信息化的作用发挥情况来看，它至少还不会代替监狱民警对罪犯思想和行为的掌控，例如，民警与罪犯的交流与沟通、人际关系的建立、思想或行为表现规律、教育方法的选择和使用等等，这些工作都离不开监狱民警，都需要监狱民警具体组织实施，而非信息化能够解决。正如孟建柱在 2017 年全国司法体制改革会议上所说的："人脑可以感性思维，而人工智能不能感性思维"，如果人工智能可以代替甚至超越人脑，人的所有思想问题都会迎刃而解。

（三）信息化功能运用的效果有赖于监狱民警主观能动性的发挥

信息化建设为教育改造罪犯提供了技术性物质保障，为监狱民警教育改造罪犯方法的创新开辟了重要路径，也成为监狱民警在新形势下提高罪犯教育改造质量的重要工具。相应的，信息化功能发挥的程度，完全有赖于监狱民警主观能动性的发挥。如果监狱民警认识不到位、观念跟不上、技术能力有限，不主动作为甚至消极作为都可能导致信息化功能弱化或无法正常运行。因此，要推广和应用好信息化，首先必须解决好监狱民警的思想和认识、知识和能力问题，充分发挥监狱民警的主观能动性，创新性地开展教育改造工作，做到信息化方法的利用和民警教育改造方法的有机配合，做到大数据和人工智能有机地与监狱工作结合，既发挥信息化中"物"的辅助性作用，又发挥人的关键性作用，真正把构想变为现实，才能达到通过利用科学技术提高罪犯教育改造质量的目的。

第十一章
Chapter 11

罪犯教育艺术评价

评价,是评定价值的简称。在词源学上的含义也就是引出和阐发价值,所以,从本质上说,评价是一种价值评判活动,是对客体满足主体需要程度的判断。教育评价是对教育满足社会与个体需要的程度作出判断的活动,是对教育活动现实的或者说已经取得的价值作出判断,以期达到教育价值增值的过程。

罪犯教育艺术评价是监狱机关根据罪犯教育的性质、原则、要求和目标等,对整个教育活动的效果、完成教育任务的情况以及发展水平所进行的评价。由于罪犯教育艺术并没有严格的体系,因此,对所要评价的内容、评价方法、评价目的等都有待进一步研究,这里只是做一些铺垫性的工作,也就是说,通过对罪犯教育艺术活动的研究和运用,用一定的科学方法对这种活动的价值进行检测,以实现总结和推广普及的目的。

第一节
罪犯教育艺术评价的目的和意义

一、罪犯教育艺术的价值

价值是由客体满足主体需要的程度而决定的。当主体在某一方面存在某种需要时,客体在某种程度上满足了主体的需要,这就形成了客体对主体的价值。由此可见,离开了主体的需要去谈客体的价值就毫无意义了。

罪犯教育艺术的价值是由罪犯教育艺术满足监狱(刑罚执行和教育改造)和社会需

要的程度决定的。国家需要稳定和发展、社会需要文明与进步、老百姓需要安全与和谐，在这方面，监狱具有不可替代的功能，而罪犯教育艺术正是满足这些需要的重要手段，并且，由于"罪犯教育艺术"将罪犯教育上升到"艺术"的高度，体现了罪犯教育活动的精细化程度，是一种追求完美的、系统的、规范的教育思维模式，能够更大限度地满足国家、社会和老百姓的需要，即社会群体的需要。当然，罪犯教育艺术价值还体现在满足罪犯个体需要方面，即通过教育观念的革新和对罪犯教育艺术化的追求，实现罪犯个体在道德、人格、法纪、人际、技能和文化知识等方面的提高，满足罪犯个体发展的需要。我们把罪犯教育艺术活动满足社会群体和个体的程度称为罪犯教育艺术价值。

二、罪犯教育艺术评价的目的

在监狱发展的过程中，对罪犯教育的评价一般是凭感知的，而无规范、系统的操作流程，也没有具体的评价标准，所以，就谈不上对罪犯教育进行评价。随着罪犯教育改造重要性在监狱工作中的不断凸显，教育手段、方法日趋多样化，教育内容更加丰富而具有针对性和实用性，教育目的更加明确，教育保障更加有力，但罪犯教育的效果如何，不是哪一个人说了算，而应有一个科学的评价体系和客观的评价标准，这就是罪犯教育艺术评价的目的和任务。

首先，罪犯教育艺术评价是教育改造活动发展规律的客观要求。从罪犯教育向罪犯教育艺术的发展，是监狱罪犯教育改造工作的自我提升，它追求更加完美或者说让监狱民警更加期待的效果。因此，罪犯教育艺术评价的根本目的是实现良好教育效果的最大化。

其次，从教育活动的要求来看，任何教育都离不开教育评价。罪犯教育艺术是一种有目的的活动，要确保罪犯教育艺术活动有序进行，实现更高标准的发展，并达到预期的效果，就离不开教育评价。没有评价的罪犯教育，是盲目的教育。

最后，要提高罪犯教育改造质量和罪犯教育艺术的科学化水平，必须开展教育评价。长期以来，对罪犯教育改造质量的理解有窄化倾向，认为罪犯教育改造质量就是实现既定的量化标准，保证罪犯在刑罚执行期间不出问题。这种教育质量观以及由此形成的教育评价思想，对罪犯教育艺术的健康发展是一种误导。正确的罪犯教育改造质量观，应该是追求罪犯思想、行为、心理和技能的协调发展，同时运用经常性、制度化的评价，最终促进罪犯教育艺术活动的科学化水平。

三、罪犯教育艺术评价的原则

罪犯教育艺术评价不是行政手段，而是依据罪犯教育艺术规律所进行的专业技术性活动，它要求在评价过程中坚持客观反映规律的原则来统一思想认识、指导活动开展、约束人们的行动,进而发挥其肯定成绩、交流经验、发现问题、改进不足、促进发展的作用。

罪犯教育艺术评价的原则:

1. 客观、全面的原则。罪犯教育艺术是一项系统工程,因此,对罪犯教育艺术的评价也应该是客观和全面的。所谓客观全面是指对罪犯教育艺术的评价,无论是方案选择、方案实施、效果等,还是评价结果的运用和推广都是具体的、真实的。

2. 目的性与一致性原则。罪犯教育艺术评价具有明确的指向。为什么进行评价、评价的目的是什么、评价什么都十分具体明确,且目的性与一致性相统一。

3. 科学性与可行性相结合的原则。科学性就是罪犯教育评价要尽量使用先进的方法和手段,用现代科学的成果来看待和处理评价活动中的各种问题。例如用系统的观点来看待整个评价活动,即将评价活动看成是一个系统,而这个系统是由若干个结构一定的要素和环节所构成,这些要素和环节之间存在特有的联系等等。

4. 评价与指导相结合的原则。评价的功能不是为了鉴别优劣,更重要的是为了发展,因此,评价的过程是一个肯定成绩、总结经验、发现问题、改进工作、促进发展的过程。

第二节
罪犯教育艺术评价方法

教育艺术的评价方法,是指在评价过程中,从整体上,对评价对象达到目标的程度进行价值判断的程序和模式。在教育学理论上。虽然教育评价方法有其特有的程序和模式,但是由于罪犯教育艺术评价的对象和评价内容的特殊性,因此,对一些比较专业的评价方法不作研究,重点介绍以下几种方法。

一、相对评价法

即在评价对象的集体中,选取一个或若干个对象作为判断标准,然后将各个评价对象与标准进行比较,以判断集体中每一个成员所处的相对好坏位置。相对评价的特点是根据被评价对象的整体状态确定判断标准,该标准只适用于所选定的评价对象的集体,对于其他集体则不一定实用。

例如,要对某监狱罪犯教育改造效果进行评价,取监狱某一个监区的罪犯改造表现情况(量化成绩)作为基准,将其他监区的罪犯改造情况与之比较并进行排序,据此而作出的价值判断。

又如某监区要选择 20 名罪犯作为文化教员,现有 100 名罪犯可供选择,监区采取考试方式进行录用,监区将考试分数由高到低进行排序,结果,前 20 名罪犯被录用。这种"将考试分数由高到低进行排序"的方法,属于相对评价。也就是说,被选中(通过考试)的前 20 名罪犯,其考试成绩是相对的,但他们从事文化教育的能力并不等于比没有选中的罪犯能力好,只是通过考试方法选择教员相对公平而已。

在相对评价中,评价的基准(或参照物)是在评价对象内部选取的。其优点是不受评价主体的主观影响,比较客观公正,无论整体的水平如何,只要通过比较就容易得出"先进"与"落后"、"优"与"劣"的结果。缺点是由于是在内部进行比较或评价,没有进行横向比较,容易降低评价标准、容易忽略罪犯的个体差异、缺少对多数罪犯的激励作用。例如,在上面两个案例中,如果将比较或评价对象放在大系统(在整个监狱范围内)中进行,评价标准就会提高,影响和促进作用会更大。

相对评价法运用到罪犯教育艺术中需要注意三个问题:一是评价的范围不宜过大,一般只宜对罪犯教育情况进行纵向评价,即对罪犯教育的过去和现实情况进行比较,因为教育艺术是在传统方法上的创新,只有将过去与现实进行对比,才知道教育质量是否提高了;二是要掌握评价的客观、公正性;三是在评价前应有一个比较科学、合理的对参照点进行选择的评价标准,减少主观成分,虽然评价方法是相对的,但是不能因此降低评价标准,致使评价流于形式。

二、观察法

所谓观察法就是在自然状态下,评价者通过感观、视屏、音响等辅助手段,有目的、有计划地观察罪犯教育艺术活动过程并进行评价的一种方式,这种方法在监狱实践中应用较普遍。例如,对罪犯行为养成情况、罪犯教育方案和教育过程、集体教育和个别教育等情况进行观察,以考察监狱民警罪犯教育艺术的水平和能力。在这里,由于观察法是一种评估方法,因此,观察的主体必须具有一定的权威性,如由监狱相关职能部门组成的观察组、由分管领导和业务部门人员组成的观察组、由专家或其他社会组织组成的观察组等等,观察组通过对罪犯教育艺术的现场巡视、个别询问、听取工作报告、查阅资料等,然后集中进行民主评议,做出相应的评估。

三、考察法

所谓考察法,即采取一定的标准来衡量某种行为或活动。检验和评价罪犯教育艺术的效果,需要从多角度进行考察,并以一定的标准作出客观的评估。一般来说,在考察中可以根据实际情况设置一些问题、进行现场演示、设置任务目标等。通过问题的设置不但可以了解罪犯教育艺术的流程、价值、存在的问题,还可以启发监狱民警的思维、增强考察与被考察双方的互动效果。现场演示就是取罪犯教育艺术的某一环节或过程进行现场操作,主要考察监狱民警对罪犯教育艺术的熟练程度、内容体系、规范化和精准化以及方法运用情况等。设置任务目标,主要是考察结束阶段,对罪犯教育艺术需要注意的问题、需要解决的问题以及发展或努力方向而设置的内容,任务目标的设置要符合监狱实际,既不能设置得太低,考察不出实际水平,又不能设置得过高,高不可攀,无法实现考察的目的。同时,任务目标的内容要精心选择,注重考察和培养监狱民警对罪犯教育艺术方面的实战能力和方法技巧。

四、标准化评估

标准化,是在监狱实践中根据工作量、工作性质、工作内容等而制定的统一的标准,以获得罪犯教育艺术的最佳秩序和效果。标准化评估的关键是要事先设计或制定标准,并将标准细化为具体的指标,评估时,以具体的指标为参照,以此对罪犯教育艺术进行评估。需要注意的是,评估标准(指标)的设计应具有正确性(效度)、可靠性(信度)、客观性、比较性和实用性,这是良好的标准化评估的必备条件。例如,司法部制定的计分考核罪犯办法,就是很好的关于如何计分、如何考核、如何奖惩的标准体系。

第三节
罪犯教育艺术评价的内容

罪犯教育艺术评价究竟要评价什么,即评价的内容有哪些? 总的来说,罪犯教育艺术评价就是对教育艺术活动过程及其内容的检测,基本内容包括罪犯教育艺术的整体方案、目标和任务、组织机构、民警掌握和运用法律法规的能力、民警的心理和身体素质、民警教育艺术组织协调能力、民警教育罪犯的方法和技巧、民警专业方面的业务能力、民警人文知识结构、监狱文化建设、监狱建筑及监狱罪犯改造环境建设、罪犯教育改造质量及其他评价内容。

一、罪犯教育艺术整体方案评价

罪犯教育艺术效果如何,方案设计是首要因素。一个好的方案,应具有科学性、指导性(针对性普遍适用性结合)、可操作性、复制性和可推广性。罪犯教育艺术方案的科学性是指方案的设计符合监狱工作的方针政策,符合罪犯可教育、可改造的客观规律,方案核心内容既尊重罪犯法定权利又体现教育改造的强制性特点,在教育改造方法上,新颖性与实用性结合,方案有严密的逻辑结构。指导性,是指罪犯教育艺术方案对罪犯教育艺术活动的正常进行具有宏观参考价值,可以规范罪犯教育艺术活动,但它并不限制和约束具体方法和措施的运用。可操作性,虽然罪犯教育艺术方案具有宏观性质,但是并非空洞无物,方案的制作一定是建立在教育改造罪犯的实际基础上的,因此,罪犯教育艺术活动应在规定的流程范围内,把原则性和灵活性有机结合起来,确保活动的顺利进行。复制性和可推广性,是建立在科学性和实用性的基础上的,它是罪犯教育艺术方案价值的真正体现,如果方案仅仅是一事一案,不仅是资源的浪费,更重要的是脱离了监狱警力严重不足的现实。

二、罪犯教育艺术评价的目标和任务

目标和任务是一致的,评价罪犯教育艺术,就是要评价其目标和任务体系,目标和任务设置是否清楚明确、科学适当,关系到罪犯教育艺术的进程和效果。在罪犯教育改造实践中,常见一些目标和任务的设置贪大求全、好高骛远,操作起来漫无目的,最后草草收场甚至不了了之。例如,一些监狱在设计对罪犯的传统文化教育的时候,不结合监狱的实际,将传统文化内容无限扩大,古代的、近现代的几千年的历史一应俱全,经济的、文化的、道德的内容等无所不有,暂不说监狱是否具备这方面的师资力量,仅罪犯是否能够接受、消化这些知识内容就成为大问题。罪犯教育艺术是罪犯教育改造工作精准化管理的体现,是教育改造深度和广度的拓展,它不但是监狱工作的内在要求,而且是教育改造工作的艺术性升华。因此,目标和任务的设置应清楚明确、科学适当,既要体现教育改造工作在价值体系上的高标准追求,又要成为监狱民警看得见、摸得着、可操作的实际目标。

三、罪犯教育艺术的组织

教育艺术的组织包括罪犯教育艺术工作的机构设置和对教育艺术活动的具体开展两个方面,评价罪犯教育艺术活动应从这两个方面进行考查。机构设置是罪犯教育艺术活动的保障,对活动的具体开展是其主要内容。机构设置力求专业、精干、单一,能对罪犯教育艺术工作发挥绝对的组织、协调、指挥和指导作用。对活动的具体开展是在机构组织的协调、指挥下进行的,对活动的具体开展是机构组织功能的发挥过程,它包括罪犯教育艺术力量的组织、民警专业和业务能力的考查及选择、方案的制定及运行、经费筹措及分配、教育艺术活动的进行、评估总结、归纳和推广等。

四、监狱民警掌握运用法律法规的能力

它属于罪犯教育艺术活动具体指标评价内容。罪犯教育艺术的主体是监狱民警,由于罪犯教育艺术的核心和根本是教育改造罪犯,主体的活动必须符合法律法规的要求,因此,监狱民警察掌握和运用法律法规是做好这项活动的基础。罪犯教育艺术虽然包含有艺术表现的因素,但它不是单纯的艺术创作,而是一种管理的艺术,思维的艺术、教育的艺术及其他综合能力充分展现的艺术。监狱民警的思维模式和运作方式都必须围于法律范围,一切依据法律,只有这样,民警的教育艺术能力才能得到有效的发挥。评价监狱民警掌握和运用法律法规的能力,重点了解民警在罪犯教育艺术活动中,对有关法律法规知识的掌握程度、实际运用能力以及自觉遵守法律法规的情况,即知法、守法、用法。从表面上看,罪犯教育艺术活动与法律法规并无多少牵连,而实际上,罪犯教育艺术活动中的任何一个环节都离不开法律法规,小至教育方法和教育内容的选择,大至教育方向和教育目的确定都必须有法可依,有法必依。在这个过程中,民警知法、守法、用法的程度也是其基本能力的表现。

五、监狱民警的心理和身体素质

之所以要评价心理和身体素质,是因为心理素质和身体素质是监狱民警最基本的素质,它决定罪犯教育艺术的水平和质量。在通常情况下,往往只注重心理素质的提升而忽略如何增强民警的身体素质。实际上,就监狱民警来说,除需要具备良好的心理素质外,身体素质是其他能力和素质的重要支撑,特别是在民警职业风险压力和其他压力相互叠加的情况下,如果没有良好的身体素质,要承受起这些压力是比较困难的。罪犯教育艺术是对教育改造罪犯工作深度和高度的追求,是教育改造罪犯精细化的具体表现,是在确保监管安全和生产安全的前提下,对教育改造罪犯任务的追加和质量的超越,显然,重压之下,身体素质成为革命的"本钱"。在监狱实践中,基于各种压力,一些民警由于身体原因,往往不堪重压,导致疾病缠身,出现提前病退、调换工作、心理抑郁、病倒在岗位甚至病亡、自杀的事件。因此,评价民警的心理素质和身体素质十分重要,它不仅为罪犯教育艺术提供优良的警力保障,而且还为如何重视民警身体健康、从优待警、加强监狱民警队伍建设提供重要的保证。

六、监狱民警教育艺术的方法和技巧

什么是罪犯教育艺术,罪犯教育艺术是监狱民警以一定的法律知识和专业技术为基础,运用一定的技巧和方法,以达到最佳的、最有效的教育改造罪犯的手段。由此可知,

教育罪犯的方法和技巧是教育艺术的关键所在,教育的最佳效果是教育艺术的核心和最终目的。在这里,教育的技巧和方法,可以是传统的,也可以是现代的,可以是某种单一性的方法,也可以是某种综合性的方法,还可以是各种方法和技巧的综合运用,但是,有一点应注意,方法和技巧必须符合有利于罪犯教育改造的需要,符合法律法规的要求。对监狱民警教育艺术方法和技巧的评价,既要注重方法和技巧的实际效果,同样也要注意方法和技巧的合法性。

对罪犯教育艺术的评价,除上述评价内容外,还包括监狱民警的业务能力、监狱民警人文知识结构、监狱文化、监狱建筑及监狱罪犯改造环境建设、罪犯改造质量等等具体内容。由于罪犯教育艺术评价的内容多,但还没有较科学、完整的评价方法,因此,就不作过多的论述。

附一

罪犯教育艺术典型案例实训

✱ 案例一：蒋某——我认罪悔罪

蒋某，男，2004年至2013年，利用担任中石油集团公司副总经理、总经理、董事长、党组书记，中国石油天然气股份有限公司副董事长、董事长、总裁等职务上的便利，为他人在项目建设、职务调整、职级晋升等事项上谋取利益，直接或通过其妻子（另案处理）索取或非法收受14个单位和个人的财物，共计折合人民币1403万元。截至2013年8月31日，蒋某的个人和家庭财产、支出明显超出其个人和家庭合法收入，对于差额部分中的1482万余元的巨额财产不能说明来源。2004年至2008年，蒋某在担任中石油集团公司副总经理、总经理，中石油股份公司副董事长、董事长、总裁期间，受周永康之托，利用职务为他人在获得油气田区块合作开采权、燃气轮机发电机组项目招标、天然气供应指标等事项上提供帮助，其行为严重扰乱了国家油气资源管理秩序，致使国家利益遭受特别重大的损失。（受贿滥用职权巨额财产来源不明罪）

2015年4月13日，湖北省汉江中级人民法院对蒋某被控受贿、巨额财产来源不明、国有公司人员滥用职权案进行了公开开庭审理。在控辩双方就定罪的事实、证据，被告人行为的性质以及量刑情节等充分发表了各自意见，各方观点已经阐述清楚，合议庭在合议时将予以充分考虑后，蒋某在最后陈述时说：我衷心感谢组织对我的挽救，真诚地感谢全体办案人员对我的关心和教育。我的犯罪事实是清楚、明确的，犯罪证据是真实、确凿的，我对犯罪事实供认不讳，对起诉书没有任何异议。我认罪悔罪，供认不讳。我要深刻反省，接受改造，做对社会有用的人，做对社会有益的事。

针对蒋某的犯罪事实和在法庭上的最后陈述，如何拟写对同类罪犯的教育改造计划？对蒋某这样的曾经有过"辉煌人生"和"特殊身份"的改造对象，在教育方法上有哪些更富有针对性、启发性和影响力的措施？

✿案例二：贵州"老虎"廖某——我心甘情愿地接受法律的追究

2014 年 4 月,西安市中级人民法院对贵州省委原常委、遵义市委书记廖某受贿、滥用职权案,作出判决。

法院审理查明:2004 年春节至 2012 年 6 月,被告人廖某在担任六盘水市市长、中共黔东南州州委书记期间,利用职务上的便利,为有关公司或个人谋取利益,先后多次非法收受他人给予的财物,共计人民币 1324 万元。在担任黔东南州州委书记期间,滥用职权,造成国家财政资金损失人民币 310 万元。

法院判决书认为:被告人廖某的行为已构成受贿罪和滥用职权罪,依法应数罪并罚。案发后,廖某主动交代办案机关尚未掌握的大部分受贿事实和滥用职权的事实,受贿罪具有坦白情节,滥用职权罪具有自首情节;所得赃款全部退缴,认罪悔罪,对其受贿罪可从轻处罚,滥用职权罪可减轻处罚。认定被告人廖某犯受贿罪判处有期徒刑 15 年,并处没收财产人民币 130 万元;犯滥用职权罪,判处有期徒刑 2 年,决定执行有期徒刑 16 年,并处没收财产人民币 130 万元。

廖某在陈述中说:"我知道自己在任职期间收受贿赂、滥用职权,严重地触犯了党纪国法","我变成这样是因为自己没有约束好自己,贪婪地大肆收受贿赂,使自己走上了违法犯罪的道路","我心甘情愿地接受法律的追究"。

请根据廖某案发后和人民法院判决后的表现情况,结合你单位同类罪犯实际情况,撰写一份"人间正道是沧桑"教育讲话提纲,并做一次教育讲话。

✿案例三：贵州省水利厅原厅长黎某的悔过书——我的所作所为和羞耻行径毁了自己

1996 年以来,黎某在担任贵州省水利厅水土保持处处长、副厅长、厅长、党组书记期间,利用职务之便,在项目扶持、工程建设等方面为他人谋利益,收受贿赂;生活作风腐化。

黎某在悔过书中写道:我是一名党培养多年的水利干部,一生从事并热爱水利事业,我很想继续留在水利岗位上为贵州水利建设做出自己应有的努力和贡献。然而十分遗憾,再也没有这个机会了。由于在经济问题和个人作风方面严重地违反了党纪国法,已经走上了犯罪道路。现在留给我的,只有悔恨交加和痛苦。回过头看自己的所作所为和所犯错误,感到非常痛心,真是不堪回首。自己私欲一闪念做出的错误决策,铸成了终身悔恨,真不值得,不应该!我之所以违规违纪,主要在于一是反腐倡廉的思想道德防线脆弱;二是自私心和贪欲之害;三是对法纪心存侥幸。从思想上看,一是缺乏学习;二是缺乏牢固树立正确的世界观、人生观和价值观。我对不起我的老母亲,对不起我的妻儿,我最对不起、最需要道歉的是栽培、哺育我成长的党组织。

如果要把黎某的悔过书作为警示教育(部分)发言材料,你认为有哪些不足?请以直管民警的身份予以指出,使其补充完善。

✿案例四:贵州省地质矿产勘查局原副局长罗某的悔过书——贪婪和放纵把我送进监狱

1998年至2014年,罗某在担任县长、县委书记等期间,利用职务之便,在工程承包、干部职务调整等方面为他人谋取利益,收受巨额贿赂;包养情妇并非婚生一子;与管理服务对象打麻将敛财共计人民币200多万元;为亲属及其他特定关系人在自己管辖范围内承接工程谋取巨额利益。

罗某在悔过书中写道:我的犯罪,贪念和贪欲是内因和主因。我身上的腐朽思想和享乐主义十分严重,长期放纵自己。八小时以外的行为放荡不羁,日常生活有两个宝:女人和麻将。

人生要懂得敬畏。要敬畏权力,权力是把双刃剑,既可以用来为人民服务,也可以为自己掘坟墓。如果把党和人民赋予的权力视同儿戏,最终必然是泪洒铁窗。要敬畏法律和规则,党纪、国法、人伦、道德、纲常、伦理是我们每个人生活之准则,不可践踏、不可游戏,否则终有一天会被绳之以法。要敬畏组织,组织远看是虚,近看是实,任何人不可以凌驾于组织之上,任何对抗组织的行为都是以卵击石。要敬畏苍生百姓,老百姓的眼睛是雪亮的,为官一任你是清官、还是贪官,留声人去后! 你要是沽名钓誉、愚弄百姓,总有一天会火山爆发,结局是自掘坟墓。

我现在已经五十有余,已进入人生之暮年,来日无多了。回想自己的人生,深感人不可贪,贪是万恶之源;深感人不可放纵,放纵是贪腐之源;深感人不可侥幸,侥幸是犯罪之源。

人生其实很残酷,不到陷入深渊看不懂人生、看不透人生、看不准人生。我现在唯一的想法是:好好端正态度,认真改造,早日回归社会。

如果罗某入狱6个月后,因为觉得前途迷茫而产生自杀倾向,你如何开展教育?如何拟定具体的施教方案?

✳案例五:广东省某监狱民警——个别教育转化顽危犯案例

☑初任新职 接受任务

张警官到监狱四监区三分监区上班的第一天,就见一罪犯,虎背熊腰,两眼直射凶光,双手撑着一张小板凳,拖着沉重的下身在监仓的走廊上爬行。当见到这名陌生民警走过来,就瞪着双眼,目不转睛,毫无掩饰和顾忌地以敌视的目光盯着张警官,他就是监狱有名的顽固犯徐某,绰号"老五",吉林人,因犯抢劫罪被广州市中级人民法院判处有期徒刑10年。徐某投入监狱服刑后,一贯不服管理,公然顶撞管教民警,抗拒劳动,常以"大老爷们"自封,凭着自己近一米八的身躯,在监区犯人中称王称霸,不到一年时间就消极怠工,不服管教,欺压他犯,威胁顶撞民警等各种违纪受到禁闭处理四次。还经常威胁民警说:"你们客气点,我什么都没有,只有烂命一条,等我不想活了,还不知道会有几个替死鬼。"

有一次,为打击其嚣张的抗拒改造气焰,有人勒令其跪下认错,徐某公然顶撞说:"大老爷们只会跪天、跪地、跪父母,别的没有这个习惯。"后来,徐某因屡教屡犯,多次受到处理后,见硬顶已行不通,就改变抗拒改造方式,用装瘫的方法继续抗拒改造,在两年的装瘫中,徐某"死猪不怕开水烫"的架势,使监区无法让徐某开工劳动,既不参加集体活动,也不整理内务,而且饭来张口,衣来伸手,大小便还得由他犯伺候,经常假装"失禁"而随地大小便,严重地破坏了监规纪律,干扰监区正常的改造秩序。

面对这样一个顽危犯,民警曾多次试图挽救他。然而,不但无济于事,反而使该犯对民警的敌对情绪和防备心理越来越大,有的民警疑惑徐某两年没有站起来过,是不是真的瘫痪了。还有民警说:"想把徐某教育过来,除非公鸡下蛋。"人们对徐某失去了挽救的信心。

☑摸清情况 识破真伪

张警官负责徐某的包管包教工作后,确定徐某是真瘫还是装瘫,是做好个别教育的前提。为此,首先从熟悉徐某的基本情况入手,认真查阅徐某的全部档案材料,向其他民警了解他的一贯改造表现和历次违纪处理的原因和经过,找有关罪犯了解徐某的生活习惯、活动规律,平时接触哪些罪犯及谈论什么问题,并请医务人员诊断,在重大狱情分析会上对徐某是"真瘫"还是"装瘫"进行讨论研判。

综合各方面情况分析:

(1)徐某屡次违纪均受到严肃处理,较好地打击了其抗拒改造的气焰。用激进的方式抗拒改造已没有市场,现改用消极装瘫的方式来抗拒改造,正是其改变对抗策略、顽固思想本性的新表现。

(2)徐某诬陷说,"瘫痪"是民警整的,并经常扬言要上告监区这个民警、那个民警。这是徐某用来威胁民警,倒打一耙,以达到让民警不敢再管再处理他,制造"真瘫"的假象。

（3）一年多来,徐某不愿接受治疗,如果真是病瘫,不可能不提出任何要求,说明徐某装病心虚。

（4）从观察看,徐某除双腿因长期缺乏运动,肌肉有些松弛外,身体强壮,根本找不出病瘫的症状。

（5）从有关罪犯反映中得知,徐某经常散布反改造言论说:"像我这样多好,吃了睡,睡了吃,不用开工,只要我不搞事,他们(指民警)就不会找我麻烦。"从以上多方面情况判断,可以确定徐某系装瘫无疑。

✍ 讲究策略　寻找契机

徐某性情暴躁,长期装病抗拒改造,已对民警产生了强烈的对抗情绪和防范心理,为了避免矛盾激化,使教育工作能顺利进行下去。在认真剖析徐某个性心理特征的同时,仔细分析了过去几名民警对其教育失败的原因在于缺乏耐心,操之过急,直截了当争论不清。因此,张警官决定采取拉近距离,消除屏障,寻找契机,循序渐进的教育方法。

在第一次进行接触谈话时,对如何找准其最佳结合点显得至关重要。否则就会因话不投机半句多,造成工作被动。经过认真思考后,张警官想到,徐某生在东北,长在东北,远离故土在广东服刑,很少有机会与他人谈及自己既熟悉又亲切的故乡事情,这方面的话题徐某一定会感兴趣。在精心准备后,第一次谈话回避了一切改造与被改造的内容,用拉家常的方式,专谈东北的风土人情,果然在两个多小时的谈话中,徐某越讲越兴奋,由于谈话的内容出乎徐某的意料,消除了徐某固有的戒备防范心理和对民警的抵触情绪,效果非常好。

在以后的几次谈话中,张警官又采取旁敲侧击的方法,从侧面了解徐某的家庭情况和思想,让徐某觉得民警在关心他,使徐某在不知不觉中暴露出真实的思想和深层次的问题。徐某是一个典型的吃软不吃硬的罪犯,从谈话中,尽可能挖掘其闪光的一面并给予肯定。例如,徐某谈到,在这个世界上没有什么好留恋的,只是觉得对不起养育自己、辛苦了一辈子孤独在家的老母亲,为了他这个不争气的儿子牵肠挂肚,担惊受怕,操碎了心。这说明,徐某并不是铁板一块,还会良心发现,其扭曲的心灵中良知还未完全泯灭。

有了几次谈话的基础,徐某由过去不愿跟民警谈话,变成乐意主动找张警官谈话,说明民警已取得徐某的信任,为以后深入开展徐某个别教育打下了基础。

✍ 利用同犯　获取证据

徐某自从装瘫以后,基本上不与同犯交往。后来,监区新进一名罪犯,张警官发现他们一见如故,两人一有机会就聚在一起无话不谈,这名罪犯叫秦某某,经调查得知,徐、秦二犯不仅是同乡,而且秦犯还是徐某从 15 岁加入犯罪团伙中的"老大",徐某充当"老五"，专干扒窃勾当。以后又一起窜到广州进行盗窃、抢劫等犯罪活动。

张警官想，如果能争取秦犯收集证据，是理想人选，然而秦、徐二犯关系特殊，未必能为我所用。不久，秦犯大腿长一"鸡眼"需要经常换药治疗，这无疑是培养其提供证据的一个大好机会。于是，在一段时期的治疗中，张警官给予其足够的关心和照顾，使其深受感动。秦犯见张警官经常找徐某谈话，于是对张警官的意图有所觉察。

有一次，秦犯的弟弟从老家来探监，按规定会见半小时后催秦返回监舍，秦犯要求说，弟弟大老远来一趟不容易，希望给多点时间会见，张警官有意说：随便延长会见时间是违反规定的，这时秦犯突然问张警官："队长，你相信徐某瘫痪是真的吗？"很显然秦犯是为给他多见一会儿做交易，张警官反问秦犯的看法，秦犯就很自信地说："是真是假我可以协助你搞清楚。"见此情况，张警官经请示领导后就再准许秦犯见半小时。

会见完后，张警官及时向秦犯了解徐某的有关情况，布置任务，提出要求，限定一个月的时间收集证明徐某装病的有力证据。秦犯满口答应，一定办得到。

一个月很快过去了，秦犯一点有价值的东西也未提供过，分析原因，主要是秦犯哥们儿义气重，怕这样做是在出卖朋友。针对秦犯的个性和矛盾，张警官采取激将法刺激他根本就没有这个能耐。同时，让秦犯知道欺骗民警的后果，教育他打消顾虑，让其感到揭穿徐某装瘫的真相，迫使徐某重新站起来接受改造完全是出于好意。此法果然奏效，后来，秦犯将徐某对他讲过的怎么装瘫、为什么装瘫以及站起来炫耀给他看的一些详细情况做了汇报，并愿意充当证人继续协助民警做徐某的思想工作。

✍晓之以理 剥去伪装

在掌握徐某装瘫的证据后，剥去他伪装的时机已经成熟，张警官开始反复找徐某谈话，直接切入正题，做了大量的思想教育工作，从政策法律到监规纪律，从人生观、价值观谈到做人的道理，用身边大量的典型事例进行对比，谈徐某几年来改造上的得失，抓住徐某非常牵挂家中老母亲的心理，启迪其空虚的灵魂，适时地用所掌握的证据盘剥其病瘫的诺言和狡辩，揭露其装瘫的事实，晓以利害关系，指出一名罪犯在服刑期间用诈病手段对抗改造是非常恶劣的行为，只能加重自己的罪行，不可能达到逃避惩罚的目的。说明当今科学的发达，真的假不了，假的真不了。同时，语重心长地给徐某摆事实、讲道理，告诉他继续装下去只能害了自己，现在后悔还不迟，让他体验到民警是在确确实实、诚心诚意地帮助他、教育他、挽救他。

经过耐心教育，政策攻心，徐某的心态一次比一次端正起来，由当初的百般抵赖，变成不否认对其装病的指控。通过观察了解，几次较量之后，徐某晚上已难于入睡，说明其顽固思想已开始动摇，已经将其推向了做出何种选择的十字路口上。

在这个关键时刻，张警官决定再给其烧上最烈的一把火，让秦犯出来作证，挑明政策,只要能放弃装病,诚心接受改造,对他过去的一切抗拒改造违纪行为可以既往不咎,如果再装病下去,将再也没有这样好的机会,也不可能像现在这样逍遥了,希望他认清形势,不要错失良机。经过长时间的沉默不语和激烈的思想斗争后,在大量的事实证据和证人面前,自知再也难以装病下去,终于承认了两年来装瘫的事实。

☑搭设台阶 引入正道

徐某承认了装病的事实和经过后,但迟迟没有勇气站起来,思想包袱依然很重,认为自己已装了近两年,一下子站起来走路,一同改造的其他犯人会讥笑他,被他诬蔑顶撞过的民警不会原谅他,还有那么长时间没有走过路,双腿也确实不是那么好使,希望能给予一定的时间让其有一个恢复期,由秦犯做出保证。经过半年艰苦和耐心细致的教育与转化工作,徐某撑起了双拐去车间参加劳动,不到一个月的时间就彻底抛开双拐,与其他罪犯一道站进了整齐的队列中。

徐某在悔过书中写道:两年的装病,有腿不敢走路,想讲的话不敢跟人讲,不能挺直腰板像正常人一样生活,每天好像在行尸走肉中度过,搞得人不像人,鬼不像鬼,这样的日子比每天挨打还难受,现在我能光明正大地做人,感到一身轻松,是监狱民警给了我第二次做人的机会,希望同改们能吸取教训,今后,一定不辜负民警的期望,脱胎换骨,告别昨天,积极改造,争取早日获得新生。

☑反思工作 总结经验

通过对顽危犯徐某的教育转化工作实践,张警官深刻体会到,教育转化顽危犯工作是一项艰巨而复杂的工作,必须要有信心、有耐心,需要做大量艰苦细致的工作,有人说教育好顽危犯,改造工作就做好了一半。这话不假,因为教育好一名顽危罪犯,不仅是挽救了顽危犯本人,而且往往能起到挽救一人教育一片的效果。当时监区还有一名叫蔡某某的罪犯,也是长期装病抗拒改造,见徐某已站起来了,也很快认清了形势,放弃了装病。顽危犯之所以难改造,在于他们都有一个共同的特点,就是顽固地坚持错误的人生观、价值观而不思悔改。因此,教育转化顽危犯的过程也是端正思想认识的过程。

启发一:要求监狱民警必须具备较高的业务素质,要紧紧依靠国家法律和监狱工作方针政策,充分理解、恰当应用法律和政策武器,在法律和政策允许的范围内,灵活运用这类武器,采取宽严相济、打拉结合的办法,让顽危犯在受教育中切身体验到政策和法律的威严,动摇他们坚持错误观念的顽固思想。

启发二:做好深入的调查研究,全面掌握顽危犯的基本情况,认真剖析他们的个性心理特征,找出顽固错误思想的根源,做到知己知彼,寻求最佳的教育手段和方法,才能对症下药。

启发三:做到具体问题具体分析。每一个顽危犯都有其不同的特点,教育转化顽危犯没有固定的模式,需要我们在工作中不断探索,形式多样地做好个别教育。

启发四:要善于运用侦察手段,通过各种途径获取需要的证据。顽危犯往往能说会道，善于狡诈和伪装，不见棺材不掉泪。事实胜于雄辩，只有在掌握有力的证据的基础上开展教育转化工作，才不至于空对空地说教，才能取得工作的主动权。

启发五：工作要有耐心。要克服急于求成的急躁情绪，树立起高度的责任心和使命感。顽危犯大部分是性格固执的现实主义者，不可能仅凭几次谈话就可以转变，要有锲而不舍、不达目的不罢休的精神。同时，教育要与解决他们合理要求和实际困难结合起来，体现教育者的诚心、善心和爱心。只有将耐心与实干精神相结合，才能启迪顽危犯的良知，使他们从心灵深处产生内疚和负罪感。

启发六：注重言传身教。教育者要行得正、站得直，办事公道，秉公执法，在工作中树立起崇高的威信，清清白白做人，堂堂正正为警，用人格魅力感染教育顽危犯，个别教育才能有分量，顽危犯才会心服口服，真心真意地接受民警的教育，只有这样，个别教育才能开展得卓有成效。

❋案例六：建立信任关系　促进罪犯转化

沈犯，因犯盗窃罪，被上海市第一中级人民法院判处无期徒刑，剥夺政治权利终身。沈犯在上海某监狱服刑期间，有过多次自伤自残、绝食史，尤其是该犯因违纪被送严管队严管期间，还采取自伤自残手段来对抗监狱民警的管教。后来，沈犯从严管队移押分监区服刑改造。鉴于该犯的顽危因素，分监区将沈犯列为监区级重点控制对象。

在矫正罪犯的过程中，沈犯极度不服从管理教育，对监狱民警的劝诫丝毫不放在眼里，并且十分反叛，对待民警的态度恶劣，并且多次出言不逊。用各种极端的手段来对付民警的管理，在监狱里产生了很恶劣的影响。

监狱民警通过分析认为，沈犯之所以不服从管理，主要原因在于一是极度叛逆的心理。使矫正工作存在困难。二是对生命的不珍惜。三是顽固的个性。四是较高的危险性。在管教过程中，沈犯存在着很大的危险性，不服从管教，并采取暴力方式来对抗，且暴力的对象是自己，也可能是其他罪犯。五是纪律性差。

针对沈的表现和原因分析，监狱民警采取了具体的教育改造措施。

第一，消除敌对情绪。重点放在消除沈犯与民警之间的敌对情绪上，让沈犯能信任民警，并建立良好的沟通，让沈犯能袒露自己的真实思想，接受民警的管教。因为，个别教育是一个双向的过程，民警的帮教一定要让罪犯接受，并认识到民警确实是为了罪犯好，体会到人间的真情。这种双向沟通犹如在民警与罪犯之间架起了一座桥。

第二，拉近民警与罪犯之间的距离。民警要告诉罪犯，在监狱里有两种人不会抛弃你，一种是你的亲人，因为你和他们有血缘关系。另一种就是监狱民警，因为民警是罪犯值得信任的人。过去吃吃喝喝的朋友如今有谁会想到你,民警与罪犯朝夕相处,有什么不能沟通的。

第三,关注罪犯的心理变化,重视心理健康疏导。

通过一次次教育谈话,沈犯逐渐消除了敌对情绪,开始袒露自己的真实思想,并积极投入改造。

�֍ 案例七:对罪犯惩罚教育的艺术

卜犯,1970年12月出生,未婚,高中文化程度,曾经当过消防兵。因犯抢劫罪、绑架罪被法院判处有期徒刑16年,剥夺政治权利5年,被押至某监狱服刑改造。

卜犯来监后,初期的不适应、不敢面对改造现实等一系列消极因素缠绕着他,使他在悲观和失落中难以自拔。经过民警的教育,有所缓解。在一次亲情电话中,该犯母亲告诉他,其父亲身体状况不太好,已经住院治疗将近一个月了。得知情况后,卜犯的情绪出现明显的波动,整天无精打采、心事重重。一天,卜犯与另一名罪犯因琐事发生争吵,本来情绪就不佳的卜犯一下子爆发了,在监房走廊里大声吵闹。值班民警见状,立即前去制止,对其违纪行为进行批评教育。而卜犯不仅不接受民警的制止和教育,反而冲着民警大声地争辩起来,并大声扬言:"我什么都无所谓了,随便你们怎么处理,除非你们把我搞死,否则我是不会罢休的。"卜犯出人意料的言行使现场秩序极为混乱,在罪犯中造成了极为恶劣的影响。周围罪犯见此情景,都认为这下卜犯可要倒霉了。而卜犯在一通发泄之后,心理也是极度紧张和后悔,并已经做好了接受民警最严厉处罚的准备。

民警对卜犯的严重违纪行为如何处置存在着不同的意见。一些民警认为:"卜犯已经违反监狱纪律,民警依法对其教育处置,卜犯不仅不服从,反而变本加厉,在罪犯中造成很坏的影响。其行为是严重的违纪,必须给予严厉的处罚,以起到教育其本人和其他罪犯的作用。否则,其他罪犯可能看样学样,破坏监区正常的改造风气和改造秩序。而另一些民警则认为:根据卜犯在公开场合不服管教、顶撞民警的言行表现,理应受到严肃的处理。但根据卜犯入监以来的综合表现,该犯并不是那种劣根性很深的人。今天的违纪事件很大成分在于卜犯没有真正从过去低迷、彷徨的思想低谷中完全走出来。与其说在其伤口上再撒把盐,还不如借这个教育契机使该犯正确面对今后的改造生活,面对挫折有勇气重新站起来。

分监区民警经过细致分析、全面权衡,最后决定对卜犯这次违纪事件作出处理,给他一次改过自新的机会。卜犯主管民警利用当天晚上值班的机会,及时找其教育谈心。这时卜犯的情绪也已经渐趋平静,主管民警在谈话中对卜犯入监以来的改造表现作了全面的分析,认为至少在这次违纪以前各方面还是很平稳的,总的评价不错。教育谈话中并没有生硬的训斥,而是来了个肯定的评价,这是卜犯没有预料到的。卜犯开始敞开心扉,从读书到工作、从家庭到人际交往、从踌躇满志到跌入深渊、从理想到现实……谈得更多的还是自身的改造态度问题。最后他表示当时警官没有处理他,觉得很愧疚,自己愿意接受处理,并向民警作出道歉。

在以后的改造过程中,卜犯不仅努力学习生产技能、争当生产能手,而且积极向政府靠拢,取得了出色的改造成绩。先后多次被评为监狱积极分子,还获得市改造积极分子的称号。自己因此也多次获得减刑奖励,离他实现自己心中的目标越来越近。

卜犯对自己的改造轨迹作了以下的描述:"我的改造思想的转变过程,更多地取决于政府警官的教育指引。有时候一个瞬间的思想动机就能决定一名罪犯今后改造历程的走向,或是积极的,或是消极的。我是幸运的,因为在我身处人生低谷、情绪最为敏感和脆弱时,是政府警官耐心细致的教育感化了我,使我茅塞顿开,最终走上积极改造的光明大道。"

方法一:准确掌握罪犯的性格特点,处置时因人而异,适时采取"冷处理",有效避免激化矛盾。不同的罪犯有着不同的性格脾气、不同的行为特点:有的罪犯犯了错误后,能主动认错,接受批评;有的罪犯或千方百计寻找理由为自己解脱,或面对事实百般抵赖;有的罪犯内心接受,但碍于情面不愿承认或接受,甚至当面顶撞民警、抗拒管教。因此,在处置罪犯的违纪情况时,民警在确保严格、公正执法的前提条件下,应根据违纪行为的性质、后果,针对不同罪犯的具体情况进行差别化处理。尤其是对一些突发性的罪犯违纪,在有效制止的情况下,可以要求罪犯冷静下来先行反思。为民警的进一步处置创造有利条件。

方法二:密切关注对罪犯处置后的情况变化。民警在批阅罪犯周记时,发现卜犯在周记中写道:"自从上次警官的教育后,我对入监以来的表现做了深深的反思。混,固然可以麻痹精神、忘却痛苦,但到头来无所收获的我用什么来弥补已失去太多的年华呢?用什么来报答父母的养育之恩?用什么去谱写我下一截的人生呢?"针对卜犯内心这个积极改造的愿望,民警在周记上劝导他"改造是痛苦的,教训是惨痛的。面对现实,只有痛苦和泪水是不够的。只有从跌倒的地方尽快爬起来,才是扭转目前窘境的唯一出路。十六年尽管很漫长,但你还年轻,为了父母,为了没有完成的理想,为了证明你能成功,你必须站起来"。民警一番推心置腹的话语,句句扎进卜犯的心里,使他的内心充满了愧疚。

方法三:及时对罪犯进行针对性的引导。分监区针对卜犯的实际情况,建议他参加有关高等文化自学考试,并试探性地了解该犯是否对此有兴趣。不出所料,卜犯认为可以试试。卜犯对《工商管理》专业的自学很投入。在日常改造之余,他几乎将空余时间全扑在学习上了。

方法四:充分利用亲情、社会帮教等途径对罪犯进行规劝教育。由于卜犯是在酒店里给父亲过60岁生日时被抓的,给家人带来无尽的羞愧。民警了解到他对父亲有深深的愧疚之心,担心家人抛弃,便主动与卜犯父母沟通联系,促成其父母对他的谅解。还利用接见的机会,让卜犯与父母定下了一个改造约定,希望卜犯努力改造,早日取得改造成绩,争取回去给父亲补过70岁生日,以弥补自己给家人带来的伤害。

监区还利用社会帮教的机会,特地安排他与一位大学教师结成了帮教对子。不仅给卜犯的文化学习创造了各种有利条件,还会同帮教老师一起对其开展人生观、价值观的教育引导,有效解决卜犯改造中的各种思想问题。通过努力,卜犯在学习上取得了长足的进步,先后完成专科、本科的学业,取得了两张大学文凭。

这个成功的教育案例,很好地诠释了延迟处置的效果,值得我们在今后对暴力罪犯、激情性犯罪的教育矫正中借鉴运用。

启发一:正确认识对罪犯的惩罚。①有错必罚。没有规矩,不成方圆。对犯了错误的罪犯实施惩罚,有助于维护改造纪律和监规制度,有利于形成正确的集体舆论导向,有利于矫治恶习,培养罪犯良好的个性品质和守法意识。②依"法"施罚。必须依"法"施罚,必要时可以让犯错罪犯作自我惩罚。③及时施罚。拖延惩罚,容易引起罪犯的对立情绪,惩罚的效果也会大打折扣。当然,民警可以灵活把握惩罚时机,让惩罚达到最理想的效果。④适度惩罚。惩罚的目的是教育罪犯改正错误,而不是"整"罪犯。过重的惩罚会引起罪犯的反改情绪,造成民警与罪犯的关系紧张。⑤赏罚结合。在惩罚的同时不忘肯定或表扬罪犯,指出他们错误的同时,肯定某些长处,做到"良药苦口利于病"。⑥寓教于罚。教育好罪犯是民警适当运用惩罚的根本前提,要罚得罪犯心服口服。⑦因"材"施罚。犯错误罪犯在年龄、性别、心理、个性特点方面存在诸多差异,民警在不违反原则的前提下,应在施罚的方式上、时机上、程度上做到因人而异,灵活施罚,不搞"清一色"、"一刀切"。

启发二:科学运用惩罚艺术,最大限度地发挥惩罚的作用。惩罚是一门教育人、改造人、挽救人的艺术。①积极预防。民警应及时对各种违纪现象进行处理,防止违纪行为的进一步恶化,预防他犯感染效仿,降低违纪现象的发生。②及时引导。民警通过对违纪罪犯的惩戒,开展针对性的集体教育,使被惩戒罪犯和其他罪犯接受教训,对他们的思想、行为方式起到一定的震动,促使其反思错误的行为,引导罪犯积极改造。③注重时效。采用惩戒手段十分必要,尤其是对性质较严重的违纪行为,必须严厉打击,决不姑息迁就,以维护正常的改造秩序。

启发三:重视对罪犯惩戒后的教育,防止出现负效应。罪犯受到惩戒后,如果没有得到有效教育,就可能出现报复、自暴自弃、行为极端、恶习加深等负面效应,影响罪犯的改造,破坏改造秩序。在此过程中,要做好以下工作:①对罪犯实施"正面教育"。通过摆事实,讲道理,讲法纪,分析其错误的原因和危害性,正面说服引导,使之心悦诚服。②对罪犯实施"自我教育"。有意识地引导受惩戒罪犯进行自我教育,利用罪犯的自我分析能力,自我评价能力和自我约束能力等进行自我教育,使之明白有过则改的道理。③对罪犯实施"情感教育"。营造真诚理解的氛围,运用真情打动罪犯的心,促使罪犯认真思考问题,改正错误。④对罪犯实施"目标激励"。针对受惩戒罪犯的思想、行为、心理及改造等特征,指导罪犯制定改造目标,鼓励他们先易后难,从头开始,以增强他们的改造信心,对罪犯的进步表现予以及时看待和表扬。

附二

常用定律、效应识记

在工作和生活中,每一位民警都会遇到很多的"意想不到"、很多的"不可思议",但在监狱工作这种"高风险"、"强压力"、"灰环境"下是无法避免的。这里,为监狱民警提供一些常用并易于理解和识记的具有哲理性质的定律、效应知识,以供参考。

1.【青蛙效应】人要保持一定的危机感与忧患意识。

19世纪末,由美国康奈尔大学提出。

内容:19世纪末,美国康奈尔大学进行了一次有名的实验。把一只青蛙冷不防地丢进沸水锅里,这只青蛙会在千钧一发之际用尽全力跳出锅外,安然逃生。隔了半小时,当把这只青蛙放到同一口冷水锅中时,它开始会舒畅地游动,慢慢把水加热,青蛙却不知究竟,慢慢地在温水中享受"温暖",当它开始意识到受不了锅中的水温时,一切为时已晚,欲跳无力,只有呆呆地躺在水里,最后葬身热锅。

启发:康奈尔大学煮青蛙实验告诉我们,迅速变化的环境常常能够调动起肌体的反应机制,而缓慢变化的环境容易丧失警觉,造成相应的危机。在生活中,突如其来的外在刺激或超常压力往往能使人奋发有为,绝处逢生,发挥出意想不到的潜力,而平庸舒坦的环境,容易使人贪图享乐,志得意满,最后弄得一蹶不振,甚至身败名裂。人的发展需要危机感与忧患意识。人们一旦意识到自己所处的社会环境不利或存在相对劣势时,应尽最大努力提高自己改造环境的能力,达到与社会环境的统一和平衡。否则,一旦环境因素发生变化,就会出现对环境的不适应,就会缺乏应有的适应能力,并为新环境所拒绝或淘汰。

2.【墨菲定律】如果坏事情有可能发生,不管这种可能性多么小,它总会发生,并引起最大可能的损失。

墨菲定律由美国的一名上尉提出。

内容:墨菲认为他的一位同事是个倒霉蛋,不经意说了一句笑话:"如果一件事情有可能被弄糟,让他去做就一定会更糟。"结果,这句话被广泛扩散到世界各地。在扩散流传的过程中,这句笑话逐渐失去它原有的局限性,演变为各种各样的形式,其中一个最通行的形式是"如果坏事情有可能发生,不管这种可能性多么小,它总会发生，并引起最大可能的损失"。例如，墨菲定律演变的各种各样的形式：

外出时，你越不想见到的人，越会遇到。

很久没用的东西，你把它丢了，东西一丢往往就要用它。

你往往会找到不是你正想找的东西。

你本想等雨滴掉下来后再过去，当你一走，雨滴就正好掉在你的头上。

你出去买东西的时候，屏幕上偏偏就出现精彩的镜头。

一分钟有多长，这要看你是在厕所里面，还是等在厕所外面。

有些事情，只要一提起，如果是好事，肯定错过；如果是坏事，必然发生。

你预料之中的事没有发生，而你预料之外的事却发生了。

任何事情都没有表面看起来那么简单；所有的事情都会比你预计的时间长；会出错的事情总会出错；如果你担心某种不祥的事情会发生，那么它就更有可能发生。

你把打碎的玻璃瓶清扫得干干净净，肯定不会划破你的脚，当有一天你光着脚的时候，偏偏会让一块玻璃划着了。

你需要打出租车的时候，不是没空位子就是不搭理你；当你不需要坐出租车的时候，满街都是空车在你面前晃来晃去，你尽管不招手，它也会停下来问你"走不走"。

……

启发：容易犯错误是人类与生俱来的弱点，无论科技多么发达，事故或错误在所难免。而且我们解决问题的手段越高明，面临的麻烦就越多越严重。所以，我们在事前应尽可能地想得周全一些；如果真的发生不幸或损失，就正面应对，关键在于总结所犯的错误，而不是企图掩盖它。人永远也不可能先知先觉，当你妄自尊大时，墨菲律定律会让你知道厉害；相反，如果你承认自己的无知，墨菲定律会助你一臂之力。

3.【奥卡姆剃刀】不要人为地将简单的事情复杂化，"如无必要，勿增实体"。

英格兰逻辑学家威廉提出。

内容：公元 14 世纪前后，一个囚犯从法国的一所监狱逃跑。按常理，14 世纪前后，正是欧洲的黑暗时代，一个囚犯从监狱逃跑算不了什么大事，可逃跑的囚犯却非比寻常，他是一位很有学问的基督教教士——威廉，人们称他为"扳不倒的博士"，由于他出生于英国的奥卡姆，人们又叫他"奥卡姆的威廉"。他属于方济会教派，曾在巴黎大学和牛津大学学习与研究，他发表的言论，有许多意见与当时的罗马教廷不合，因此遭到囚禁。威廉从监狱逃跑出来后，跑到巴伐利亚去找到正在和教廷闹别扭的王爷，他给王爷讲了一句很有名的话："你用剑保护我，我用笔保护你。"于是王爷立刻收容了他。随后，威廉著书立说，他对当时无休止的关于"共相"、"本质"之类的争吵感到厌倦，主张唯物论，只承认确实存在的东西，认为那些空洞无物的普遍性概念都是无用的累赘，应当被无情地"剔除"，这就是有名的"思维经济原则"，威廉因此而名声大振。在某种意义上，"奥卡姆剃刀"是一种"反动的"哲学。人类文明的不断发展，就是不断为这个世界增添新的内容，而它却不断向我们的文明成果发出挑战，认为许多东西实际上是有害无益的，而我们正在被自己制造的这些麻烦压垮。后来，"奥卡姆剃刀"定律进一步演化为简单与复杂定律：把事情变复杂很简单，把事情变简单很复杂。

启发：人类已进入了一个不堪重负的时代，世界人口总数已突破70亿（据美国人口普查局2014年统计），全球环境问题越来越严峻，人与自然的矛盾空前激化，我们的生活也变得紧张和沉重，人们为生活而奔忙，为工作压力所苦，休息和休闲时间越来越少。我们的物质财富比任何一个时代都富足和舒适，但你能保证自己有十足的幸福感和满足感吗？我们创造了前所未有的财富，却发现自己成了这些巨大财富的奴隶。难怪苏格拉底站在熙熙攘攘的雅典集市上感叹："这儿有多少东西是我不需要的！"面对浩如烟海的文件，事无巨细的制度，空洞无物的计划，有的人、有的组织的办事效率却越来越低，处理问题的程序越来越复杂等等，而相应的，人们的欲望和怨气却越来越多，复杂会造成浪费，而效能则来自单纯。正如爱因斯坦所说："万事万物应尽量简单，而不是更简单。"因此，我们比任何时候都需要奥卡姆这把"剃刀"，在处理事情时，要把握事情的主要实质，把握主流，解决最根本的问题。当然，简单不是真理，简单和复杂都是相对的，无穷无尽的宇宙并不是像我们想象的那么简单。但仍需记住，简单是一种朴素的思维和方法，所谓成功，就是来自对称、美和简单。

4.【瓦伦达心态】一心想着事情能不能做好，而无法专注地去做事，因而就无法获得成功。

美国斯坦福大学提出。

内容：瓦伦达是美国五十年代著名的高空走钢丝的表演者，他的表演一直都很成功，但在一次重大的表演中，却从钢丝上掉下来摔死了。事后他的妻子说："我知道这一次一定会出事，因为他上场前总是不停地说，这一次太重要了，不能失败，绝不能失败。而以前每次表演，他只想着走钢索这件事，而不去管这件事可能带来的东西。"

瓦伦达的失败，其实是败给了自己。他一心想着事情能不能做好，而无法专注地去做事，因而他就失败了。后人把这种不能专注做好眼前事情，患得患失的心态称为"瓦伦达心态"。

美国斯坦福大学的一项研究也表明，人大脑里的某一图像会像情况那样刺激人的神经系统。比如，当一个高尔夫球手击球前一再告诉自己"不要把球打进水里"时，他的大脑里往往就会出现"球掉进水里"的情景。这一情景会指挥他行动，结果事情不是向他希望的那样发展，而是向他害怕的方向发展——这时候，球大多都会掉进水里。

启发:专心去做事的时候,就不会再考虑成功或者失败,没有了成败的忧虑,人就自然变得轻松自如。

在我们的日常工作中,"瓦伦达事件"也在不断重演。每次高考成绩一出来,就会有好多学生到心理医生那里寻求帮助。原因是好多原本在学校里成绩不错的孩子,在高考时却失利了,一些人甚至连专科线也没过。生活往往是这样,父母把全部希望系于孩子,最终什么都得不到。因为,引领孩子成长的不是父母,而是孩子的心态。

可见,当你已经开始做一件事的时候,就不要再考虑与做这件事无关的问题,不要让功利心和由此引出的担忧干扰你的行动。专心去做事的时候,就不会再考虑成功或者失败,没有了成败的忧虑,人就自然变得轻松自如。害怕失败就是最大的失败。

5.【二八定律】在任何特定群体中,重要的因子通常只占少数,而不重要的因子却占多数,因此,只要能控制具有重要性的少数因子,就能控制全局。

意大利统计学家、经济学家维尔弗莱多·帕累托提出

内容:"二八定律"又叫"二八法则"、"80/20 原理",是维尔弗莱多·帕累托于 20 世纪初提出的。这个原理经过多年的演化,已变成了当今管理学界所熟知的二八定律——即在原因和结果、投入和产出、努力和报酬之间存在这样一种典型的不平衡现象:80％的成绩,归功于 20％的努力;20％的产品或客户,占了约 80％的营业额;20％的产品和客户,主导着 80％的获利。

例如,在我们的生活中,只要你仔细观察还可以发现一些有趣的现象:

20％的孩子,享受 80％的高水准教育;

80％的时间里,你穿的是你所有衣服的 20％;

世界 80％的财富,为 20％的人所有;

20％的人口与 20％的疾病,会消耗 80％的医疗资源;

20％的罪犯占所有犯罪行为的 80％……

启发:"二八定律"让我们学会避免将时间和精力花在琐事上,要学会抓主要矛盾,有选择地在几件事上追求卓越,而不必强求在每件事上都有好的表现;锁定少数能完成的人生目标,而不必追求所有的机会。一个人的时间和精力都是非常有限的,要想真正"做好每一件事"几乎是不可能的,要学会合理分配我们的时间和精力,与其面面俱到还不如重点突破,把 80％的资源花在能出关键效益的 20％方面,使这 20％的方面带动 80％的发展。

与我们工作和生活息息相关的定律或效应还很多,诸如马太效应、海恩法则、沟通的位差效应等等,这些都可以作为处理日常事务乃至事业和人生参考,在此就不一一列举了。

参考文献

1. 肖川:《教育的情趣与艺术》,岳麓书社 2008 年版。

2. 石中英:《教育哲学导论》,北京师范大学出版社 2004 年版。

3. 刘儒德:《教育中的心理效应》,华东师范大学出版社 2006 年版。

4. 鲁曙明主编:《语言学》,中国人民大学出版社 2013 年版。

5. 唐代兴:《当代语义美学论纲——人类行为意义研究 2》,四川人民出版社 2001 年版。

6.《中华文化史》(第 1 卷、第 2 卷、第 3 卷),上海人民出版社 2005 年版。

7. 郭明:《中国监狱学史纲》,中国方正出版社 2005 年版。

8. Rita Sommers-FIanagan、John Sommers-FIangan:《心理咨询面谈技术》,陈祉妍等译,中国轻工业出版社 2007 年版。

9. 王飞:《拥抱监狱工作——我的实践与思考》,上海社会科学院出版社 2011 年版。

后记 | 301

后记
POSTSCRIPT

    我国教育矫正的著作较多，但专门研究罪犯教育艺术的系统理论著作比较少见，编写一本以罪犯教育艺术为核心内容的理论兼实务性教材适逢时宜。作为专职从事监狱警察教育培训与监狱教育矫正理论研究的工作者，中国监狱工作协会将我申报的课题"罪犯教育艺术"列为第三批监狱理论科研重大课题，我备感荣幸。三十载的岁月，百余所监狱留下我的足迹，我无数次饱含热泪地聆听一线监狱警察教育矫正的故事，他们不时闪现的教育艺术火花，让我惊叹击节，这其实就是体验、感悟罪犯教育艺术的升华的过程。

    在 2016 年 4 月召开的全国政法队伍建设会议上，时任中央政法委书记孟建柱提出了"培育职业精神，激发广大干警把政法职业作为用毕生精力去奉献、用鲜血生命去捍卫的崇高事业"的要求。监狱警察的职业特性要求"培育职业精神"，体现于教育改造观上，必定要超越单一的"职业定向"，将教育矫正工作纳入自我人生体验之中，确保在罪犯教育矫正的进程里展现不可替代的独立特性——罪犯教育艺术。事实上，在当今社会变革日益剧烈的背景下，监狱警察面临着来自多方面的压力，这些压力客观上存在于角色冲突、角色定位、社会各界日益增加的角色期待上。正因为如此，监狱警察罪犯教育艺术的精炼、锤炼无疑是内在的职业精神生活状态及自我完善职业生涯的基本途径。书中大多数的困惑、烦恼、纠结、追问，都是我自己曾经思考过的，现在，我真诚地固定下了自己求索和找到的答案，期待着与广大的监狱警察分享。

    本书的主要内容由十一个部分组成，基本涵盖了教育艺术概论及监狱警察教育矫正工作的习惯、语言、智慧、研究、反思、阅读、写作、意识、形象、规划、情景、文化、激励等诸多方面。我以为，能够彰显社会主义核心价值观的教育艺术我们必须"接着说"，洞悉广大监狱警察教育矫正实务需求，革故鼎新的表达本身就是罪犯教育艺术生命力的延续。书中有大量精心筛选的教育矫正实例，通过深入浅出的理论介绍与实例分析，力求监狱警察会有所思、有所悟、有所得，感到"此中有深意，寻常不寻常"同频共振，充满自信地去追求属于自己的罪犯教育艺术。

　　著名学者马尔库塞认为："观念和文化的东西是不能改变世界的,但它可以改变人,而人是可以改变世界的。"罪犯教育艺术精益求精的路径是多元化的,培养、培训是外生力量,而自身的修炼才是一种最具活力的源泉。教育矫正效能成为我国监禁矫正命题的今天,正是我们对罪犯教育艺术新知孜孜以求的春天。真正信步于"罪犯教育艺术"殿堂的教育矫正者,我想,他一定是个理想主义者。

　　借此机会,对指导和帮助本书完成的司法部监狱局李玉黔巡视员,中央司法警官学院夏宗素教授、幸国恩教授、翟中东教授,贵州省委党校汪建初副校长、厦门大学出版社邓臻等编辑表示诚挚的谢意,对贵州、广西、天津、江苏等部分监狱系统的各级领导和提供完成本书有价值的叙事或者手记的各位同仁,表示衷心的感谢。

　　书中若有错误和不妥之处,欢迎批评指正。

何徕

2017 年 10 月